U0517231

全国宣传文化系统
"四个一批"人才作品文库

理 论 界

韩庆祥论文选

韩庆祥 著

中华书局

图书在版编目(CIP)数据

韩庆祥论文选/韩庆祥著. – 北京:中华书局,2011.3
(全国宣传文化系统"四个一批"人才作品文库)
ISBN 978 – 7 – 101 – 07784 – 1

Ⅰ.韩… Ⅱ.韩… Ⅲ.社会科学 – 文集 Ⅳ.C53

中国版本图书馆 CIP 数据核字(2010)第 249230 号

书　　名　韩庆祥论文选
著　　者　韩庆祥
丛 书 名　全国宣传文化系统"四个一批"人才作品文库
责任编辑　王传龙
装帧设计　毛　淳
出版发行　中华书局
　　　　　(北京市丰台区太平桥西里38号　100073)
　　　　　http://www.zhbc.com.cn
　　　　　E – mail:zhbc@ zhbc.com.cn
印　　刷　北京瑞古冠中印刷厂
版　　次　2011 年 3 月北京第 1 版
　　　　　2011 年 3 月北京第 1 次印刷
规　　格　开本/700×1000 毫米　1/16
　　　　　印张 24½　插页 4　字数 374 千字
国际书号　ISBN 978 – 7 – 101 – 07784 – 1
定　　价　69.00 元

出 版 说 明

实施宣传文化系统"四个一批"人才培养工程，是党中央作出的一项重大战略决策，是推动实施人才强国战略，提高建设社会主义先进文化能力的重要举措。实施这一工程，旨在培养和造就一大批政治坚定，与党同心同德，具有广泛社会影响的一流的思想理论家、一流的记者编辑主持人、一流的出版家、一流的作家艺术家。为集中展示"四个一批"人才的优秀成果，发挥其示范引导作用，"四个一批"人才工作领导小组决定编辑出版《全国宣传文化系统"四个一批"人才作品文库》。《文库》主要收集出版"四个一批"人才的代表作，包括理论专著论文、新闻出版、文学艺术作品等。按照精益求精、分步实施的原则，《文库》将统一标识、统一版式、统一封面设计陆续出版。

全国宣传文化系统"四个一批"人才

工作领导小组办公室

2008年12月

韩庆祥

　　1957 年 12 月生，河南焦作人。1989 年毕业于北京大学，获哲学博士学位。现任中共中央党校马克思主义理论教研部副主任，教授、博士生导师。主要从事马克思主义、人学、中国政治哲学和能力问题的研究，独立主持完成多项国家级课题。主要著作有《马克思主义人学思想发微》、《能力本位》、《社会主义市场经济与人》等。在《中国社会科学》、《哲学研究》和《光明日报》等发表学术论文百余篇，多篇论文被《新华文摘》全文转载，论文《社会主义市场经济与人的塑造》获全国首届胡绳青年学术奖，主编的《哲学理论创新》丛书获第十三届中国图书奖。是马克思主义理论研究和建设工程主要成员，中央联系的高级专家，"新世纪百千万人才工程"国家级人选，全国宣传文化系统"四个一批"人才，享受国务院颁发的政府特殊津贴。

目 录

一、马克思主义整体性研究

二、当代中国马克思主义研究

一、马克思主义整体性研究

马克思学说的"本性"与马克思主义研究

在马克思主义理论学科的建设过程中,以下一些基本问题提了出来,要求给予说清:马克思主义理论学科怎样与马克思主义哲学、马克思主义政治经济学和科学社会主义区别开来,区别的根据是什么? 怎样的马克思主义理论研究、教学才真正属于马克思主义理论的研究、教学? 马克思主义如何实现中国化、时代化、大众化,进而使马克思主义,尤其是当代中国马克思主义,深入大众心灵世界,获得学理支持和影响中国政治发展? 这在根本上讲,就是人们最为关心的所谓马克思主义理论学科的定位问题。我的基本观点是:应当从马克思主义创始人马克思的学说本性中得到马克思主义理论学科定位的启示。

一、马克思学说与"大众立场"

马克思学说的本性,首先体现为"大众性",即立足"大众立场",实现"大众利益",为"大众立言"。

马克思在担任《莱茵报》主编期间,遇到了为德国劳苦大众的"物质利益发表意见的难事"。1843 年《〈黑格尔法哲学批判〉导言》中的一个根本思想就是,马克思把哲学与无产阶级看作是"头脑"与"心脏"、"精神武器"与"物质武器"的关系,指出哲学是实现无产阶级解放的"头脑"和"精神武器",而无产阶级是实现哲学的"心脏"和"物质武器",强调哲学要与无产阶级联姻。

在《1844年经济学哲学手稿》中,马克思着重研究工人阶级的劳动异化问题。在《共产党宣言》中,马克思强调"共产党人不是同其他工人政党相对立的特殊政党。他们没有任何同整个无产阶级的利益不同的利益"。就是说,共产党人没有自己的特殊利益,它的利益就是整个无产阶级的利益。《资本论》就是马克思专门为工人阶级写的"圣经"。这些充分表明马克思学说的立场根本上是"大众立场"。

这种大众立场的理论表达,就使马克思学说具有"大众形态"。要解放工人阶级或无产阶级,就必须去研究人类历史发展的一般规律,研究资本主义社会的特殊规律,研究工人阶级的现实生存处境与发展命运,以建立一种为工人阶级立言、实现工人阶级解放的理论,就是说,马克思学说又具有"学理形态"。这样的理论要用来武装工人阶级政党,使工人阶级政党把工人阶级组织起来,使工人阶级由自发走向自觉。也就是说,马克思学说还具有"政治形态"。这三种形态在马克思那里是有机统一的,且最终统一到"大众形态"上来。

马克思去世以后,在马克思主义发展进程中,其"政治形态"日益凸显,马克思主义逐渐成为无产阶级政党的意识形态(指导思想)与理论武器(理论基础);"学理形态"主要是为"政治形态"服务的,相对独立的"学理形态"之发展受到一定影响;虽然"大众形态"不断被强调,但最终没有真正建立起来。

1978年改革开放以后,我国学术界开始反思重政治轻学术的马克思主义研究倾向,强调马克思主义理论的学术性。但这种倾向既远离政治,又远离大众。人民大众心目中的马克思主义,要么是一种政治意识形态,要么是专家学者在书斋里进行学术研究的一门学问,离他们比较远,他们当中一些人甚至认为马克思主义"可敬而不可爱",进而远离马克思主义。这就严重影响了马克思主义理论的吸引力、凝聚力和生命力。

由此,当代中国的马克思主义理论工作者的当务之急,就是必须首先回归马克思主义的"大众本性",推进马克思主义的大众化,使马克思主义立足大众立场,实现大众利益,为大众立言。

二、马克思学说与"时代问题"

马克思学说的第二个本性,就是在对"时代问题"的解答中表达时代精神。

马克思学说在本质上具有"问题意识"。马克思指出:"问题却是公开的、无所顾忌的、支配一切个人的时代之声。问题是时代的格言,是表现时代自己内心状态的最实际的呼声。"①"一个时代的迫切问题,有着和任何在内容上有根据的因而也是合理的问题的共同的命运:主要的困难不是答案,而是问题。"②这意味着,一个时代的精神首先体现在这个时代的问题中。

马克思虽然生活在近代欧洲,但他总是跳出近代欧洲,把他当时面临的问题放在大的时空背景即整个人类历史发展的长河中,并提升到规律层面来思考。这样,马克思思考、研究的问题主要有三类:一是人类历史发展的一般规律;二是他那个时代根本性的总问题,即资本控制社会的逻辑;三是东方社会特殊的发展道路。通过研究,马克思指出未来理想社会的基本原则和目的,就是每个人能力的全面发展、平等发展、自由发展。这些问题显然具有跨越时空的一般性。

中国的马克思主义理论研究也应具有问题意识,研究置于整个人类历史长河中的、体现时代精神的"中国问题"。其中主要包括"当代中国的总问题"和"中国社会主义的发展道路问题"。当代中国的总问题,主要是如何逐渐消除资本与权力的结合共同控制社会的弊端,进而培育人的自主创新能力。中国社会主义的发展道路问题,主要是如何既吸收资本主义制度所创造的一切积极文明成果,来消除封建主义遗毒、进而解放和发展中国生产力,同时又避免资本主义制度带给劳动大众的痛苦,进一步来说主要就是如何走具有中国特色的社会主义道路问题。

当今我国的马克思主义理论研究一定意义上缺乏"问题意识",对"中国问题"往往无动于衷、不予问津,既不去关注和研究当代中国的总问题,又对具有中国特色的社会主义道路问题缺乏深层次的学理研究。

由此,当代中国的马克思主义理论工作者应以"时代问题"或"中国问题"为中心,着力在中国化、时代化问题上下功夫,以建构面向"中国问题"的马克思主义理论,以从事本应属于自己的理论研究。

---

① 《马克思恩格斯全集》第 1 卷,人民出版社,1995 年版,第 203 页。
② 《马克思恩格斯全集》第 1 卷,人民出版社,1995 年版,第 203 页。

三、马克思学说与"结构分析"

马克思学说的第三个本性,就是善于运用"结构分析方法"来解释、分析社会历史问题。

在马克思那里,社会在本质上是社会关系的总和,而社会关系总是一种结构性关系,因而社会在本质上首先是一种社会结构。基于这样的理解,马克思为了解释、分析人类社会历史和资本主义社会历史,创立了唯物史观。唯物史观的核心理论,从"静态"来讲,主要是社会结构理论,从"动态"来讲,主要是历史发展过程(规律)理论。社会结构理论和历史发展过程理论是一种理论的两种不同角度的表达。马克思的社会结构理论具有四个核心点:(1)生产力、生产关系、经济基础(经济因素)、上层建筑(政治因素、文化因素)构成合力推动社会历史发展;(2)经济因素、政治因素和文化因素之间构成不同的社会结构,社会结构是什么样的,社会历史发展状况往往就是什么样的;(3)归根结底,经济因素起最终决定作用;(4)生产力和生产关系的矛盾、经济基础和上层建筑的矛盾是人类社会历史发展的基本矛盾,而它们的矛盾运动是人类社会历史发展的一般规律。这里,马克思特别注重运用社会结构来解释、分析社会历史。换句话说,"结构分析"是马克思唯物史观解释、分析社会历史的最根本、最基本的方法。这样来看,马克思的唯物史观本质上是一种解释世界的理论与方法,而不是一种改变世界的理论。

马克思用"结构分析"方法得出的具体结论不一定完全适合中国,但他的"结构分析"的基本方法经过适当转换可以用来分析"中国问题",尤其是中国总问题。影响中国社会历史发展的力量有三种:经济力量、政治力量和社会力量,文化力量渗透于三者之中。这三种力量之中,政治力量相对过大,而经济力量、社会力量相对较小,常常依附于政治。政治力量的载体主要是政治权力及行政权力,而政治权力及行政权力是分层级的,由此就构成了以权力层级为核心的"金字塔"式的社会结构。这种社会结构必然形成这样的权力运作方式,即权力至上、自上而下、逐级管制、缺乏制衡。这样的社会结构和权力运作方式是产生中国许多问题的一个"根",是我们一些"说法"很先进而某些"做法"比较落后的一个"根",是我们一些好的理念、思想、政策得不到真正有效贯彻落实的一个"根",因而,也是解释、分析当今"中国问题"的一种方法,是当代中国马克思主义解释、分析中国现实和现实中国应当采用的一种基本方法。

因此,当代中国马克思主义理论工作者应自觉运用"结构分析"方法来破解中国问题,来解释、分析中国社会历史和中国社会现实,进而推进马克思主义理论研究。

四、马克思学说与"一整块钢"

马克思学说的第四个本性,体现为整体性,即他的哲学、政治经济学和科学社会主义是相互关联的、不可分割的"一整块钢"。

在马克思那里,没有独立的哲学、政治经济学和科学社会主义,三者是融合在一起的,也都是为实现无产阶级解放和人类解放服务的。马克思是用哲学的理论和方法来分析经济问题,从而得出科学社会主义的结论,理论(方法)、问题和结论是有机统一的,是同一个研究过程和逻辑过程,是同一个研究过程的三个不同侧面。这三个侧面不能独立分开,更不能分割,否则,既背离了马克思学说的本性,也不能称其为"马克思的研究",还"三败俱伤"。我把马克思学说这种本性用列宁的话来表达,就是他的哲学、经济学和科学社会主义是"一整块钢"。如果为了研究方便的需要一定要分开的话,那也只能是同一个研究过程的不同侧面。马克思的哲学和经济学实质上是一种解释世界的理论,而他的科学社会主义则是一种改变世界的理论。仔细研读马克思一生的主要著述可以看出,他的每一本著作都是哲学、经济学和科学社会主义的统一体,从《1844年经济学哲学手稿》到《德意志意识形态》,从《共产党宣言》到《资本论》,无不如此。显然,马克思学说的这种"整体性",既区别于独立的哲学,也区别于独立的经济学,还区别于独立的科学社会主义。

然而,马克思去世以后,在马克思主义发展的历史过程中,哲学、经济学和科学社会主义开始出现了相对分化现象。第二国际一些理论家往往把马克思的学说解释成"经济决定论"或"社会决定论"。列宁把马克思主义划分为马克思主义哲学、马克思主义政治经济学、科学社会主义三个组成部分。在当今我们中国,马克思主义哲学、马克思主义政治经济学和科学社会主义被划分为三个相对独立的学科,分门而从,分家而治,分田而耕,互不交流,把马克思主义肢解了,由此必然导致对马克思主义的误解、曲解。

当代中国马克思主义的研究必须回归马克思主义的"整体性"本性,从总体性上研究马克思主义理论。这样做,才真正符合马克思主义的本性,才是在科学地研究马克思主义。

（原载《学习时报》2009 年 7 月 20 日）

马克思主义哲学的大众形态、
学术形态、政治形态

　　无论从哪个角度看,都应该对马克思主义哲学的发展进行清理与总结了。这种清理与总结首先需要从弄清马克思哲学的真实的完整结构开始,因为作为马克思主义哲学的主要创始人,马克思的哲学以一定方式影响着整个马克思主义哲学的发展进程。

一、马克思哲学的完整结构:大众形态、
学术形态、政治形态的有机统一

　　问题是哲学之源。马克思主张用哲学方式研究"时代的迫切问题":"一个时代的迫切问题,有着和任何在内容上有根据的因而也是合理的问题的共同的命运:主要的困难不是答案,而是问题。"[①]每个时代都有属于它自己的问题,真正的哲学批判要分析的不是答案,正是那些重大的时代性问题。问题,由于关涉人类的生存境遇与发展命运,所以具有普遍性,但是答案,由于往往出自研究者的体验、眼光和思维方式,所以总是个性化的。"人类始终只提出自己能够解决的任务,因为只要仔细考察就可以发现,任务本身,只有在解决它的物质条件已经存在或者至少是在生成过程中的时候,才会产生。"[②]这启示我们,哲学视域的问题不是任意的,而是具有极强的时代性和现实性。马

[①]　《马克思恩格斯全集》第 1 卷,人民出版社,1995 年版,第 203 页。
[②]　《马克思恩格斯选集》第 2 卷,人民出版社,1995 年版,第 33 页。

克思的哲学探索,正是从哲学问题出发,紧扣时代脉动,才成为现代哲学的典范。马克思哲学自始至终贯穿着"问题意识",马克思哲学就发源于对他那个时代深层问题的追问。这可以从马克思对哲学与问题的关系集中而精辟的论述看出来。马克思指出:"问题却是公开的、无所顾忌的、支配一切个人的时代之声。问题是时代的格言,是表现时代自己内心状态的最实际的呼声。"①

马克思哲学分析和解决的"总问题",是资本统治社会的逻辑,或者说是资本占有劳动与无产阶级解放。马克思在《〈黑格尔法哲学批判〉导言》中指出:"彼岸世界的真理消逝以后,历史的任务就是确立此岸世界的真理。人的自我异化的神圣形象被揭穿以后,揭露非神圣形象中的自我异化,就成了为历史服务的哲学的迫切任务。于是对天国的批判,对宗教的批判就变成对法的批判,对神学的批判就变成对政治的批判。"②这里,马克思提出了现代哲学的历史使命:消解人在资本主义社会中的"自我异化",亦即资本占有劳动的所谓异化劳动。为深入研究资本主义社会中的异化劳动,马克思着重去研究市民社会;为集中研究市民社会,马克思便去研究国民经济学中的三个最基本范畴:资本、劳动、地租;同时,结合当时资本主义社会的状况,马克思发现资本主义社会的一个基本事实,就是异化劳动,而产生异化劳动的根源,在马克思看来,主要是资本占有劳动。因此,他主张通过积极的共产主义实践扬弃异化劳动,为人的解放和自由全面发展创造条件。马克思尖锐指出,在资本主义社会,"物的世界的增值同人的世界的贬值成正比"③。由此,"社会从私有财产等等解放出来、从奴役制解放出来,是通过工人解放这种政治形式来表现的,这并不是因为这里涉及的仅仅是工人的解放,而是因为工人的解放还包含普遍的人的解放;其所以如此,是因为整个的人类奴役制就包含在工人对生产的关系中,而一切奴役关系只不过是这种关系的变形和后果罢了"④。从马克思的论述可以看出,工人阶级的劳动受资本的奴役最沉重、最典型,它是人类奴役的最集中的表现,工人阶级的解放实质上就是劳动从资

---

① 《马克思恩格斯全集》第 1 卷,人民出版社,1995 年版,第 203 页。
② 《马克思恩格斯全集》第 3 卷,人民出版社,2002 年版,第 200 页。
③ 《1844 年经济学哲学手稿》,人民出版社,2000 年版,第 51 页。
④ 《1844 年经济学哲学手稿》,人民出版社,2000 年版,第 62—63 页。

本的奴役中解放出来。1845 年之后，马克思清醒地认识到：要实现工人阶级的解放，就必须分析揭示人类社会历史的发展规律和资本主义社会的发展规律，创立一种关于工人阶级解放条件的理论。由是，1846 年，马克思便着手寻求揭示这些规律的方法，这就是历史唯物主义。历史唯物主义说到底是解释世界的一种方法与理论。之后，马克思便运用这一方法与理论，深入研究他当时所处的资本主义社会的资本统治，即资本对劳动的占有关系，揭示工人阶级被剥削的根源，寻求工人阶级解放的途径、手段和条件，建立他的政治经济学和科学社会主义。《资本论》便是马克思研究资本统治或资本占有劳动问题的代表性著作。在《资本论》中，马克思进一步揭示了资本奴役劳动的本性："资本是死劳动，它像吸血鬼一样，只有吮吸活劳动才有生命，吮吸的活劳动越多，它的生命就越旺盛。"①这里，资本仿佛具有独立的生命，控制和左右着人的思想与行为，于是，整个社会被资本控制着。可见，马克思正是运用哲学方法研究他所面临的总问题而创立他的哲学理论的，没有问题就没有理论。

马克思运用哲学方法研究他所面临的总问题而创立的马克思哲学形成了完整的形态。这里所谓的"形态"是指：由哲学的主题、研究方法、核心内容、表述形式、涉指主体和运思方式所呈现出的哲学形象。马克思哲学具有相对独立的问题域、研究方法、基本内容、表述形式、涉指主体和运思方式。基于这样的界定，我们把马克思哲学相对区分为大众形态、学术形态和政治形态。

首先是大众形态。

马克思是一位大众哲学家，他的真正的哲学首先是以大众哲学形象出现的。马克思大学毕业后去做《莱茵报》主编，便与现实生活有了大量接触。在与现实生活的接触过程中，马克思开始认识到德国哲学的特点是不关注现实生活世界，不关心人民大众的生存境遇和发展命运。这时马克思形成了一种动因和信念：要跳出单纯研究理论问题的苑囿，深入到现实生活，去关注并维护劳苦农民大众的物质利益。在《科隆日报》第 179 号的"社论"中，马克思曾

---

① 《资本论》第一卷，人民出版社，2004 年版，第 269 页。

对德国哲学提出批评:德国哲学"爱好宁静孤寂,追求体系的完满,喜欢冷静的自我审视",它"不是通俗易懂的;它在自身内部进行的隐秘活动在普通人看来是一种超出常规的、不切实际的行为"①。较为清晰地呈现马克思哲学形象的,是在《德法年鉴》上发表的文章。其中最具有代表性的一个思想是:要建立一种通过关注人本身来掌握群众的哲学,这样的哲学是无产阶级解放的"头脑",而无产阶级是这种哲学的"心脏"。面对德国的现实状况,马克思指出:"德国人的解放就是人的解放。这个解放的头脑是哲学,它的心脏是无产阶级。""哲学把无产阶级当作自己的物质武器,同样,无产阶级也把哲学当作自己的精神武器。"②这意味着马克思开辟的哲学道路,首先是面向现实人的生活世界的,尤其是无产阶级的生存世界的,是要为民众立言的。正由于此,1844 年,马克思集中研究工人阶级的异化劳动问题,并把工人阶级的解放当作他哲学的一个主题与核心内容。于是马克思指出:"哲学家⋯⋯是自己的时代、自己的人民的产物,人民的最美好、最珍贵、最隐蔽的精髓都汇集在哲学思想里。"③既然哲学要成为无产阶级解放的头脑和精神武器,那就必须使哲学语言或形式大众化。这样,在 1844 之后,马克思的哲学语言就有一个转换过程,开始注重使用工人阶级容易理解和接受的语言,如异化概念等,在马克思以后的著述中就不经常使用了。马克思哲学活动的方式,也集中体现为深入民间调研,关注大众切身利益问题,走入大众心灵世界,为大众提供现世智慧,且诉诸民众实践。

其次是学术形态。

马克思又是一位理论哲学家。马克思在《青年在选择职业时的考虑》中,表示他特别愿望从事抽象真理研究的职业。马克思大学毕业时曾经打算在大学谋得一个教师资格,未能如愿,但在后来的理论建构过程中,他善于从理论上言说哲学,他的哲学又是以理论哲学形象出现。在马克思那里,哲学与理论是内在统一的,"哲学的实践本身是理论的"④。在马克思看来,要实现

---

① 《马克思恩格斯全集》第 1 卷,人民出版社,1995 年版,第 219 页。
② 《马克思恩格斯选集》第 1 卷,人民出版社,1995 年版,第 15、16 页。
③ 《马克思恩格斯全集》第 1 卷,人民出版社,1995 年版,第 219—220 页。
④ 《马克思恩格斯全集》第 1 卷,人民出版社,1995 年版,第 75 页。

无产阶级解放,就必须研究无产阶级的生存处境,并进一步研究人类社会发展的一般规律和资本主义社会发展的特殊规律。在这种情况下,马克思就深入研究大量有关文本、文献(读"文本之书"),深入实践进行社会调研(读"现实之书"),进入书房弄清问题;马克思积极参加博士俱乐部,与老年黑格尔派、青年黑格尔派进行哲学辩论,马克思的大多哲学理论都是在与论敌的批判中确立起来的。马克思又通过哲学观的变革,创立了唯物史观、政治经济学和科学社会主义,系统地建立起了解释世界和改造世界的理论。马克思理论哲学的形象是通过与政治经济学和科学社会主义结合来映现的。马克思理论哲学的特点之一就是与政治经济学和科学社会主义紧密结合,三者存在"互镜"的关系,其中马克思哲学主要是思想方法,政治经济学主要是分析构架,科学社会主义主要是现实结论。离开政治经济学和科学社会主义,就不能完全理解马克思所开辟的哲学道路的真实意蕴,同样,离开马克思哲学,也不可能真正理解马克思的政治经济学和科学社会主义的真谛。因此,"只有透过经济学的语句读出他内在的哲学思想,并透过哲学语句读出他内在的经济学基础,我们才能真正理解马克思"①。但就整体而言,"马克思的经济理论来源并奠基于他的哲学成就"②。显然,在这里马克思转换了身份——他是一个严谨的学者,他具有厚实的学术积累,他深入细致地研究问题,他创造性建立了较为系统的哲学理论。由于他致力于哲学理论本身的学术探索,所以,概念、判断、逻辑推理、哲学分析和叙述、理论论战等,便构成马克思理论哲学的运思方式。

三是政治形态。

马克思也是一位政治哲学家,他要从哲学上言说政治,要从政治上谈论哲学,他的哲学还是以政治哲学形象出现的,即蕴涵着丰富的政治哲学内涵。马克思注重用代表无产阶级根本利益的哲学理论武装政党,掌握群众,以解决无产阶级政党由自发到自觉的转变问题,解决无产阶级政党如何组织和带领群众以实现无产阶级解放的问题。马克思从哲学上言说政治、从政治上谈

---

① 孙承叔:《经济学与哲学:马克思思想发展的内在轨迹》,《学习与探索》2009 年第 1 期。

② [法]汤姆·洛克曼:《马克思主义之后的马克思:卡尔·马克思的哲学》,杨学功、徐素华译,东方出版社,2008 年版,中译本前言,第 4 页。

论哲学主要具有以下内容:哲学是无产阶级政党观察世界的世界观和方法论;哲学是无产阶级政党的行动指南;哲学的政治功能首要是武装无产阶级政党,掌握人民群众;"哲学是阐明人权的,哲学要求国家是合乎人性的国家"①;以哲学理念为核心,来制定无产阶级政党的行动纲领。马克思也以政治活动家的身份运思哲学。马克思以政治方式开始自己的哲学活动,首要是从政治上关注德国劳苦农民大众的切身物质利益,关注政治与人民大众的关系;之后,马克思十分注重研究黑格尔的政治哲学著作《法哲学》,批判黑格尔关于国家决定市民社会的政治哲学理论;马克思又批评费尔巴哈多谈自然少谈政治,认为政治与哲学联盟是"现代哲学能够借以成为真理的唯一联盟"②;马克思还对青年黑格尔重宗教批判轻政治批判表示不满,强调要注重政治批判,注重无产阶级的政治解放。在马克思看来,无产阶级解放必须具有两个基本条件:一是使无产阶级斗争由自发成为自觉,这需要理论武装;二是需要一个代表无产阶级根本利益、且用无产阶级理论武装的政党。因为无产阶级自己不能解放自己,他必须借助一个能代表本阶级根本利益的政党。由是,从1848年起,马克思参与了一系列政治活动,积极为建立无产阶级政党而努力,并为建立无产阶级政党提供哲学的世界观与方法论,使哲学为无产阶级政党服务。

不能否认,马克思哲学的三种形态具有相对独立性,也必须具有相对独立性,因为这三种形态毕竟各有其核心和特点,马克思在研究和阐释哲学时也各有侧重。但同时我们也应清醒地认识到,马克思哲学的这三种基本形态构成了一个具有内在联系的完整结构,在本质上是统一的,且统一于大众形态:马克思从真正开始其哲学活动初期,最关注的就是人民大众的生存处境与发展命运,期望建立一种为大众提供现世智慧、为大众立言、作为无产阶级解放"头脑"或"精神武器"的大众形态的哲学;这样的哲学必须通过分析和揭示人类社会历史发展的一般规律和资本主义社会发展的特殊规律,通过分析工人阶级的生存境遇与发展命运建立起来,这就需要从理论上系统思考研究问题,用科学的理论来解释世界,建立起学术形态的哲学,以从理论上武装无产阶级;要实现无产阶级解放,还必须建立一个能代表无产阶级根本利益,

---

① 《马克思恩格斯全集》第1卷,人民出版社,1995年版,第225页。
② 《马克思恩格斯全集》第47卷,人民出版社,2004年版,第53页。

且用为无产阶级立言的理论武装的政党,使这个政党来组织和带领无产阶级进行社会主义革命,这就需要确立起政治形态的哲学,以作为无产阶级政党的理论基础。只有把马克思哲学的"大众形态"、"学术形态"和"政治形态"有机统一起来,才能完整把握马克思哲学的精神实质,才能勾勒出马克思哲学的完整图景。

二、马克思主义哲学的大众形态、学术形态、政治形态之历史演变

这里的"历史",不包括我国改革开放以后的历史,而主要指马克思主义哲学的主流在主要社会主义大国的演变进程。在马克思那里,哲学的大众形态、学术形态和政治形态是有机统一的。然而,在马克思以后的马克思主义哲学发展的历史进程中,这三种形态呈现出不同的演变,也出现了一定的分离:即政治形态不断强化;学术形态虽然为政治形态服务,但一定意义上是以"依附"的方式为其服务,并没有获得真正的完整和独立;且政治形态和学术形态一定程度上疏离大众,未真正赢得大众的认同。

(一)从"大众形态"发展史看:大众形态的哲学被不断倡导,但没有真正彻底建立起来

从应当性来讲,马克思主义哲学发展史首先就是注重使哲学面向大众的历史。但在马克思主义哲学发展史和马克思主义哲学发展史的教科书中,一般来说,大众形态的哲学被不断强调,但没有真正建立起来。

哲学与大众的关联是理解马克思哲学本性和特质的关键。受18世纪法国启蒙学派的影响,以及家庭的熏陶和《莱茵报》工作期间对德国现实的感受,马克思首先强调要建立的是一种面向人民大众的哲学,所以一开始他就从哲学立场和价值导向上强调,他所开辟的哲学是汇集人民精髓、为民众提供现世智慧、为民众立言、能作为群众"头脑"的哲学。这是马克思哲学的首要本性。马克思坚决反对把自己的哲学当作"书斋里的学问"和"纯粹思辨的观念",强调哲学要为人民群众所掌握,要尽可能把抽象晦涩的哲学理论感性化、具体化,从而使哲学尽可能通俗易懂。为此,马克思注重哲学与政治经济

学、科学社会主义结合。《资本论》是工人阶级的圣经,是写给每一个工人的。由是,马克思尽力不让别人说《资本论》"这本书难懂"①。

为实现工人阶级的解放,塑造社会主义一代新人,列宁注重马克思哲学的大众本性,他从通俗化角度强调其哲学的大众化。列宁哲学所关注的问题,不少是民众关心的、与民众根本利益相关的现实问题;列宁反对把马克思主义包括马克思主义哲学写成特别厚的书"只向学术界吐露",倡导把深奥的哲学理论转化成简单明了的知识。由此,列宁把"最高限度的通俗和简单明了"当作党的思想理论工作的重要原则,把为平民大众提供革命理论当作自己最大的希望,并且亲自撰写不少通俗化的马克思主义哲学文章,力求使自己的哲学论述和表达尽可能做到通俗易懂。如他所强调的:"最高限度的马克思主义 = 最高限度的通俗化。"②

出于革命和建设的需要,毛泽东从哲学应被人民群众掌握的角度强调哲学的大众性。他指出:"要让哲学从哲学家的课堂上和书本里解放出来,变为群众手里的锐利武器。"③又说:"洋八股必须废止,空洞抽象的调头必须少唱,教条主义必须休息,而代之以新鲜活泼的、为中国老百姓所喜闻乐见的中国作风和中国气派。"④毛泽东反对把哲学仅仅当作哲学家在书斋里进行学术研究的对象,强调它应成为提高人民群众思想素质、提高人民群众分析解决问题能力的武器和方法论。基于这种考虑,毛泽东倡导用马克思主义哲学来分析解决中国的实际问题时,要善于运用平民大众喜闻乐见的语言来阐述马克思主义哲学,把马克思主义哲学的世界观和方法论变成广大人民群众能够掌握和运用的思想方法与工作方法。

马克思主义哲学按其本性必须大众化。艾思奇是马克思主义哲学在中国的"大众形态"的主要建立者。就此而言,他在马克思主义哲学发展史上的贡献是不可低估的。如果要理解马克思主义哲学在 20 世纪 30—40 年代对中国知识分子的影响,则必须研究艾思奇。艾思奇响应毛泽东的号召,一生致力于从哲学内容和形式等方面去开拓马克思主义哲学大众化的新局面,写

① 《资本论》第 1 卷,人民出版社,2004 年版,第 8 页。
② 《列宁全集》第 36 卷,人民出版社,1959 年版,第 467—468 页。
③ 《毛泽东文集》第 8 卷,人民出版社,1999 年版,第 323 页。
④ 《毛泽东选集》第 2 卷,人民出版社,1991 年版,第 534 页。

出了《大众哲学》,在马克思主义哲学大众化的历史上写下了可喜的一页。

马克思主义哲学经典作家以及中国共产党人倡导马克思主义哲学的大众化,其实质就是要求我们认识到,理论只要掌握群众也能变成物质力量,只有实现马克思主义哲学的大众化,才能真正使马克思主义哲学深入人心,进而增强马克思主义哲学的生命力、吸引力和凝聚力。然而,在马克思主义哲学发展的历史进程中,尽管它的后继者和实践者不断强调其大众性,但许多人并未真正认识到大众性是马克思主义哲学的首要本性,马克思主义哲学的大众形态没有真正确立起来,因为大众形态在马克思主义哲学发展史的教科书中没有应有的地位,马克思主义哲学研究的问题、方法、内容、形式和运思方式远离平民大众,没有真正进入平民大众的心灵世界,一些平民大众对马克思主义哲学望而生畏。

(二)从"学术形态"发展史看:虽然学术形态的哲学在马克思主义哲学发展史及传统马克思主义哲学发展史教科书中在持续,但主要是为政治服务,独立的学术形态哲学没有完全、真正确立起来

马克思主义哲学发展史也应当是研究者解读、发展马克思主义哲学的历史。但在马克思主义哲学发展史及传统马克思主义哲学发展史的教科书中,虽然学术形态的哲学较为清晰,但主要是为政治服务的,相对独立的学术形态哲学未完整确立起来。因为哲学工作者不仅相对缺乏独立、自主的人格,提不出原创性思想,而且偏重注解政治所给定的东西(虽然是必要的),对给定的东西往往缺乏科学的"超越"、"反思"精神。

马克思是在系统深入研读"大众之书"、"文本之书"、"现实之书"的基础上,在对传统旧哲学变革的过程中,创立了以实现无产阶级解放与人的自由全面发展为主题的理论哲学。

列宁为了避免犯狭隘经验主义的错误,十分注重哲学理论的建构,也是一位理论哲学家。在针对时代性问题、关注工人阶级解放、研读经典、注重与论敌进行思想论战、运用哲学方法分析解决所关注的问题和为无产阶级政党奠定理论基础方面,列宁与马克思具有相似之处,但列宁哲学的学术形态与马克思哲学的学术形态也有所不同:在研究的问题上,马克思哲学着重面向现实人的生活世界与人类社会历史发展的一般规律,揭示无产阶级解放与人的自由全面发展的实现方式,而列宁哲学着重面向革命后落后俄国向社会主义过渡的特殊规律与俄国社会主义建设的特殊道路;在哲学内容上,马克思哲学虽然也具有本体论、认识论和辩证法方面的内容,但更侧重于唯物史观和人的理论,而列宁哲学更注重认识辩证法和历史辩证法,人的理论虽有论述,但不够突出;在哲学表述与叙述方式上,马克思哲学比较注重理论建构自身的学理逻辑,列宁哲学也注重理论自身的学理逻辑,但更关注实践发展的逻辑,注重根据实践发展的逻辑谈论理论发展的逻辑;在哲学运思方式上,马克思哲学比较注重理论自身的建构,而列宁哲学主要是针对他那个时代的问题,并在与论敌进行论战中,解释、完善、补充、丰富和发展马克思主义哲学。列宁哲学思想演进的四个时期,即从《什么是"人民之友"以及他们如何攻击社会民主主义者?》,到《唯物主义与经验批判主义》,经《哲学笔记》,再到晚年对"俄国社会主义道路"的探索,自始至终都分别体现着列宁注重对马克思主义哲学的唯物史观、认识论、辩证法和历史辩证法的独到的学理解读、完善、补充、丰富和发展。

　　前苏联马克思主义哲学研究虽然存在某些局限,如过于强调哲学为政治服务,意识形态色彩过于浓重,但在学术方面也取得了不少积极成果。"苏联哲学家注意同自然科学和社会科学建立联盟、重视汲取自然科学和社会科学的最新成果,摆脱了闭关锁国自赏自守状态,同世界各国哲学界开展学术交流,因而在宣传、普及和发展马克思主义哲学方面,取得了长足进展。"①例如,凯德洛夫反对斯大林"原理加例子"式的体系论述方法,奥伊泽尔曼对马克思主义哲学史和对马克思主义哲学体系的研究,费尔谢耶夫和伊利切夫将哲学归结为人的问题,甚至归结为人的实践活动,科普宁试图用人的问题来解释哲学基本问题,认为哲学反思的对象是"主体—客体"关系问题,以及弗罗洛夫的人学研究、生态问题研究等,均是对马克思主义哲学学术形态的一种积极探索。由是,"当时年青一代的哲学家是从研究和掌握在官方哲学中所没有的某些问题开始其哲学生涯的。通过对当代科学、哲学史和现代资产阶级哲学的深入分析,许多哲学问题的内容和范围获得了很大的丰富和扩展。如科学哲学和方法论、人的综合研究和人道主义问题、价值问题和对科学知识

---

① 　修毅、徐晓风:《新世纪的哲学走向》,黑龙江人民出版社,2002 年版,第210页。

的评价等等,就是从那时开始得到深入广泛的研究的"①。

毛泽东主要是为分析解决的问题提供方法论、为中国共产党提供理论基础、为广大人民群众提供掌握认识世界和改造世界的思想武器而研究哲学的。毛泽东虽不如马克思、列宁那样致力于哲学的学理研究,但毛泽东的哲学思想里面也蕴涵着比较丰富的学理内容。毛泽东哲学主要研究的是马克思主义哲学与中国实际相结合过程中出现的重大理论和现实问题,集中体现为针对教条主义和经验主义及中国社会历史发展的新情况,着重研究以实践为基础的马克思主义认识论,以对立统一为核心的唯物辩证法,以社会基本矛盾为中心内容的唯物史观。毛泽东的哲学研究方式,既有解读、发挥性的,如《实践论》,也有丰富、发展性的,如《矛盾论》,还有运用性的,如《关于正确处理人民内部矛盾的问题》)。

李达、杨献珍的哲学不乏与政治有关的内容,但也比较注重从学理上阐述马克思主义哲学,在马克思主义哲学的学术形态方面有他们的贡献。李达注重从学理上系统而准确地阐释和传播马克思主义哲学,他的作为"中国人自己写的第一部马克思列宁主义的哲学教科书"《社会学大纲》,用科学的宇宙观和历史观把人民的精神武装起来,用科学的方法去指导实践。他的《现代社会学》,是一部从学理上全面系统阐述唯物史观的著作,就所论及问题的广泛性和内容的深刻性而言,代表了中国早期马克思主义者对唯物史观的理解所能达到的水平。与杨献珍直接相关的"三次哲学大讨论"虽然针对政治,但主要是从学理上入手的。

西方马克思主义在反对把马克思主义正统化与教条化、主张根据西方社会新的实际、新的思想资源并研究新的问题来发展马克思主义哲学的意义上,可以看作是马克思主义哲学发展的一个分支。他们反对一些所谓正统的马克思主义者仅仅把马克思主义当作意识形态的倾向,强调根据新的文本、新的实际和新的思想资源从学理上重新诠释马克思和马克思主义,以及马克思主义哲学,强调从学理上研究并补充、完善、发展马克思主义,包括马克思主义哲学,这在一定意义上就是注重从"学术形态"上来研究马克思主义哲学。有人说西方马克思主义者注重学术形态而远离马克思主义哲学的政治

---

① 聂锦芳:《国外四位"马克思学家"及其对马克思主义哲学的理解》,《江西社会科学》2008 年第 3 期。

形态,有人说西方马克思主义者通过学术关心政治,具有强烈的介入精神,还有人说西方马克思主义者注重马克思主义哲学的大众化,具有大众化特征。究竟如何恰如其分地评价西方马克思主义的哲学贡献,值得深入研究。

(三)从"政治形态"发展史看:政治形态的哲学不断被强化,但要真正深入大众心灵世界却任重而道远

应当说,马克思主义哲学发展史也是伴随政治发展而发展、且为政治服务的历史。然而,在马克思主义哲学发展史及传统马克思主义哲学发展史教科书中,由于强调"主义"及意识形态,马克思主义哲学发展史几乎被看作是政治形态哲学的发展史,政治形态的哲学持续突出,但没有完全真正深入大众心灵世界。

马克思力求建立一种为无产阶级立言的哲学,用以武装无产阶级政党,进而实现无产阶级的解放。哲学为政党政治服务,政党政治为无产阶级解放服务,是马克思"无产阶级解放——哲学理论——政党政治"逻辑链条和框架中的必然环节,也是马克思哲学的政治表达。

列宁注重从革命和建设两方面使哲学为政治服务。列宁的哲学研究大多是为解决政治领域的问题、且针对党内政治斗争和思想论战而展开的,其中一个根本目的,是统一政党的思想。因此,列宁特别注重哲学思想斗争背后的政治立场、政治利益和政治斗争,注重为政治斗争提供哲学武器。列宁的时代,是战争与革命的时代,可用三个基本事实来说明那个时代的本质特征:社会历史从自由资本主义向帝国主义过渡;帝国主义矛盾的激化促发了第一次世界大战,由此酝酿着无产阶级的社会主义革命;第二国际马克思主义内部出现了修正主义,它们用唯心主义和形而上学修正马克思主义哲学。当时俄国既面临着通过无产阶级革命实现社会主义的时代任务,也面临着从哲学上反对党内修正主义、诡辩论与总结自然科学新发现和革命经验教训的理论任务。这样的时代背景要求列宁集中探索三大政治问题:无产阶级革命;落后俄国向社会主义发展的道路;创立新的认识论和辩证法,为俄国无产阶级革命和社会主义建设实践提供理论基础。列宁哲学活动经历的四个历史时期,都分别与党内政治斗争息息相关:第一是第一次实行俄国革命时期,列宁的主要代表作是《什么是"人民之友"以及他们如何攻击社会民主主义

者?》，重点是阐述和运用唯物主义历史观，去研究"俄国是否应该发展资本主义"这一政治问题。第二是革命转入低潮时期，列宁的主要代表作是《唯物主义与经验批判主义》（以下简称《唯批》）。其中，列宁针对布尔什维克党内消极思想的政治影响，把阐述马克思主义唯物主义认识论放在首位，以此来捍卫布尔什维克党的理论基础，实现党在思想上的统一，维护党的团结。这里，列宁把哲学理论问题看成是关系俄国革命事业全局的重大政治问题。在《唯批》中，列宁强调要善于识别某些哲学家复杂思想背后的政治面目，善于分析一切重大哲学思想斗争和争论背后的政治背景以及阶级立场。列宁强调的哲学党性原则，实质上就是要注重哲学思想斗争背后的政治斗争，注重为俄国无产阶级革命斗争提供哲学理论武器。第三是第一次世界大战和俄国十月革命准备时期，列宁的主要代表作是《哲学笔记》，重点是研究和运用唯物辩证法，为判明时代和战争的性质、为无产阶级制定新的战略和策略提供哲学方法，为与第二国际的一切思想体系实行决裂提供理论武器，为俄国十月革命提供理论准备。第四是向社会主义工业化过渡时期，这一时期著述的重点和特点是运用历史辩证法，结合俄国国情，探索和开创落后俄国建设社会主义的道路这一重大政治课题①。

　　毛泽东更加注重哲学为政治服务。集中体现在：毛泽东运用哲学方法所研究的问题，大多是政治问题，如《论持久战》解决的是战争问题，《实践论》、《矛盾论》解决的是党内教条主义和经验主义问题，《关于正确处理人民内部矛盾的问题》解决的是政治生活中的矛盾问题；毛泽东的哲学思想多是针对党内政治论战、统一党内思想认识而提出的，《论持久战》是针对战争中的冒进主义（急性病）和悲观主义而写的，《实践论》、《矛盾论》是针对党内的教条主义和经验主义而著的，《关于正确处理人民内部矛盾的问题》是针对党如何处理人民内部矛盾而论的；毛泽东哲学充满诸多的政治话语，如说马克思主义哲学归根到底就是"斗争哲学"等；毛泽东哲学比较注重哲学的意识形态性，如强调马克思主义哲学是中国共产党的世界观和方法论，是中国共产党的理论基础。

　　由上看出，马克思哲学的政治形态在其后马克思主义哲学发展进程中不

① 《列宁选集》第4卷，人民出版社，1995年版，第637页。

断得到强化,且几乎成为马克思主义哲学发展史的主流。但这样的哲学要真正深入大众心灵,任重而道远。

三、马克思主义哲学的大众形态、学术形态、政治形态在当代中国的命运

一般而言,哲学形态的命运是特定时代人之命运的理性映照。本来,马克思主义哲学的"三形态"应是有机统一的,但马克思开创的马克思主义哲学的大众形态、学术形态和政治形态,在改革开放以后的中国却呈现不同的命运,且处于相对分离的状态,没有达到真正的统一。这就造成了马克思主义哲学的大众认同危机、学术认同危机和政治认同危机的困境。

改革开放以来,中国马克思主义哲学的大众化不断得到倡导,但没有真正实现。马克思主义哲学只有满足人民大众的精神需要,才能真正掌握人民大众,才能使马克思主义哲学深入人心,在中国扎根、开花、结果,就是说才能真正增强马克思主义哲学的生命力、吸引力和凝聚力。在我国,马克思主义哲学的大众化是被政治意识形态不断倡导的。邓小平不是从学术而主要从学习效用的角度强调马克思主义哲学的大众性,指出:"学马列要精,要管用的。"①"精"就是简明扼要,"用"就是对中国人民管用。胡锦涛同志从增强社会主义意识形态的凝聚力和吸引力以及宣传普及的角度,强调不断"推进当代中国马克思主义的大众化",其中自然包括推进当代中国马克思主义哲学的大众化。马克思主义哲学本来是最朴实的道理,是人民大众所需要的、为人民大众服务的。但在实际生活中,常有人说马克思主义哲学很深奥,不容易理解和把握。这说明,在当今我国,哲学理论工作者在马克思主义哲学的通俗化、大众化方面还做得远远不够,马克思主义哲学的大众形态并没有真正确立起来。集中表现在:第一,学术界对大众关心的问题关注和研究不够,人民大众的生存境遇、发展命运与精神世界问题没有真正进入哲学视域中;第二,哲学研究的内容要么是"文本",要么是"政治生活",要么是"当代西方哲学",人民大众的生活世界和心灵世界没有成为专家学者哲学研究的基本

───────────

① 《邓小平文选》第3卷,人民出版社,1993年版,第382页。

内容,人民最美好、最珍贵、最隐蔽的精髓没有完全汇集在哲学中;人们乐于在书斋读文本之书,强调读政治生活之书,注重读当代西方哲学之书,而对人民大众的实践之书、生活之书和心灵之书读得不够;我们提出了不少新的政治理念和学术思想,但对我国改革开放三十多年人民群众的生动活泼实践与经验智慧做哲学总结、提升不够;第三,当今我国马克思主义哲学充满学术话语、政治话语、西方话语,但大众话语严重缺失,通俗易懂的、人民群众喜闻乐见的马克思主义哲学没有真正呈现出来。要言之,虽然我们在政治上没有忽视马克思主义哲学的"大众形态",但总体上,马克思主义哲学往往成为政治家和专家学者的专利,一定意义上疏离了马克思主义哲学的"大众本性",为大众立言的马克思主义哲学大众形态未真正建立起来。究其原因,一是学者的工作和研究方式往往是学院式的,不与大众接触;二是评价学者哲学研究价值的尺度是"学术积累"、"学术含量"、"学术水准"和"学术影响",而不是对平民大众的影响。有必要指出,马克思主义哲学的通俗化、大众化绝不是庸俗化,而是不仅改变语言表达方式,使哲学理论由抽象到具体、由深奥到通俗,赋予马克思主义哲学以通俗易懂的表现形式,而且要把"人民大众的问题"引入马克思主义哲学的内容中,使哲学由被少数人理解掌握变成被广大人民群众理解掌握,赋予马克思主义哲学以入脑入心的内容及其传播效果。这样才能对人民大众的实践发挥直接指导作用。就是说,马克思主义哲学,尤其是当代中国马克思主义哲学,要发挥对实践的指导作用,就必须大众化。

在当今我国学术界,马克思主义哲学的学术形态强劲,但疏离政治和大众的倾向较为突出。改革开放以来,针对仅仅把马克思主义哲学当作一种意识形态,当作政治的附庸,以及把马克思主义哲学教条化的倾向,针对一些学者认为马克思主义哲学只具有政治意识形态的功能,它根本就不是什么学问的看法,当今中国马克思主义哲学研究的不少学者力求突出马克思主义哲学研究的"学术性",强调要把马克思主义哲学作为一门学问或学术研究对象来进行科学研究。20世纪90年代,在我国学术界,一些学者喊出"思想淡出,学术凸显"的呼声。他们埋怨中国马克思主义哲学研究一味为意识形态或政治服务,一味为现实生活中个别事件辩护,学术性不强,研究水准不高,其成果经不起时间和学理检验。应当承认,在"体系哲学"的束缚下,马克思主义哲学被简单化、教条化以至政治化了,马克思主义哲学的功能也被片面化和单一化了。为避免中国马克思主义哲学研究的尴尬局面,他们力图走出意识形态和政治化的"困境",回到学术层面,强调学术研究的相对独立性,甚至主张回归学术、放逐现实,对活生生的现实生活世界采取一种逃避的态度。由此,我国马克思主义哲学研究领域出现一种"文本解读"和"对话研究"的热潮,似乎关注政治就不是学问,研究现实也不是学术,只有解读文本和对话研究才是真正的学问和学术,才是真正在研究马克思主义哲学。"文本解读"和"对话研究"的学术贡献主要在于:在细致挖掘、整理相关文献的基础上,以大无畏的学术探索精神,对马克思的文本和"西马"的文本率先做了深度学术解读,再现了马克思的"新"形象;在某种意义上,获得了判断以往各种马克思研究的对错得失的学理评判权和进一步发展马克思的学术思想资源;为揭示马克思思想的当代意义奠定了较为坚实的学理基础。质言之,从"学术形态"研究并理解马克思主义哲学,克服了仅仅从政治形态看待马克思主义哲学发展、理解马克思主义哲学的局限,帮助人们较为全面、客观地看待和理解马克思主义哲学;也为马克思主义哲学提供科学的学理支持。但从整个马克思主义哲学发展的进程来看,马克思主义哲学的学术形态并未得到健康成长:一是理论界的主流依然强调马克思主义哲学为政治服务,这应当注重,但也往往使大多专家学者缺乏独立人格和独立思考,使政治对学界的研究成果吸收不够,马克思主义哲学的独立的学术形态没有真正确立起来;二是当今我国一些学者对马克思主义哲学的"政治形态"和"大众形态"重视不够,没有充分认识到马克思主义哲学的本性,就是以哲学方式全面而深入地批判和把握现实,进而为广大人民群众立言,为有利于人民大众的政治提供合理有效的服务,结果逃避现实,逃避大众,逃避政治。过去,把马克思主义哲学"政治化"、"教条化"的一个重要失误,就是使现实服从政治和教条,要么主观制造现实,要么主观曲解现实,结果忽视现实自身的客观实在性和自在规定性,影响了马克思主义哲学的形象。国内一些学者为了避免使哲学完全政治化,于是就极力逃避现实。然而,我们既不能因过去曲解现实而远离现实及其政治和大众,也不能因强调学术而放逐现实以及疏离政治和大众。我们曾经指出,一些哲学学者逃避现实以及政治和大众,是因为存在五种顾虑:研究现实不是学术,不愿研究;研究现实触及政治,不敢研究;哲学不解决现实问题,不必研究;研究现实困难重重,不去研究;找不到哲学研究现实及政治和大众的合理有效路径,不会研究。实际上,学术性与现实性是统一的:离开哲学的学术性,现实只是经验层面的现实,而不是哲学层面的现实,而离开现实的学术只是一种抽象思辨且空洞的学术,而不是具有真实思想和对现实具有积极意义的学术。马克思说过,"一切划时代的体系的真正的内容都是由于产生这些体系的那个时期的需要而形成起来的。所有这些体系都是以本国过去的整个发展为基础的"①。因此,如果只注重学术诉求而疏离现实与政治、大众,马克思主义哲学的研究注定是没有生命力的,马克思主义哲学研究的合法性也会受到质疑。换言之,这种面对现实问题而哲学显得"无能为力"、在现实问题面前"哲学的不在场、失语和边缘化"的状况,值得忧思。让哲学走进现实与政治、大众生活是哲学获得生命力的关键。因此,正确的态度是:哲学不能躲在象牙塔里仅仅从事概念的游戏,而应为民立言,为时代立言;应以哲学方式研究现实以及政治和大众;哲学应超越现实并引领现实。

在政治意识形态领域,中国马克思主义哲学的政治形态突出,但需要进一步赢得学理支持和大众认同。从邓小平到胡锦涛,马克思主义哲学主要是为破除思想障碍、确立党的思想路线而加以强调的,是为分析解决我国改革开放和现代化建设进程中的根本性问题而加以运用的,是为推进马克思主义中国化而加以倡导的。显然,马克思主义哲学为政治或意识形态服务的功能比较明显。但也存在着需要我们进一步关注的问题:其一,出于某种政治需要,有的学者把马克思主义哲学教条化,过于注重马克思主义哲学的政治性,而忽视其科学性。因而,马克思主义哲学的政治形态如何进一步取得学理上的科学支持,还有待深入研究;其二,当代中国马克思主义哲学特别强调从政治理念上注重以人为本,可以说是从政治上面向人民大众的马克思主义哲学。但由于缺乏推进马克思主义哲学大众化的主体队伍,要使这样的马克思主义哲学赢得人民大众的广泛理解和认同,深入推进马克思主义哲学的大众化,依然任重而道远。这就提出一个值得深思的问题:马克思主义哲学如何合理地为政治服务?不强调哲学为政治服务,马克思主义哲学就失去某种合理性,而过于强调哲学为政治服务,以政治、行政手段裁决哲学研究,就会轻视哲学自身的学术性和相对独立性,这对哲学与政治都是有害的。

---

① 《马克思恩格斯全集》第 3 卷,人民出版社,2002 年版,第 544 页。

总之,实现马克思主义哲学"三形态"的统一则三者相辅相成,反之则三败俱伤。如果大众形态不能得到政治形态和学术形态的支持,就难以真正实现;如果学术形态疏离政治形态和大众形态,就会失去合法性和生命力;如果政治形态脱离学术形态和大众形态,就会失去学理支持和大众认同。不能满足大众需要、实践需要、国家需要,且抓不住事物根本、不能说服群众、不能转化为现实力量的哲学,迟早要被历史终结。今天,马克思主义哲学政治形态的主体是中国共产党人,学术形态的主体是专家学者,大众形态的主体相对缺失,这值得深思! 因此,当今强调"回到马克思",就要回到"三形态"相统一的马克思,其方法和路径就是:要跳出单一形态的苑囿,从结构视角对马克思哲学进行学术形态、大众形态和政治形态的重新解读,注重三者"三位一体"、"彼此映照"的关联性,以勾勒出马克思哲学的完整图像。我们还应依据"三形态"来重新审视马克思主义哲学发展史,以"三形态"的统一来建构马克思主义哲学可持续发展的"生态环境。"

(原载《中国社会科学》2010 年第 4 期)

重新认识马克思主义的利益观

在当今中国,改革从根本上是利益格局的重新调整;我国改革开放和现代化建设进程中出现的诸多问题,从深层来讲首要是利益问题;领导干部的权力观、事业观、政绩观,说到底与利益观直接相关(利益观决定着领导干部的权力观、事业观和政绩观,领导干部要树立正确的权力观、事业观和政绩观,前提是必须树立正确的利益观。只有树立正确的利益观,才能从根本上树立正确的权力观、事业观和政绩观);实现好、维护好、发展好最广大人民的根本利益,是我们党和国家一切工作的出发点和落脚点。由此,利益问题应成为我们必须给予关注的根本性问题。那么,什么是利益? 马克思主义者及中国共产党人应如何正确理解和对待利益? 中国共产党人应如何处理好我国改革开放和现代化进程中出现的各种利益关系? 中国共产党人如何推进马克思主义利益观的中国化,进而实现利益观上的转变和发展? 这种转变和发展在党的执政理念和具体政策上如何得以体现? 应如何运用利益分析法来分析我们今天所遇到的问题? 这些问题,都是值得我们认真深入探讨的。

一、马克思主义的利益理论

列宁指出:"物质利益问题是马克思主义整个世界观的基础。"①在马克思、恩格斯那里,对利益问题的研究推动了他们向历史唯物主义世界观的转

---

① 《列宁全集》第 34 卷,人民出版社,1985 年版,第 306 页。

变。1842 年到 1843 年,马克思遇到了"就所谓物质利益问题发表意见"的难事①。淹没在唯心主义坚冰之中的物质利益问题的凸显,促使马克思、恩格斯走出思辨的王国,并关注现实人的生活世界,进而创立了历史唯物主义。针对鲍威尔从黑格尔的"自由意志"出发,把思想、激情变成超验存在物,而把"群众"、"物质"和"利益"当作"纯粹的无"的唯心主义错误,马克思、恩格斯强调指出,思想只能是利益的反映。这里,思想源于利益的分析方法,便成为马克思、恩格斯走向历史唯物主义的"阿莉阿德尼之线"②。

　　完成向唯物史观转变之后,马克思、恩格斯对利益问题的分析便有了坚实的理论基础。在马克思、恩格斯那里,利益既不同于唯心主义所谓的主观欲求的满足,又不同于功利主义所谓的具体效用,也不同于利己主义的个人私利,还不同于费尔巴哈生物学意义上的自然欲望,而是基于历史唯物主义加以理解的一个重要概念。马克思主义的利益理论主要包括以下五个方面的内容。

(一)利益的内涵:利益是关系范畴,表达的是人与人之间对需求对象的一种分配关系

　　何谓利益? 利益,俗称"好处"。在马克思、恩格斯那里,利益首先是一个关系范畴。所谓利益,指它反映的是人与人之间的社会关系;这种社会关系主要体现为人与人(需求主体)之间对需求对象的分配关系。需求主体、需求对象、社会关系、分配,是理解利益概念、分析利益问题的四个核心要素,其中,处于一定社会关系中的分配,是更为根本的。只有这四个核心要素的有机统一,才能形成利益。人没有需求,或者没有现实的需求对象,或者有需求,也有现实的需求对象,但不进行分配,是不可能形成现实的利益的。

　　对"物质利益发表意见"的难事,推动马克思开始经济学的研究。经过研究,马克思得出结论,"利益不是仅仅作为一种'普遍的东西'存在于观念之中,而且首先是作为彼此分工的个人之间的相互依存关系存在于现实之

---

① 《马克思恩格斯全集》第 1 卷,人民出版社,1956 年版,第 717—718 页。
② 阿莉阿德尼之线,为古希腊罗马典故。恩格斯在《自然辩证法》导言中引用了这个典故,用来比喻能够帮助解决复杂疑难问题的办法(参见《马克思恩格斯选集》第 4 卷,人民出版社,1995 年版,第 270 页)。这里,我们借用这一典故,用以揭示利益范畴在马克思走向历史唯物主义历程中的重要作用。

中"①。这就是说,利益首先是一种特殊的关系,即"彼此分工的个人之间的相互依存关系";这种关系不是一般的社会关系,而是一种特殊的社会关系,即是体现在需求主体(人)对需求对象的分配关系。换句话说,需求主体(人)对需求对象的需要在一定的分配关系中就表现为利益。

(二)利益的社会本质:利益的社会本质植根于社会基本矛盾之中

生产力与生产关系、经济基础与上层建筑之间的矛盾是社会基本矛盾,利益与这一基本矛盾的要素即生产力、生产关系(经济基础)和上层建筑(政治上层建筑、思想上层建筑)有着内在的联系,利益的本质就存在于社会基本矛盾之中,需要借助社会基本矛盾来说明。首先,对利益的合理追求是生产力发展的内在驱动力,利益"成为生产的推动因素"。对物质生活资料的需要是人们从事生产活动的最初动因,"已经得到满足的第一个需要本身、满足需要的活动和已经获得的为满足需要而用的工具又引起新的需要"②。为了满足这些需要,人们进行生产并积累生产经验,从而推动了生产力的发展。用我们今天的话来讲,就是需求拉动生产,因而应注重扩大内需。同时,生产力发展状况又决定着人们的利益诉求状况,有什么样的生产力就往往会有什么样的利益诉求。因而,要把握人们的利益诉求状况,首先要把握生产力发展的状况。其次,生产关系状况决定着利益的分配状况和实现状况。利益关系是经济关系的集中表现。一般来讲,公有制的生产关系会内在生长出"集体利益",私有制的生产关系会内在生长出"个人利益"。恩格斯说:"每一既定的经济关系首先表现为利益。"③经济运行主要包括生产、分配、交换和消费,这一运行过程实际上就是利益的创造、分享、流通和实现过程。在阶级社会,阶级冲突实质上就是利益冲突,利益冲突是阶级斗争的根源。在马克思、恩格斯看来,阶级斗争是"基于物质利益"的根本冲突。他们指出:阶级斗争"首先是为了经济利益而进行的"④。所以,生产关系和利益关系应相互理解,从一方去理解另一方。第三,利益决定政治权力及政治活动,"政治权力不过是

---

① 《马克思恩格斯选集》第 1 卷,人民出版社,1995 年版,第 84 页。
② 《马克思恩格斯选集》第 1 卷,人民出版社,1995 年版,第 79 页。
③ 《马克思恩格斯选集》第 3 卷,人民出版社,1995 年版,第 209 页。
④ 《马克思恩格斯选集》第 4 卷,人民出版社,1995 年版,第 250 页。

用来实现经济利益的手段"①。最后,利益是政治思想的基础,利益决定政治思想,一切政治思想体系的背后,实质就是利益。正如马克思指出的:"'思想'一旦离开'利益',就一定会使自己出丑。"②就是说,有什么样的利益,就往往会有什么样的政治思想体系,也往往会有什么样的思想导向和价值取向。无产阶级政党的政治思想导向和价值取向,就是要求"共产党人为工人阶级的最近的目的和利益而斗争"③。

(三)利益的历史形态:不同的经济社会形态,人们的利益诉求是不同的

在不同的经济社会形态,利益有着不同的历史内容。

在农业经济时代,生产力的落后造成生活资料的匮乏,仅仅具备"原始的丰富"的人显得不独立,缺乏交往和全面发展的条件,这时人们的需要更多表现为对共同体和血缘关系的依赖,马克思称之为"人的依赖"。在这种依赖中,整体利益被加以强调。在工业经济时代,物质财富的增长和积累被看作是首要的,物质交换关系、分配关系成为主要的社会关系,个人也逐渐从对整体的依附中独立出来,这时人们的需要主要表现为对"物"(物质财富、资本、交换关系等)的需要,马克思称之为"物的依赖"。在这种依赖中,个人利益凸显出来。在物质财富的增长和积累满足了人们的生存需要之后,人们开始追求更高层次的需求,即体现为对自身能力全面发展和创造个性发挥的需求,马克思称之为"自由个性"。由此,追求丰富的社会交往、人的能力的全面发展以及个人利益和整体利益的和谐一致,便成为未来新的社会历史形态中人们的主要利益诉求。

(四)利益的作用:追求利益既是人的一切社会活动的动因,又是推动社会发展的内在驱动力

马克思认为:"人们奋斗所争取的一切,都同他们的利益有关。"④就是说,利益既是人们奋斗的目标,又是人们从事事业和工作的基本动力,是人的

---

① 《马克思恩格斯选集》第4卷,人民出版社,1995年版,第250页。
② 《马克思恩格斯全集》第2卷,人民出版社,1957年版,第103页。
③ 《马克思恩格斯选集》第1卷,人民出版社,1995年版,第306页。
④ 《马克思恩格斯全集》第1卷,人民出版社,1956年版,第82页。

一切活动的内在动因,对利益的合理追求推动人们进行各种活动,进而推动人本身的发展。

对利益的合理追求也能推动社会发展。这主要是通过利益刺激生产而发挥作用的。生存的需要促使人们进行生产,人们的"第一个历史活动就是生产满足这些需要的资料,即生产物质生活本身"①。恩格斯指出,"地理上的发现——纯粹是为了营利,因而归根到底是为了生产而完成的"②,"社会一旦有技术上的需要,这种需要就会比十所大学更能把科学推向前进"③。要言之,人对利益的合理追求可以推动生产力的发展,而生产力发展是社会发展的决定性力量。

(五)代表大众利益:马克思主义的大众立场

大众性是马克思主义的一个本质属性。马克思主义本来就是无产阶级的世界观或"头脑"(或精神武器),它十分关注大众的生存境遇、发展命运和心灵世界,并力求为分析解决大众关心的问题提供方法;马克思主义是一种真正为大众立言、以无产阶级解放和人类解放为理想目标的理论体系。马克思主义的大众立场决定了它必然关注大众利益。马克思、恩格斯指出:"过去的一切运动都是少数人的或为少数人谋利益的运动。无产阶级的运动是绝大多数人的、为绝大多数人谋利益的独立运动。"④在这场运动中,共产党人"没有任何同整个无产阶级的利益不同的利益"⑤,他的利益就是人民大众的利益。这表明,共产党人与整个无产阶级有着共同一致的利益,那就是实现无产阶级解放和人类解放,促进人的自由全面发展。马克思主义的大众立场实质上就是维护和实现大众利益。正如中央党校常务副校长李景田同志所指出的,马克思主义的大众立场是首要的、根本的,它是马克思主义大众化的基础、根本和前提。实际上,马克思主义大众化所蕴涵的解决大众问题、满足大众需求、体现大众思维、运用大众语言、提供大众产品,都是大众立场、大众利益的不同表现形式。

---

① 《马克思恩格斯选集》第1卷,人民出版社,1995年版,第79页。
② 《马克思恩格斯选集》第4卷,人民出版社,1995年版,第280页。
③ 《马克思恩格斯选集》第4卷,人民出版社,1995年版,第732页。
④ 《马克思恩格斯选集》第1卷,人民出版社,1995年版,第283页。
⑤ 《马克思恩格斯选集》第1卷,人民出版社,1995年版,第285页。

二、新时期中国共产党人在利益观上的转变和发展

马克思主义利益观为新时期中国共产党人分析解决利益问题提供了理论基础和方法论。在全球化的时代背景下,我国改革开放和现代化建设进程中出现了前现代、现代和后现代各种因素并存的局面;不仅如此,利益主体日趋多样化,利益主体的利益需求也日趋多样化,而且社会关系和分配方式日趋复杂。这就使当代中国在利益问题上呈现出错综复杂的局面。新时期的中国共产党人基于马克思主义的利益观,根据新的形势和新的情况,积极推进马克思主义利益观的中国化,实现了利益观上的转变和发展,逐渐形成了以代表中国最广大人民的根本利益并统筹兼顾各种利益为核心内容的观念体系。

(一)理念转移:由相对注重阶级利益到自觉主动关注社会各阶层的公共利益和最广大人民的根本利益

1922 年党的第二次全国代表大会通过的《关于中国共产党的组织章程决议案》明确强调,中国共产党"应当是无产阶级中最富有革命精神的广大群众组织起来为无产阶级之利益而奋斗的政党,为无产阶级做革命运动的急先锋"[1]。不言而喻,中国共产党强调为无产阶级利益奋斗,是革命时期党在利益观上注重阶级利益的集中体现。"文化大革命"时期的"以阶级斗争为纲",也反映着当时我们相对注重的是阶级利益。

新时期以来,虽然阶级依然存在,不能忽视阶级利益,但社会阶层日趋多样化了,人民的主体地位和作用日益突出。在这种情况下,党要巩固其执政基础,就必须以逐步满足最大多数人的利益为出发点,认真考虑和兼顾不同阶层、不同方面群众的利益,注重帮助解决困难群众的生产和生活,必须"妥善处理各方面的利益关系",必须"对为祖国富强贡献力量的社会各阶层人们都要团结,对他们的创业精神都要鼓励,对他们的合法权益都要保护"[2]。就

---

[1] 《中国共产党组织史资料》第八卷《文献选编》上(1921.7—1949.9),中共党史出版社,2005 年版,第 13 页。

[2] 《中国共产党第十六次全国代表大会文件汇编》,人民出版社,2002 年版,第 14—15 页。

是说,中国共产党人应相对注重社会各个阶层之间的公共利益和最广大人民的根本利益。

邓小平理论所强调的"人民共同富裕","三个代表"重要思想所要求的党始终代表"中国最广大人民的根本利益",科学发展观把实现好、维护好、发展好最广大人民的根本利益作为党和国家一切工作的出发点和落脚点,都旨在确立人民利益的主体地位。尤其需要强调的是,中国共产党人在注重社会各阶层的公共利益和人民的根本利益的时候,特别强调要主动地关注人民群众的利益诉求,并且支持人民群众合理合法表达其利益诉求。

(二)本质提升:由一般地强调利益到在本质上注重利益

领导人民为夺取全国政权而奋斗的党更多强调的是阶级利益,且对其他利益多是一般地即没有完全从社会主义本质、党的执政本质和发展本质上加以明确强调。

当今,我们的党已经成为掌握全国政权并长期执政的党。这样的党要顺利领导我国改革开放和社会主义现代化建设,赢得广大人民群众的支持和拥护,就必须自觉注重从本质层面上更为深刻、彻底地关注利益问题。由是,邓小平从社会主义本质的角度强调"最终达到共同富裕",这是从社会主义本质上关注人民利益;"三个代表"重要思想从党的执政本质角度强调代表中国最广大人民的根本利益,强调立党为公、执政为民,这是从执政本质上关注人民根本利益;科学发展观从发展本质的角度强调以人为本,即以人民根本利益为本,这是从发展本质上关注人民的根本利益。

(三)外延扩展:由注重部分利益到全方位关注经济利益、政治利益、文化利益和社会利益及其他利益

改革开放以前,我们也谈论利益问题,但对经济利益、政治利益、文化利益和社会利益及其他利益在外延上区分得不够清晰。

改革开放以来,我们党把人民根本利益放在首位,全方位关注群众利益,人民利益的外延不断拓展。中国特色社会主义建设的总体布局就把人民的利益拓展为经济利益、政治利益、文化利益和社会利益。此外,还有民族利益、各国人民的利益等等。这里的经济利益,主要是满足人民群众的物质生活的需要;政治利益,主要是让人民当家作主,维护人民民主权利;文化利益,主要是满足人民群众文化生活的需要;社会利益,主要是解决好民生问题。

(四)全面推进:由强调集体利益、长远利益、精神利益到注重集体利益和个人利益、长远利益和当前利益、精神利益和物质利益的统一

过去,我们相对强调集体利益、长远利益和精神利益,强调个人利益服从集体利益、当前利益服从长远利益、精神利益高于物质利益。这样的强调有其历史的必然性。

改革开放以来,在社会主义市场经济体制条件下,我国的利益主体结构、利益来源途径、利益表达方式和利益分配方式等等,都发生了很大变化。在这种情况下,"一切空话都是无用的,必须给人民以看得见的物质福利"。那么,如何整合人们的各种合理利益诉求?如何统筹兼顾各种利益?胡锦涛总书记在十七大报告中提出,要"统筹个人利益和集体利益、局部利益和整体利益、当前利益和长远利益"①。统筹各方利益,表明我们党在利益观上,在强调集体利益、长远利益和精神利益的同时,也十分注重个人利益、当前利益和物质利益。

(五)公平正义:由单一整体利益到公正协调、统筹兼顾多元利益

改革开放以前一段时期,我国相对强调整体利益,因而利益结构相对单一,表现为利益主体、利益主体需求、利益分配方式比较简单。

改革开放、尤其是建立市场经济以后,利益多样化的倾向逐渐凸显,我国的利益结构也日趋多元化,表现为利益主体多元化,利益主体的利益需求多样化,社会关系多样化及功利化,分配方式多样化。尤其值得关注的是,今天我们在利益上面临的最大问题和难题就是:以权力层级为核心的传统社会层级结构及其权力运作方式在今天一定意义上会导致权力的市场化;后者易导致公正理念某种程度的缺失,进而在一定程度上引起分配秩序的混乱,使人们难以完全做到各得其所;分配秩序混乱带来的一个直接结果,就是社会各阶层之间利益的不规范分化,而这又导致人们在利益问题上难以完全达成共

---

① 《中国共产党第十七次全国代表大会文件汇编》,人民出版社,2007年版,第16页。

识,一些人往往从自己的特殊利益而不是从共同利益出发来看问题,并开始形成利益对立的思维,富人与穷人之间出现某种互相敌视的倾向,一些部门在膨胀自己的局部利益,不再以全局的眼光来看问题;这种利益分化会产生某种社会不和谐现象。针对这种情境,我们中国共产党人所采取的方法是:畅通利益表达渠道,健全利益表达机制;强调公平正义,整合协调、统筹兼顾各方利益;扶贫济困,共享社会发展成果,注重公共利益和共同利益;健全市场经济机制,规范分配秩序,加强社会管理,培育社会组织与公民意识,建设公共服务型政府,构建社会主义和谐社会。

三、利益观上的转变在党的执政理念和政策上的具体体现

中国共产党人在利益观上的转变在党的执政理念和政策上得到了具体体现。

首先,中国共产党人在利益观上的转变,使全党从巩固其执政地位的高度增强了对实现、维护和发展好人民根本利益的深刻认识,进一步从理念上明确了党执政的根本目的就是实现中国最广大人民的根本利益。具体来说,一是确立以人为本与和谐发展的执政理念。党的十六届三中全会提出的科学发展观和党的十六届四中全会提出的构建社会主义和谐社会,要求努力做到以人为本、和谐发展,这体现了党对人民根本利益的关注与注重。二是党的"三大执政方式"的确立。为真正关注与注重人民的根本利益,党的十六届四中全会明确提出我们的党要科学执政、民主执政、依法执政。只有做到科学执政、民主执政和依法执政,才能真正做到既尊重人民利益又规范人民利益。苏联亡党的一个重要教训,就是忽视人民利益。"文化大革命"时期"谈利色变"的思想,也影响广大人民群众积极性和主动性的充分发挥。反面的教训告诉我们必须尊重人民合理的利益诉求。另一方面,我们也要规范人们对利益的追求。马克思曾经批判边沁的追求"最大幸福"的功利主义忽视了对利益的规范。这就启示我们,既要尊重人们的利益追求,也要对这种追求进行合理规范。

其次,中国共产党人在利益观上的转变,也在我们党所制定的一系列政

策中得到了体现。

在经济领域,我们党坚持和完善以公有制为主体、多种所有制经济共同发展的基本经济制度,坚持和完善按劳分配为主体并与按生产要素分配相结合的分配制度,坚持平等保护物权;强调要切实保护人民的各种合法经济利益,强调必须尊重劳动、尊重知识、尊重人才、尊重创造,把它作为党和国家的一项重大方针在全社会认真贯彻,强调一切合法的劳动收入和合法的非劳动收入都应当得到保护;我们还主张放手让一切劳动、知识、技术、管理和资本的活力竞相迸发。这其中就包含了对个人利益、物质利益的注重。

在政治领域,我们党实行人民当家作主、民族区域自治、宗教信仰自由等制度与政策,从规则层面保障人民的政治利益;我们党强调要尊重人民的基本需求与合法权益,不断满足人民群众合理的政治利益诉求,强调要落实党员的知情权、参与权、选举权、监督权,强调决策要考虑群众利益。在此,人民的政治利益得到了集中体现。

在文化领域,我们党积极倡导主旋律,又尊重差异、包容多样,强调建设和谐文化;强调"百花齐放、百家争鸣",注重"文艺为人民服务、为社会主义服务"。这些文化政策,体现了党对人民文化利益的尊重和规范。

在社会领域,我们党强调要注重公平正义,关注弱势群体,关注民生,构建社会主义和谐社会;强调人民共创社会发展成果、共享社会发展成果;强调切实解决人民群众上学难、增收难、就业难、看病难、保障难、住房难的问题,努力使全体人民学有所教、劳有所得、病有所医、老有所养、住有所居。这其中包含着对人民群众目前利益的关注。

为了真正贯彻落实中央精神,北京市在实现好、维护好、发展好人民群众的各种利益方面,制定并实施了一系列具体的政策和措施,取得了较好的成效。

(原载《北京日报》2009 年 12 月 7 日,与王海滨合作)

马克思的财富观及其当代意义

国际金融危机把这样一个有关财富的问题凸显出来:物质财富、虚拟财富和能力财富哪个更重要? 要破解这一问题,可以从马克思的财富观那里寻求思想资源及其启示。

一、"以重新理解劳动创造财富为前提"的劳动财富观

从人类历史看,土地财富观和货币财富观是在一定历史时期占据主导地位的财富观。在农业社会,人们主要依靠土地收获农产品以满足其基本生存和生活需求。在财富问题上,由于缺乏交换、交往,使用价值便成为衡量财富的主要尺度,而土地最具有使用价值,人们自然就把土地视为财富的主要源泉;在工业社会,以分工和交换为主要特征的商品经济逐渐成为占主导地位的经济形态,交换价值取代使用价值成为人们衡量财富的主要尺度,充当一般等价物且具有五大职能(价值尺度、流通手段、支付手段、贮藏手段和世界货币)的货币便成为人们追求的主要财富形态。

值得深思的是,从本源上,财富是由劳动直接创造的,无论是土地成为财富还是金银货币成为财富,都必须以劳动创造财富为基础。一些思想家早就注意到了劳动与财富的这种本质关系,初步提出了劳动创造财富的观点[①]。到了古典经济学时期,经济学家们在研究财富创造以及区分财富与价值的过

---

① 霍布斯曾指出:财富的"丰富是依赖于(次于上帝的恩赐)人的劳动和勤勉"(参见麦克库洛赫:《政治经济学原理》,商务印书馆,1975 年版,第 40 页)。洛克更明确提出:"劳动使一切东西具有不同的价值。"(参见洛克:《政府论》下篇,商务印书馆,1964 年版,第 27 页)

程中,最终确立了劳动创造财富的思想①。劳动创造财富,是古典经济学家研究财富问题的重要理论成果。马克思继承了这一思想。在《1844年经济学哲学手稿》中,马克思引用贝魁尔的论断表明对这一思想的肯定:"材料要素如果没有劳动要素就根本不能创造财富;在材料所有者看来,材料所以具有创造财富的魔力,仿佛是他们用自身的活动给材料加进了这种不可缺少的要素。"②在肯定"没有劳动要素就根本不能创造财富"的基础上,马克思在考察工业社会财富创造的过程时进一步得出结论:"一切财富都成了工业的财富,成了劳动的财富,而工业是完成了的劳动。"③马克思高度评价了古典经济学家"劳动创造财富"的思想:"认出财富的普遍本质,并因此把具有完全绝对性即抽象性的劳动提高为原则,是一个必要的进步。"④

然而需要指出的是,在资本主义社会,虽然劳动创造着财富,但资本控制劳动以及整个社会的逻辑,一方面导致了"工人生产的财富越多,他的产品力量和数量越大,他就越贫穷。工人创造的商品越多,他就越变成廉价的商品,物的世界的增值同人的世界的贬值成正比"⑤,另一方面也造成了人的片面或畸形发展:"他是一个猎人、渔夫或牧人,或者是一个批判的批判者,只要他不想失去生活资料,他就始终应该是这样的人。"⑥这两种情形构成了资本主义社会中财富生产的悖论:劳动创造了财富,但人的能力与价值、尊严在资本主义社会的异化劳动中没有得到应有的尊重。马克思在批判资本主义社会的异化劳动的过程中,在批判继承古典经济学家关于"劳动创造财富"思想的基础上,着重从哲学上创立并发展了劳动财富观,且把劳动创造财富看作他的

---

① 斯密主要从使用价值与价值两个角度理解财富,明确把劳动作为财富的源泉。他指出:"一国国民每年的劳动,本来就是供给他们每年消费的一切生活必需品和便利品的源泉。"(参见斯密:《国民财富的性质和原因的研究》,商务印书馆,1972年版,第1页)萨伊把斯密的财富思想解读为:财富只"由物体或物质的价值构成而不是由物体物质本身构成",并断言"财富和……价值成正比例"(参见萨伊:《政治经济学概论》,商务印书馆,1963年版,第114、58页)。李嘉图根据劳动价值论,指出了萨伊的所谓财富与价值成正比观点的错误,指出,随着生产力提高,"一百万人在一种社会情况下所能生产的'必需品、享乐品和娱乐品'等财富可以比另一种社会情况下大两倍和三倍,但他们却不能因此而使价值有任何增加"(参见李嘉图:《政治经济学及赋税原理》,商务印书馆,1962年版,第232页)。

② 马克思:《1844年经济学哲学手稿》,人民出版社,2000年版,第31页。

③ 马克思:《1844年经济学哲学手稿》,人民出版社,2000年版,第77页。

④ 马克思:《1844年经济学哲学手稿》,人民出版社,2000年版,第76页。

⑤ 马克思:《1844年经济学哲学手稿》,人民出版社,2000年版,第51页。

⑥ 《马克思恩格斯选集》第1卷,人民出版社,1995年版,第85页。

财富观的前提,从而把古典经济学家的劳动财富观向前推进了一大步。

马克思主要运用劳动二重性学说,批判了古典经济学把"抽象性的劳动"提高为原则、且抽象地谈论劳动创造财富的方法,创立了科学的劳动财富观。马克思通过把劳动区分为具体劳动与抽象劳动,深刻地揭示了具体劳动创造财富的使用价值、抽象劳动创造财富的价值的道理,从而科学地解决了财富的直接来源问题。马克思明确指出:"劳动不是作为对象,而是作为活动存在;不是作为价值本身,而是作为价值的活的源泉存在……劳动作为主体,作为活动是财富的一般可能性。"①这里,马克思的劳动财富观所达到的新境界主要体现在从三个方面重新理解劳动:第一,在对象与活动的关系中,劳动作为活动而存在,它具有永续的生成性和过程性;第二,在价值本身与价值源泉的关系中,劳动作为价值的活的源泉存在,它具有本源性;第三,在人与物的关系中,劳动作为主体而存在,即通过现实的人的具体劳动创造了财富的使用价值,它具有创造性。

马克思把劳动看作财富的直接本源,表达了他在劳动与资本的关系中,注重在生产劳动领域谈财富,且把生产劳动当作价值取向,把生产劳动当作解释原则,把生产劳动当作财富的直接本源。古典经济学家把"抽象性的劳动"提高为原则、且抽象地谈论劳动创造财富的方法,使他们把思考财富问题的焦点集中在能够创造财富的"劳动力"上,在他们那里,"劳动力"的购买与使用成为资本主义生产发展的关键因素;而马克思则把创造财富的劳动区分为抽象劳动与具体劳动,其理论旨趣就必然倾向于研究"人的劳动"。

二、"以劳动主体为价值取向"的人本财富观

马克思从对劳动的关注又走向对劳动主体的关注。

与劳动直接相关的有三个基本要素——劳动对象、劳动工具和劳动者。在这三个基本要素中,马克思虽然也把劳动对象和劳动工具看作创造财富不可或缺的因素,但更把劳动者看作创造财富的最活跃、最根本的因素。马克思在考察劳动过程的时候,是把劳动者置于主体地位的:劳动过程不过是"劳动者利用物的机械的、物理的和化学的属性,以便把这些物当作发挥力量的

---

① 《马克思恩格斯全集》第46卷上,人民出版社,2003年版,第353页。

手段，依照自己的目的作用于其他的物"，这样，"自然物本身就成为他的活动的器官"，"土地是他的原始的食物仓，也是他的原始的劳动资料库"。由此，劳动资料在劳动者居于主体地位的劳动过程中，便成为"劳动者置于自己和劳动对象之间、用来把自己的活动传导到劳动对象上去的物或物的综合体"①。

　　在马克思看来，既然劳动创造财富，那么劳动的主体承担者即居于主体地位的劳动者也就是创造财富的主体，因而应给予尊重。对此，马克思指出："财富的本质就在于财富的主体存在"，而"宗教、财富等等不过是人的对象化的异化了的现实，是客体化了的人的本质力量的异化了的现实。"②这里，马克思不仅揭示了财富的主体本质，而且进一步推断：财富不过是"人的对象化的异化了的现实"、"客体化了的人的本质力量的异化了的现实"。由此，马克思不仅严厉批评了浪漫派的经济学家"以饱食的宿命论者的姿态出现，他们自命高尚、蔑视那些用劳动创造财富的活人机器"③，而且十分关注劳动人民大众的生存境遇与发展命运，致力于追求无产阶级与全人类的解放，热烈向往"每个人的自由发展是一切人的自由发展的条件"的理想社会形式。

　　马克思在考察劳动过程时，把劳动者置于主体地位，揭示了财富的主体本质，表明他在劳动的物的因素和人的因素关系中，是把人的因素作为价值取向的。

三、"以人的能力和公平为基石"的生成性财富观

　　马克思从对劳动主体的关注，进一步走向了对劳动主体的能力的关注。

　　劳动创造着财富。在马克思看来，"劳动本身不过是一种自然力即人的劳动力的表现"④，作为"人的劳动力"的内在支撑的知识、智力即能力则是创造财富的基础、源泉。马克思曾用工业"是一本打开了的关于人的本质力量的书"这一论断，来揭示人的能力在财富创造中的基础性和根本性地位⑤。在马克思看来，工业是创造社会物质财富的一种基本经济活动。与农业社会注重人的体力和经验不同，工业社会较为注重人的专业技能和智力。然而，对

---

① 《马克思恩格斯选集》第 2 卷，人民出版社，1995 年版，第 178—179 页。
② 马克思：《1844 年经济学哲学手稿》，人民出版社，2000 年版，第 76、100 页。
③ 《马克思恩格斯选集》第 1 卷，人民出版社，1995 年版，第 154 页。
④ 《马克思恩格斯选集》第 3 卷，人民出版社，1995 年版，第 298 页。
⑤ 《马克思恩格斯全集》第 42 卷，人民出版社，1979 年版，第 127 页。

于工业,国民经济学多从"外表的效用方面来理解","至今还没有从它同人的本质联系上"来理解,或没有从与人的能力等人的内在本质力量的联系上来理解。实际上,工业是人的本质力量的发挥,是人的能力的表现、实现和确证,它把人的本质力量包括人的能力因素突出出来了,这种能力发挥既是工业化的成果,也是工业化社会的重要财富。在此基础上,马克思进一步指出:财富正是人对自然力统治的充分发展,是人的创造天赋的绝对发挥①。而人类的生产力,在本质上也就是"人类天性的财富"②。可见,在马克思那里,人的能力是创造财富的真正的活的源泉,真正的财富就是所有个人能力的充分发挥。由此出发,马克思批判了资本主义社会的资本控制劳动、分工限制能力的种种弊端,倡导通过提高人的能力来扩大生产、提高效率、增进财富,并把每个人能力的全面发展作为未来社会的目的本身。

值得注意的是,创造财富之后,逻辑上就有一个分配财富的问题。对这一问题,马克思强调按照"各尽所能、按劳分配"的原则进行分配。这是因为首先必须承认不同的劳动者有不同的工作能力:"劳动者的不同等的个人天赋,从而不同等的工作能力,是天然特权。"因而,在社会尚不具备实行"按需分配"的条件之前,应使各个天赋、能力不同的劳动者"各尽所能",且以"按劳分配"为原则进行分配:"每一个生产者,在作了各项扣除以后,从社会领回的,正好是他给予社会的。"③这一原则蕴涵着"各得其所、得其应得"的公平。

显然,马克思是分别从能力和公平两个方面来讨论创造财富和分配财富问题的。这表明在先天给定(前定)与后天作为、外在名分与内在实力的关系中,马克思把后天作为、内在实力作为创造财富的价值取向,认为拥有能力比拥有物质财富本身更重要;在私人占有和公平分配中,马克思把公平作为分配财富的价值取向。

四、深刻"揭示财富对社会生产力发展和人的发展的根本作用"的积极财富观

追求财富、满足需要是人类的本性。人类的"第一个历史活动就是生产

---

① 《马克思恩格斯全集》第46卷上,人民出版社,2003年版,第486页。
② 《马克思恩格斯全集》第26卷第2册,人民出版社,1973年版,第124页。
③ 《马克思恩格斯选集》第3卷,人民出版社,1995年版,第305、304页。

满足这些需要的资料,即生产物质生活本身"①。在本性需求的驱动下,人类不断发挥其主体性、能动性和创造性,不断改进劳动工具,拓展劳动对象,寻求合理分工,建设理想社会,从而不断推动着生产力的持续发展。如果说变革生产关系使其适应生产力的发展状况,是推动生产力发展的必要条件,那么,人类追求财富的本性则是生产力发展的内在动因。不仅如此,一定的财富积累也是推动生产力进一步发展的外在因素。作为衡量生产力发展水平的主要标志的生产工具的改进与更新,离不开一定的财富基础。实际上,生产力也是"人类天性的财富"。对此,马克思明确指出:"发展人类的生产力,也就是发展人类天性的财富这种目的本身。"②这里,马克思进一步从"人类的生产力"与"人类天性的财富"本质统一的角度,深刻揭示了财富对社会生产力发展的根本作用。

马克思还揭示了财富对人的发展的作用。财富不仅通过对社会生产力发展的重要作用而为社会进步与人的发展奠定基础,而且可以直接为人的发展发挥积极作用。对此,马克思指出:"财富……不过是通向真正人的现实的道路,——这种对人的本质力量的占有或对这一过程的理解。"③在马克思那里,财富的生产与积累最终是为了实现人的自由全面发展。人的自由全面发展离不开一定的财富基础,所以共产主义的"自由个性"必须建立在"个人全面发展和他们共同的、社会的生产能力成为从属于他们的社会财富"的基础上④;而共产主义的实现也必须"在以往发展的全部财富的范围内生成"⑤。没有一定的财富基础,人们的基本需要就无法满足,生存也难以保证,"全部陈腐污浊的东西又要死灰复燃",这就谈不上人的自由全面发展了。实际上,财富创造与人的发展是一个统一的过程,正是在财富创造的过程中,人的身体、力量、品质、交往与语言等才逐步得到全面发展。对此,马克思指出:"在再生产的行为本身中,不但客观条件改变着……而且生产者也改变着,炼出新的品质,通过生产而发展和改造着自身,造成新的力量和新的观念,造成新

---

① 《马克思恩格斯选集》第 1 卷,人民出版社,1995 年版,第 79 页。
② 《马克思恩格斯全集》第 26 卷第 2 册,人民出版社,1973 年版,第 124 页。
③ 马克思:《1844 年经济学哲学手稿》,人民出版社,2000 年版,第 100 页。
④ 《马克思恩格斯全集》第 30 卷,人民出版社,1995 年版,第 616 页。
⑤ 马克思:《1844 年经济学哲学手稿》,人民出版社,2000 年版,第 81 页。

的交往方式,新的需要和新的语言。"①

　　这里,在财富的消极方面和积极方面,马克思着重揭示了财富的积极作用。

五、深刻"揭示财富的历史形态"的历史性财富观

　　在不同的社会历史条件下,以及在不同的实践活动过程中,财富的形态有所不同。马克思依据历史唯物主义分析方法,揭示了财富的历史形态。

　　马克思从社会生产力发展和人的发展的关系角度,把社会历史划分为三个阶段(形态):"人的依赖关系(起初完全是自然发生的),是最初的社会形式,在这种形式下,人的生产能力只是在狭小的范围内和孤立的地点上发展着。以物的依赖性为基础的人的独立性,是第二大形式,在这种形式下,才形成普遍的社会物质变换、全面的关系、多方面的需要以及全面的能力的体系。建立在个人全面发展和他们共同的、社会的生产能力成为从属于他们的社会财富这一基础上的自由个性,是第三个阶段。第二个阶段为第三个阶段创造条件。"②这一段论述也蕴涵着:在"人的依赖"阶段,人和人的关系、尤其是交换关系不发达,人和自然的关系成为主要关系,因而,作为满足人的自然需要的使用价值即土地成为财富的主要形态;在"物的依赖"阶段,人和人的关系、尤其是物质交换关系较为发达,且成为主要关系,由此,作为满足人们交换需要的价值即金银货币成为财富的主要形态;在"自由个性"阶段,"真正的财富就是所有个人的发达的生产力"③,这时,个人能力全面发展和他们共同的、社会的生产能力成为主要的社会财富,或财富的主要形态。

　　正因如此,马克思在批判继承重农学派的土地财富观、重商学派的货币财富观、国民经济学的劳动财富观的基础上,着重从劳动主体的能力层面思考财富问题,提出了能力财富观。

　　马克思的财富观对我们具有重要的启示意义。

　　马克思认为财富有三种基本形态:使用价值形态的物质财富、交换价值形态的货币财富和生成形态的能力财富,劳动创造着具有使用价值的财富,

---

　　① 《马克思恩格斯全集》第46卷上,人民出版社,2003年版,第494页。
　　② 《马克思恩格斯全集》第30卷,人民出版社,1995年版,第107—108页。
　　③ 《马克思恩格斯全集》第46卷下,人民出版社,2003年版,第222页。

具有本源意义,交换可以实现财富的价值,具有实现意义。这对我们的启示在于:既要充分认识到劳动对创造财富的本源性意义,以真正从历史观、价值观、发展观上尊重劳动,并从分配观上鼓励生产劳动,限制投机;又要清醒地认识到"流通—交换"对实现财富价值的意义,以注重"流通—交换"在世界产业分工格局中的地位和作用。在当今我国社会,一方面,劳动对创造财富的直接或本源性关系及其意义一定程度上被忽视了,轻视劳动、鼓励投机的现象时常发生;另一方面,只重视制造而忽视"流通—交换"在实现财富价值中的作用的情形也是存在的。在这种情况下,关注并研究马克思的财富三形态思想,就具有重要的借鉴意义。

马克思的财富观是人本财富观,它强调人在财富创造和分配中的主体地位。这就启示我们,我国财富的生产,不仅要依靠"物"以及政府的作用,而且更要依靠广大劳动人民群众,劳动人民群众才是创造财富的真正主体;我国财富的分配,不仅要有利于拉动内需、刺激生产,而且更要为了人,即使劳动者共享劳动成果,这有利于促进人的能力的充分发挥,推进人的全面发展。在当今我国现实生活中,虽然广大劳动人民群众在创造财富中发挥着重要作用,但依然有更大的创造空间需要去发掘,虽然我们强调使全体人民共享发展成果,促进人的全面发展,但如何使财富的分配更有利于充分发挥人的能力(各尽其能),仍然是一个没有完全、真正解决好的重大问题。换言之,在财富问题上,我们应进一步解决好既见物又见人的问题。

在马克思那里,劳动在创造财富中具有本源性意义。既然如此,那就应当使必要的财富真正掌握在广大劳动人民群众手中,使广大劳动者共享劳动或发展的成果,并从制度、机制和政策上予以保证,而不应使少部分人拥有、占有一个国家的大部分财富。在当今我国社会,在财富问题上的一个值得关注的现象,就是劳动者创造的财富反而不被劳动者所享有,权力与资本相结合且侵占着公共财富。这有悖于社会主义的本质,应当认真反思,并竭力消除。

马克思把人的能力充分发挥看作是最大的财富,这是一种具有生成性的积极财富观。这给予我们的启示就是:应努力摒弃权力财富观、金钱财富观,真正确立能力财富观,把能力财富观看作是具有未来走向和积极战略意义的财富观,因而应进一步充分认识到,拥有创新能力比拥有物质财富和拥有金钱更重要。我国改革首先在农村进行,实行的是家庭联产承包责任制。在这一过程中,承包土地意味着致富,所以农民把拥有"土地"看作财富。随着我国改革由农村转向城市,在重点进行国有企业改革进程中,尤其在市场经济发展过程中,种地收益渐趋减弱,而商品生产、商品交换、商品流通逐渐活跃起来,金钱、资本在其中的作用越来越大,金钱、资本财富观就兴盛起来。资本的作用越来越大以后,便出现了资本支配劳动、权力与资本结合的现象,因而在现实社会中,劳动财富观式微,资本财富观、权力财富观被一些人推崇。同时,知识、技术、管理在人们致富过程中的作用也日趋增大,一些人也把知识、技术、管理看作财富的来源。在目前我国现实生活中,出现了一些不正确的财富观:一些人鄙视劳动、轻视劳动,善于投机;一些人片面重视物质财富,忽视精神财富;一些人推崇金钱至上,一切向"钱"看;一些人推崇权力至上,奉行有权就有一切;有些人"不仁而富","为富不仁",非法占有财富、随意挥霍财富;有些人认为有"财"就有"富",有"富"就有"福",错把"财"富当幸福,等等。这些错误的财富观易把人们对财富的追求引入歧途。为倡导正确的财富观,十六大报告明确地阐述了社会主义的财富创造观:要"放手让一切劳动、知识、技术、管理和资本的活力竞相迸发,让一切创造社会财富的源泉充分涌流,以造福于人民。"①这一财富观发展了马克思主义的财富观。首先,在劳动与资本上,马克思通过将"劳动"表述为"非资本",揭示了劳动与资本虽不可分但又势不两立的情景:"资本只有同非资本,同资本的否定相联系……才存在于资本这种规定性上,它只有同资本的否定关系才是资本;实际的非资本就是劳动。"②马克思在肯定资本的积极作用的同时,又揭示了资本漠视与控制人的消极作用:"死的资本迈着同样的步子,并且对现实的个人活动漠不关心。"③社会主义财富创造观则从历史的尺度上,充分肯定了在我国社会主义初级阶段,资本要素在我国财富创造中的一定作用。其次,它不是一般地确立资本与管理的合法地位,而是让这两个要素与其他要素"竞相迸发",加入到社会财富创造的"充分涌流"之中。第三,它在坚持劳动首位的

---

① 江泽民:《全面建设小康社会开创中国特色社会主义事业新局面》,人民出版社,2002年版,第16页。

② 《马克思恩格斯全集》第46卷上,人民出版社,2003年版,第231页。

③ 马克思:《1844年经济学哲学手稿》,人民出版社,2000年版,第9页。

前提下,把"劳动、知识、技术、管理和资本"等要素置于竞争的同一起跑线,注重它们各自的贡献,使它们能够充分发挥自身在财富创造中的优势与活力。

当然,根据当今国际和国内新的形势,我们应积极倡导以"创新能力"为核心且尊重劳动、尊重知识、注重技术、注重管理的多元财富观。第一,从世界历史发展趋势来看,在财富创造中,知识与能力的比重日趋上升。吉尔德在 20 世纪 80 年代初曾明确指出:"最好的、最能使人相信的、最有独创性的灵活的智力构成最持久的财富。"①

2006 年 6 月 13 日、14 日《参考消息》上刊登了《托夫勒的"财富革命"观》一文,报道了他在为新著《财富革命》的出版答《世界报》记者的问。其中指出,"财富革命"首先就要肯定知识是创造财富的发动机。他还指出,在知识经济时代,人的智力和创新能力将成为最大的财富,成为支配社会发展的主导力量。正像《智力革命》一文所说的,在这个时代,"人的智力将爆发革命,这场革命将以开发人力资源和充分发挥人的创新能力为中心。人们将不再以拥有土地和钱财的多少论财富,而主要以知识的多少、智力的高低和创新能力的大小论财富"②。要言之,在知识经济时代,我们所拥有的财富主要不是权力、金钱、资产,而是人所拥有的知识、智慧和能力。即使在资本主义社会,正如马克思指出的:"如果抛掉狭隘的资产阶级形式,那么,财富岂不正是人对自然力……统治的充分发展吗? 财富岂不正是人的创造天赋的绝对发挥吗?"③实际上,当代中国人在追求财富的过程中,对于知识与能力在财富创造中的重要作用的认识越来越深刻,"知识就是力量"、"能力创造财富"等观念逐渐深入人心。第二,在当今全球化时代,国家之间的综合国力竞争归根到底是具有创新能力的人才之间的竞争,创新能力是一个国家的核心竞争力。在参与国际竞争与积极应对国际挑战的过程中,我们应清醒地认识到,在历史方位中,我国尚处于社会主义初级阶段,处在由前现代走向现代化的征途中,处在消解人的依赖、扬弃物的依赖的过程中,在这一进程中,我们最需要的但又最缺乏的,是创新能力。由此,我们应依据时代发展与中国国情,自觉注重提高自主创新能力。对此,党的十七大报告正式提出:要把提高自

---

① 乔治·吉尔德:《财富与贫困》,上海译文出版社,1985 年版,第 88 页。
② 《智力革命》,委内瑞拉《宇宙报》2000 年 11 月 1 日。
③ 《马克思恩格斯全集》第 46 卷上,人民出版社,2003 年版,第 486 页。

主创新能力看作国家发展战略的核心。第三,在当代中国,提高财富生产的效率与增进财富积累的速度的关键,在于提高人的能力。重农学派从生产领域出发,把土地看作财富。重商主义从流通领域出发,把金银货币看作财富。英国古典政治经济学从生产的主体——人的劳动出发,认为劳动是财富的源泉。马克思继续前进一步,从劳动的主体承担者——人出发,来揭示财富的"人"的本质及意义,指出人的能力的充分发展是最大的社会财富,是财富的真正基础和活的源泉。马克思的能力财富观对当代中国发展具有现实意义:它既把劳动、知识、技术和管理这些创造财富的因素包括进来(能力首先是劳动能力;知识是形成能力的一个重要源泉;技术本身就是能力的具体体现;管理中的管理能力是核心,且管理最重要的是形成能力),又有利于消解权力财富观,弘扬劳动、知识、技术财富观。

语言分析:新中国 60 年马克思主义哲学研究路向的演变

新中国 60 年来,马克思主义哲学研究出现了六个方面的变化,内含着三个重要的理念转换。六个变化是:由"意识形态化哲学"走向"科学性哲学",由"相对注重本质与定性思维的哲学"走向"也注重功能与价值的哲学",由"注重书本理论逻辑的理论哲学"走向"注重现实生活世界逻辑的生活哲学",由"一元模式哲学"走向"多样个性哲学",由"注重把传统教科书当教条的教科书哲学"走向"注重从文本解读中挖掘本真精神、基本价值的文本哲学",由"谈人色变哲学"走向"以人为本哲学"。三个理念是:"书本逻辑导向——现实问题导向"、"哲学与政治关系之现代重构"、"哲学与生活世界关系之现代重构"。那么,这些变化的背后是什么? 如何评估这些变化? 本文拟从语言分析的视角作一探讨。

引言:哲学的解释框架——一个语言分析的视角

从思维方式的角度看,哲学思维的内容可以这样概括:第一,研究概念之间的关系(概念、判断、推理),与其他形而下学科具有共同性;第二,研究概念所指称对象的一般性,即研究自然现象、社会现象和精神现象的共同性(存在论角度)和根源性(生成论角度);第三,研究概念提出的背景和解释者怎样解释的问题,也就是概念对解释者的意义。而深入看,概念本质上是一种符号,上述三种研究路向体现在符号上,即可表述为:"符号—符号"研究、"符号—现实"研究以及"符号—解释者"研究。相应地,哲学思维的一般性可以概括为:首先以符号为手段,建立分析的文本,并在此基础上确立分析框架;然后追问符号指称对象的共同性和根源性;最后是揭示该符号对解释者的意义。问题是,符号何以具有这样的功能? 这根源于符号的本质及其在思维过程中的作用。

从符号的本质来看,符号具有这样三层属性。第一,它是为了表达个体诉求而制定的公共标识,是人类观念交流过程中的共同约定。这意味着各个符号之间具有关联。第二,符号表现为观念交流的一种工具和平台,是人们在实践过程中对现实对象的一种命名。通过这种命名人们就可以共同讨论指定的话题,实现交流的目的,符号又具有工具性。这意味着符号与现实之间具有关联。第三,符号的共约性实现了观念个体的不可通约向可通约的跨越,这种通约性决定了它所表达的观念是个体观念的集结,具有公共色彩。这意味着符号虽然不能完全表达个体性观念,但可以传递个体的信息,反过来看这预示着同一符号对不同的人来说,也会具有不同的解释,即基于公共约定意义基础上的意义的多元化。在这种意义上,符号又具有可解释性,符号与人之间具有关联。

所以,概括而言,符号的本质具有三重规定性,即共约性、工具性和可解释性,三种属性对应着三种基本关系,即"符号—符号"关系、"符号—现实"关系以及"符号—人"关系。而这三种关系担负着不同的思维功能,即:通约功能、命名功能和解释功能。通约功能,指的是人通过符号这一中介实现人际的交流。命名功能,指的是人通过符号来指称外部世界。解释功能,也就是符号如何对人产生价值。符号从其产生的过程来看,源于对个体观念不可通约性的克服,它舍弃的是个体观念的特殊性,保留的是个体观念的共性;而从运用过程中来看,个体观念的特殊性转换为个体对特定符号的独特的理解或者预期,这即解释需求;而个体观念的共性则演化为具体个人的话语背景,这即解释语境。如何在既定语境下满足上述需求,这就构成符号的解释过程。显然,在这一过程中,解释需求是主观的,它决定着一个解释者为何对一个符号要作这样的解释;解释语境则是客观的,它决定着一个具体的人是在何种背景下进行解释的。

总而言之,关于符号的本质及其功能框架,笔者以为可以这样概括:它是人类为了克服个体观念之间的不可通约性而建立起来的一种公共交流规则或者公共约定,符号的这种本质决定了其在思维中具有三种基本功能和相应的三种基本分析框架,即通约功能和相应的"符号—符号"框架、命名功能和相应的"符号—现实"框架、解释功能和相应的"符号—解释者"框架;这些功能和框架体现在经验层面,即表明符号具有"逻辑结构"、"现实指称"以及"特定意义";体现在语言层面,表现为"语法"、"语义"和"语用";体现在思维功能上,表现为"语法解析"、"语义界定"和"语用阐释"。而这几个方面合起来就是"语言分析"的基本范式,也是我们对哲学功能的一种解释框架。基于这一框架,我们对60年来我国马克思主义哲学的发展作一考察和分析。

一、"符号—符号"结构与马克思主义哲学从"教科书哲学"向"文本哲学"的转换

哲学研究中的"符号—符号"结构,意味着哲学离不开对文本的依赖,即哲学要通过其自身的文本体系来延续其哲学发展的路径。但问题在于,这种文本如何理解,是形而上学地把其教条化,还是科学地把其符号化,这是观察和评估60年来我国马克思主义哲学变化的一个基本尺度。

建国以后,我国马克思主义哲学研究尤其是教学方面,主要采用的是前苏联教科书文本体系①。应该说,这种文本对马克思主义哲学的普及起过重要作用,但不可否认,它同时也在一定程度上束缚了中国马克思主义哲学研究的独立性。这是因为,该教科书体系有一个重要缺陷,即对实践和人的主体性的忽视。而马克思在《费尔巴哈提纲》中突出强调人的实践的地位和主体性的作用②。这种情况直到三中全会以后经过两大讨论才发生了改变。一次是哲学教科书体系改革的讨论,该讨论通过强调实践、主体性范畴对传统教科书体系进行了改革。另一次是关于实践唯物主义讨论,该讨论认为马克思主义哲学既是辩证的,也是历史的,更是实践的,把它们割裂开来仅仅强调某一方面都是不正确的。那么,为何我国马克思主义哲学研究会出现教科书文本形式呢?历史地看,源于中国当时特殊的国情。

---

① 比如,《辩证唯物主义》是亚历山大诺夫的,《历史唯物主义》是康士坦丁诺夫的,《简明哲学辞典》是尤金的,《论辩证唯物主义与历史唯物主义》是斯大林的。中国人后来编写了哲学教材,主要是参照苏联二三十年代通行的教材。

② 郭建宁:《关于马克思主义哲学中国化的几个问题》,《北京大学学报》(哲学社会科学版)2002年第6期。

　　具体说,建国以后,中国共产党利用政权的力量,不仅使马克思主义哲学成为国家意识形态,而且发动思想战线的运动,使马克思主义哲学渗透和深入到民众生活的各个领域。但与此同时,规范化、教条化与行政组织化相结合的方式,也使民众的日常生活带上了强烈的政治色彩。当中国逐步实现了从计划经济向市场经济转轨时,所面临的,一方面是西方世界的发展,苏联的解体,另一方面则是中国当下实践与传统理解的马克思主义哲学的强烈反差,这引起了不少人对马克思主义哲学的深度怀疑。重新理解马克思主义哲学,成为摆在中国知识分子面前一个尖锐的时代课题①。

　　正是在这种背景下,学界自身围绕如何推进马克思主义哲学的创新与发展,在研究格局、研究路径、研究视野、研究内容上进行探索,实现了马克思主义哲学研究上从"教科书哲学"向"文本哲学"的转换。这种转换具体体现为三大研究走向:一是"回到马克思"的原初语境以及随之而来的文本研究,为重现一个真正的马克思提供可靠的基础;二是与现代西方哲学展开对话,使马克思哲学研究更具学科前沿和世界背景;三是发挥马克思哲学的实践和批判精神,从基础理论上深化现实中具有时代性的研究课题②。

二、"符号—现实"结构与马克思主义哲学由"一元模式"向"多样个性"的转换

　　"符号—现实"的结构,决定了哲学研究的生命力在于紧跟现实世界的发展。为何 60 年来我国马克思主义哲学发展中会出现由"一元模式哲学"向"多样个性哲学"的转换趋向,其根源何在? 弄清这一点需要把握哲学背后的现实生活发生了什么。

　　改革开放以前,中国社会基本上是一个传统的国民社会结构,在经济上实行计划体制,在政治上高度中央集权,在文化上是一种一元主导下的"百家争鸣、百花齐放"。这种结构使得社会的权力体系在社会运行中处于绝对支配地位,具有对社会资源的绝对优先权,这两种绝对性使得整个社会在价值观念上形成一种对"权力"的追逐和认同,"权力本位"成为人们普遍接受的价值观念。基于这种普遍的社会心理基础,政治优先、政治挂帅也就成为人

　　①　马俊峰:《马克思主义哲学中国化的几个问题》,《学术研究》2006 年第 3 期。
　　②　叶汝贤、孙麾:《马克思与我们同行》,中国社会科学出版社,2003 年版。

们不能反思的事实。政治居于学术之上,学术服务于政治,也就成为当时整个社会运行的基本规则和格局。反映在中国马克思主义哲学研究上,即出现了哲学因对意识形态的过分强调而使哲学家的思维失去独立性的现实。这种独立性的丧失,从个体的角度看,是哲学研究"照着说"之风盛行,哲学失去个性;从社会的角度看,是马克思主义哲学研究的"三化"流弊(哲学话语的"一元化",哲学解释权的"唯上化"以及哲学体系的"教科书化"①),究其实质是哲学的政治化。

具体说,因为政治居于学术之上,政治的"自上而下"的权力运行规则也成为"学术"的游戏规则,评判学术的标准不是真理原则而是路线原则。这样,在实际的研究中,"唯上"就成为学者研究的一个自觉和不自觉的行为规则。在这种意义上,过去我们的哲学千人一面、缺乏个性、没有哲学流派,表面上是一种研究风格问题,但深入看是一种政治氛围问题。也因此,随着这种氛围的解除,随着改革开放的不断深入,首先是"唯上"的现实基础慢慢瓦解,哲学研究者的政治束缚大为减少,研究者主体性的发挥具有了现实的条件;其次是"唯实"的时代要求不断增强,改革开放所带来的社会新气象要求哲学必须解释、必须反思、必须提供理念导引,这就使得哲学家表达自己的生存体验、人生感悟、哲学立场、价值观和思想倾向的诉求与意愿逐渐增强,哲学研究中"我思"的一面相应凸显,研究者的主体性和个性得到了一定体现,哲学研究出现了"多样化"、"个性化"之趋向。

三、"符号—解释者"结构与马克思主义哲学从"谈人色变哲学"向"以人为本哲学"转换

哲学研究中的"符号—解释者"结构,意味着对现实人的关注是哲学必不可少的内容之一,"解释者"内涵的"解释需要"与"解释语境"两个要件意味着理解我国马克思主义哲学研究由"谈人色变哲学"走向"以人为本哲学",需要深入分析历史语境的变化和时代发展的诉求。

改革开放之前,我国马克思主义哲学的发展与阶级斗争和政治路线的关

---

① 李德顺:《探索马克思主义哲学新形态》,《教学与研究》1999 年第 10 期;王锐生:《马克思主义哲学50 年来的几点经验教训》,《首都师范大学学报》(社会科学版)2000 年第 1 期;韩庆祥:《当代中国马克思主义哲学研究的进展》,《哲学研究》2006 年第 5 期。

系极为密切。"人性"一直被当作是西方资产阶级人道主义和人本主义的主要观点而遭到严厉的批判,"文化大革命"期间更是把人与人的关系视为阶级关系,要讨论人性就是等于否定阶级性,是要受到政治性的批判的。由于任意地拔高哲学的阶级性、甚至把哲学当作阶级斗争的工具,搞得人们不敢讲哲学的科学性,不敢提"共同人性",不承认"共同美"。思维与存在的同一性,一分为二与合二而一,本是学术讨论,最终搞成了政治批判,严重妨碍了哲学的健康发展①。但是,从逻辑上看,强调阶级性和否认人性,这仅仅是强调人的发展的特殊方面,而且把人性问题等同为人本主义和人道主义的主要观念更是在一定意义上否定了人的发展的一般性内容。这说明,在一个历史时期内,我们的研究理念和取向存在着偏失。这种状况一直到 80 年代初才有所改变,这就是哲学界的"人性、异化与人道主义"的大讨论。该讨论提出了深层的哲学问题,如:人性是什么? 有无共同人性? 社会主义是否更应该强调人性? 等等。这为以后马克思主义哲学研究的思路转换提供了理论基础。

改革开放以后,随着国门的打开和外部信息的涌入,尤其是 20 世纪末社会主义运动的挫折和中国市场经济的崛起,中国社会结构发生了深刻变动,人的发展进入一个新的阶段。这个时候,无论是历史语境还是人的发展内在需求,都出现了新的变化,都提出了新的发展要求。

首先,从历史语境上看,社会结构转型引起政党、国家与公民关系模式的重组,进而引发政党、国家政治权力、权威的基础发生转换。首先是公民逐渐成为现代社会的主人。这意味着国家的地位和角色要实现现代转换,国家是为公民提供公共服务的公共权力机构。其次是现代"公民赋权"观念的普及化。这使整个社会对政党、国家政治权威的基础产生理性思考:既然公民是主人,国家是为公民提供公共服务的公共权力机构,那么,政党、国家政治权威的基础就应该获得公民的认同。政党、国家政治系统要满足全体公民所提出的正当性社会诉求,要获得全体公民的认同、支持和拥护,既要顺应社会结构的变化,实现政党、国家与公民的关系模式的重组,又要顺应政党、国家权威基础转换的趋势,把政党、国家政治权威的基础由传统的革命业绩转换为

---

①　郭建宁:《关于马克思主义哲学中国化的几个问题》,《北京大学学报》(哲学社会科学版)2002 年第 6 期。

现代的建设业绩及民意资源的支持,由主要靠权力及其权力控制资源获得权威转向主要靠提高执政能力并为民众创造公共价值来赢得权威。这就意味着,时代把公共性问题、现代政治问题推向了历史发展的前台,政治哲学将成为未来一个时期中国马克思主义哲学研究的重心之一。

其次,从人的发展的需求上看,中国的市场化改革已经改变了国家社会一体化的传统格局,公民社会在逐渐发育。公众特别是青年一代对个人权利和社会公正的问题特别敏感、特别关注。过去的那种宣传模式和教育模式再也难以有效地继续下去了。中国社会的这种深刻转型需要深刻的理论设计和理论指导①。显然,这需要研究人、关心人。这意味着,哲学研究中的人的份量将不断加大,"以人为本"的哲学将成为时代之所需。

而事实上,国家意识形态上相继提出了"以人为本"、"借鉴人类共同文明的成果"、"注重人文关怀和心理疏导"等新理念,这表明我们在对人性问题、人的发展问题上的认识更全面了。在一定意义上也可以说,我们的社会总体上实现了"从注重阶级性到注重人性一般性和人类共同文明"的思维方式之转换。

四、"符号—现实—人"结构与马克思主义哲学研究的"理论逻辑"与"生活逻辑"的统一

哲学思维内在的"符号—现实—人"之结构意味着,哲学既要研究符号本身,同时更要研究符号背后的现实指称与解释者,实现"符号—现实—人"的有机综合。其中,研究符号本身,决定了哲学必须关注理论与逻辑的连续性,研究现实指称与解释者决定了哲学离不开对生活世界的依赖。哲学的这种特殊性决定了哲学研究必须实现"理论逻辑"与"生活逻辑"的统一。总结60年来我国马克思主义哲学研究的路径演变,上述两个逻辑的转换就是其中一个显著特征。

就理论与逻辑的连续性来看,马克思主义哲学自身的理论逻辑结构既严密又具有独特性,这主要体现在其研究视域、主题、目标手段以及本质功能等方面。在抽象思辨世界与人的生活世界中,马克思主义哲学更关注人的生活

---

①　马俊峰:《马克思主义哲学中国化的几个问题》,《学术研究》2006年第3期。

世界,这是马克思主义哲学基本的研究视域;在抽象的"类"与现实的人中,马克思主义哲学关注现实人的生存境遇与发展命运,这是马克思主义哲学最鲜明的研究主题;在"注解—论证"与"批判—前导"中,马克思更关注在批判旧世界中为新世界建构提供前导性理念,这是马克思主义哲学研究功能的基本特色。而就其目标与手段而言,马克思主义哲学注重无产阶级的解放、每个人自由全面的发展与社会发展的和谐一致和人的能力的充分发挥;就其思维方式而言,马克思主义哲学注重实践生成论思维方式;就哲学的本质而言,马克思主义哲学注重的是考察世界的科学原则与价值原则相统一的方法。然而,在我国马克思主义哲学的历史发展过程中,存在着远离马克思主义哲学上述特征的倾向。这种倾向不大关注"现实的人"和"人的世界",把现实人的生存境遇、人的解放、人的发展、人的自由、人的权利、人的价值、人的个性和人的主体性等问题冷落在一边。尤其是把哲学与政治的关系实用化,使得我国马克思主义哲学的正常发展遭到人为性打击①。

改革开放以来,中国大多数马克思主义哲学工作者在对马克思哲学的重新理解中,在对以往马克思主义哲学研究的反思中,在对中国现代化建设实践经验教训的总结中,逐渐认识到马克思的哲学主要是在批判德国思辨哲学和用哲学方式关注工人阶级的生活世界与生存状况的过程中建立的,马克思主义哲学研究的主题主要是人的生活世界。由此,当代中国许多马克思主义哲学工作者逐步实现了研究主题的转换,由过去着重研究整个世界转向着重研究人的现实生活世界。主要表现在:(1)从过去传统苏联哲学教科书那种多见物少见人的哲学转变为既见物又见人的哲学,重新恢复和确立了人在马克思主义哲学体系中的地位,注重研究人的问题,关怀人的生存与发展,人学、价值哲学和生存哲学的出现就是如此;(2)从只关注阶级性不关注人性、共同人性、先进性和人类共同文明成果的哲学,转变为既关注前者又关注后者的哲学,发展哲学、交往哲学、生态哲学和人学的出现就是确证;(3)从关注"书本公式"的哲学转变为关注"生活公式"的哲学,更注重研究人的生活世界中的问题,经济哲学、政治哲学、社会哲学、文化哲学、生存哲学和生活哲学的出现就反映了这一点;(4)从关注"客观"存在的哲学转变为也关注"价值"

---

①　一次是 50 年代到 60 年代的五次哲学问题批判的政治化,马克思主义哲学研究的学术进程被迫打断;另一次是"文化大革命"时期,唯心主义、形而上学盛行,马克思主义哲学的科学性遭受曲解和践踏。

存在的哲学,注重研究存在的意义和价值问题,价值哲学的出现就是这方面研究的重要成果。

五、两点思考:正确处理马克思主义哲学在方法论与学科性质上的二重性问题

从研究理路上看,哲学既要研究本体性存在,又要研究生成性存在,是存在论与生成论的统一。存在论视野要求哲学要追问本质和侧重结构分析,生成论视野则要求哲学要开掘意义与侧重功能分析。完整哲学需要实现"本质追问"、"定性思维"、"意义解读"以及"功能分析"的有机统一。60年来,我国马克思主义哲学研究正逐渐向这个方向演进,表现出由"相对注重本质与定性思维的哲学"走向"也注重功能与价值的哲学"演进趋向。

改革开放以前,我国马克思主义哲学偏重存在论思维方式,研究主题侧重于"革命",强调造反性而忽视发展性;强调阶级斗争理论而忽视生产力因素;倚重矛盾的斗争性,相对忽视甚至否认解决矛盾的"共赢"可能①。从方法论的角度来看,这表现出一种"注重本质"的思维方式,是从既定原则出发对事实的一种辩护性解释,反映出当时马克思主义哲学研究对定性分析的一种偏好。

改革开放以后,我国的马克思主义哲学研究,从生成论与存在论统一的角度研究重大现实和理论问题,在提升哲学功能方面做出努力,出现了研究的新气象。一是使哲学在批判反思现实方面有所作为,开始改变以往人们关于哲学就是为"现存"辩护的不好印象。二是使哲学在为当代中国发展提供前导性理念方面有所作为。三是使哲学在关注公共领域、公共生活和公众的精神世界方面有所作为。如自然哲学、社会哲学、历史哲学、科技哲学、经济哲学等等,尤其是随着中国社会结构的转型,马克思主义政治哲学的兴起,更是体现了哲学对生成论思维方式的重视。

而从性质上看,哲学既是一种一般性的观念体系,也是一种特殊的社会意识形态。前者决定了哲学具有科学性特征,后者则意味着它同时具有意识形态色彩。但在实践层面,马克思主义哲学科学性与意识形态性始终存在着

---

① 庞元正:《建国五十年来马克思主义哲学发展的三大问题》,《学术界》2000年第1期。

一种紧张关系：一方面，学术领域的马克思主义哲学诠释必须以"政治立场、政治正确"为底线，力求做到"政治立场、科学表达"，而哲学的真正功能在于批判现实，批判与诠释之间具有内在紧张性；另一方面，作为意识形态化的马克思主义哲学，首先是政治话语，其次才是学术问题，而哲学的首要性质在于其科学性，政治与学术之间无法回避冲突①。这两种内在紧张给中国马克思主义哲学的正常发展带来干扰。主要表现在：前 30 年相对强调其意识形态性而损害了它的科学性，后 30 年在矫正上述错误的同时，某种程度上出现了淡化意识形态性的倾向②。

　　而在应该的意义上，正确处理二者的关系需要把二者有机结合起来，既要强调哲学研究的学术性，又要关注哲学的意识形态性。如何把握两者之间张力的"度"，如何正确处理它们的关系？我们认为，马克思主义哲学的学科科学性与意识形态性是统一的，马克思主义哲学的学科科学性注重的是事实判断问题，而意识形态性注重的是价值判断问题，两者的统一是真理尺度与价值尺度的内在统一。

（原载《江海学刊》2009 年第 5 期，《新华文摘》

2010 年第 9 期转载，与张健合作）

---

① 王秀美：《马克思主义哲学中国化的途径与经验教训反思》，《求实》2007 年第 3 期。

② 例如：实证化的倾向，把哲学科学化、知识化，把哲学看成和实证科学一样；方法论化倾向，把马克思主义哲学，仅仅归结为一种方法论，或单纯的认识论；本体论化倾向，受西方近代哲学的影响，企图建立一种关于整个世界图景的绝对体系（参见张远新：《新中国马克思主义哲学 50 年研究的回顾与展望》，载《社会科学动态》2000 年第 10 期）。

科学对待马克思主义

——论增强马克思主义的吸引力

　　对待马克思主义应有的态度是什么？如何增强马克思主义的吸引力？怎样才能把坚持和发展马克思主义统一起来？马克思主义是科学,要求我们科学对待它。科学对待马克思主义不仅是一个重要理论问题,而且是一个重大现实问题。历史经验表明,什么时候我们科学对待马克思主义,马克思主义的吸引力就强,社会主义实践发展得就好,反之,马克思主义就会丧失吸引力,也会给马克思主义和社会主义实践带来挫折、损害甚至失败。正确认识和科学回答"什么是马克思主义、怎样对待马克思主义",对马克思主义理论创新和社会主义实践创新具有基础性和根本性意义。

一、错误对待马克思主义的五种现象

　　自马克思主义诞生之日起,就一直存在着一个对马克思主义的态度和理解问题。在马克思主义发展史上,概括起来主要有五种错误对待马克思主义的现象,这五种现象影响颇深,危害极大,严重地损害了马克思主义的理论形象和理论威信,给社会主义实践带来挫折或失败。针对种种错误对待马克思主义的现象,20世纪末国内外学界兴起的"回到马克思"、"重读马克思"、"走

进马克思"、"走近马克思"、"真正的马克思"、"理解马克思"①热潮至今未衰。

1. 误解:被误解的马克思主义。同人类思想史上任何一种理论一样,马克思主义也曾被这样或那样地误解过。学界对马克思主义的某些误解主要体现在:从当代哲学思维方式倒退到传统哲学思维方式,认为马克思只是一个近代思想家,不是一个当代思想家;把马克思主义实证主义化,认为马克思是一位只注重历史必然性而不注重人的主体性的经济决定论者(只见物不见人);一些学者无视马克思主义宏观(望远镜)与微观(显微镜)相结合的分析方法,只把马克思主义看作仅仅是对人类历史发展的宏观论述,认为它注重宏大叙事,缺少细致入微的微观分析,对日常生活世界关注不够,因而马克思主义很"空";把马克思主义人道主义化,认为马克思是一位只重视价值判断的伦理学家②。本来,马克思主义是开放的学说,却被一些人误解为狭隘的宗派主义学说。早在 19 世纪 70 年代末,针对法国"马克思主义者"中存在的宗派主义和教条主义倾向,马克思曾愤然地说:"我只知道我自己不是马克思主义者。……'我播下的是龙种,而收获的却是跳蚤'。"③"这样做,会给我过多的荣誉,同时也会给我过多的侮辱。"④理解马克思主义的一个关键,就是要把

①　杨适:《人的解放:重读马克思》,四川人民出版社,1996 年版;张一兵:《回到马克思:经济学语境中的哲学话语》,江苏人民出版社,1999 年版;孙伯鍨、张一兵主编:《走进马克思》,江苏人民出版社,2001 年版;陈学明、马拥军:《走近马克思:苏东剧变后西方四大思想家的思想轨迹》,东方出版社,2002 年版;[英]戴维·麦克莱伦:《马克思以后的马克思主义》,李智译,中国人民大学出版社,2004 年版;聂锦芳:《清理与超越:重读马克思文本的意旨、基础与方法》,北京大学出版社,2005 年版;俞吾金:《重新理解马克思:对马克思哲学的基础理论和当代意义的反思》,北京师范大学出版社,2005 年版;[法]路易·阿尔都塞:《保卫马克思》,顾良译,商务印书馆,2006 年版;王荣栓:《重读马克思:解读作为革命家的马克思》,人民出版社,2007 年版;[英]G. A.科恩:《卡尔·马克思的历史理论:一种辩护》,段忠桥译,高等教育出版社,2008 年版;[法]汤姆·洛克曼:《马克思主义之后的马克思:卡尔·马克思的哲学》,杨学功、徐素华译,东方出版社,2008 年版;[美]乔恩·埃尔斯特:《理解马克思》,中国人民大学出版社,2008 年版;孙承叔:《真正的马克思:〈资本论〉三大手稿的当代意义》,人民出版社,2009 年版。

②　这一误解的实质是没有具体分析人道主义的不同含义,主要是没有区分人道主义作为历史观与作为价值观的含义。人道主义最早出现于 14、15 世纪的西欧文艺复兴运动中,用理论形态来表达人道主义思想的是 17、18 世纪欧洲的启蒙运动,人道主义理论可以说是启蒙运动的最高理论成就,其内容主要是人道主义思想的系统化和人道主义从价值观向历史观的发展,至 19 世纪人道主义历史观被普遍接受。虽然马克思实质上保留了人道主义价值观,抛弃了人道主义历史观,但是马克思也只是实质上区分了人道主义历史观与价值观,没有明确作过这种区分,这就为后来的马克思主义者留下了不同理解的空间(参见黄枬森:《关于人道主义和异化问题的讨论》,《北京大学学报(哲学社会科学版)》2010 年第 1 期)。

③　《马克思恩格斯选集》第 4 卷,人民出版社,1995 年版,第 691、695 页。

④　《马克思恩格斯选集》第 3 卷,人民出版社,1995 年版,第 342 页。

握马克思主义的"语境原则"及其边界。误解马克思主义,其中一个重要原因,就是把马克思主义经典作家的话语同上下文割裂开来。为了避免可能产生的误解,马克思曾解释:"我决不用玫瑰色描绘资本家和地主的面貌。不过这里涉及的人,只是经济范畴的人格化,是一定的阶级关系和利益的承担者。"①

2. 肢解:被肢解的马克思主义。在西方,肢解马克思主义的突出例证,是制造所谓"青年马克思反对老年马克思"、"恩格斯反对马克思"、"马克思反对马克思主义"等谬论。把原本是一个整体的马克思主义肢解为多元马克思主义,严重地破坏了马克思主义的整体本性。其实,"马克思主义作为工人阶级的世界观方法论,作为工人阶级打碎旧世界建设新世界的理论指南,它是完整的有机的科学的思想体系。因此,割裂这个体系,肢解马克思主义,便成为一些人反对马克思主义的一种形式"②。本来,在马克思那里,哲学、政治经济学和科学社会主义是统一的,其中马克思主义哲学主要是思想方法,政治经济学主要是分析问题架构,而科学社会主义则是现实结论,三部分共同服务于人的解放和自由全面发展。但在马克思以后的马克思主义发展的历史进程中,为了适应客观的学科分类体系之需要,马克思主义被人为地分割为哲学、政治经济学和科学社会主义三个独立的学科③。从此,学术研究因"分工"而"分家"。结果是,马克思主义哲学、政治经济学和科学社会主义的研究者虽"鸡犬相闻",但"老死不相往来"④。本来,在马克思那里,马克思主义的大众形态、学术形态和政治形态也是统一的。然而,在马克思以后的马克思主义发展的历史进程中,却把大众形态、学理形态和政治形态割裂开来,过于注重其政治形态或学理形态,忽视其大众形态;只注重马克思主义学说中的阶级斗争、无产阶级专政、社会主义革命思想,把"人"的问题视为资产阶级的专利,把人的主体性发挥看成唯心主义,因而对其中的人性、人权、人道主义、人的主体性、人的自由而全面发展等思想重视不够。结果是,马克思主义大

---

① 《马克思恩格斯选集》第 2 卷,人民出版社,1995 年版,第 101—102 页。

② 亮思:《评肢解马克思主义的几种形式》,《真理的追求》2007 年第 4 期。

③ 起初是恩格斯在批判杜林时不得不"跟着他到处跑",后来列宁在《马克思主义的三个来源和三个组成部分》中强化了"三分法"的认识(参见《马克思恩格斯选集》第 3 卷,人民出版社,1995 年版,第344、345、347 页;《列宁选集》第 2 卷,人民出版社,1995 年版,第 309—314 页)。

④ 张亮:《马克思主义哲学史研究中的四种关系简论》,《哲学动态》2006 年第 1 期。

众形态得以倡导,但未能真正实现;学术形态强劲,但疏离政治和大众倾向较为明显;政治形态突出,但需进一步赢得学理支持和大众认同。针对"肢解"马克思主义的做法,有学者主张"完整地"、"总体性"和"整体性"地理解马克思主义。

3. 曲解:被曲解的马克思主义。一些人把马克思当时的个别具体结论当成一般抽象公式到处套用;一些人把马克思主义关于当时具体问题的结论当作教条盲目信奉;一些人把马克思主义曲解为人道主义(如苏联戈尔巴乔夫)或人本主义;一些人经验主义、实用主义地对待马克思主义,在研究中挂马克思主义招牌,贩卖非马克思主义私货;一些西方马克思主义学家炮制出"两个马克思",把马克思主义说成一种"新宗教"或"人道主义";一些人把本来不属于马克思主义哲学的东西强加给马克思主义,先曲解然后加以批判。如果说对马克思主义的"误解"是无意的话,那么"曲解"则是有意为之。正如马克思所言:"一个人由于自己才疏学浅是会曲解哲学的。"[1]马克思的1859年《政治经济学批判》第二分册出版后,就曾遭到普遍曲解;1867年杜林对马克思《资本论》第一卷也有曲解;1873年1月24日马克思在《资本论》第二版跋中也说:"政治经济学在我国(德国——笔者注)缺乏生长的土壤。……它被曲解了。"[2]第二国际的主要理论家们大多忽视马克思主义的完整性和革命批判本质,把马克思主义简单归结为"经济决定论",最终导致理论与实践、工人运动与社会主义的根本目标的分离和对立。关于此,恩格斯在晚年曾作过自我批评:"只有一点还没有谈到,这一点在马克思和我的著作中通常也强调得不够,在这方面我们大家都有同样的过错。这就是说,我们大家首先是把重点放在从基本经济事实中引出政治的、法的和其他意识形态的观念以及这些观念为中介的行动,而且必须这样做。但是我们这样做的时候为了内容方面而忽略了形式方面,即这些观念等等是由什么样的方式和方法产生的。这就给了敌人以称心的理由来进行曲解或歪曲。"[3]针对曲解马克思主义的做法,马克思、恩格斯与形形色色的曲解者进行论战,积极从正面阐发自己的理论,从而把"消极的批判"转变为"积极的批判"。

---

① 《马克思恩格斯全集》第1卷,人民出版社,1995年版,第222页。
② 《资本论》第一卷,人民出版社,2004年版,第15页。
③ 《马克思恩格斯选集》第4卷,人民出版社,1995年版,第726页。

4. 未解：没有真正理解马克思主义。主要表现在：未充分认识到马克思的学说首先是一种解释世界的学说（如历史唯物主义），因而注重对现实人的生活世界的经验观察和描述，它是前提，然后才是改变世界的学说；未充分认识到马克思的学说较为注重对宏观世界的研究，而对微观世界研究不够，因而宏大叙事有余而微小分析不足；未充分认识到马克思较为注重对工人阶级的生存境遇与发展命运的分析，而对资产阶级的强势以及资本主义的自我批判、自我调整和自我完善的能力研究不够；未充分认识到马克思的学说张扬人的主体性，而对实践主体研究不够；只看到"两个必然"的客观规律性，而对"两个决不会"的时间和客观条件研究不够。由此，把马克思学说神圣化、片面化、僵化了，既对丰富、完善和发展马克思主义注重不够，也对西方马克思主义在时代化、微观化方面发展马克思主义的贡献注重和吸收不够。现在有些人没有认真研读马克思主义的文本，对马克思主义的基本品格和理论特征缺乏深入透彻的理解，或者虽然读了马克思主义的文本，但是没有真正读懂、没有把握精髓、没有消化吸收。由此造成对马克思主义的不了解、不理解或理解不到位。改革开放以来，实践唯物主义、主体性哲学、人学、文化哲学、价值哲学、生存哲学和马克思主义微观政治哲学均是对未解的修正。

5. 消解：被消解的马克思主义。如果说误解、曲解出于独断论，那么消解则出于怀疑论。在社会主义处于低潮时期，尤其是苏联解体、东欧剧变后，一些人以怀疑主义态度对待马克思主义，认为马克思主义不能解决当前问题了、过时了、没有生命力了；一些人从历史虚无主义出发，提出社会主义"失败论"、马克思主义"过时论"、共产主义"渺茫论"和"告别革命论"；一些人认为社会主义失败了，即前苏联、东欧社会主义的失败实质上是马克思主义的失败。如布热津斯基宣称"共产主义将最终消亡"、海尔布隆纳宣称"资本主义获得了最终胜利"、福山宣称"历史终结了"等。福山将马克思描绘成一个终结论者，将马克思的历史观理解为一种终结论。"这些批评家先生们宣布马克思、恩格斯得出的结论过时了，但他们都拿不出任何新的东西来代替他们，仅仅限于一方面空洞地和枯燥地重复'批判'这个名词，另一方面就是回到马克思、恩格斯同时代甚至早一时代资产阶级学者的观点。"①其实，社会主义运

---

① 《普列汉诺夫哲学著作选集》第2卷，曹葆华译，生活·读书·新知三联书店，1961年版，第514页。

动暂时进入低潮,并不等于整个社会主义运动走向终结;失败的不是全部社会主义,而是对待社会主义的一种错误方式;破产的也不是马克思主义,而是僵化教条式的赝品。马克思主义是科学,因此说它没用了、过时了、失败了、没有生命力了是根本错误的。真正的马克思主义者对待马克思主义的态度值得我们学习。正如恩格斯所言:"社会主义自从成为科学以来,就要求人们把它当作科学看待,就是说,要求人们去研究它。"①在《共产党宣言》的 1872年德文版《序言》中,马克思、恩格斯曾申明,由于历史条件的变化,《宣言》中所讲的"虽然在原则上今天还是正确的",但是"有些地方已经过时了",有的批判是"不完全的",有些地方"都会有不同的写法了"②。1895 年恩格斯在《卡·马克思〈1848 年至 1850 年的法兰西阶级斗争〉一书导言》中指出:"但是,历史表明我们也曾经错了,暴露出我们当时的看法只是一个幻想。历史走得更远:它不仅打破了我们当时的错误看法,并且还完全改变了无产阶级借以进行斗争的条件。1848 年的斗争方法,今天在一切方面都已经过时了。"③邓小平在总结马克思主义发展史时曾说:"绝不能要求马克思为解决他去世之后上百年、几百年所产生的问题提供现成答案。列宁同样也不能承担为他去世以后五十年、一百年所产生的问题提供现成答案的任务。真正的马克思列宁主义者必须根据现在的情况,认识、继承和发展马克思列宁主义。"因此"不以新的思想、观点去继承、发展马克思主义,不是真正的马克思主义者"④。可见,自我批判和自我革命是不断推进马克思主义理论变革和创新的一个重要特质和内在动力源。

　　总之,"马克思主义是科学,作为科学,马克思主义是打不到的,关键要以科学的态度对待它,否则会走向自己的反面,不打自倒"⑤。如今,不仅要走出对待马克思主义的"爱之欲其生"和"恶之欲其死"的情绪化态度,更为根本的,要使人们的思想从对马克思主义的错误的和教条式的理解中解放出来,从主观主义和形而上学的桎梏中解放出来,科学对待马克思主义。"如何对

---

① 《马克思恩格斯选集》第 2 卷,人民出版社,1995 年版,第 636 页。
② 《马克思恩格斯选集》第 1 卷,人民出版社,1995 年版,第 248—249 页。
③ 《马克思恩格斯选集》第 4 卷,人民出版社,1995 年版,第 510 页。
④ 《邓小平文选》第 3 卷,人民出版社,1993 年版,第 291、292 页。
⑤ 许全兴:《以科学态度对待马克思主义:马克思主义中国化 60 年的若干思考》,《理论视野》2009年第 8 期。

待马克思主义,无论是革命还是建设,都是第一位重要的问题。坚持马克思主义的指导地位,关键在于搞清楚什么是马克思主义、如何对待马克思主义。"①

二、马克思主义究竟是一个什么样的马克思主义

科学对待马克思主义,首先要弄清楚马克思主义究竟是什么。弄清楚马克思主义的精髓,是科学对待马克思主义的逻辑前提。实际上,对一种科学采取什么样的态度,不是人们主观随意决定的,而取决于对象本性。基于此,对马克思主义采取什么样的态度,取决于马克思主义的本性。马克思主义的本性主要是科学性与实践性,前者决定了必须科学对待马克思主义,后者决定了必须发展和创新马克思主义。科学性与实践性的统一集中体现在"马克思主义按其自身的原则,本身就包含着发展和更新的无限可能性"②。从不同角度,我们可以对马克思主义作出不同的阐释,本文主要从问题、立场、方法、品格和时序五方面来把握马克思主义。

1. 问题:马克思主义的本性是关注现实人的生活世界,关注时代和实践提出的重大现实问题。其实,马克思主义并不玄奥,马克思主义是很朴实的道理。马克思坚决反对形而上的抽象思辨,而是面向现实人的生活世界,把资本控制社会、资本奴役劳动当作总问题。马克思、恩格斯曾指出:"在思辨终止的地方,在现实生活面前,正是描述人们实践活动和实际发展过程的真正的实证科学开始的地方。关于意识的空话将终止,它们一定会被真正的知识所代替。"③马克思主义本性中具有强烈的人本情怀和大众关怀,它不仅提升了工人阶级的地位,而且认为人民大众在历史发展中起着关键的作用。正是借助马克思主义,现代无产阶级才第一次具有阶级意识,从此大众不再作为"沉默的大多数",而是成为"自己解放自己"的历史发展的主体。正如恩格斯在谈到马克思的历史功绩时所指出的:"正是他第一次使现代无产阶级

① 本刊记者:《正确认识改革开放　掌握社会主义意识形态话语权——访中国社会科学院马克思主义研究院党委书记侯惠勤》,《马克思主义与现实》2009 年第 1 期。

② ［英］戴维·麦克莱伦:《马克思以后的马克思主义》,李智译,中国人民大学出版社,2004 年版,第312 页。

③ 《马克思恩格斯选集》第 1 卷,人民出版社,1995 年版,第 74 页。

意识到自身的地位和需要,意识到自身解放的条件。"①在马克思主义视域,哲学研究的不是抽象的概念,而是感性的、现实的人;经济学研究的不是物,而是物背后被遮蔽的人和人之间的关系;科学社会主义研究的不是乌托邦空想,而是社会公正问题。其实,马克思主义作为一个完整的科学理论体系,主要包括哲学、政治经济学、科学社会主义三大基本组成部分,这三部分共同围绕的核心问题就是为无产阶级的政治解放、最终实现人类解放、实现共产主义理想做理论论证的。

2. 立场:真正的马克思主义是生产思想的,因此不能与社会实践和人民大众无关。马克思主义不是远离人民大众的一种纯粹的政治意识形态和学术理论,而是为人民大众立言并为人民大众提供现世智慧和政治代言的马克思主义。自中学时代起,马克思就立志选择"最能为人类而工作的职业"②,确立了为人类服务的事业观。大学毕业后,马克思在《莱茵报》上发表多篇论文,对民众的需要、利益和诉求给以极大关注,积极为政治上和社会上倍受压迫的贫苦大众的利益进行辩护,确立了关注时代问题的学术观。后来马克思毕生都在为民众立言,并以此为满足,确立了得到大众理解与认可的幸福观。也许正因为如此,当《资本论》在德国工人阶级广大范围迅速得到理解时,马克思欣慰地说"这是对他的劳动的最好的报酬"。马克思晚年的探索同样奠基于人类学立场。马克思主义的科学性,就在于深刻地揭示了社会发展的客观规律,符合无产阶级的根本利益,为人民大众所拥护。那种不关照时代发展和实践要求、不关心大众生存境遇与发展命运的理论是对"理论"与"大众"的双重误解。科学的理论只有被大众掌握后,才会得到实现并转变为物质力量;理论不关心人民大众的生存境遇和发展命运,自然会被人民大众边缘化。就此而论,国内部分学者主张把马克思主义纯粹学术化、纯粹意识形态化、纯粹"马克思学"研究都是值得讨论的。当代马克思主义研究者,不应该把纯粹学术性当作自己专业水准的唯一追求。

3. 方法:马克思主义的整个世界观不是教义,而是方法。马克思主义的方法论主要包括辩证法、唯物史观、阶级分析方法、总体性的方法、社会结构分析方法等。就研究方法而言,马克思是从现象去探求本质,从过程去揭示

---

① 《马克思恩格斯选集》第3卷,人民出版社,1995年版,第777页。

② 《马克思恩格斯全集》第1卷,人民出版社,1995年版,第459页。

规律;就叙述方法而论,马克思则用本质去阐释现象,用规律去说明过程。马克思主义不是包医百病的药方,不是到处可以套用的公式和随处任意粘贴的标签,而是坚持科学方法与价值方法的统一。所谓科学方法,是指从客观的角度,通过经验和实证的分析揭示客观规律的方法。所谓价值方法,是指从人的角度考察问题的方法,即考察经济社会发展对人的意义。科学方法与价值方法的统一内在要求:在理论张力方面注重"应有"与"现有"的辩证关系;在历史观方面注重人的历史活动的合规律性与合目的性的辩证关系;在发展观方面注重发展与代价的辩证关系;在主体方面注重主体能动性与客观制约性的统一;在生存论上注重经验性与超越性的统一;在思维向度上注重"对象意识"与"自我意识"的统一。"马克思始终是以严谨的态度和方法来研究社会历史发展,而不是随意演绎社会历史发展,因而所作出的分析和所得出的结论基本上是经得住推敲的,经得住实践检验的,尽管在新的形势下有的需要修正和发展。"①

4. 品格:实践证明,马克思主义是与时俱进的开放的理论体系。马克思主义不是乌托邦空论,而是革命的科学。之所以是科学,主要在于它不是从原则出发,而是从事实出发,不是从抽象的人出发,而是从现实的人和历史的人出发,不是从空想出发,而是从实践出发。马克思主义不是自我欣赏、自我封闭、停滞僵化的学说,而是既注重自我批判、又强调与时俱进、具有开放性和不断对自己从前的信仰和理论进行自我清算以达到自我完善的学说。这种品格内在决定了马克思主义要接受来自不同理论、时代和实践的批评与裁判。马克思曾说:"任何科学批评的意见我都是欢迎的。"②同时马克思也是善于质疑的人,"他的意见是和所有他的前人直接对立的。在前人认为已有答案的地方,他却认为只是问题所在"③。马克思对待前人的理论,尊重而不迷信;对待同时代人的理论,吸收而不虚无;对待自己的理论,珍惜而不固守。正是这种科学态度,最终促成马克思主义的批判和革命品格。批判,既指向外界,也指向自身;革命,既革别人的命,也自我革命。马克思主义的批判性、

---

① 袁贵仁等主编:《当代学者视野中的马克思主义哲学·中国学者卷》上卷,北京师范大学出版社,2008年版,第119页。

② 《马克思恩格斯选集》第2卷,人民出版社,1995年版,第102页。

③ 《马克思恩格斯选集》第2卷,人民出版社,1995年版,第273页。

革命性、科学性和实践性,决定了马克思主义是有生命力的,其生命力体现为马克思主义是建立在人类思想成果基础上的科学体系。值得注意的是,马克思很少就哲学本身的问题进行大篇幅的研究,而是面向现实问题进行理论批判,并且马克思不满足于哲学在理论上对人的关怀和关注,而要"在批判旧世界中发现新世界",在实践中促进人的自我解放、政治解放和人类解放。"正因为马克思、恩格斯肩负着无产阶级和人类解放历史使命的目的从事写作,因而科学性是它的首要要求,他们不是停留在资本主义的表层,不是对资本主义社会现象的描述,而是着力于通过现象把握资本主义社会发展的本质和规律。"①

5. 时序:有人问:诞生于革命战争年代的马克思主义在建设和改革时期,还有什么实际意义? 这是一种误解。马克思主义不仅是近代性意义的学说,而且具有当代性。马克思在思想主导方向上是一位现代哲学家。马克思主义哲学作为现代哲学,在理论的深刻性上不仅不逊色于被学界奉为圭臬的海德格尔、维特根斯坦等现代大哲学家的哲学,而且在理论的现实性和实践性上明显优于这些哲学家的哲学。马克思主义虽然诞生于 19 世纪,但它没有停留于 19 世纪;它虽然产生于欧洲,却跨越欧洲影响了全世界。其实,判定一种学说是否具有当代性,不能简单地以学说创立者的生存年代和学说创立年代为依据,而要以思想理论本身的属性(主要是思维方式)为依据。有些学说虽然诞生在古代或近代,但是可以具有当代性;有些学说虽然诞生在当代,但却可能是前现代的。一种历史上产生的思想体系或学说在当代是否还有价值,最根本的是取决于它自身包含的真理性,而不是取决于它产生的时间的长短先后。真正的哲学总是自己时代精神的精华,是揭示时代本质和规律的理性认识,因此可以超越自己的时代。

三、怎样科学对待马克思主义

马克思主义是科学,内在决定了要科学对待马克思主义。科学对待马克思主义,既是以往历史经验的结论,也是马克思主义和社会主义发展的现实需要。当代中国马克思主义研究者要科学对待马克思主义,首先要提升自身

① 陈先达:《论马克思主义的生命力》,《思想理论教育导刊》2003 年第 2 期。

对文本理解的准确性,增强自身对时代的敏感性,加强自身学术研究的规范性,不唯书,不唯上,只唯实,在理论的丰富中自我完善,在理论的发展中应对挑战,在理论的创新中增强生命力。这需要理论勇气,更需要思想智慧。

1. 全面准确理解马克思主义:纠正对马克思主义的错误理解,还马克思主义本来面目。马克思主义的本性并不等于它的现实状况,它要在历史过程中避免被曲解、被误解、被僵化的命运,关键在于要以科学的态度去担当其反思、批判和引导的功能。对待马克思主义唯一正确的态度,就是实事求是,这是完整准确地理解和运用马克思主义的根本态度。首先需要掌握精髓,努力分清哪些是必须长期坚持的马克思主义基本原理,哪些是需要结合新的实际加以丰富发展的理论判断,哪些是必须破除的对马克思主义错误的、教条式的理解,哪些是必须澄清的附加在马克思主义名义下的错误观点。中国学者如果要无愧于"当代马克思主义者"这一称号,就必须关注现实、关注人民、关注时代,处理好哲学与政治、哲学与大众、哲学与时代的关系,在真正读懂马克思主义文本的基础上,始终站在实践、时代和科学的前沿,善于吸纳一切优秀的学术成果,用马克思主义的历史观、价值观和方法论,而不是用它的个别结论,去分析和破解当代世界,特别是当代中国的重大现实问题。

其实,如果没有系统而深入地研读马克思主义经典文本,就不可能真正理解和把握马克思主义的问题、立场、观点、方法和品格,就只能以偏概全、一知半解、人云亦云。科学对待马克思主义,首先必须正本清源,还马克思主义的本来面目,厘清它的源与流、基本价值和当代价值;不能把马克思主义停留在书本上,禁锢在书斋里,而应努力为时立言、为民立命、为国献策。反思当代马克思主义哲学陷入"边缘化"困境的一个原因,就是有的"哲学家们日益严重地沉溺于小格局的文本解读及其诠释技法之中,在学术化的口号中远离了现实生活,使哲学在书斋中更加思辨化、碎片化和个人化"①。这样的哲学就可能被时代、实践和大众"边缘化"。马克思主义在本性上具有大众性、开放性和与时俱进性,但这种大众性、开放性和与时俱进性并不是不证自明的,同样需要发展和创新。"马克思主义哲学的本性,要求它不可能纯学术化,在政治和价值取向上,它必须关心社会现实问题,直接或间接与无产阶级和人

---

① 孙麾:《马克思哲学的学术传统与问题意识》,《哲学研究》2009 年第 3 期。

类解放的历史使命相联系。"①其实,当代中国需要的不是片面政治化、纯粹学术化的马克思主义,而是具有包容性、能与大众心灵对话、成为"大众心灵鸡汤"的马克思主义。

2. 与时俱进地发展马克思主义:推进马克思主义的中国化、时代化、大众化,使其达到时代和实践发展所要求的水平,并能破解当代中国问题、解释当今中国世界。从广义上说,马克思主义不仅指马克思、恩格斯创立的基本观点、基本理论和学说的体系,也包括继承者对它的发展与创新。马克思主义的生命力与马克思主义的本性息息相关。马克思主义的生命力在于其与时俱进的理论品质,在于其"对具体情况作具体分析",在于其坚持原则性与灵活性的统一。马克思主义要与时俱进:一方面,要将马克思主义与现实密切结合,在实践中丰富之发展之;另一方面,要充分吸纳人类一切优秀文明成果,其中当然包括国外学者对马克思主义的研究成果。马克思主义要求后继者们"根据它的基本原则和基本方法,不断结合变化着的实际,探索解决新问题的答案,从而也发展马克思主义理论本身"②。之所以提出与时俱进地发展马克思主义的任务,从根本上说是由马克思主义的理论品质所决定的。马克思主义在本质上不是套语和标签,而是进一步研究问题的方法、思路和眼光。马克思、恩格斯多次指出,他们的理论不是教条,而是行动的指南;对他们理论中一般原理的实际运用随时随地都要以当时的历史条件为转移。列宁也指出,马克思的理论"所提供的只是总的指导原理,而这些原理的应用具体地说,在英国不同于法国,在法国不同于德国,在德国又不同于俄国"③。"马克思主义一定要向前发展,要随着实践的发展而发展,不能停滞不前。停止了,老是那么一套,它就没有生命了。"④可见,马克思主义的老祖宗不能丢,但要讲新话。只有讲新话才能适应新需要,建构新理论,破解新问题。对当代中国马克思主义者而言,就是要对中国经验和世界经验进行概括总结,对西方现代哲学进行批判汲取,并在此基础上建构体现时代性、把握规律性和富于创造性的中国化的马克思主义。这无疑需要破除"理论虚无主义"和"历史虚

---

① 陈先达:《马克思主义哲学关注现实的方式》,《中国社会科学》2008 年第 6 期。
② 《邓小平文选》第 3 卷,人民出版社,1993 年版,第 146 页。
③ 《列宁选集》第 1 卷,人民出版社,1995 年版,第 274—275 页。
④ 《毛泽东文集》第 7 卷,人民出版社,1999 年版,第 281 页。

无主义"。破除"理论虚无主义"和"历史虚无主义",关键是要提高理论思维水平。只有提高理论思维水平,才能更加深刻地把握当代世界的本质特征、深层规律和发展趋向,也才能更加深刻地把握当代中国的历史方位、现实问题和未来走向。

3. 以可持续发展的生态眼光完善马克思主义:建构大众形态、学理形态和政治形态有机统一的马克思主义,为马克思主义可持续发展提供良好的生态环境。大众化是马克思主义的内在属性和本质要求,马克思主义只有被广大人民群众所理解、所接受、所掌握,才能真正转化为认识世界、改造世界的强大物质力量。这需要当代马克思主义既要高度凝练、通俗晓畅,又要广为流传、深入人心;既要防止过度学术化和过度意识形态化,又要切实推进马克思主义的时代化、大众化和中国化。党的十七大报告明确提出"推动当代中国马克思主义大众化"的新要求①,党的十七届四中全会又进一步强调"推进马克思主义中国化、时代化、大众化"②。马克思主义要想在当代中国有所作为就必须关怀"人民大众"、关心"现实政治"、关注"中国问题",走"大众形态"、"政治形态"和"学术形态"相统一的可持续发展之路。当代中国的马克思主义既要坚持面向现代化、面向世界、面向未来的方向,又要坚持民族的、科学的、大众的方向。这需要巨大的理论勇气,关键是视角下移,关注大众的生存境遇和发展命运,营造可持续发展的"学术生态"。

4. 站在民众立场上研究马克思主义:回归马克思主义的大众本性,在理论与实践的统一中创造性地发展和运用马克思主义。科学地对待马克思主义,必须尊重群众,尊重实践,根据时代和实践变化,创造性地发展和运用马克思主义。创造性地发展马克思主义,核心是要增强马克思主义的吸引力、解释力和感召力,关键是马克思主义研究者不能迷失方向,不能丧失为时代立言、为大众立命的使命,不能丧失对当今时代的理解、批判、建设和引导的愿望和能力;创造性地运用马克思主义,最主要的是要做到"理论同实际相结合、领导和群众相结合、学习借鉴外国与独立自主相结合"③。"长期以来,我

---

① 胡锦涛:《高举中国特色社会主义伟大旗帜为夺取全面建设小康社会新胜利而奋斗》,人民出版社,2007年版,第34页。

② 《中共中央关于加强和改进新形式下党的建设若干重大问题的决定》,《人民日报》2009年9月28日。

③ 杨春贵:《科学对待马克思主义》,人民网2009年2月1日。

们的历史研究一直强调以马克思主义唯物史观为指导。但是,由于缺乏中层理论和实证工作的支持,唯物史观的一些理论原则并没有得到贯彻,有的人甚至对唯物史观理论本身也存在一些绝对化和片面化的认识。在历史著述中,作为历史主体的民众的活动与贡献很少被提及,民众的生活状态和疾苦、业绩和贡献、利益、愿望、要求和呼声,以及他们对历史的看法,更少得到反映。这说明,我们的史学研究还没有从固有的史学传统中走出来。就历史发展来说,民众是历史的主体;民意是解释历史的基础;民益是评价历史的根本标准。"[1]马克思主义研究迫切需要回归大众立场,重视普通民众所构成的生活世界的力量。在理论上,需要站在民众的立场上发展马克思主义,在实践中,需要在马克思主义指导下建设有中国特色社会主义。惟有如此,才能真正体现"坚持"与"发展"、"继承"与"创新"的有机统一,也才能从根本上增强马克思主义的吸引力和生命力。

（原载《光明日报》2010 年 5 月 6 日,与张艳涛合作）

---

[1]　郭德宏:《论民众史观》,《史学月刊》2009 年第 11 期。

二、当代中国马克思主义研究

国情的科学判断与实践的合理定位

——深入理解"社会主义初级阶段论"的精神实质

我国处于社会主义初级阶段,这是理解邓小平理论和党的十五大报告的一个基石。这意味着,我国社会主义建设的各项工作都必须从社会主义初级阶段这一基本国情和最大实际出发。由此,全面深入理解和准确把握社会主义初级阶段理论的内在精神实质和方法论意蕴,对指导我们的各项工作,具有十分重要的意义。

一、时间观念:考虑问题要有时间观念,反对超越阶段的急于求成的"左"的倾向,坚持循序渐进的历史主义

社会主义初级阶段首先是一个时间和历史概念,它表明中国社会主义在时间上还定位在历史发展的"初级"阶段。时间是事物运动和发展的存在形式,一个事物的运动和发展只有在时间上予以定位,才有可能具体把握它存在的性质和状况。同理,中国社会主义的运动和发展只有在时间和历史上予以科学定位,我们才有可能把握它的性质和状况,从而才能有合理的实践选择。所以,对中国社会主义的认识,首先有一个时间观念的问题,即从时间上把握它所处的历史发展阶段。这就必须反对那种超越历史阶段的急于求成的"左"的倾向,坚持循序渐进的历史主义,既要从中国社会主义所处的历史阶段出发现实地、历史地提出问题和看待问题,又要深入细致、扎扎实实和有条不紊地解决问题。这是指导我们工作的一条重要的方法论。十一届三中全会前,我国社会主义建设的一条重要经验教训,就是曾错误地提出了一些超越社会主义初级阶段的任务和政策,犯"左"的急性病。从1957年就开始"左","文化大革命"是极"左"。其认识论原因,就是没有真正认识到我国社会主义还处于初级阶段。我国改革开放和现代化建设之所以取得成功,其根本原因之一,就是克服了那些超越阶段的错误观念和政策。于是,反"左"的有效方法之一,就是真正承认我国社会主义处于初级阶段。这里,有一个关键问题,就是正确看待"退却"和"前进"的辩证关系。在我国革命和建设中,人们往往只希望前进而不愿后退。当然,我们的目的是追求前进。现在的问题是,按照超越初级阶段的路走不通,只能越走越糟。因为欲速则不达,形式上似乎在靠近发达社会主义的目标,实质内容上却搞垮了社会主义。为了真正的前进,就必须从过去那种超越历史阶段的观念和政策中实行"退却",退到社会主义初级阶段这一现实基础上来。这种"退却"看起来似乎离发达的社会主义目标远了一些,但却是正社会主义初级阶段之名,干社会主义之实,是在真正建设社会主义,从而才能找到一条切实可行的走向发达社会主义的道路。这里,"退却"是为了真正的、更好的前进。对资本主义的认识也有一个时间观念的问题。有些人固守马克思、恩格斯当年对资本主义所做的结论,无视当代资本主义的新发展,缺乏历史主义的眼光。固然,资本主义的本质不会根本改变,但在不同的历史阶段,其属性、特征和状况必会发生某种量的变化,甚至发生某些部分质变。用时间观念来看待我国社会主义,也可得出这样的认识,即当代资本主义虽与我国初级阶段的社会主义同处一个时代,但二者历史定位和历史序列却不相同,故而不能把反映当代资本主义现实的东西照搬过来,以分析和解答中国的问题。借鉴是可以的,套用是不行的。列宁和邓小平非常注重用时间观念和历史主义眼光来看待社会主义建设。列宁在总结"战时共产主义"时期的经验教训时指出:"直接过渡到纯社会主义的经济形式和纯社会主义的分配,不是我们力所能及的事情",如果一意孤行,"就有灭亡的危险"①。"直接过渡"之所以行不通,根本原因是俄国经济文化落后,小农经济占支配地位。在一个农民占绝大多数的国家里,向社会主义过渡,必须由"战时共产主义"时期所采取的政策"向后退却",经过一个过渡阶段,从"建设初级形式的社会主义"入手,朝着建设"发达的社会主

---

① 《列宁全集》第4卷,人民出版社,1984年版,第661页。

义"迈进。"新经济政策"就是过渡阶段列宁主张采取的特殊的"退却"政策。这种"退却"看起来似乎远离了发达社会主义的目标,但正如列宁所说,只有这样,才能"找到一条比较可靠的绕行的道路,可以沿着这条路大胆、更迅速、更直接地再次往前走,往上爬,登上山顶"①。邓小平同志曾说:"现在虽说我们也在搞社会主义,但事实上不够格",这是一个"初级阶段的社会主义","社会主义本身是共产主义的初级阶段,而我们中国又处在社会主义的初级阶段"。党的十三大报告比较系统地论述了邓小平同志提出的社会主义初级阶段的科学论断,而十五大正式把"我国正处于社会主义初级阶段"写入党章。这表明我党对中国社会主义的历史发展具有强烈而明确的时间意识。

二、空间观念:考虑问题要有地点、区位等空间观念,反对从这样那样的外国模式出发的盲目崇外倾向,坚持从中国国情出发来建设有中国特色的社会主义

社会主义初级阶段也是一个空间概念。它表明"中国今天的发展"还处在社会主义的初级阶段。空间也是事物运动和发展的存在形式,一个事物的运动和发展只有在空间上予以定位,才有可能把握它的具体性质和状况。社会主义的运动和发展只有在中国社会的空间上予以定位,我们才有可能把握它的特色。所以,对中国社会主义的认识也必须具有空间观念,从区域空间上把握它的中国特色。这就必须反对只从外国模式出发来分析解决中国问题的倾向,坚持从中国的国情出发来分析和解决中国的问题:既要考虑问题的区域性和地域性,又要以问题发生的地点为转移,具体区别不同地方的不同情况,并有针对性地加以对待。这也是指导我们工作的一条重要方法论。由此来总结中国社会主义建设的历史经验教训,其中一条,就是在改革开放前的一段历史时期,我们一味地从苏联斯大林社会主义模式出发,搞权力高度集中的计划经济体制,排斥商品(市场)经济,结果使我社会主义建设付出沉重的代价。改革开放以后,我党坚持从中国的国情出发,走自己的发展道路,建设有中国特色的社会主义,从而推动了中国现代化建设的发展。马克思、列宁和邓小平都非常注重用空间思维来看待社会主义革命和建设的问

---

① 《列宁全集》第42卷,人民出版社,1987年版,第447—448页。

题。马克思曾强调,他提出的理论更多地适用于西欧社会。列宁指出,建设社会主义,东方落后国家将会比俄国带有更多的特色。在邓小平那里,走自己的路,建设有中国特色的社会主义,其立论根据之一,就是不同的国家会有不同的社会主义模式。实际上,有中国特色的社会主义是社会主义的空间定位,其意义不在于它发明了什么是社会主义的本质,而在于要求我们必须从中国的国情出发,从中国的区域空间来考虑中国的问题,在于强调社会主义的中国特色。

三、条件观念:考虑问题要有条件观念,反对从主观愿望出发的主观主义,坚持从现实客观条件出发看待社会主义建设长期性和艰巨性的辩证唯物主义

社会主义初级阶段也是一个辩证唯物主义概念。就是说,它既是从对中国国情和各种客观条件进行分析考察之后提出的一个概念,同时也要求我们必须从社会主义初级阶段的国情和客观条件出发来考虑问题。充分考虑我国现有的国情和现实客观条件,是这一概念的题中应有之义。人的活动是有目的的,同时又是受现实客观条件制约的。要实现活动的目的,需要运用必要的手段,而使用何种手段,则主要取决于活动得以进行的现实客观条件。我国社会主义建设同样需要利用一定的手段来实现,而究竟采取何种手段,主要取决于对我国现有的客观条件(包括国情)的认识和把握。这里,只有从中国现实的客观条件出发来理解社会主义,才有可能把握其性质和具体状况。这就要求我们:避免从主观愿望出发,头脑发热,要立足现实,头脑清醒;注重从现实客观条件出发看待我国社会主义建设中的各种问题(尤其是方式和手段问题)和各项工作,充分认识我国落后的状况以及社会主义建设的复杂性、艰巨性、曲折性和长期性;由是,对取得的成绩要有冷静的估计,不可沾沾自喜,对存在的问题要有清醒的认识,不宜掩盖矛盾,对未来目标的设计要切实可行,不能可望不可及。这是指导我们各项工作的一个重要方法论。我国社会主义建设的一条重要经验教训,就是以前曾脱离初级阶段生产力发展的实际以及其他客观条件,一味进行生产关系领域的"革命",只抓阶级斗争,犯生产关系、上层建筑决定论这种抽象谈论社会主义的错误,就是对我国社会主义建设的长期性和艰巨性缺乏清醒的认识。十一届三中全会后,我党正是从现实客观条件出发,才认识到我国社会主义处于初级阶段,进而又从这一阶段的实际出发,制定并实行了一系列路线、方针和政策,从而推动了社会主义建设的发展。马克思是注重从客观条件出发考察社会主义问题的典范。他和恩格斯共同创立的科学社会主义就是置于现实基础之上的,并且一再强调,他们的科学社会主义的一般基本原理的实际运用,随时随地都要以当时的历史条件为转移。列宁力图从俄国存在多种经济成分而小农经济占优势这一现实客观条件出发,指出俄国社会主义建设的道路,应是利用国家资本主义以及新经济政策来实现社会主义。邓小平同志也正是从中国现实的客观条件出发,指出社会主义的本质,是解放生产力,发展生产力,消灭剥削,消灭阶级,最终达到共同富裕,指出必须利用市场经济来建设社会主义。

四、实践观念:考虑问题要有实践观念,反对从对马克思主义著作中个别论断的教条式理解和附加到马克思主义名下的某些错误论点出发来判断现实,坚持实践公式高于书本的公式,坚定改变落后面貌的信心

社会主义初级阶段也要求树立实践的观念。它意味着,我们不仅要去理解和认识落后的客观现实,而且更重要的是为了更有效地改造落后的现实,认识落后是起点,改变落后是目的。既要根据客观现实制定、理解和执行相适合的路线、方针和政策,把我们的全部活动建立在一个科学可靠的基点上,又要通过实践改变和超越落后的现实;既要承认我们的经济、政治、文化以及人的素质的水平比较低,同时又不甘于落后,要全力以赴、脚踏实地和艰苦奋斗地搞经济建设,使不合格的社会主义发展成合格的社会主义;既要直面落后,又要以"三个有利于"为标准,大胆地试、闯、干,不能用初级阶段来为落后辩护,来为主观失误开脱罪责,把落后作为我们消极保守、甘于现状的借口。这些正是社会主义初级阶段理论的方法论意义所在。所以,社会主义初级阶段不仅是对基本国情的理论判断,更是改变落后面貌的伟大实践的发展过程;不仅是一个了解和尊重外部客观现实的问题,更重要的是实践主体应从何做、因何做、做什么和怎么做的定位问题。因而,社会主义初级阶段论是一种有自觉认识和实践定位相统一的理论。有些人要么总是从书本出发,教条式地对待中国的社会主义建设,要么借口我国处于社会主义初级阶段而放弃斗志及对远大目标的追求,要么甘于落后,要么追求超前享受。这是不符合社会主义初级阶段理论的精神实质的。邓小平同志在对中国现实考察之后,之所以郑重其事地指出我国处于社会主义初级阶段,主要是为了告诫全党,要集中精力搞经济建设,艰苦创业,以合理的实践方式努力改变落后面貌。因此,我们应理解社会主义初级阶段理论的实践意旨。

五、实效观念:考虑一切问题要有实效观念,反对形式主义以及只注重贴标签不注重实际效用的抽象的定性思维,坚持以"三个有利于"标准为核心内容的价值思维

社会主义初级阶段也是一个价值学概念。它表明,从价值尺度来衡量,目前我国初级阶段的社会主义还是不合格的社会主义。要成为合格的社会主义,少走弯路,必须采取一些行之有效的方式来建设有中国特色的社会主义。这里,方式问题至关重要。使用怎样的方式才能建设好有中国特色的社会主义? 这里必须有一个衡量标准。根据社会主义初级阶段的实际,这一标准,正如邓小平同志所说的,是"三个有利于"。也就是说,既然我国社会主义还处于初级阶段,那么,要建设有中国特色的社会主义,一切非社会主义、非共产主义的因素,只要符合"三个有利于",都有其合理存在的理由,都可以为我所用;资本主义社会中一切与"三个有利于"相符合的东西,都可以借鉴和吸收。质言之,"社会主义初级阶段"意味着可以容纳或接纳资本主义社会中一切符合"三个有利于"并且于我有用的东西。

这里包含着这样一种思维方式的变化:由过去注重贴标签和划线,不注重实际效用的抽象的定性思维,向注重以"三个有利于"或注重实践效果的实际效用为核心内容的价值思维转变。具体来说,人们以前首先多注重问"姓社姓资",现在要首先多问对有中国特色社会主义建设是否有利、有用;过去多问社会事物的政治性质,现在要多问社会事物的实际效用或价值(并非淡化政治);以前多注重对社会事物贴标签和划线,现在要多注重分析社会事物的价值和意义;以前多注意事物的外在形式,现在同时要注重事物的内在实质内容。比如,以前人们多从外在形式和抽象性质上问猫是白猫还是黑猫,现在要多从内在实质内容和具体实效上问猫是有用的猫(好猫)还是没用的猫(坏猫);以前出台一项改革的政策和措施,首先是问"姓社姓资",现在则首先要问是否符合"三个有利于",是否有实际效果。这种思维方式的变化,对建设有中国特色的社会主义是非常重要的:一是有助于解放思想和开拓进取,加大改革力度,克服思想僵化和因循守旧。如果每出台一项改革政策和措施就从政治上问姓社姓资,人们就会得上"恐资症",就不敢开拓创新地进行改革,相反,如果倡导人们按照"三个有利于"标准的精神进行改革,他们就会突破陈规积极去解决改革开放过程中出现的一切难题和实质问题。贴上姓社姓资标签的抽象的定性思维易禁锢人的思想和手脚,而以"三个有利于"为核心内容的、注重实际效果的价值思维则鼓励人们解放思想,放开手脚,大胆创新;二是有利于坚持实事求是,克服形式主义。"三个有利于"标准要人们注重事物和对象对社会主义建设的实际效用,而不要拘泥于事物和对象的外在抽象的形式,要少贴些标签多注重些实际功效,要少些抽象的高调多一些脚踏实地建设社会主义的实干精神。这可以使我们少走弯路,卓有成效地建设有中国特色的社会主义;三是有利于人们统一认识,争取发展时间。姓社姓资的争论模糊了人们的认识,耽误了时间,于发展不利。我们应把认识统一到坚持"三个有利于"标准上来,只要是符合"三个有利于"的,就大胆地干。这显然有助于争取发展时间,于发展有利。这样,社会主义初级阶段理论就为人们的各项工作提供了一种方法论,其实质精神,就是考虑一切问题要注重实效观念,反对形式主义和抽象的定性思维方式。我国社会主义建设的一条重要经验教训,就是过于搞形式主义,不注重实践效果,就是一段时期内遇事注重贴标签,不注重事物的实际效用(价值)。"大跃进"时期,我们往往在形式上搞"一大二公三纯"的社会主义,忽视社会主义建设的实在内容和实际效果,结果搞了多年还是不合格的社会主义。改革开放十几年来,一些思想僵化的人总是用"左"的东西指责改革,其根本原因之一,就是这些人被贴标签的抽象的定性思维方式束缚着。当然,"贴标签"的定性思维在一定时期、一定范围内有其存在的某种合理性,但不能将其绝对化为适用于一切对象。将其绝对化,是"左"的思想根源,也是"左"的根本表现。因此,解放思想,在深层次上就是要在克服一味注重贴标签现象的定性思维方式上解放思想。

六、基石观念：要把社会主义初级阶段理论看作我党各项工作、各项活动的坚固基石，始终不移地高举邓小平理论的旗帜，坚持党的基本路线、基本纲领以及一系列方针和政策，坚持以正在做的事情为中心的马克思主义学风，反对空想盲干，澄清种种疑惑

"社会主义初级阶段"是当今条件下最值得注意的一个概念。十五大报告进一步强调这一概念，其意蕴是非常深刻的。

首先，社会主义初级阶段理论是邓小平理论的宏大基石，故而应用这一理论来理解和说明邓小平理论的历史地位和指导意义。（1）用社会主义初级阶段论来理解和说明邓小平理论是马克思主义在中国发展的新阶段。所谓邓小平理论是马克思主义在中国发展的新阶段，是指马克思列宁主义同中国实际相结合有两次历史性飞跃，产生了两大理论成果，第一次飞跃的理论成果是被实践证明了的关于革命和建设的正确的理论原则和经验总结，我们党把它称为毛泽东思想，第二次飞跃的理论成果是关于中国人民在当代改革开放中胜利建设有中国特色社会主义的邓小平理论，这个理论体系及内容实际是以"什么是社会主义，怎样建设社会主义"这个根本问题为核心的。在当代中国，只有这种马克思主义同当代中国实践和时代特征结合起来的对毛泽东思想有所继承和发展的邓小平理论，才能够解决初级阶段社会主义的前途和命运问题。邓小平理论之所以能成为马克思主义在中国发展的新阶段，正如十五大报告明确具体指出的，主要因为在一系列基本问题上的"新"：它开拓了马克思主义的新境界；把对社会主义的认识提高到新的科学水平；对时代精神和时代特征作了新的科学判断；形成了新的建设有中国特色社会主义理论的科学体系。对这四方面的"新"加以理解、说明和发挥，我们发现，社会主义初级阶段论是理解邓小平理论成为马克思主义在中国发展的新阶段的一把钥匙：邓小平理论具有鲜明的时代特色，它充分反映了当代中国的时代主题和精神，其理论主题新。19世纪，在马克思主义发展的第一个50年，时代主题是使社会主义由空想变成科学；20世纪上半叶在马克思主义发展的第二个50年，时代主题是使社会主义进一步从科学变成实践；而20世纪下半叶，在马克思主义发展的第三个50年，时代主题是社会主义从僵化模式走向新型体制，从单一模式走向多样形式，从曲折走向复兴，是搞清楚什么是社会主义和怎样建设社会主义。"什么是社会主义、怎样建设社会主义"是当代有中

国特色社会主义建设的首要根本问题,而要搞清楚这一问题,就必须搞清楚什么是初级阶段的社会主义,在初级阶段怎样建设社会主义的问题。这是通过总结我国社会主义建设的历史经验教训而得出的一个重要结论。只有这样做,才是在脚踏实地建设社会主义,才能使社会主义在中国真正活跃和兴旺起来。而邓小平理论所要集中分析和解决的首要根本问题,正是什么是初级阶段的社会主义和在初级阶段怎样建设社会主义。而且第一次比较系统地初步回答了一系列有关的基本问题,把对时代、对社会主义的认识提到了新水平。这意味着,正是对社会主义初级阶段的首要根本问题的新的认识和回答,使邓小平理论成为马克思主义在中国发展的新阶段;邓小平理论是马克思主义同当代中国实际相结合的产物,这表明了马克思主义在当代中国的新发展,而这种发展又由于具体体现为对马列主义、毛泽东思想的继承与发展,便具有新的理论方法和内容,其理论方法和内容新。马克思主义的老祖宗不能丢,但它又必须同不断发展着的中国实际相结合,开拓新境界,才会有意义、有出路,因此,马克思主义必须随着中国实践的发展而发展。在我国社会主义革命和建设的伟大实践中,经历了两次深刻的革命:第一次是制度革命;第二次是体制改革。从制度革命到体制改革,有两个关键问题是必须解决的:一是解放思想,实事求是;二是对社会主义的认识。归结为一点就是在对社会主义的认识上解放思想、实事求是的问题。我国社会主义在改革开放前所经历的曲折和失误,改革开放以来在前进中遇到的一些困惑,归根到底都在于对社会主义的认识问题没有完全解决好。邓小平坚持解放思想、实事求是,在新的改革开放的实践基础上继承前人又突破陈规,以实践标准、生产力标准和"三个有利于"标准来分别冲破"两个凡是"、"扭曲的社会主义观"和"'姓社姓资'思维定势"对改革的束缚,尤其是坚持科学社会主义理论和实践的基本成果,抓住"什么是初级阶段的社会主义、怎样建设初级阶段的社会主义"这个根本问题,并在改革开放新时期在这一根本问题上进一步解放思想,从而深刻揭示了初级阶段社会主义的本质,实现以阶级斗争为纲向以经济建设为中心的转变,从封闭到改革开放的转变,从计划经济到社会主义市场经济的转变。近二十年的历史性转变,就是逐渐搞清楚这个根本问题的进程。新的实践、新的实际必然要求新的研究方法,形成新的理论内容,而马克思主义同这新的实践和新的实际相结合而形成的邓小平理论,在一系列基本内容和方法上都显示出对马克思列宁主义、毛泽东思想的继承和发展。这里，邓小平理论的整个内容和方法，正是在社会主义初级阶段论的基础上，突破了对马克思主义的某些原则、本本的教条主义理解，抛弃了那些对马克思主义不科学甚至扭曲的认识，发展了马克思列宁主义、毛泽东思想，实现了对中国实际、对马克思主义认识的飞跃，从而成为马克思主义在中国发展的新阶段；邓小平理论为我们找到了中国社会主义建设的新道路，其理论意义新。经济文化落后的国家如何建成社会主义，是马克思主义发展史上遇到的一个新课题。马克思、恩格斯未具体深入研究这一问题。如何建设社会主义，苏联搞了很多年，也并没有完全搞清楚。列宁搞了个新经济政策，但没有坚持下去，后来的模式僵化了。列宁并没有完全解决俄国走向社会主义、建设社会主义的许多难题。毛泽东受苏联斯大林社会主义模式的影响，在什么是社会主义、怎样建设社会主义问题上出现不少失误。邓小平同志坚持解放思想、实事求是，且以对社会主义初级阶段的国情和实际的分析、认识为基础，找出了"一个中心、两个基本点"的有中国特色社会主义建设的新路，开创了中国社会主义建设事业的新局面，为解决初级阶段社会主义的前途和命运问题提供了理论指南，从而成为马克思主义在中国发展的新阶段；邓小平理论以社会主义初级阶段的时空定位为立论的现实基础，其立论基础新。在中国，马克思主义发展的生命力在于同中国实际相结合，所以，必须在同中国实际的结合中来发展马克思主义，邓小平理论就是在这种结合中发展出来的一个成果。马克思学说的立论基础是发达资本主义国家的现实，列宁思想立论的基础是俄国社会的过渡阶段，毛泽东思想的立论基础是中国革命的实践，而邓小平理论之立论基础则是当代中国社会主义建设的实际，而其最大的实际就是中国现在处于并长期处于社会主义初级阶段。认清这一最大实际，是认清建设有中国特色社会主义一切重要问题的基本前提和基本依据。邓小平同志正是以社会主义初级阶段为背景，以对社会主义初级阶段的基本国情的科学认识为基础和前提，提出了在社会主义初级阶段有中国特色社会主义建设的一系列基本观点，形成了新的建设有中国特色社会主义理论的科学体系，从而成为马克思主义在中国发展的新阶段。总之，邓小平理论深深植根于社会主义初级阶段的现实之中，社会主义初级阶段论是理解邓小平理论成为马克思主义在当代中国的新阶段的关键。（2）用社会主义初级阶段论来理解和说明邓小平理论是我党的伟大旗帜。中国共产党是非常重视理论指导的党;这个理论当然是马克思列宁主义;马克思列宁主义只有同中国实际相结合,才有意义、有出路、有生命力;在当代中国,最大的实际是中国处于社会主义初级阶段,马克思列宁主义同这一实际相结合的理论成果是邓小平理论,这一理论是马克思主义在当代中国发展的新阶段;我党要搞清楚什么是初级阶段的社会主义、怎样建设初级阶段的社会主义,就必须高举邓小平理论;正是社会主义初级阶段的伟大实践要求邓小平理论的指导,正是社会主义初级阶段的历史定位决定我党必须坚定不移地高举邓小平理论的伟大旗帜。因此,离开初级阶段理论,就不可能真正理解邓小平理论,更不可能理解我党为什么要高举邓小平理论的旗帜。

其次,社会主义初级阶段论是科学制定、理解和自觉执行党的基本路线、基本纲领和基本政策的基本依据。社会主义初级阶段的主要矛盾是人民日益增长的物质文化需要同落后的社会生产之间的矛盾。这个矛盾贯穿我国社会主义初级阶段的整个过程和社会生活的各个方面,从而决定我们的根本任务是集中力量发展社会生产力。正是这个矛盾和任务决定了党的基本路线,是必须把经济建设作为全党工作的中心,各项工作都要服从和服务于这个中心。以经济建设为中心,是党在新时期确立的社会主义初级阶段的基本路线的实质所在,坚持党的基本路线不动摇,关键是坚持以经济建设为中心不动摇。要发展生产力,就必须在坚持四项基本原则的前提下实行改革开放。因而,坚持党的基本路线不动摇,就是要把以经济建设为中心同四项基本原则、改革开放这两个基本点统一于建设有中国特色社会主义的伟大实践。党的基本路线是党在社会主义初级阶段的基本纲领和基本政策的核心,党的基本路线在经济、政治、文化等方面的展开,就是党的基本纲领和基本政策。实际上,我党的一切基本路线、基本纲领和基本政策,都是根据社会主义初级阶段的基本国情和实际而制定的,只有从对这种基本国情的统一认识和准确把握中,我们才能认识为什么必须实行现在这样的路线、纲领和政策而不实行别的路线、纲领和政策,才能准确理解和自觉执行这些路线、纲领和政策。社会主义初级阶段论就是我党制定路线、方针和政策依据的理论。

再次,社会主义初级阶段论是统一认识、澄清疑惑和解决矛盾的理论根据。面对改革攻坚和开创新局面的艰巨任务,必然会出现种种矛盾,而面对种种矛盾又必然会产生种种疑惑,使思想认识不统一,从而影响我们前进的步伐。为此,必须统一认识、澄清疑惑和解决矛盾。认识统一是行动统一的前提,而统一的认识来自于对社会主义初级阶段的现实、实际和国情的统一把握。这就是说名正才言顺。正因为我国处于社会主义初级阶段,我们才反"左"防右,才需尽力避免犯急性病的错误,才不可因取得的成绩而沾沾自喜,才需要按照"三个有利于"标准大胆破除陈规,改变落后现状,等等。所以,我们必须在社会主义初级阶段这一点上统一认识。

最后,社会主义初级阶段论也是我们坚持马克思主义学风的根据。学风,主要是全党在整个革命和建设实践中对待马克思主义的态度。马克思主义能够获得生命力的一条根本原因,就是它必须同时代发展和各国实际相结合,不断创造出适应新的需要的新的科学理论。中国处于社会主义初级阶段这一论断之深刻意义,不仅在于表明我党对中国社会主义发展的历史定位和基本国情有了准确把握,找到了必须从这一国情出发制定、理解和执行一系列有关路线、方针和政策的基本依据和理论基础,而且在于给实践主体一个正确的定位,即主体应该根据对国情的科学认识对正在做的事情采取合理的价值取向和正确行动。这里,从社会主义初级阶段的实际出发是至关重要的,只有承认并坚持社会主义初级阶段的科学论断,才能在当代中国实践中更好地坚持马克思主义学风。

总之,社会主义初级阶段理论所蕴涵的时间观念、空间观念、条件观念、实践观念、实效观念和基石观念,构成社会主义初级阶段理论的精神实质,它要求我们必须以时间观念、空间观念、条件观念、实践观念、实效观念和基石观念来理解社会主义初级阶段理论,来分析、观察和思考有中国特色社会主义建设的一切问题,来寻找我们一切活动的根据。

(原载《求实》1999 年第 3 期,《新华文摘》1999 年第 7 期转载)

马克思主义中国化的基本内涵

　　马克思主义中国化这一命题，是对传统教科书中的马克思主义无法完全回答当今时代和中国实践提出的问题的一种理论反思，是总结马克思主义发展进程中所出现的教条主义和经验主义的教训而得出的一种历史启示，是揭示马克思主义的基本精神的当代中国意义的一种逻辑必然，是结合当代中国实际推进马克思主义理论创新进而建构马克思主义的中国形态并指导当代中国实践的一种现实要求。

　　那么，究竟如何理解马克思主义中国化？这是一个基本问题，也是存在较大分歧的问题。可以从逻辑与历史两个层面来理解马克思主义的中国化。

　　从逻辑层面来看，马克思主义中国化的过程，既是马克思主义与中国具体实际相结合的过程，也是推进马克思主义理论创新和中国实践创新的过程；既是运用马克思主义的世界观和方法论来解决中国问题进而推进中国发展的过程，也是用中国的方式实现马克思主义进而推进马克思主义发展的过程。其实质，就是寻求马克思主义的中国实现形式，使马克思主义具有"中国形态"。

　　具体讲，马克思主义中国化具有以下四种基本含义，前两种含义讲的是用马克思主义的基本方法分析解决"中国问题"，后两种含义说的是用"中国方式"实现马克思主义的基本价值。

　　一是马克思主义的**历史化**，即把马克思主义与中国历史方位相结合，注重运用马克思主义的基本方法研究中国的某一"**历史方位**"，对中国所处的历史方位给予准确判定，进而探究这一历史方位中的马克思主义。在当今，就是探究社会主义初级阶段的马克思主义。这是具有历史形态的马克思主义。

二是马克思主义的**现实化**,即把马克思主义与中国社会现实相结合,注重运用马克思主义的世界观和方法论来分析和解决具有根本性的"**中国问题**",进而从政治或意识形态上提出解释并指导中国长远发展的根本理念。这是具有指导地位的马克思主义。

三是马克思主义的**民族化**,即把马克思主义与中华文化传统相结合,注重研究并汲取"**中华文化**"**的精粹**,从中寻求解决中国问题的中国方式和马克思主义基本价值的中国实现方式。这是具有中国风格和中国气派(具有中国文化元素)的马克思主义。

四是马克思主义的**大众化**,即把马克思主义与大众思维相结合,注重马克思主义的"**中国表述**",使马克思主义与当代中国大众的社会心理与接受方式相适应,成为影响中国人民生活方式的思维方式,为中国最广大人民群众所理解、所认同。这是具有中国表述(话语)的马克思主义。

这里,基本方法、社会历史、社会现实(中国问题)、文化传统和大众思维,是理解马克思主义中国化的五个核心要素。其中,面向"中国现实"或"中国问题",是马克思主义中国化的根本要义和使命。

从历史层面来说,改革开放以来,马克思主义中国化的进程,是直面"中国现实"或"中国问题"的历史演变的进程。在这一历史进程中蕴涵着马克思主义中国化的创新逻辑。这一进程及其创新逻辑具有学术和政治两个层面。学术层面的马克思主义中国化,其实质就是运用马克思主义的世界观和方法论来分析"中国问题",进而从学理上建构当代马克思主义的中国形态;政治层面的马克思主义中国化,其实质就是运用马克思主义的世界观和方法论来分析"中国问题",进而从政治或意识形态上确立对当代中国发展具有指导地位和作用的马克思主义。这里着重从政治层面上来梳理改革开放以来马克思主义中国化的历史进程和创新逻辑。

中国的改革开放大致走过了三大历史时期:

一是动员参与期:马克思主义中国化的理论成果主要是邓小平理论。

中国受传统社会主义观念的影响最大、束缚最多。过去,我们对中国国情的认识有一条重要教训,就是以唯书、唯上的思维看待社会主义,从马克思、恩格斯所设想的社会主义和斯大林的"社会主义模式"出发看待中国的社会主义,认为中国可以跑步进入共产主义。结果多注重生产关系领域的革命,没有把大力发展社会生产力看作中国社会主义建设的首要根本任务,犯了跨越历史阶段的错误。由此,冲破传统的社会主义观念并在社会主义观上解放思想,是中国迈开改革开放的突破口。邓小平理论首要就是通过分析什么是社会主义、如何建设社会主义来有效地解放和发展生产力这一问题而确立起来的,也是围绕这一问题而进行创新的。在邓小平看来,要正确认识中国国情,必须运用实事求是来把握中国发展所处的历史阶段。1978 年以后,我们党通过实践标准大讨论,冲破"两个凡是",确立了党的解放思想、实事求是的思想路线,从实际出发实事求是地认识中国国情,结果认为中国的社会主义仍处于初级阶段,还是一个生产力不发达的"不够格"的社会主义,我们应建设有中国特色的社会主义;因而有中国特色社会主义的首要根本任务就是大力发展社会生产力,使民众各尽其能、使社会焕发活力;而发展生产力的有效方式是利用市场经济体制;判断改革开放成败得失的根本标准是"三个有利于"。正是这种正确的认识与判断,当然也正是邓小平理论,才使中国特色社会主义建设的实践沿着正确的方向发展,也使我国改革开放迈开了坚实的步伐。这里,"初级阶段"(历史方位)、"大力发展社会生产力"(首要任务)、"市场经济"(发展手段)、"三个有利于"(思维方式),是邓小平理论的核心内容。

这里,邓小平理论实际上就是动员参与期关于什么是社会主义、怎样建设社会主义的马克思主义理论,是一种如何使民众各尽其能、使社会焕发活力的马克思主义理论。

二是表达诉求期:马克思主义中国化的理论成果主要是"三个代表"重要思想。

在中国特色社会主义建设进程中,主要解决的是"如何大力发展生产力"的问题。为解决这一问题,许多积极因素和力量被动员起来了,结果是各种力量迸发,各种创造财富的源泉涌流,各种社会阶层都在发挥作用,我国社会既呈现了活力,也出现了多样化的社会发展态势。有为必有位。当这些因素和力量的作用越来越大的时候,当社会多样化的态势日趋发展的时候,就会向中国共产党提出这样或那样的要求。归纳起来,主要有利益诉求、权利诉求、民主诉求和公正诉求。这意味着我国改革开放和现代化建设在逻辑上进入了"表达诉求期"。这一时期的基本特征,就是我们力求尊重人民群众的各种合理诉求,努力使社会各阶层的社会成员能各得其所。一个政党不怕有人反对,就怕没人支持。如何在多样化的社会发展态势中,既保持社会活力又保持社会和谐,既赢得广大人民群众的支持,又巩固党的执政地位? 在执政背景、执政资源、执政基础发生了变化的情景下要建设一个什么样的党、怎样建设党? 这就把如何通过党的先进性建设与执政能力建设来解决党的执政基础和执政地位的问题逻辑地提了出来。如何解决这一问题? 中国共产党人运用唯物史观关于生产力发展和人的发展的统一、社会存在和社会意识的关系、经济基础决定上层建筑、社会客体和社会主体的统一等理论,来解决这一问题,从而提出了"三个代表"重要思想,"三个代表"重要思想实质上就是表达诉求期关于"建设什么样的党、怎样建设党"的一种马克思主义理论,是关于中国共产党如何巩固其执政基础和执政地位的马克思主义理论。

三是整合凝聚期:马克思主义中国化的主要理论成果是科学发展观。

发展是党执政兴国的第一要务。党的先进性建设与执政能力建设的统一主要体现在中国共产党如何领导中国的发展上。由此,首先必须针对当今世界、当代中国的发展状况和发展趋势,并根据唯物辩证法的发展观,确立一种科学的发展观,而且要运用科学发展观,既解决社会活力问题,又解决社会和谐问题,同时还有利于巩固党的执政地位。十六届三中全会提出的科学发展观,就是要解决通过什么样的发展来解决社会活力和社会和谐的统一的问题的。这里,科学发展观实质上是整合凝聚期关于中国"实现什么样的发展、怎样发展"的一种马克思主义理论。

要进一步解放和发展生产力,巩固党的执政基础和执政地位,实现国民经济又好又快的发展,在当前,最重要的就是要冲破一切阻碍科学发展的观念与体制,改革渐失生机和活力的旧体制和机制,在我看来,这就是首先要改造传统政治体制中的权力结构和权力运作方式。这意味着我国的改革要进入深水攻坚期,它所解决的根本问题是如何改造传统政治体制中的权力结构和权力运作方式。按照这种逻辑,今后马克思主义哲学中国化的发展方向,首要就是破解如何改造传统政治体制中的权力结构和权力运作方式这一"中国问题"或根本难题,进而确立科学的公共权力观。

(原载《光明日报》2008 年 12 月 8 日)

中国特色社会主义理论体系的哲学基础

提出中国特色社会主义理论体系,实质上是总结社会主义实践发展的经验教训而得出的一种历史启示,是对马克思所设想的社会主义无法完全回答当今中国实践提出的问题的一种反映,是结合当代中国实际推进社会主义创新的一种现实要求。她凝聚了中国共产党人带领中国人民不懈探索、实践的集体智慧,是全国各族人民团结奋斗的共同思想基础,是引导中国发展进步的行动指南,需要我们从多层面,首先从哲学层面认真研究。

一、理论和实践的辩证法与中国特色社会主义理论体系的形成发展

马克思主义哲学的一个基本原理,就是强调实践是理论认识的来源、发展动力和基础。中国特色社会主义理论体系不是从书本和伟人言论中产生的,而是从总结中国改革开放和现代化建设实践经验教训的基础上,从总结人民群众的智慧中提升出来的。中国改革开放和现代化建设实践的经验教训和人民群众的智慧,是中国特色社会主义理论体系提出的实践土壤。

从哲学来讲,我国的改革开放和现代化建设实践在逻辑上大致经历三个时期,中国特色社会主义理论体系就是在其实践基础上提升出来的。

(一)动员参与期:以实践为基础的认识论与邓小平理论

中国受传统社会主义观念的影响最大、束缚最多。过去我们在看待社会主义问题上的教训及其哲学根源,就是以唯书、唯上的思维看待社会主义,从马克思、恩格斯所设想的社会主义和斯大林的"社会主义模式"出发看待中国的社会主义,认为中国可以跑步进入共产主义。结果多注重生产关系领域的

革命,没有把大力发展社会生产力看作中国社会主义建设的首要根本任务,犯了跨越历史阶段的错误。由此,冲破传统的社会主义观念并在社会主义观上解放思想,是中国迈开改革开放的突破口。邓小平理论首要就是通过分析什么是社会主义、如何建设社会主义来有效地解放和发展生产力这一问题而确立起来的,也是围绕这一问题而进行创新的。

在邓小平看来,要正确认识中国国情,必须运用实事求是来把握中国发展所处的历史阶段。1978 年以后,我党领导了实践标准的大讨论。实践标准的哲学基础,是马克思主义哲学关于实践是检验真理的唯一标准的基本原理,其政治意义在于冲破"两个凡是",确立了党的解放思想、实事求是的思想路线。这一思想路线的实质是改变认识中国社会主义的出发点,这就是从中国特殊实际出发。从中国特殊实际出发,邓小平提出了中国的社会主义仍处于初级阶段的著名论断;这意味着中国的社会主义还是一个生产力不发达的"不够格"的社会主义,应建设中国特色的社会主义;中国特色社会主义的首要根本任务就是大力发展社会生产力;发展生产力的有效方式是利用市场经济体制;判断改革开放成败得失的根本标准是"三个有利于"。正是这种正确的认识与判断,当然也正是邓小平理论,才使中国特色社会主义建设沿着正确的方向发展,也使我国改革开放迈开了坚实步伐。这里,"初级阶段"、"大力发展社会生产力"、"市场经济"、"三个有利于标准",是邓小平理论的核心内容;寻求发展生产力的有效方式,是中国特色社会主义理论的起点。

这里,邓小平理论实际上就是动员参与期关于什么是社会主义、怎样建设社会主义的中国特色社会主义理论。其哲学基础就是以实践为基础的认识论。

(二)表达诉求期:社会存在决定社会意识的唯物史观与"三个代表"重要思想

在中国特色社会主义建设进程中,主要是解决"如何大力发展生产力"的问题。为解决这一问题,许多积极因素和力量被动员起来了,各种力量竞相迸发,各种创造社会财富的源泉充分涌流,各种社会阶层都在为创造社会财富发挥作用,我国社会既呈现了活力,也出现了多样化的社会发展态势。

当这些因素和力量的作用越来越大的时候,当社会多样化的态势日趋发展的时候,就会向中国共产党提出这样或那样的要求。归纳起来,主要有权利诉求、民主诉求和公正诉求。这意味着我国改革开放和现代化建设实践（即中国的社会存在）在逻辑上进入了"表达诉求期"。其基本特征，就是要尊重人民群众的各种合理诉求，努力使社会各阶层的社会成员各得其所。

　　一个政党不怕有人反对，就怕没人支持。如何在多样化的社会发展态势中，能赢得广大人民群众的支持，巩固党的执政地位？在执政背景、执政资源、执政基础发生了变化的情景下要建设一个什么样的党、怎样建设党？这就把如何通过党的先进性建设与执政能力建设来解决党的执政基础和执政地位的问题逻辑地提了出来。如何解决这一问题？中国共产党人运用唯物史观关于社会存在决定社会意识、生产力发展和人的发展统一理论，来解决这一问题，从而提出了"三个代表"重要思想。

　　"三个代表"重要思想实质上就是表达诉求期关于"建设什么样的党、怎样建设党"的一种中国特色社会主义理论。其哲学基础就是唯物史观关于社会存在决定社会意识、生产力发展和人的发展的统一理论。

　　（三）整合凝聚期：唯物辩证法与科学发展观

　　发展是党执政兴国的第一要务。党的先进性建设与执政能力建设的统一主要体现在中国共产党如何领导中国发展实践上。在日趋多样化的社会，当务之急就是解决社会发展的活力与社会发展的和谐相统一的问题。由此，首先必须针对当今世界、当代中国的发展状况和发展趋势，运用唯物辩证法分析回答如下问题：我们的发展依然是社会主义初级阶段的发展，社会主义初级阶段这一国情没有变，这一阶段的社会主要矛盾也没有变，马克思主义哲学的辩证法是唯物辩证法，即主观辩证法反映的是客观辩证法，因而应把发展看作第一要务；过去我国一些地方在实践中的发展往往重物轻人，付出不少代价，而且发展的最终目的是为了人，根据手段和目的、社会物质发展和人的发展相统一的辩证法，我们应把以人为本看作发展观的核心；过去我国一些地方在实践中的发展往往是片面的发展，重经济增长轻社会发展，结果导致发展的不可持续，根据唯物辩证法的全面、联系原则以及原因和结果的辩证法，我们的发展应是全面、协调、可持续与统筹兼顾的发展。十六届三中全会提出的科学发展观，就是运用唯物辩证法来解决上述问题而提出来的，这样的发展观能解决社会活力和社会和谐相统一的问题。

　　这里，科学发展观实质上是整合凝聚期关于中国"实现什么样的发展、怎样发展"的一种中国特色社会主义理论。其哲学基础是唯物辩证法。

（四）深水攻坚期：政治哲学与科学的公共权力观

要进一步解放和发展生产力，巩固党的执政基础和执政地位，实现国民经济又好又快的发展，在当前，最重要的就是实践科学发展观。要实践科学发展观，首要的是必须冲破并改革一切阻碍实践科学发展的旧体制和机制，就是要通过解放思想来进一步推进政治体制改革，改造传统政治体制中的权力结构和权力运作方式。这意味着我国的改革要进入深水攻坚期，它所解决的根本问题是如何改造传统政治体制中的权力结构和权力运作方式，建立健全决策权、执行权和监督权既相互制约又相互协调的权力结构和运行机制。按照这种逻辑，今后发展中国特色社会主义的新方向，首要就是破解如何改造传统政治体制中的权力结构和权力运作方式这一根本难题，进而确立科学的公共权力观。换句话说，通过解放思想推进政治体制改革尤其是权力结构和权力运作方式改革，是发展中国特色社会主义的关键。

这样，科学的公共权力观实质上是今后深水攻坚期关于确立什么样的权力结构和权力运作方式的中国特色社会主义理论。其哲学基础就是马克思主义关于权力和权利关系的政治哲学。

二、一般和特殊的辩证法与中国特色社会主义理论体系的本质特征

中国特色社会主义理论体系体现着鲜明的中国特色。究竟怎样理解"中国特色"？这是人们最关心的问题。我在已发表的一篇论文中对此曾有论述，这里再作补充。总体来讲，"初级阶段"是理解"中国特色"的关键。具体说：

（一）"解决问题"具有中国特色

马克思、恩格斯创立的科学社会主义解决的主要问题，是资本主义高度发展以后，冲破束缚生产力进一步发展的资本主义生产关系的桎梏，建立社会主义公有制和劳动者个人所有制；而中国特色社会主义理论体系解决的主要问题，是在社会主义初级阶段如何大力发展社会生产力。具体说，它围绕"大力发展生产力"，既解决如何冲破束缚中国生产力发展的一切桎梏、利用一切现代优秀文明成果来大力发展生产力的问题，也解决什么是社会主义、怎样建设社会主义，建设一个什么样的党、怎样建设党，什么是又好又快的发展、怎样实现科学发展等问题。这里,中国特色社会主义理论解决的"问题"具有中国特色。

(二)"思维方式"具有中国特色

马克思、恩格斯创立的科学社会主义蕴涵着一种社会主义与资本主义"两极对立"的思维方式,社会主义是在对资本主义的批判中建立和发展起来的。

中国特色社会主义理论体系解决问题的方式具有"中国特色"。这既体现在基于中国社会历史的特殊性而注重做好"结合"文章[①];也体现在注重坚持原则性的前提下,充分发挥我们的灵活性和创造性。在中国特色社会主义建设进程中,在政治方向上,我们始终坚持科学社会主义的基本原则,坚持社会主义政治方向。然而,在改革开放的具体实践路径上,在经济建设、政治建设、文化建设和社会建设的具体操作方法上,在生产力发展方式的选择上,甚至在中国发展模式问题上,我们大胆进行探索。中国特色社会主义就是要在实事求是的前提下不断解放思想;就是要在坚持社会主义政治方向的前提下,以最大的灵活性和创造性来采取一切行之有效的方法发展生产力,推进民主政治建设;就是要在坚持科学社会主义一般原则的前提下发展市场经济和鼓励发展非公有制经济;就是要在坚持中国共产党领导的前提下,以改革创新精神全面推进党的建设。这样做,既把握住了社会主义的政治大方向,这是原则性,又具有广阔的发展空间,这是灵活性。这种原则性,使我们避免在政治上走偏方向;这种灵活性,使我们在中国发展模式问题上具有广阔的创新空间。

(三)"发展道路"具有中国特色

马克思、恩格斯不否认各国社会主义发展道路的特殊性,但往往根据世界历史发展的一般规律来看待社会主义,他们所讲的社会主义发展道路更多是资本主义社会以后的社会主义发展道路。

初级阶段的中国特色社会主义发展道路的政治表述可概括为:一条基本路线,一个总体布局,一个发展目标。这一道路的学术表述是:在坚持党的基本路线的前提下,利用世界上一切有效手段来发展社会生产力,使一切要素

---

① 《中国共产党第十七次全国代表大会文件汇编》,人民出版社,2007 年版,第 10 页。

向有利于大力发展社会生产力集聚(即"要素集聚、综合创新");坚持党的基本路线是原则性问题,坚定不移不动摇,使一切要素向有利于大力发展生产力集聚具有灵活性,应大胆进行创造;原则性不禁锢灵活性和创造性,党的基本路线不阻碍一切要素向有利于大力发展生产力集聚,反而保证大力发展生产力的社会主义方向,灵活性、创造性不背离原则性,反而应朝着符合党的基本路线的大方向来发挥灵活性和创造性。可以说,探寻发展生产力的有效方式,是中国特色社会主义发展道路的出发点、焦点,中国改革开放实践发展历程的焦点就在这里,解放思想、实事求是的难点也在这里。

过去我们采取的是"一大二公三纯"的社会主义发展道路。实践证明,在中国直接实行纯社会主义的经济形式和分配形式力不能及,也不成功;我们应从中国国情出发,使中国社会主义"回归"到初级阶段的实际,在这一阶段探索中国特色社会主义的新的发展道路,这一道路便具有了"中国特色":体现在目的上,就是要解放和发展社会生产力,让中国人民富裕起来,推动我国社会主义制度的自我完善和发展;体现在手段上,就是要利用市场经济、非公有制经济及资本主义社会一切现代优秀文明成果。具体来讲,既要坚持社会主义基本制度,又要调整和完善所有制结构,实行市场经济,允许资本主义经济成分的某种存在和有限发展,这在一定程度上会呈现资本主义社会的某些特征;既要不断促进人的全面发展,又要完成在资本主义历史阶段已经完成的任务,即通过工业化、市场化和现代化积累社会物质财富;既要关注社会公平又要注重效率;既要尊重劳动者的合法权益又要利用资本。这些正是中国特色社会主义发展道路必须集中解决的核心问题。这意味着:只要有利于发展社会生产力,一切非社会主义因素都是可以作为手段适当加以利用的。因而,中国特色社会主义建设应把精力用在探寻初级阶段社会主义建设的目的和手段的合理有效的选择上。20世纪后半期,某些社会主义国家出现曲折或演变,这不是社会主义本身出了问题,而是建设社会主义的某种不正确的方式和目的出了问题。关键的问题,是纠正对待社会主义的不正确的方式,寻求社会主义建设的正确方式和目的。迄今为止,中国的改革多是在"方式"和"目的"层次上进行的。中国特色社会主义并没有改变社会主义,改变的只是建设社会主义的特定"方法"和"目的"。

(四)"马克思主义"具有中国特色

　　马克思、恩格斯创立的马克思主义既强调在生产关系领域进行社会主义革命包括暴力革命，又注重在未来理想社会实现人的全面发展、自由发展、平等发展、和谐发展，因而这主要是一种革资本主义命的马克思主义；而作为马克思主义中国化最新成果的中国特色社会主义理论体系，则注重通过改革旧体制和具体运行机制，来推动我国社会主义制度自我完善，来完善党的领导，因而它主要是一种"革我们自己的命"即自我改革、自我完善的马克思主义。

三、用哲学思维解决中国特色社会主义建设进程中的根本问题

　　如何看待在中国实践土壤中产生的中国特色社会主义理论体系？有些人对此不以为然，认为这些年党的指导思想变化太快了；有的人说中国特色社会主义就是中国特色的资本主义；有些人认为只有民主社会主义才能救中国。这些看法都值得讨论。我认为，中国特色社会主义理论是立足中国国情、总结中国经验、运用先进方法、研究中国问题、形成中国道路、促使中国成功的我们自己的理论；这一理论体系具有浓浓的"问题意识"，确立起了"以研究中国实际问题为中心"的"研究路线"和"问题向度"，从深层上是运用哲学思维解决中国特色社会主义建设进程中的根本问题的，这一理论体系因解决问题而有意义，中国问题也因中国特色社会主义理论而得到解决；这一理论体系能解决中国问题，激励中国人民团结奋斗，推进中国发展进步，因而应对中国特色社会主义理论这一我们自己的理论充满自信。

　　（一）用功能思维解决思想束缚、意识形态禁锢和人性解放问题

　　从哲学上总结我国30年中国特色社会主义建设，第一条经验，就是我们运用注重内在实力、后天作为和实践效果的功能思维，不断解决思想束缚、意识形态禁锢和人性解放的问题。

　　中国的社会主义处在初级阶段，在这一阶段的首要任务是大力发展社会生产力，为此，就必须积极借鉴在资本主义社会中存在、但实际上属于人类共同文明的优秀成果。然而，以前一段时期，我们相对热衷于争论事物在性质和名分上的对立，而且把这种对立看成是观察一切事物和对象的唯一的思维方法。在这种思维方式影响下，我们往往把在资本主义社会中存在、但实际上属于人类共同文明的优秀成果当作"姓资"而加以排斥，结果影响了对人类优秀的共同文明成果的吸收。实际上，这种"定性思维"是阻扰我们思想解

放、人性解放的深层障碍。因而,在中国特色社会主义建设进程中,中国共产党人必须扬弃这种"定性思维"。

如何扬弃?我们依然要注重不同国家在意识形态和制度上的"性质"对立。然而,在当代,我们中国共产党人要在激烈的综合国力竞争中应对各种挑战并能掌握主动权,要担负起中国特色社会主义建设事业的大业,就必须注重提高我们党的执政能力建设。只有这样,我们才能在世界形势发生深刻变化的历史进程中始终走在时代前列,才能应对国内外各种风险的考验,才能建设好中国特色社会主义。不仅如此,在以改革开放为特点的中国特色社会主义建设进程中,许多事物和对象在性质上处在混合和不确定的状态。在这种混合和不确定性中,我们依然要追问事物和对象的性质,但也要追问事物和对象对我们的发展和强大有什么功用、价值、意义,即要追问有什么积极功能。这种时代精神要求我们必须在坚持根本原则的前提下,相对注重"内在实力"和"实践效果"的功能思维,注重运用功能思维来解决思想束缚、意识形态禁锢和人性解放问题,来扬弃"定性思维"。实际上,整个中国特色社会主义建设的过程,就是不断运用功能思维来解放思想、解放人的过程。改革开放起初,我们以"实践标准"来冲破"两个凡是";之后,以"生产力标准"来冲破传统的社会主义观;后来,以"三个有利于标准"来冲破"姓社姓资"的抽象思维定势;今后,我们还要运用功能思维来进一步解放思想,以破除影响整个社会发展的制度、体制障碍,破除政治建设领域中的体制阻力。就是说,在中国特色社会主义建设进程中,我们中国共产党人注重用"实践标准"、"生产力标准"、"三个有利于标准"这种功能思维来解放思想,以解放思想逐渐冲破陈旧意识形态的禁锢,以冲破意识形态的禁锢来解放人进而解放生产力。

(二)用辩证思维解决中国特色社会主义建设进程中的"结合"问题

从哲学上总结我国30年中国特色社会主义建设,第二条经验,就是我们用辩证思维解决了中国特色社会主义建设进程中的"结合"问题。

在中国特色社会主义建设进程中,我们既需要利用市场经济来发展生产力,但必须坚持社会主义基本制度;要坚持改革开放,还必须坚持四项基本原则;既要利用资本拉动经济增长,也要注重劳动者的根本利益;既要提高效率,还必须促进社会公平;既要积累社会物质财富,又要推进人的全面发展;既要促进改革发展,同时必须保持社会稳定。这就是说,必须考虑并解决好

"结合"的问题,这种结合是中国特色社会主义建设的基本方式,是否结合得好,直接影响着中国特色社会主义建设的成败。如何解决好这些结合的问题呢？我们中国共产党人运用辩证思维,在双方的统一中把握其对立,在双方的对立中把握其统一,比较好地实现了这种结合。可以说,中国特色社会主义建设的一条重要经验,就是我们党注重且努力实现好这种"结合",从而避免了左右摇摆。胡锦涛同志在十七大报告中,在纪念改革开放30周年大会的讲话中,特别强调中国特色社会主义建设的基本经验,就在于实现上述所谓的结合。

正确认识这种结合,树立"结合意识",有利于澄清中国特色社会主义建设问题上的一些模糊认识。有些人认为中国特色社会主义就是中国特色资本主义,有人强调只有民主社会主义才能救中国。这些模糊认识的根源主要在于忽视我们所做的"结合",没有认识到这种结合的意义。认为中国特色社会主义就是中国特色资本主义的人,只看到我们发展市场经济、利用资本和注重效率的一面,没有看到我们坚持社会主义基本制度、注重劳动者的根本利益、促进社会公平和推进人的全面发展的一面;认为只有民主社会主义才能救中国的人,没有充分认识到在初级阶段建设中国特色社会主义必须发展市场经济、利用资本和注重效率的必然性。

在当代中国发展进步的进程中,哪一种"主义"才是我们最好的选择？结合的实质是适合,适合的实质是具有扎根的土壤,可以操作,扎根方能开花结果,此结果是我们最需要的,因而,适合才是最好的。中国特色社会主义最适合中国国情,是有利于推进中国发展进步的最好选择。

(三)用人本思维解决中国特色社会主义发展模式问题

从哲学上总结我国30年中国特色社会主义建设,第三条经验,就是我们运用人本思维,去解决中国特色社会主义发展模式问题。

在中国社会结构发展变化进程中,必然提出中国发展模式问题。

十六届三中全会召开以前,我国一些地方在实践上主要采取的是以"物"的手段来实现经济增长。主要表现在通过四大物的要素来拉动经济增长,并把经济增长看作"发展"的唯一目的:一是消耗自然资源;二是开办一些高投入、高消耗、高污染的企业;三是资本投资;四是依靠廉价的劳动力"成本"。从哲学看,这实质上是重物轻人的经济增长方式,这种经济增长方式注重资源驱动和资本驱动。这种注重资源驱动和资本驱动的经济增长方式在中国发展的历史进程中起着十分重要的作用,不可全盘抹杀。但从今天和未来发展的走势来看,这种经济增长方式的发展空间越来越小,代价越来越大:一些地方把物质财富增长看作唯一目的,把满足人的物质需要当作人的唯一需要,把人的物质满足当作唯一的价值尺度,结果是,经济总量上去了,而一些人的生活质量却下来了,经济指标上去了,而一些人的幸福指数却下来了,物质文明建设成果上去了,而人与自然、人与社会、人与人之间的关系却紧张起来了。

如何寻求当代中国发展的再生之路? 这是一个事关我国发展的前途命运和兴衰成败的战略性问题。中国共产党人运用人本思维来解决这一问题。这就是基于中国社会结构的变化,逐渐认识到我们的发展不能只见"物"不见"人",必须转换中国发展模式。这就是:既要"为了人",把人的全面发展看作发展的目的,又要"依靠人",把提高人的自主创新能力看作实现经济发展方式根本转变的中心环节。这种为了人和依靠人的发展模式实质上就是以人为本的发展模式,它把人本理念引入当代中国发展之中,既要求通过解放人以焕发社会活力,又要求通过公正以达到社会和谐,从而实现中国又好又快的发展。这种经济发展方式是我们最需要的。

以人为本的发展模式表明中国特色社会主义理论体现了"大众化"和"人性化"。在马克思主义发展的历史进程中,在一定时期曾出现一种把马克思主义教条化的倾向,就是把马克思主义仅仅看作一种只讲阶级斗争不讲人的全面发展的"斗争哲学"(当然,这样的哲学有它存在的社会历史条件),一种多讲抽象词句、本本条条而不大关注平民大众现实利益的"书本哲学"。这种离开平民大众现实利益的不关心人的冷冰冰的、教条式的"马克思主义",是难以被平民大众所理解和掌握的。

马克思指出:"理论一经掌握群众,也会变成物质力量。理论只要说服人,就能掌握群众;而理论只要彻底,就能说服人。所谓彻底,就是抓住事物的根本。但是,人的根本就是人本身。"①同理,当代中国马克思主义必须抓住中国特色社会主义和中国共产党执政的根本,这一根本就是**符合社会历史发**

---

① 《马克思恩格斯选集》第 1 卷,人民出版社,1995 年版,第 9 页。

展规律和人民群众根本利益,这种抓住根本的马克思主义才能真正被广大人民群众所理解和掌握。

中国特色社会主义理论体系实质上就是当代中国的马克思主义,它把以人为本看作党的执政理念,看作科学发展观的核心,看作社会主义的基本价值。这意味着当代中国马克思主义在注重自身意识形态建设的同时,既通过强调"以人为本"而使平民大众从中受益,从而使当代中国马克思主义体现"人性化"(即是在坚持社会历史发展规律前提下的"人性化"),也意味着当代中国马克思主义通过倡导"以人为本"这一通俗易懂的共同价值观而走近平民大众,深入人心,被中国平民大众所理解、认同、接受和掌握,进而使当代中国马克思主义体现"大众化",以增强当代中国马克思主义的吸引力和凝聚力①。

(原载《毛泽东邓小平理论研究》2009 年第 3 期)

---

① 《中国共产党第十七次全国代表大会文件汇编》,人民出版社,2007 年版,第 33 页。

"中国问题"与"中国理论"

——从学术角度理解中国特色社会主义理论体系

对中国特色社会主义理论体系,既可从政治层面解读,也可从学术层面分析。前者,人们关注较多,后者,人们注重不够。本文试从学术层面对中国特色社会主义理论体系给予分析,认为中国特色社会主义理论体系,是立足中国国情、总结中国经验、运用辩证思维、解决中国问题、形成中国道路、促进中国成功的我们自己的中国理论。

一、中国国情:中国特色社会主义理论体系的立论基础

综观世界社会主义运动的历程和社会主义在中国的实践,可得出一个启示:社会主义建设必须立足于现实基础。理解中国特色社会主义理论体系,首先要把握它立论的现实基础。这一基础就是立足中国国情:准确判定中国所处的历史方位;深刻把握这一历史方位中的社会主要矛盾;顺应人民群众的期待。

(一)历史方位:社会主义初级阶段

恩格斯指出:"为了使社会主义变为科学,就必须首先把它置于现实的基础之上。"①这一现实,首先就是社会发展的历史方位。理解中国特色社会主

---

① 《马克思恩格斯选集》第3卷,人民出版社,1972年版,第416页。

义理论体系,其基点首先就是准确判定当今中国社会的历史方位。

马克思、恩格斯创立的科学社会主义学说,对未来社会所提供的只是不同于以往社会的科学预见,而不是详尽周密的具体方案。他们清醒地告诫人们:社会主义社会"不是一种一成不变的东西,而应当和任何其他社会制度一样,把它看成是经常变化和改革的社会。"①自俄国十月革命把科学社会主义学说变成现实,并建立第一个社会主义国家之后,东欧及中国也相继建立一批社会主义国家。这些国家都不是按照马克思、恩格斯原先设想的在高度发达的资本主义基础上建立的,相反是在经济文化落后的国家建立的。这些国家在建设社会主义的实践中,没有"现成答案"的指导,加之具体历史条件的限制,对什么是社会主义、怎样建设具有自己本国特点的社会主义这样的问题,没有真正搞清楚,甚至以教条主义态度对待社会主义,从马克思、恩格斯书本中所设想的社会主义出发看待社会主义,在生产关系领域注重以政治运动和革命方法来建设社会主义,结果使社会主义建设出现严重曲折。苏联、东欧及中国社会主义建设所遭遇的挫折,根本原因在于没有准确了解本国所处的历史方位。

如何正确把握中国所处的历史方位? 科学社会主义创始人为我们提供了指南。马克思、恩格斯曾从多个角度阐释人类社会发展的历史进程。在《德意志意识形态》中,他们按照生产资料所有制形式,提出了西欧社会演进的五个历史阶段,即原始部落所有制、奴隶主所有制、封建等级所有制、资本主义所有制、共产主义公有制。在《1857—1858 年经济学手稿》中,马克思按照人的发展状况,提出了"人的依赖"、"物的依赖"、"自由个性"三个历史阶段,与此相对应,人类也经历以"自然经济"为基础的前资本主义社会、以发达"商品经济"为基础的资本主义社会和以"产品经济"为基础的共产主义社会的历史演进过程。这里,马克思实质上是从历史发展阶段来把握现实的方位。在《哥达纲领批判》中,马克思将共产主义划分为初级阶段和高级阶段,初级阶段即社会主义阶段,高级阶段即共产主义社会,指出共产主义初级阶段的社会主义是从资本主义社会中产生出来的。1881 年,在《给维·伊·查苏利奇的复信草稿》中,马克思在分析俄国农村公社土地公有制的基础上指

① 《马克思恩格斯全集》第 37 卷,人民出版社,1971 年版,第 37 页。

出，它可以吸取资本主义制度所取得的一切肯定成果，通过正确引导，从而不通过资本主义制度的"卡夫丁峡谷"，直接过渡到"现代社会所趋向的那种经济体的出发点"①，这个出发点，我们理解，就是社会主义阶段。马克思、恩格斯上述的分析虽角度不同，有的侧重生产关系状况，有的侧重生产力发展水平，有的侧重人的发展状况，但根本上依据的是生产力发展水平。在一定条件下，虽然落后国家可以跨越资本主义的"卡夫丁峡谷"，但是却无法跨越生产力水平的限制。

　　把握中国所处的历史方位，需要综合运用上述思想资源，而不是偏选其一。近代中国是一个落后的半殖民地、半封建国家，虽然存在某种资本主义因素，但在内外夹击下却未能获得健康发展。在马克思主义指引下，中国共产党人领导中国人民通过社会主义革命，确立了社会主义基本经济政治制度。但是，此时的社会主义中国还处在落后的社会主义初级阶段，是一个"不够格"的社会主义，虽然它通过政治革命跨越了资本主义所有制的"卡夫丁峡谷"，但是却没有充分汲取资本主义社会的一切肯定成果，尤其是生产力发展的成果。进一步说，在当前，我国在经济上，生产力仍不发达，同时必须注重科学发展、和谐发展；在政治上，民主法制依然不健全，要注重科学执政、民主执政、依法执政；在社会领域，公民社会不成熟、不健全，需要培育公民社会；在文化领域，封建主义文化、资本主义文化和社会主义文化并存，但反对封建主义文化遗毒依然是主要的；在人格发展上，人的依赖和物的依赖并存，但人的依赖是主要的。由此，中国处在社会主义的初级阶段，即不发达阶段，它正在由前现代走向现代的征途中。

　　中国特色社会主义实际上就是中国社会主义初级阶段的社会主义，它具有这一历史方位中的一系列特征。确定当今中国社会的历史方位处在社会主义初级阶段，意义至关重要，它是理解中国特色社会主义理论体系所解决的"中国问题"、蕴涵的"中国经验"、包含的"中国道路"、促进"中国成功"和产生的"中国影响"的出发点和基点。

---

① 《马克思恩格斯全集》第 19 卷，人民出版社版，1965 年版，第 451 页。

（二）主要矛盾：人民日益增长的物质文化需要与落后的社会生产之间的矛盾

在确定当今中国所处的历史方位之后，需要进一步把握其中的社会主要矛盾。每一个历史发展阶段的社会主要矛盾，在理论形态上表现为需要完成的首要根本任务，在实践形态上表现为社会的本质特征或现实要求。"社会主义初级阶段"这一判断首要意味着社会生产力不发达。中国共产党人的智慧之处在于，它面对社会主义初级阶段，敏锐地抓住了其社会主要矛盾，认为社会主义初级阶段的社会主要矛盾，是人民日益增长的物质文化需要与落后的社会生产之间的矛盾。认识到这一矛盾，事关中国特色社会主义建设的成败，这是由历史事实证明的。经过三十年改革开放，我国各个方面都取得巨大成就。在这种情况下，我国社会的主要矛盾是否发生了变化？人民日益增长的物质文化需要与落后的社会生产之间的矛盾，依然是中国特色社会主义首要解决的社会主要矛盾。

首先，现阶段我们所取得的一切成就只要做个"除法"，都变得微不足道。我国有不少地方依然缺乏经济基础，有不少人依然未能真正享受改革发展的成果，因而进一步提高我国社会生产力水平依然是当务之急。

其次，在"蛋糕做大"的过程中，存在着蛋糕分配"不好"的问题。从宏观层面讲，东西部、城乡、区域发展不平衡，城乡二元体制没有从根本上触动①。从微观层面讲，居民收入差距依然很大，基尼系数依然偏高。此外，由于种种原因，我国社会保障制度"推行极慢"②，就业、教育、医疗、住房、安全生产等关系群众切身利益的问题比较突出。解决这些问题，除了进行分配制度改革外，进一步提高社会生产力水平依然是关键。

第三，在当今我国，粗放型的经济增长方式之代价越来越大，发展空间越来越小。这种经济增长方式在当今我国依然没有得到转变，其根本原因在于我国缺乏自主创新能力。通过提高自主创新能力来进一步解放和发展生产力，事关中国特色社会主义事业的前途命运和兴衰成败。由此，中央把提高自主创新能力作为国家的核心发展战略。而阻碍人的自主创造能力发挥，进而影响我国社会生产力的发展的根本障碍，是权力至上、自上而下、逐级管制

---

① 《吴敬琏、厉以宁解读改革开放30年得失》，《今日中国论坛》2008年第2—3期，第54页。
② 《吴敬琏、厉以宁解读改革开放30年得失》，《今日中国论坛》2008年第2—3期，第54页。

的传统社会层级结构及其权力运作方式。这意味着,在当今我国,通过解放人来促使人的创造潜能释放、进而进一步解放生产力的空间依然很大。

上述问题是"发展"和"发展不足"问题。三十年中国特色社会主义建设的成就得益于我们注重发展,其中存在的问题是由于发展不足。

(三)人民群众的期待:富强、民主、文明、和谐

特定"历史方位"中的社会"主要矛盾"蕴涵着"人民群众的期待"。社会主义初级阶段的"社会主要矛盾"意味着,人民群众的期待,在经济(物质)层面是富强,在文化层面是文明;当物质文化不断满足之后,人民群众会日益增长出政治层面的民主需要、社会层面的和谐需要。这表明:中国特色社会主义是与人民群众的命运休戚相关且广大人民群众渴望参与其中的事业,是不断满足人民群众新期待的社会主义,是以实现富强、民主、文明、和谐为目标的社会主义。

二、中国问题:中国特色社会主义理论体系所解决的问题

历史方位、主要矛盾和人民期待都会通过"问题"表现出来。马克思说,问题是时代的格言,时代只能提出它所能解决的任务①。不同的历史方位具有不同的问题;社会主要矛盾在理论形态上表现为需要着重解决的问题;人民的"期待"本身就是需要着重关注的问题。正是在分析解决问题的过程中,中国共产党人创立了中国特色社会主义理论体系。中国特色社会主义理论体系的本质特征是面向"问题"的,它具有浓浓的"问题意识",凸显了面向"中国问题"的思维取向,确立起了"以研究中国实际问题为中心"的研究路线。

就当前来讲,中国特色社会主义理论体系主要解决三大根本问题:什么是社会主义、怎样建设社会主义;建设什么样的党、怎样建设党;实现什么样的发展、怎样发展。由此分别形成了邓小平理论、"三个代表"重要思想和科学发展观"三大理论成果"。三大根本问题在实践中的历史发展进程决定三

---

① 《马克思恩格斯选集》第2卷,人民出版社,1995年版,第33页。

大理论成果在理论上的逻辑发展进程,决定中国特色社会主义理论体系创新的逻辑进程与理论体系中各观点之间的逻辑关系。对这三大根本问题的把握程度,一定意义上决定着中国特色社会主义理论体系的创新程度及实现程度,决定着对这一理论体系之价值的理解程度。这三大根本问题不是从书本和伟人言论中产生的,而是来自于我们对中国社会主义的"历史方位"、"主要矛盾"和"人民期待"的把握,是在改革开放和现代化建设实践的基础上且在解决根本问题的过程中提升出来的。

总体来讲,中国特色社会主义理论体系三大理论成果之间的逻辑联系是:它们与时俱进地反映着改革开放实践的历史进程与发展要求;邓小平理论主要侧重于对改革开放初期凸显出来的经济基础(生产力和生产关系)问题方面的关注与阐述(当然没有轻视上层建筑方面的有关内容);"三个代表"重要思想主要侧重于对改革开放进程中凸显出来的上层建筑(尤其是政治上层建筑如党和国家等)问题方面的关注与阐述(当然也含有经济基础方面的有关内容);科学发展观在总结邓小平理论和"三个代表"重要思想之认识成果的基础上,注重从总体框架(包括经济基础和上层建筑两个方面)与总体布局上,对发展这个党执政兴国的第一要务展开全面系统的阐述。

三大理论成果之间具有内在逻辑联系,三大理论成果各自内部也具有内在逻辑联系。

(一)"什么是中国社会主义、怎样建设中国社会主义"问题与邓小平理论

中国受传统社会主义观念影响最大、束缚最多。过去我们在看待社会主义问题上的教训及其哲学根源,就是以唯书、唯上思维看待社会主义,多注重生产关系领域的革命,没有把大力发展社会生产力看作中国社会主义建设的首要根本任务,结果还是一个"不够格"的社会主义。由此,在传统社会主义观上解放思想,搞清楚"什么是中国的社会主义、怎样建设中国的社会主义"就成为改革开放初期首先必须关注的根本问题。邓小平理论首要就是通过解决"什么是中国的社会主义、怎样建设中国的社会主义"这一根本问题确立起来的。

在邓小平看来,要冲破传统的社会主义观,首先必须确立解放思想、实事求是的思想路线和"一个中心、两个基本点"的基本路线,这是解决"什么是中

国的社会主义、怎样建设中国的社会主义"这一问题的根本方法论原则；而在传统社会主义观上解放思想、实事求是，就必须从中国特殊实际出发正确认识中国国情，实事求是地把握中国发展所处的历史阶段。1978年后，我党领导了实践标准大讨论。实践标准讨论的政治意义在于冲破"两个凡是"，确立党的解放思想、实事求是的思想路线。这一思想路线的实质是改变认识中国社会主义的出发点，这就是从中国特殊实际出发。由此，邓小平提出了中国的社会主义在历史方位上仍处于初级阶段的论断；这意味着中国的社会主义还是一个生产力不发达的社会主义，应建设中国特色的社会主义，而中国特色社会主义建设的首要根本任务就是大力发展社会生产力；发展生产力的有效方式是利用市场经济体制；判断改革开放成败得失的根本标准是"三个有利于"；基于以上认识成果，邓小平提出了"解放生产力、发展生产力、消灭剥削、消除两极分化、最终达到共同富裕"的社会主义本质观。正是这种正确的认识与判断，当然也正是邓小平理论，才使中国特色社会主义建设沿着正确的方向发展。这里，"中国化马克思主义方法论"——"社会主义初级阶段论"——"社会主义首要根本任务论"——"社会主义市场经济体制论"——"三个有利于标准论"——"社会主义本质论"，构成邓小平理论的具有内在逻辑联系的六个基本内容，而通过改变过去我们对社会主义的看法来寻求发展生产力的有效方式，成为中国特色社会主义理论的起点。

　　由上分析可以看出邓小平理论的基本特征：其基本逻辑线索，是以思想解放来带动传统社会主义观的解放，以传统社会主义观的解放来推动人性解放，再以人性解放来激活生产力解放；其实质是解放和发展生产力；所解决的根本问题，就是"什么是中国的社会主义、怎样建设中国的社会主义"。邓小平理论实际上就是解决"什么是中国的社会主义、怎样建设中国的社会主义"问题的中国特色社会主义理论。

（二）"建设什么样的党、怎样建设党"问题与"三个代表"重要思想

　　经济基础的变化必然影响上层建筑的变化。在大力解放和发展生产力进程中，必然利用和发展市场经济；在发展生产力和市场经济过程中，各种力量竞相迸发，各种社会阶层都在为创造社会财富发挥作用，我国社会出现了多样化的发展态势；当这些阶层和力量的作用越来越大、社会多样化的态势

日趋发展的时候,就会向中国共产党提出这样或那样的诉求。"市场经济"、"社会多样化"和"各种诉求增强"意味着我国的经济基础发生了变化,也意味着中国共产党执政的历史方位、执政条件和社会环境发生了变化。这种变化反映到我国上层建筑、尤其是党的执政问题上来,就向中国共产党人提出两大历史性课题:如何提高党的领导水平和执政水平? 如何提高拒腐防变和抵御风险能力? 这两大课题事关党的执政基础和执政地位。如何解决这两大历史性课题,进而巩固党的执政基础和执政地位? 这一问题的政治表述,就是要"建设什么样的党、怎样建设党"? 以江泽民同志为核心的党的第三代中央领导集体着重从两个方面回答这一问题:首先是加强党的先进性建设,这涉及党的建设的性质和方向。着重围绕以下展开,一是把发展作为党执政兴国的第一要务,发展当代中国先进生产力,代表中国先进生产力的发展要求;二是始终保持与时俱进的精神状态,发展当代中国先进文化,力求体现时代性,把握规律性,富于创造性,代表中国先进文化的前进方向;三是最广泛最充分调动一切积极因素,尊重劳动、尊重知识、尊重人才、尊重创造,代表最广大人民的根本利益。其次是加强党的执政能力建设,这涉及党的建设的功能和实效。主要包括提高"五种能力"和"改革、完善党的领导方式和执政方式"两个基本内容。上述认识最终提升为"三个代表"重要思想。这一思想包括"党的执政方位论"——"党的建设历史课题论"——"党的先进性建设论"——"党的执政能力建设论"四个具有内在逻辑联系的基本内容。

由上可以看出"三个代表"重要思想的基本特征:基本逻辑线索,首先确定党执政的历史方位和历史性课题,然后强调要保持与时俱进的精神状态,由此集中解决党的先进性建设和执政能力建设问题;其实质是加强党的先进性建设和执政能力建设;所解决的根本问题,就是"建设什么样的党、怎样建设党"。"三个代表"重要思想实际上就是解决"建设什么样的党、怎样建设党"问题的一种中国特色社会主义理论。

(三)"实现什么样的发展、怎样发展"问题与科学发展观

科学发展观是如何提出来的? 这是"为什么"的问题,即为什么必须实现科学发展的问题。邓小平理论强调"发展是硬道理",其历史使命主要是在发展问题上拨乱反正,把党的工作重点转移到经济建设上来,以解决中国、尤其

是中国生产力"要快速发展"等理论和实践问题;"三个代表"重要思想强调"发展是党执政兴国的第一要务",它自觉把发展与巩固党的执政地位与国家强大结合起来。由于十几年的快速发展,我党积累了一些发展的经验,比如强调发展速度与效益的统一,把发展手段与发展目的统一起来,注重用发展的办法解决前进中的问题。同时,我们也遇到一些新的矛盾,主要有发展与环境、资源、能源的矛盾,调整利益关系积累起来的矛盾等,这些矛盾是通过当前我国发展的阶段性特征具体表现出来的。中国要保持可持续发展,需要"发展观"的"发展"。以胡锦涛同志为总书记的中央领导集体站在这一新的历史起点上,总结并汲取了以往我国发展的经验教训,继承了中国共产党人关于发展的重要思想,反映新的历史阶段性特征,提出了科学发展观,力求解决"实现什么样的发展、怎样发展"即"又好又快"发展的根本问题,力求进一步丰富、完善和发展中国共产党人已经找到的中国特色社会主义道路,并围绕这条道路提出更为完整的总体布局和行动纲领。由此可以看出科学发展观与邓小平理论和"三个代表"重要思想的内在逻辑联系。

新提出的科学发展观在马克思主义中国化最新成果中具有何种地位?这是"怎么看"的问题,即怎么看待科学发展观的政治地位问题。可用五句话来简要说明:它是一种世界观和方法论("是马克思主义关于发展的世界观和方法论的集中体现");它是一种更高层次的发展理论("是对党的三代中央领导集体关于发展的重要思想的继承和发展");它是一种达到当代中国实践要求水平的理论成果("是同马克思列宁主义、毛泽东思想、邓小平理论和'三个代表'重要思想既一脉相承又与时俱进的科学理论");它是一种指导方针("是我国经济社会发展的重要指导方针");它是一种战略思想("是发展中国特色社会主义必须坚持和贯彻的重大战略思想")。

科学发展观具有怎样的科学内涵?这是"是什么"的问题,即实现什么样的发展问题。总的来讲,就是"第一要义是发展",回答为什么必须发展的问题;"核心是以人为本",回答发展依靠谁、发展为了谁的问题;"基本要求是全面协调可持续",回答根据什么要求来发展的问题;"根本方法是统筹兼顾",回答以什么方法来发展的问题。

怎样贯彻落实科学发展观?这是"怎么办"的问题,即怎样发展的问题。根据十七大报告的阐述,主要从以下四方面入手抓贯彻落实:始终坚持党的基本路线；积极构建社会主义和谐社会；继续深化改革开放；切实加强和改进党的建设。

这里，"历史起点及其主题论"——"政治地位论"——"科学内涵论"——"贯彻落实论"，构成科学发展观的四个具有内在逻辑联系的基本内容。最核心的，是以人为本，科学发展观在一系列问题上的推进，都与提出以人为本相关。比如在思想路线上强调求真务实，使人民得实惠；在历史方位问题上，强调关注人民新期待；在发展生产力问题上，强调提高人的自主创新能力；在生产关系问题上，相对注重分配，使发展成果由人民共享；在民主政治问题上，强调人民民主是社会主义的生命，必须让权力在阳光下运行，保证人民赋予的权力始终用来为人民谋利益；在文化建设问题上，强调要推动当代中国马克思主义大众化，建设和谐文化；在社会建设问题上，强调以改善民生为重点等。

科学发展观实际上是解决中国"实现什么样的发展、怎样发展"问题的一种中国特色社会主义理论。

三、中国经验：中国特色社会主义理论形成所需要的资源

解决上述根本问题，必须从哲学上总结提升一切有利于发展中国特色社会主义的"中国经验"，中国特色社会主义理论体系也是在总结提升这些经验的基础上形成发展起来的。

（一）用功能思维解决思想束缚、意识形态禁锢问题

从哲学上总结中国特色社会主义建设，第一条经验，就是我们运用注重内在实力、后天作为和实践效果的功能思维，不断解决思想束缚、意识形态禁锢的问题。

这一点我们在其他论文中已有论述，出于全面论证问题的需要，这里再作补充。

中国特色的社会主义建设是一项全新的开拓性事业，这项事业每前进一步，封建文化遗毒、"左"的倾向及各种陈旧落后的观念就会阻碍我们的步伐，而要破除障碍，就必须不断解放思想。中国特色社会主义事业的发展进程就

是不断解放思想、破除障碍的进程。

社会主义初级阶段的首要任务是大力发展社会生产力,为此,就必须积极借鉴在资本主义社会中存在、但实际上属于人类共同文明的优秀成果。然而,以前一段时期,我们相对热衷于争论事物在性质和名分上的对立,而且把这种对立看成是观察一切事物和对象的唯一的思维方法。在这种思维方式影响下,我们往往把在资本主义社会中存在、但实际上属于人类共同文明的优秀成果当作"姓资"而加以排斥,结果影响了对人类优秀的共同文明成果的吸收。实际上,这种"定性思维"是阻扰我们思想解放、人性解放的深层障碍,在中国特色社会主义建设进程中,中国共产党人必须扬弃这种"定性思维"。

我们依然要注重不同国家在意识形态和制度上的"性质"对立。然而,在当代,我们中国共产党人要在激烈的综合国力竞争中应对各种挑战并能掌握主动权,要担负起中国特色社会主义建设事业的大业,就必须注重提高我们党的执政能力建设。只有这样,我们才能在世界形势发生深刻变化的历史进程中始终走在时代前列,才能建设好中国特色社会主义。在以改革开放为特点的中国特色社会主义建设进程中,许多事物和对象在性质上处在混合和不确定的状态。在这种混合和不确定性中,我们依然要追问事物和对象的性质,但也要追问事物和对象对我们的发展和强大有什么功用、价值、意义,即要追问有什么积极功能。这种时代精神要求我们必须在坚持根本原则的前提下,相对注重"内在实力"和"实践效果"的功能思维,注重运用功能思维来解决思想束缚、意识形态禁锢问题,来扬弃"定性思维"。实际上,整个中国特色社会主义建设的过程,就是不断运用功能思维来解放思想的过程。改革开放起初,我们以"实践标准"来冲破"两个凡是";之后,以"生产力标准"来冲破传统的社会主义观;后来,以"三个有利于标准"来冲破"姓社姓资"的抽象思维定势;今后,我们还要运用功能思维来进一步解放思想,以破除影响整个社会发展的制度、体制障碍,破除政治建设领域中的体制阻力。在中国特色社会主义建设进程中,中国共产党人注重用"实践标准"、"生产力标准"、"三个有利于标准"这种功能思维来解放思想,以解放思想逐渐冲破陈旧意识形态的禁锢,以冲破意识形态的禁锢来解放人进而解放生产力。解放思想是发展中国特色社会主义的一大法宝。

（二）用内外因思维解决改革中"自我完善"与"外力推动"有机统一问题

从哲学上总结中国特色社会主义建设,第二条经验,就是运用内外因思维,把改革进程中的"自我完善"与"外力推动"有机统一起来了。

解放思想落实在行动上就是改革。束缚我国生产力发展的障碍机制,主要来自于传统社会的权力结构和权力运作方式。在中国传统社会,权力结构可概括为:政治力量大,经济力量、社会力量小;总体上属于"金字塔式"的权力层级结构。这表明,在中国传统社会,政治因素在社会历史发展中起主导作用。有怎样的权力结构就会有怎样的权力运作方式。在中国传统社会,权力的运作方式是:权力至上;自上而下;逐级管制;缺乏有效制约。

这种传统的权力结构和权力运作方式虽经革命的涤荡,但在某种程度上依然成为一种思维方式深深嵌在人们的头脑中,沉淀为一种意识结构,阻碍着社会发展。改革就是要打破束缚我国生产力发展的障碍机制,尤其是冲破传统权力结构和权力运作方式的阻碍。解放和发展生产力,我们首先注重党的领导和社会主义制度的自我完善。这在一定意义上就是"革我们自己的命"。由此,我们强调解放思想。解放思想实质上就是解放人和开发人。从1978年以来,中国共产党人高举解放思想的大旗,不断冲破层层阻力,注重发挥人的主体性,推进了我国社会的发展进步。

由于我们自身的某种阻力,改革还必须注重外力推动。在外力推动问题上我们同样强调解放思想。依靠外力推动,就是把自上而下的"金字塔式"的社会层级结构,转变为在中国共产党领导下的市场经济、公共服务型政府和公民社会所构成的"三维制约"的公民社会结构;把注重上下国家政治权力管制、但对政治权力缺乏制约的"集权型"权力结构,转变成在中国共产党领导下的注重经济权力、政治权力和社会权力相互制约、相辅相成的"分权型"权力结构;把政府权力至上且自上而下的权力运作方式,转变为在中国共产党领导下的资本、公共权力和民主三者相互制约、相辅相成的权力运作方式。中国共产党人正努力从各方面逐步积极培育这种新型的权力结构,取得了一定成效。这种新型的权力结构为我们解放人与解放生产力提供了有利条件:市场经济注重能力,并培育着个人的独立人格及自主性,因而我们积极倡导平等的市场竞争;公民社会蕴涵着公民主体性的增强,也意味着公民真正成为社会的主体和主人,因而我们强调加强公民意识教育,积极推进公民社会建设。这两种外力促使管制型政府向公共服务型政府转变,积极推进行政管理体制改革,并要求提高政府自身的施政能力和服务能力。要冲破传统的权力结构和权力运作方式,构建新型的权力结构,我们中国共产党人今天强调今后还必将继续强调解放思想。

由于我们注重改革进程中的自我完善和外力推动的统一并在这种统一中强调解放思想,从而使我国改革开放取得了巨大成就。没有改革就没有中国特色社会主义,改革是发展中国特色社会主义的强大动力。

(三)用辩证思维解决中国特色社会主义建设进程中的"结合"问题

从哲学上总结中国特色社会主义建设,第三条经验,就是用辩证思维解决中国特色社会主义建设进程中的"结合"问题。

发展如何取决于"结合"做得如何。在中国特色社会主义建设进程中,注重解决好上述所谓"基本面的结合"问题,至关重要。这种结合是中国特色社会主义建设的基本方式,是否结合得好,直接影响着中国特色社会主义建设的成败。如何解决好这些结合问题?中国共产党人运用辩证思维,在双方的统一中把握其对立,在双方的对立中把握其统一,比较好地实现了这种结合。中国特色社会主义建设的一条重要经验,就是我们党努力实现好这种"结合",从而避免了左右摇摆。

正确认识这种结合,有利于澄清中国特色社会主义问题上的一些模糊认识。有些人认为中国特色社会主义就是中国特色资本主义,有人强调只有民主社会主义才能救中国。这些模糊认识的根源主要在于忽视我们所做的"结合"及其意义。认为中国特色社会主义就是中国特色资本主义的人,只看到我们发展市场经济、利用资本和注重效率的一面,没有看到坚持社会主义基本制度、注重劳动者的根本利益、促进社会公平和推进人的全面发展的一面;认为只有民主社会主义才能救中国的人,没有充分认识到在初级阶段建设中国特色社会主义必须发展市场经济、利用资本和注重效率的必然性。

在当代中国发展进步进程中,哪一种"主义"才是最好选择?结合的实质是适合,适合的实质是具有扎根的土壤,扎根方能开花结果,此结果是我们最需要的,因而,适合才是最好的。中国特色社会主义适合中国国情,是有利于推进中国发展进步的最好选择。

(四)从历史态思维正确对待中国文化传统问题

从哲学上总结中国特色社会主义建设,第四条经验,就是从历史态思维角度正确对待中国文化传统。

当代中国社会是从传统中国社会中演化而来的,传统社会承载的传统文化因子在当代中国社会中作为一种文化心理结构积淀在人们的心灵中,体现在人们日常生活中。"一个民族的文化传统并不像是一件外在于我们的衣服一样,可以随时脱掉,而是一组内在于我们的心理并构成我们的自我的心理、价值、世界观等类似的东西,在我们对它有能力抗拒之前就悄悄地潜入我们的心中了。"①中国特色社会主义理论体系要扎根于中国人的心灵,接中国"地气",就必须与中国优秀文化传统相结合。我们不能只将文化传统视为"博物馆",对其"发思古之幽情",而应当视其为"图书馆"②,运用马克思主义的基本立场、方法,辩证地对待文化传统,"提取"具有时代意义的精华。

传统有其"硬体"与"软体"③。硬体即经济、政治、社会等制度,软体则指其文化价值系统。中国传统的硬体已被历史宣告"死亡",而作为软体的文化价值系统虽几经批判,但依旧"死而不亡"④,依然"活着"。我们需要辩证对待的正是这"死而不亡"的文化价值系统,从中离析出在当代依然有生命力的、对中国特色社会主义有益的资源。中国文化传统是一个以儒家为主干,儒释道三者互补的综合系统。这个系统所坚持的基本价值是"整体"、"关系"、"和合"。注重"整体"、"关系"显而易见,这里不再烦说。"和"是对立的、具有差异性的诸方面的一种关系状态,不同于"同",同是同质性事物的一种性质描述。"和"与"生"紧密关联,"和实生物,同则不继"(《国语·郑语》),只有不同的事物(天地、男女),彼此对立(但非敌对),相互融合,才能产生新的事物(新的"生命"),才能保持活力,向前发展;也只有"对立才能造

① 石元康:《从中国文化到现代性——典范的转移》,三联书店,2000年版,第44页
② "博物馆"比喻是美国学者列文森的观点,"图书馆"比喻是美国学者史华慈的观点(参看林同奇《人文寻求录·自序》,新星出版社,2006年版,第19页)。
③ 余英时:《朱熹的历史世界·总序》,三联书店,2004年版,第9页。
④ 余英时:《朱熹的历史世界·总序》,三联书店,2004年版,第9页。

成和谐"（赫拉克利特）。儒释道三家在"和"的基本价值上各有侧重①：儒家侧重人与人之间的关系，倡导"和而不同"；道家侧重人与自然的关系，倡导"天人合一"；佛教侧重身心关心，倡导"因缘和合"、"中道圆融"。儒家的"和而不同"提醒人们，在全球化背景下，我们都是利益攸关方（stakeholder），我们的任何行为都不可能是单赢的，只能是一种共生共赢的局面，因此要坚持"利和"；相互关联的对立诸方不是"你死我活"的"对立斗争"和"优胜劣汰"，而是在遵守共同游戏规则的前提下，共同进步，达到"竞和"。工业文明以来，在工具理性观念支配下，资本主义以征服大自然的方式实现了其现代化，这种现代化的模式造成了环境的污染、生态的破坏、资源的浪费，给一些后发的现代化国家带来了不良影响。道家"天人合一"观提醒我们"天地与我并生，万物与我为一"，我们在发展的同时不能只注重经济GDP，还要注意生态GDP；不能只注重"我"的发展，还要考虑子孙后代的发展。当代社会飞速发展，生活节奏加快，"经济人"的"理性"算计不免让现代人堕入身心分离的状态。佛家倡导的"因缘和合"、"中道圆融"，有助于人们通过调心、摄心、安心，来达到身心和谐、社会和谐。

中国特色社会主义理论体系批判性地汲取了中国传统文化中注重"整体"、"关系"、尤其是"和合"的合理因素，进而强调全面发展、协调发展，以及构建社会主义和谐社会，倡导以"和"的方式实现中国社会和谐发展：在经济上实现厚生利物；在政治上实现政通人和；在思想文化实现兼容并包②；在社会建设上实现"学有所教、劳有所得、病有所医、老有所养、住有所居"；在生态上实现"天人合一"。

（五）用全球开放思维解决一切优秀思想资源的利用问题

从哲学上总结中国特色社会主义建设，第五条经验，就是运用全球开放思维正确利用了一切优秀的思想资源。

首先，马克思关于在充分占有生产力总和基础上的人的自由、全面、平

---

① 邵汉明、漆思：《"和而不同"：儒释道和谐思想分疏及其当代启示》，《天津师范大学学报》2007年第5期，第13—19页。

② 邵汉明、漆思：《"和而不同"：儒释道和谐思想分疏及其当代启示》，《天津师范大学学报》2007年第5期，第17页。

等、和谐发展的社会主义一般原则。

在马克思看来,近代资本主义社会取得的最大的成就,是生产力获得前所未有的发展。然而它的一条重要教训,就是社会生产力发展以牺牲个人自由、全面、平等、和谐发展为代价。针对这种状况,马克思期望建立一个以每个人自由而全面发展为基本原则、社会发展与个人发展和谐一致的新社会;在这一社会,不仅每个人的能力得到自由而全面的发展,社会由此具有新的发展潜力,而且人们之间能获得平等发展,社会由此达到和谐。这里,马克思虽然没有提出以人为本概念,但以人为本的思想是存在的。中国特色社会主义理论体系合理汲取了马克思关于生产力是社会发展的决定力量,必须消除生产力发展进程中人所付出的代价,通过每个人能力的自由、全面、平等发展既使社会充满发展潜力又使社会达到和谐的思想,从而把大力发展生产力看作首要根本任务,强调以人为本、全面协调可持续的科学发展观。

其次,列宁关于经济文化落后国家建设社会主义的构想。

马克思、恩格斯只是阐明社会主义理论由科学变成现实的必然性和一般规律,不可能解决实现这种转变的具体途径。如何结合俄国国情,探索和开创落后国家走向社会主义的道路,就成为十月革命后列宁晚年集中面临的重大时代课题。列宁"探索"的过程,走的是由一开始注重"书本公式"到逐渐注重"生活公式"的过程,是运用一系列历史辩证法的过程,没有这些历史辩证法的运用,列宁就提不出"落后俄国社会主义建设道路的总体构想"。第一,列宁运用一般和个别的辩证法、理论和实践的辩证法,注重把科学社会主义的书本理论同特殊国情相结合,注重分析俄国国情,从而把"俄国多种经济成分并存而小农经济占优势"这一基本国情作为探索俄国建设社会主义道路的出发点。从此出发,列宁认识到俄国直接过渡到纯社会主义的经济形式是行不通的,必须采取间接过渡的办法。第二,列宁运用对立和统一的辩证法、目的和手段的辩证法,深刻认识到,必须利用"国家资本主义"来改造小农经济、小商品生产和私人资本主义,从而向社会主义过渡。国家资本主义和社会主义有对立的一面,但列宁在对立中看到了二者统一的一面——在所有向社会主义过渡的形式即可利用的手段中,国家资本主义是最有效的手段,通过国家资本主义,可以充分利用资本家的资金、技术、商业经验和经营管理方式等,来改造小农经济、小商品生产和私人资本,来发展社会生产力,从而为向社会主义过渡提供物质基础和人才准备。第三,列宁运用革命和建设的辩证法,制定出了落后俄国社会主义建设道路的总体构想。在探索过程中列宁发现,新经济政策正是结合俄国特殊国情,而且是自己梦寐以求的那条建设社会主义的新路,所以他试图进一步对这条新路提出更为完整的总体构想。列宁认为,经济文化落后国家要走向社会主义道路,首先必须从政治上通过无产阶级革命夺取政权,为建设社会主义创造政治前提。但在这一前提之下建成社会主义,就必须在经济上大力发展社会生产力,在文化上提高国民素质,这样才能巩固革命所取得的成果。第四,列宁运用一般和特殊的辩证法、统一和多样的辩证法,认为落后俄国完全可以选择一条具有俄国民族特色的建设社会主义的新路。列宁指出:各国走向社会主义应有不同的"走法",俄国具有自己的民族特殊性,这种特殊性固然不能越出世界历史发展的一般规律,但却使俄国走向社会主义有自己的特殊"走法",这就是通过国家资本主义走向社会主义。最后,运用前进和倒退的辩证法、原则性和灵活性的辩证法、书本原则和实践效果的辩证法,对"姓社姓资"的争论做出富有哲学智慧的回应。列宁制定的新经济政策及其具体实施,意味着可以接纳资本主义一切于俄国有用的东西,这是对他过去追求的纯而又纯的社会主义模式的否定。对此,俄国一开始就存有不同意见,出现了关于新经济政策是"姓社姓资"的争论。对这种争论,列宁采取的办法是:少争论些字眼,多积累些实践经验;不能根据旧书本理解社会主义,应根据俄国国情和实践效果理解社会主义;肯定资本主义的历史进步性和利用资本主义积极因素的必要性,同时应通过无产阶级国家政权限制资本主义因素起作用的范围;社会主义目标不能忘记,但可以灵活运用达到这一目标的手段;利用国家资本主义不是社会主义的倒退,而是为了更好地向社会主义前进。

"我们不得不承认我们对社会主义的整个看法根本改变了",这一石破天惊之语,集中反映了列宁对俄国如何建成社会主义进行全面反思和总结所取得的成果。这种总结对经济文化落后的我国如何认识和建设中国特色社会主义,对理解中国特色社会主义理论体系,具有重要的借鉴意义。简要说就是:在认识社会主义问题上,应根据实践生活经验,而不能根据书本;在建设社会主义的根据、出发点和模式上,应坚持观察的客观性和辩证性的哲学思维方法;发展生产力的方式上,应根据目的和效果来选择手段,应根据在对立中看到统一的辩证思维,来利用资本主义一切有益的方法来发展生产力;对社会主义的评价和态度上,应依据社会主义建设的实际效果,而不能依据抽象的社会主义原则和性质,应脚踏实地地建设社会主义,而不能抽象空谈社会主义。

从中国特色社会主义理论体系的理论来源、形成背景、解决的问题、运用的辩证思维、发展进程、基本内容和精神实质来看,其中不少思想与列宁上述构想具有惊人的相似之处。

第三,毛泽东关于中国社会主义建设的思想。在俄国十月革命的影响下,以毛泽东为代表的中国共产党人把马克思主义与中国革命实际相结合,走出了一条具有中国特色的社会主义革命之路。新中国成立后,中国共产党人从中国国情出发,完成了社会主义三大改造,确立了社会主义基本经济政治制度。之后,毛泽东同志在总结中国革命和初期建设经验的基础上,提出调动国内外一切积极因素且坚持独立自主的社会主义建设的基本方针,并"以苏为鉴",探讨了社会主义建设过程中的十大关系,指出要大力发展生产力,但要注意农、轻、重按比例协调发展,处理好国家、集体和个人之间的关系,要"公私兼顾"。毛泽东还指出,在社会主义社会,矛盾依然存在,正是这些矛盾推动着社会的发展,社会主义的基本矛盾依然是生产力和生产关系、经济基础和上层建筑之间的矛盾。由此,他提出了处理人民内部矛盾的原则、方法。毛泽东在读苏联《政治经济学教科书》时还指出:"社会主义这个阶段,又可能分为两个阶段,第一阶段是不发达的社会主义,第二阶段是比较发达的社会主义。后一阶段可能比前一阶段需要更长的时间。"[①]虽然后来由于毛泽东对形势判断的失误,偏离了社会主义建设初期的正确路线,但他的上述思想为中国特色社会主义理论体系提供了有益资源,科学发展观强调的"全面协调"与"统筹兼顾",就是如此。

中国特色社会主义理论体系还借鉴了国外发展经验和国外发展理论的优秀成果,强调以人为本、提高人的自主创新能力和可持续发展。

---

① 《毛泽东文集》第8卷,人民出版社,1999年版,第116页。

四、中国道路：中国特色社会主义理论体系的核心

立足中国国情、总结中国经验、运用科学思维、解决中国问题，必然形成中国特色社会主义发展的"中国道路"。这一道路可从政治和学理两个层面加以表述。当然，这两种表述所蕴涵的基本精神、内核是一致的。

"中国道路"的政治表述在党的十七大报告中作了概括。简要说就是：（1）一条基本路线：以经济建设为中心，坚持四项基本原则，坚持改革开放。这是从发展手段和路线上理解中国道路；（2）一个总体布局：经济、政治、文化、社会"四位一体"的总体布局或整体推进的发展之路。这是从发展布局和行动纲领上理解中国道路；（3）一个发展目标：建设富强民主文明和谐的社会主义现代化国家。这是从发展目的上理解中国道路。

"中国道路"的学理表述，可概括为"一元主导、二基和谐、自主创新"，可**简称为"一主二基的自主创新"道路**。这种发展道路说到底植根于中国国情。中国国情的基本内容，是处在社会主义初级阶段，首要任务是大力发展生产力。这意味着社会主义的一般原则必须坚持，同时必须结合我国处在初级阶段的特殊实际，创造性地采取一切行之有效的办法，使基本要素向发展生产力集聚。这在哲学上，就是必须处理好一般和特殊的关系，注重一般和特殊相结合。由此，就必须解放思想、实事求是、与时俱进、开拓创新。因为这种结合既要求我们在传统的社会主义观以及陈旧观念、旧体制上解放思想，又要求我们实事求是地把握中国的特殊实际和社会历史发展规律，也要求我们反映时代与中国实践发展的新要求，与时俱进地制定我们的路线方针政策，还要求我们创造性地探究社会主义初级阶段中国的自主发展之路。显然，解放思想、实事求是、与时俱进、开拓创新的思想路线源于社会主义初级阶段这一中国国情的内在要求。依据解放思想、实事求是、与时俱进、开拓创新的思想方法论来探索中国发展道路，我们逐渐形成了**"一主二基的自主创新"道路**。这一道路包含三层含义：（1）一元主导。侧重政治原则、根本前提与主体，在中国道路中具主导地位。在中国特色社会主义建设中，政府的主导性是中国一个重要国情；我们是在中国共产党领导下建设中国特色社会主义，具有政治优势；改革开放的目的之一，就是推动我国社会主义制度自我完善

和发展;党的基本路线一百年不动摇的政治信念影响着我国的发展道路;经济制度、所有制形式上以公有制为主体,分配制度上以按劳分配为主体,经济体制运行上以市场经济为主体,政党制度上以中国共产党领导为主体,国家政体上以全国人民代表大会等为国家权力主体,意识形态上以马克思列宁主义、毛泽东思想、邓小平理论和"三个代表"重要思想以及科学发展观为主体等,都是中国特色社会主义建设进程中历来强调的必须坚持的根本原则,不能动摇,不能忽视。(2)**二基和谐**。侧重中国特色社会主义建设进程中的"**两个基本面**"的和谐性结合,在中国道路中具有协调、平衡、统筹兼顾以达到可持续发展的作用。中国道路既注重整体推进、关系协调,注重综合一切积极要素向所要解决的根本问题聚集,更注重基本面的结合。如邓小平强调解放思想(注重解放思想来解放人进而解放生产力)与实事求是(立足中国国情、反映实践要求、遵循历史规律)相结合,"两手抓、两手都要硬"所注重的结合;十七大报告强调的"十个结合"和胡锦涛同志在纪念改革开放30周年大会的讲话中强调的"结合",都是"基本面"的结合。此外,还有原则性和灵活性相结合、利用人类优秀成果和注重自主创新能力相结合、共创发展成果和共享发展成果相结合、快速发展和关注民生(又快又好)相结合、社会活力和社会和谐相结合、改革的上下联动相结合、循序渐进式和超越式发展相结合等,也都是强调基本面的和谐性结合。(3)**自主创新**。侧重致思取向,在中国道路中具有动力作用。从邓小平的"走自己的路",经江泽民的"富于创造性",再到胡锦涛的"提高自主创新能力,建设创新型国家"的国家核心发展战略,都蕴涵着中国共产党人"开创中国特色社会主义事业新局面"的主动能动性,都在不断开拓马克思主义的新境界,提高对社会主义认识的新水平。

五、中国理论:中国特色社会主义理论体系的中国影响

如何看待在中国实践土壤中产生的中国特色社会主义理论体系的价值?有些人对此不以为然,有些人对其缺乏兴趣和热情,有些人认为它只是一种意识形态,有的人说它实际上就是中国特色的资本主义,有些人认为只有民主社会主义才能救中国。我们认为,中国特色社会主义理论体系以其对"特殊性和普遍性关系"的合理解决,必将对中国和世界产生积极影响,我们应对

自己的理论充满自信!

(一)中国特色社会主义理论体系的中国意义

中国特色社会主义理论体系的中国意义体现为对"中国特殊性"探索所取得的成就,它对中国改革开放和现代化建设产生着积极影响,促进中国走向成功,其中国意义是明显的。

首先,中国特色社会主义理论体系可以凝聚各族人民的智慧和力量,它是全国各族人民团结奋斗的共同思想基础。上个世纪初期,中国人在选择中国道路问题上曾迷惘徘徊;建国以后,中国共产党人对中国发展道路进行过苦苦探索;改革开放以来,我们努力开创中国特色社会主义的道路,其进程历历艰辛,像在攀登一座没有探测过的非常险峻的高山;今天,处于社会主义初级阶段的正在改革与转型的中国社会,存在着多种多样的社会思潮,这些思潮鱼龙混杂,模糊甚至分化着一些人的思想认识。在这样的历史场景中,中国共产党人经过艰苦探索,终于在各种选择中,找到了一条适合中国国情、解决中国问题、促使中国成功的经济文化落后国家建设社会主义的伟大道路,以及指引这条道路的中国特色社会主义理论体系,进而为今后全国各族人民团结奋斗奠定了共同思想基础。西方的理论虽然可以借鉴,但不可照搬,因为它不是立足中国国情、反映中国实践发展要求、总结中国经验、解决中国问题的理论,不完全适合中国。中国特色社会主义理论体系既汲取了人类文明的共同优秀成果,同时又立足中国国情、反映中国实践发展要求、总结中国经验和解决中国问题。这样的理论接"中国地气",植根于"中国土壤",体现中国人民的"共同追求",既使中国取得巨大成就,也为转型期的人们提供了价值引导和心灵慰藉。

其次,只有中国特色社会主义理论体系才能真正引领当代中国发展,实现中华民族伟大复兴。近代以来,面对内忧外患的局面,先进的中国人为了救国于危亡之际,前仆后继,短短几十年间经历了洋务运动、百日维新、清末宪政、辛亥革命等轰轰烈烈的救国图强运动,可惜的是虽蔚为壮观,却效果不佳,中华民族依旧没有摆脱困境。虽然各种思潮在这个时期都空前活跃,但绝大多数都因水土不服而逐渐从国人的视界中隐退,而社会主义道路以其强有力的说服力和实践效果让中国人民看到了希望。然而,社会主义在中国并非一帆风顺。在革命战争时期,一些中国共产党人教条地按照马克思主义的"本本"、共产国际的指示、苏联的模式来"指点"中国革命,无视中国现实国情,在中国革命问题上出现诸多失误。只是在毛泽东等同志的努力下,通过与教条主义和经验主义的艰苦斗争,把马克思主义与中国具体国情相结合,才使中国走上了一条具有中国特色的社会主义革命道路,并取得了最后胜利。新中国成立,我国确立了社会主义制度,进入和平建设时期。由于受苏联斯大林社会主义模式和革命战争思维的影响,结果付出不少代价。1978 年十一届三中全会以后,中国共产党人从中国实际出发重新认识"什么是社会主义、怎样建设社会主义"的根本问题,清醒地认识在历史方位与执政背景发生了深刻变化的情景下,中国产党如何进一步巩固党的执政基础和执政地位的根本问题,全面而深刻地认识中国共产党如何领导好中国发展的根本性问题,从而形成了中国特色社会主义理论体系。以中国特色社会主义理论体系为指导,我们党制定了中国特色社会主义经济建设、政治建设、文化建设和社会建设的战略构想,这不仅使中国社会主义建设走上了正确轨道,使中国社会主义建设得以顺利进行,而且也使中国特色社会主义焕发出生机与活力,还为新的历史背景下如何保持党的先进性和提高党的执政能力提供了方向。

三十年改革开放和现代化建设的实践雄辩地证明:救中国需要社会主义,发展中国、富强中国需要中国特色社会主义,只有中国特色社会主义理论才能真正引领当代中国发展,实现中华民族的伟大复兴。

(二)中国特色社会主义理论体系的世界意义

中国特色社会主义理论体系的世界意义体现在其特殊性具有"一般价值",它解决的问题是世界眼光中的中国问题,因而它将会成为具有国际影响的社会主义理论思潮,也将会对世界和平与发展以及世界社会主义、马克思主义的发展作出贡献。

六十多年前,先辈心中希望中国给世界以贡献。梁漱溟先生曾问道:"中国以什么贡献给世界?"他的答案是"人生向上的伦理情谊",即中国贡献给世界的是它独有的伦理精神。王亚楠先生指出,中国是世界的一部分,在中国本土表现的文物、思想、制度,无论对于中国以外的世界有无影响,在她本身的发展与前进,均当理解为贡献世界的成果。王亚楠先生提醒我们应当建立一种"伴随合理社会经济关系下,在新的道德教化中可能创造出的一切精神的物质文明"来贡献给世界。

六十多年后,中国共产党人带领中国人民走出了一条中国特色之路,这条路是中国人自己的路,也是中国贡献给世界的礼物。这条路就是中国特色社会主义发展的"中国道路",有学者称"中国模式"①。"中国道路"或"中国模式"让诸多的现成理论解释失效了,因为它们无法解决"中国问题",无法完全解释中国发展所取得的成就。国内外很多学者对"中国道路"或"中国模式"做出了阐释②,观点莫衷一是。我们认为,"中国道路"或"中国模式"是立足中国国情、反映中国实践、总结中国经验、吸收优秀成果、进行综合创新、解决中国问题、体现中国民意、促使中国成功的一种"中国道路"或"中国模式"。

这一"中国道路"或"中国模式"是中国共产党人和中国人民提供给世界的,它具有世界意义:第一,这是坚持走社会主义道路的国家为世界提供的,它显示出区别于资本主义的社会主义的某种发展"道路"或"模式"的独立价值。中国特色社会主义发展"道路"或"模式"以雄辩的事实证明,社会主义依然充满生机和活力。这既为世界社会主义运动的继续发展创造了条件,也为走社会主义道路的国家在本国国情基础上建设社会主义增加了信心,提供了精神财富;第二,这是经济文化落后的发展中国家为世界提供的,它显示出区别于发达国家的落后国家为世界的独特贡献。即中国特色社会主义发展"道路"或"模式""破除了世界发展单一道路的迷信,为其他发展中国家提供了一种启示、一个榜样,其他发展中国家应积极依照独特的国情探索自身的发展道路"③;第三,这是世界上人口最多的国家为世界提供的,它靠自己的力量来解决自己的问题,没有给世界带来麻烦,解决好自己本身的问题就是对世界的贡献;第四,这是以"和"为核心文化理念的历史最悠久的国家为世界提供的,它表明:"两极对立"的方式能推动社会发展,以"和"的理念和方式也能推动社会发展;第五,这是坚持马克思主义与本国实际情况相结合的国

---

①　马龙闪:《中国特色社会主义就是"中国模式"》,《北京日报》2008年6月2日,第017版。

②　中国人民大学"三个代表"重要思想研究中心:《"中国模式"问题研究报告》,《思想理论教育导刊》2005年第9期;国际社会对中国发展道路的认识也经过了一系列的变化:从"忽视"到"重视",从"否认"到"承认",从"戒备"到"借鉴",这本身就说明了中国道路对世界的积极影响(参看秦宣:《国际视野中的"中国模式"》,《中国人民大学学报》2008年第4期,第9—15页)。

③　陶文昭:《中国模式的世界影响》,《人民论坛》2008年第21期。

家为世界提供的,它既为世界贡献了物质财富,更为世界贡献了精神财富,它用中国特色社会主义理论体系丰富和发展了马克思主义;它既拓宽了与世界马克思主义对话的空间,又以从容的理论自信同世界各种有影响力的思潮、流派进行交流,还增强了中国马克思主义研究在世界马克思主义研究中的说服力、影响力与话语权;它既在实践上证明了经济文化落后的国家可以建成社会主义,也在理论上提高了中国意识形态的世界影响力、吸引力。

(原载《中共中央学报》2009年第3期,与田志亮合作)

邓小平理论与中国社会主义的发展命运

《邓小平文选》中的所有文本,是本世纪以来对中国发展,尤其是中国社会主义发展影响较大的重要文献。《邓小平文选》整个三卷的内容比较丰富,涉及问题很多,但在邓小平对中国社会发展的历史经验教训的总结中,可以发现较为深层的战略问题。通过总结,邓小平着重提出并思考了决定中国社会发展命运的若干战略问题——思想路线、发展生产力的方式、制度和体制的改革和人才等。学习《邓小平文选》,深化邓小平理论研究,应深入领悟邓小平关于这些战略问题的基本思想及其对中国社会主义发展的深远影响。

一、关于思想路线问题——解放思想破"凡是",实事求是立"客观"

邓小平专门集中思考党的思想路线问题,是在 1977—1981 年。体现这种思考的主要文章是:《"两个凡是"不符合马克思主义》、《在全军政治工作会议上的讲话》、《高举毛泽东思想旗帜,坚持实事求是的原则》、《解放思想,实事求是,团结一致向前看》和《思想路线政治路线的实现要靠组织路线来保证》等。当时邓小平刚刚复出,而中国正处在拨乱反正、实现伟大历史转变的关键时期。在这一时期,思想路线问题是决定中国能否实现历史转变的首要根本问题,思想路线的拨乱反正是最根本的拨乱反正,不解决思想路线问题,其他问题都无从谈起。具体来讲,在这一时期,邓小平关于思想路线问题上的基本思想是:

揭露"两个凡是"思想路线的性质、实质、根源和危害。 邓小平认为:"两个凡是"把毛泽东思想庸俗化,不符合马克思主义,马克思、恩格斯没有说过

"凡是",列宁、斯大林没有说过"凡是",毛泽东也没有说过"凡是";毛泽东思想是个思想体系,其根本点是实事求是;一些人之所以坚持"两个凡是",思想僵化,不实事求是,其重要原因之一,是小生产的习惯势力还在影响人们,使人们因循守旧,不求发展,不愿接受新事物,其结果是条条、框框多起来了,不从实际出发的本本主义严重起来了,四个现代化也因此失去希望①。因此,必须破除"两个凡是",反对把毛泽东思想当作教条②。

阐述"解放思想,实事求是"思想路线的性质、含义、内容、实质和实现条件。在性质上,邓小平指出,毛泽东思想的根本点是实事求是,坚持实事求是,就是真正高举毛泽东思想旗帜,是一切共产党员必须时刻牢记的最基本的思想方法和工作作风,也是党性的表现③。在含义上,邓小平认为实事求是,就是理论联系实际,一切从实际出发,认识和遵循事物发展的规律,而解放思想,就是在马克思主义指导下打破习惯势力和主观偏见的束缚,研究新情况,解决新问题,就是使思想从某种主观束缚中解放出来,使它和实际相符合,使主观和客观相符合,亦即实事求是。这里,解放思想既是打破思想束缚,又是主动从实际出发,运用马克思主义基本原理,研究新情况,解决新问题,揭示事物的本质和规律,提出与实际相符合的新思想。因而,只有最终做到实事求是的解放思想才是真正彻底的解放思想,而只有做到解放思想的实事求是才能真正做到实事求是,二者是互为内在要求、互相理解的关系,实际上是同一问题、同一过程的两个不同侧面。如果二者有什么不同,那就是,解放思想是这一过程的出发点,实事求是是这一过程的落脚点;解放思想是手段,实事求是是目的;解放思想是"破",实事求是是"立";解放思想是对旧思想而言的,是打破思想束缚,主要是反对教条主义,实事求是是对客观事物而言的,是探求事物的本质和规律,主要是确立辩证唯物主义。在内容上,邓小平强调说,在什么是社会主义和如何建设社会主义这样重要问题上,尤其要解放思想。因为在这一决定中国发展命运的问题上,束缚最大,习惯势力最强,主观偏见最多,危害最深,解放思想最难。由此可见邓小平在解放思想这一问题上所具有的决心和所达到的深度。在实质上,邓小平旨在实现由封建

① 《邓小平文选》第2卷,人民出版社,1994年版,第38—39页。
② 《邓小平文选》第2卷,人民出版社,1994年版,第142—143页。
③ 《邓小平文选》第2卷,人民出版社,1994年版,第114、116、127—128页。

主义向社会主义转变,由假马克思主义向真正的马克思主义转变,由官本位向民本位转变,由形式主义向真正研究新情况解决新问题转变。质言之,要在治国大思路、大方略上实现根本转变。解放思想,是由中国新时期拨乱反正、实现伟大历史转折的实践需要而提出的,同时也反映了当时广大人民群众要求改革的强烈呼声,因而它具有鲜明的时代特点,由此,在邓小平那里,其内在精神实质,就是既要反对当时的教条主义和个人迷信,又要向前看,研究新情况,解决新问题,切实地想办法使我们各项新的工作做得更好一些。实事求是的内在精神实质,就是要求人们从书本公式出发转向从生活公式出发,以反对本本主义,从长官意志转向群众路线,以反对官僚主义,从主观愿望转到客观规律,以反对主观主义。这也就是不唯上,不唯书,只唯民,只唯实。这种精神,才是真正的社会主义和马克思主义,才能真正体现中国共产党的本质。在实现条件上,邓小平主要讲三点:一是民主是解放思想的条件,因而要创造民主的条件,使民主制度化、法制化,真正实行社会主义民主,使人们敢于解放思想。首先是政治民主,反对采取压制、打击的手段,注重运用民主手段,重申"三不主义"(不抓辫子,不扣帽子,不打棍子),保障公民权利;其次是思想民主,反对采用压服的办法,真正实行"双百"方针;最后是经济民主,反对权力过于集中,要有计划地大胆下放权力①。这里,民主问题实质上是群众观点、群众路线问题,具体说是能否正确对待民本、民权、民情、民意、民声和民能(人民群众判断是非的能力)的问题。只有正确解决和对待这些问题,人们才敢且才能做到解放思想,实事求是。二是思想路线的实现要靠组织路线来保证,因而要确定正确的组织路线,使人们能有效地解放思想。思想路线确立了,要有人来具体贯彻执行,由什么样的人来执行,是由赞成党的思想路线的人,还是由不赞成的人,或者是由中间态度的人来执行,结果不一样,因此,不进一步解决党的组织路线问题,思想路线就得不到可靠的保证②。三是四项基本原则是正确实现思想路线的保证。离开坚持四项基本原则,解放思想、实事求是就没有根,没有方向,也就谈不上贯彻党的思想路线,实际上也是把自己放在党和人民的对立面去了。因此,"解放思想,也是既要

---

① 《邓小平文选》第 2 卷,人民出版社,1994 年版,第 144—146 页。
② 《邓小平文选》第 2 卷,人民出版社,1994 年版,第 191、275 页。

反'左',又要反右"①。

更主要的是充分阐述了"解放思想、实事求是"的思想路线对中国社会主义现代化建设的重大意义,指出思想路线问题是事关实现伟大历史转折及中国社会主义现代化建设的前途和命运问题。

(1)从当时的现实来讲,解放思想、实事求是,是有效解决过去遗留的问题和新出现的问题并把各项工作顺利推向前进的思想前提。1977—1978年,当时党中央面临的一个重要问题是处理遗留问题,这里牵涉到对是非功过的判别问题。能否解决好这一问题,既涉及到能否营造一个安定团结的政治局面,又关系到能否引导大家向前看,把大家的思想和目光引导到搞四个现代化上来,顺利实现全党工作重心的转变。这是一个关系中国向何处去的重大而迫切的问题。而这时党的主要领导同志却提出了"两个凡是"。如果按照"两个凡是"去做,我们就可能进一步陷入到遗留问题难以解决的怪圈和矛盾中去。在这紧要关头,邓小平同志在复杂的局势中抓主要矛盾,重新确立了"解放思想、实事求是"的思想路线,带领大家从实际出发来处理遗留问题。由此,一切功过是非便易弄清,也促进了安定团结,使大家把精力都用在搞四个现代化上来。在解决遗留问题的同时,党中央还要去研究新情况,解决新问题,这关系到能否把各项新的工作顺利推向前进。在邓小平看来,确定实现四个现代化的具体道路、方针、方法和措施,搞经济建设,改革等,都是新情况新问题。这些新情况新问题都是马克思主义经典作家未曾遇到过,书本上也未讲过,我们又缺乏经验和本领的。唯一的办法,就是开动脑筋,发挥群众的创造积极性,在实践中摸索出一条路来。这就必须根据实践标准、生产力标准、"三个有利于"标准来打破僵化,解放思想,实事求是。究竟能不能解决问题,问题解决得是不是正确,关键在于我们是否善于针对客观现实,采取实事求是的态度,一切从实际出发。"只有思想解放了,我们才能正确地以马列主义、毛泽东思想为指导,解决过去遗留的问题,解决新出现的一系列问题",也才能"切实地想办法使我们的步伐快一些,使生产力发展快一些,使国民收入增加快一些,把领导工作做得更好一些。"②

(2)从党的领导能力来讲,解放思想,实事求是,是科学制定党的路线、方

---

① 《邓小平文选》第2卷,人民出版社,1994年版,第379页。

② 《邓小平文选》第2卷,人民出版社,1994年版,第114、141、279页。

针、政策的思想基础。执政党的能力首先表现在能否制定好正确的路线、方针和政策,而党的路线、方针、政策正确与否,事关中国社会主义建设的成败。这已被历史所证明。所以,我党历来重视路线、方针和政策这样一些重大的问题。党的路线一般包括思想路线、政治路线和组织路线,政策既是路线的具体体现,又是实施路线的策略性措施。在邓小平看来,思想路线是确定政治路线的基础,不解决思想路线问题,正确的政治路线和组织路线就制定不出来,制定了也贯彻不下去;不解放思想,不实事求是,不从实际出发,理论与实践不相结合,不可能有现在的一套方针、政策①。搞社会主义现代化建设是我党的政治路线,这是打破以阶级斗争为纲和"两个凡是"的"左"的束缚,从中国实际出发而提出来的。社会主义在本质上应创造比资本主义社会更高的生产力,其制度应表现出比资本主义制度优越,但实际上我们的生产力水平比发达资本主义国家落后,因此,社会主义制度比资本主义制度的优越性要充分显示出来,就必须集中精力搞社会主义现代化建设。因此,不解放思想,打破"左"的束缚,不从中国实际出发,就不可能把全党的工作重心转到四个现代化建设上来。我党的组织路线主要是关于人才如何有效发挥作用问题,是选人、用人和育人的问题,在这一问题上,"四人帮"搞得非常混乱。邓小平指出:"我们的人才是有的,关键是要解放思想,打破框框","我们说资本主义社会不好,但它在发现人才、使用人才方面是非常大胆的。它有个特点,不论资排辈,凡是合格的人就使用,并且认为这是理所当然的。从这方面看,我们选拔干部的制度是落后的。论资排辈是一种习惯势力,是一种落后的习惯势力。"②这就是说,要解决好选人、用人、育人问题,制定适合四个现代化建设的组织路线,就必须解放思想,实事求是。邓小平在选人、用人问题上提出的革命化、年轻化、专业化、知识化所依据的就是解放思想、实事求是的思想路线。

(3)从历史尤其从实践来看,解放思想,实事求是,是正确把握并顺利推进中国社会主义改革和现代化建设实践的思想武器。中国社会主义改革和现代化建设是一个新课题,对其本质和规律加以科学的认识和把握是非常必要的,要做到这一点,就必须解放思想,实事求是。我们现在的体制很不适应

---

① 《邓小平文选》第2卷,人民出版社,1994年版,第191页。
② 《邓小平文选》第2卷,人民出版社,1994年版,第193页。

四个现代化的需要,搞四个现代化也会遇到一系列新情况、新问题,要改革,要解决新问题,就必须解放思想,实事求是。邓小平在总结中国革命和建设的经验教训时指出:过去我们搞革命所取得的一切胜利,是靠实事求是,然而在1960年以后,实事求是的传统丢了,常常头脑发热,违背客观规律,结果给党的事业带来很大危害,使国家遭受很大的灾难。今天,经济发展对我们来说是一个新的问题,要付学费,现在我们正在摸索比较快的发展道路,不解放思想不行,不实事求是也不行,也就是说,"现在我们要实现四个现代化,同样要靠实事求是","只有解放思想,坚持实事求是,……我们的社会主义现代化建设才能顺利进行。……是个关系到党和国家的前途和命运的问题"。否则,"一个党,一个国家,一个民族,如果一切从本本出发,思想僵化,迷信盛行,那它就不能前进,它的生机就停止了,就要亡党亡国"①。

(4)从认识过程来讲,解放思想、实事求是,是正确总结我国社会发展的历史经验教训,进一步提高认识,明确工作方向的思想方法。邓小平同志非常善于总结经验教训,他主张"走一段"就要回顾一下。在他看来,要升华对于事物的认识,把握事物的客观规律,提出新的科学理论,制定正确的路线、方针和政策,促进事业的发展等,都要靠不断地总结经验教训,都是总结实践经验教训的结果。要正确总结经验教训,必须坚持科学的方法,这首要就是坚持正确的思想路线,如果没有正确的思想路线,不管有多么丰富的经验,都难给予科学的总结和说明,也更谈不上从中引出规律性的东西来。正如他所说的:每个党、每个国家都有自己的历史,只有采取客观的实事求是的态度来分析和总结,才有好处。《对起草〈关于建国以来党的若干历史问题的决议〉的意见》一文的重要内容之一,就是总结"左"的教训和历史的经验教训。在这一问题,邓小平的意见是:"我们写建国以来党的若干历史问题的决议,要实事求是,……我们要实事求是地总结历史的经验教训。"②历史和实践证明,从思想路线出发来总结历史经验教训,对提高人们的思想认识,调整工作重点,明确日后工作努力的方向,采取行之有效的工作方法,以及减少失误,是有重要积极作用的。

1982至1992年这10年,邓小平更侧重于"解放思想、实事求是"思想路

---

① 《邓小平文选》第2卷,人民出版社,1994年版,第143、278、143页。
② 《邓小平文选》第2卷,人民出版社,1994年版,第380页。

线的具体运用。他运用这一思想路线,着重分析或解决了组织路线、经济体制改革、政治体制改革、香港问题上的"一国两制"、经济特区、市场经济和中国社会主义发展阶段等一系列重大问题。可以说这 10 年,是邓小平贯彻运用思想路线来分析或解决一系列重大问题的 10 年。

由此不难看出,思想路线问题,是关乎中国社会主义建设的道路、方向、方式和效果的依据和指导思想问题。邓小平关于思想路线的核心理念是:解放思想破"凡是",实事求是立"客观",其最大特点,是具有建设性,它恢复或确立了党的正确的思想路线,并结合新的情况、新的问题加以具体贯彻、运用和发展。至于对"解放思想、实事求是"问题的学理分析和论证,则不是邓小平同志刻意和着重考虑的。

江泽民同志把党的思想路线运用到对社会主义的认识及对社会主义初级阶段的基本路线和纲领的制定上,提出了许多富有价值的思想,是对邓小平"思想路线"的具体运用和发展。

二、关于发展生产力的方式问题——坚定信心奔富裕,寻找方式快发展

邓小平早在 1957 年担任党的总书记时就关心企业和交通的经济建设。1962 年,他很关心农业生产问题,认为农业搞不好,工业就没有希望,而要搞好农业生产,最重要的是寻求能充分调动农民积极性的生产关系的实现形式。他在《怎样恢复农业生产》一文中有一段十分精彩的话:"哪种形式在哪个地方能够比较容易比较快地恢复和发展农业生产,就采取哪种形式,……哪种形式能调动群众的积极性就采用哪种形式","不合法的使它合法起来"。这一思想通俗来讲,就是"黄猫、黑猫,只要捉住老鼠就是好猫"。但由于"左"的指导思想很有影响,后来由于"文化大革命",邓小平这一思想不但没有发挥作用,反而成为他被打倒的重要根据。但这一思想,邓小平从内心一直坚守着,所以到 1975 年一复出,他就马上呼吁全党要讲大局,把国民经济搞上去,为实现四个现代化的伟大目标而奋斗。然而到 1976 年,邓小平再次被打倒。1977 年初,当时党的主要领导人提出"两个凡是"的"左"的思想路线,影响和危害极大,到 1977 年 7 月恢复邓小平党内外一切职务以后,他便首先着手恢复和确立党的实事求是的思想路线。这一思想路线的确立,其首要成果就是我党把工作重心转向四个现代化及经济建设问题上,而且着重从政

治高度来谈论经济问题,提出"经济工作是当前最大的政治,经济问题是压倒一切的政治问题。不只是当前,恐怕今后长期的工作重点都要放在经济工作上面"。

经济建设的根本任务是发展社会生产力。邓小平专门集中思考发展生产力问题,是从1979年底开始的。邓小平注重发展生产力,具体表现在着力关注发展生产力的信心、目的、步骤、总体构想和方式。在《邓小平文选》二、三卷中,他的一系列文本主要是围绕发展社会生产力而展开阐述的。他对发展生产力问题的思考,主要或集中体现在《社会主义也可以搞市场经济》、《社会主义首先要发展生产力》、《建设有中国特色的社会主义》、《我们的宏伟目标和政策》、《改革是中国的第二次革命》、《改革是中国发展生产力的必由之路》、《社会主义和市场经济不存在根本矛盾》等文本中。这些文本大都注重总结1958年到1978年这20年社会主义建设的历史经验教训。在邓小平看来,最根本的经验教训就是:我们对"什么是社会主义、怎样建设社会主义"这个首要问题没有完全搞清楚,所以,邓小平同志坚持解放思想、实事求是的思想路线,着力于重新认识社会主义和建设社会主义问题,其中他得出两个具有根本性意义的结论:应着重从生产力出发来认识中国初级阶段的社会主义;应注重从对社会主义建设和发展有利的客观实际效果出发,来选择发展和建设社会主义的方式、手段。由此可以说,邓小平探索并设计的建设有中国特色的社会主义道路,主要是围绕发展生产力的方式来进行的。

具体来说,邓小平关于发展生产力问题上的基本思想主要有:

在信心上,应坚持发展生产力不动摇。这集中体现在他的"发展才是硬道理"上。发展是硬道理指的是:工作上的硬,一切工作及其采取的措施,都是为社会主义发展生产力服务的[1];时间上的硬,"基本路线要管一百年,动摇不得",谁动摇谁就会被打倒,发展生产力一天也不耽误[2];决心硬,发展生产力要一心一意,"扭着不放,'顽固'一点,毫不动摇","要横下心来,除了爆发大规模战争外,就要始终如一地、贯彻始终地搞这件事,一切围着这件事,不受任何干扰"[3];作用上的硬,只有充分发展生产力,社会主义比资本主义的优

---

[1]　《邓小平文选》第3卷,人民出版社,1993年版,第157页。

[2]　《邓小平文选》第3卷,人民出版社,1993年版,第371页。

[3]　《邓小平文选》第2卷,人民出版社,1994出版,第249页。

越性才能真正发挥出来,才能赢得国家的尊严;手段硬,要真正采取行之有效或有实际效果的方式(如改革等)发展生产力,"我们所有的改革都为了一个目的,就是扫除发展社会生产力的障碍"①。

在目的上,要以发展生产力和提高人民生活水平之实,正社会主义优越性之名。邓小平同志讲,我国社会主义建设搞了几十年,但人民仍然穷,贫穷不是社会主义,我国的社会主义还不合格。其重要原因就是忽视生产力的发展,或发展生产力的方式不对。社会主义的首要根本任务应是充分发展生产力。只有生产力发展了,人民生活水平提高了,社会主义才能真正称其为社会主义,社会主义优越性才能真正充分发挥出来。

在步骤上,应实行"先温饱后小康再富裕"的"三步走"的发展战略。而且要抓住时机发展经济,力争隔几年上一个台阶,发展太慢不是社会主义。

在总体构想上,应以发展生产力为中心,对内实行全面改革,对外实行开放,建立社会主义市场经济体制,建设社会主义民主政治,培育"四有"新人,依靠共产党领导,坚持四项基本原则,团结广大人民群众,实行和平外交等。

在方式上,一切有利于发展社会生产力的方法都可能采用。发展生产力的目的、步骤和总体构想,都依赖于发展生产力的方式,"方式"问题至关重要,方式决定发展生产力的效果。在 1958 至 1978 这 20 年,人们比较注重以抽象社会主义的一般性质为标准来选择发展生产力的方式,所以把"一大二公三纯"作为发展生产力的主要形式。改革开放以来,邓小平比较注重以是否有利于发展生产力为标准,如"三个有利于"标准,来选择发展生产力的方式。他说:"不管搞什么,一定要有利于发展生产力。发展生产力要讲究经济效果。"②发展生产力,甚至也可以利用一些非共产主义、非社会主义的因素:"我们吸收资本主义中一些有用的方法来发展生产力",我们"采用资本主义的一些方法(是当作方法来用的),目的就是要加速发展生产力"③。基于这种考虑,邓小平把改革开放、稳定、市场经济、股份制、吸引外资、个体经济、"一部分人先富起来"、管理、经济特区、发展科学技术和提高劳动者素质等,都看作是发展生产力的特定的有效方式。这里,邓小平的基本思路是:利用

① 《邓小平文选》第3卷,人民出版社,1993 年版,第 134 页。
② 《邓小平文选》第2卷,人民出版社,1994 出版,第 312 页。
③ 《邓小平文选》第3卷,人民出版社,1993 出版,第 149 页。

行之有效的方式(包括资本主义的一些方法)来发展生产力,来建设有中国特色的社会主义。

邓小平关于发展生产力方式的思想,对建设有中国特色的社会主义具有重要而深远的意义。其一,有助于我们找到有中国特色社会主义建设道路的起点、出发点、焦点和核心。毛泽东从动机上也注重发展生产力,但效果不理想。问题就出在发展生产力的方式上,这就是一味注重"一大二公三纯",邓小平也十分注重发展生产力,但历史经验教训使他更注重发展生产力的有效方式。邓小平全部社会活动的焦点,主要是在探索发展生产力的有效方式上。发展生产力的方式不同,社会发展的道路和模式才有所不同,发展道路问题本质上主要是发展生产力的方式问题。正由于他找到了一系列发展生产力的有效方式,所以他才找到了一条有中国特色的社会主义道路(有中国特色的社会主义的"特色"就体现在这种方式上),也才否定了过去长期刻意追求纯而又纯的社会主义模式,也才使有中国特色社会主义建设逐渐显示其生命力。道路找到了,人们就更有信心更有希望,故而,把握邓小平理论及其历史贡献,理解邓小平对毛泽东思想的发展,必须注重他在发展生产力有效方式问题上的种种努力。其二,有助于我们理解和把握中国改革开放的实践发展历程及其焦点。由于有了"解放思想、实事求是"的思想路线,所以才有了对一系列发展生产力的"有效"方式的合理而大胆的选择,也才有了当前中国的社会发展和社会进步。可以说,中国改革开放的实践历程,实质上是在探求发展生产力的"有效方式"这一层次上展开的,而改革开放21年来所取得的成就,证明围绕"发展生产力的有效方式"进行改革开放是经得起历史检验的,也为今后的改革开放指明了方向。我国改革开放21年的实践历程主要涉及到以下一些基本事实,而这些事实在实质上都关系到发展生产力的方式、形式、途径以及机制:农村改革实行家庭联产承包责任制,实质上就是通过把责权利落实到农民头上,来解决解放和发展农业生产力的机制和方式问题;1984年城市的企业改革是从"放权让利"开始的,放权让利实质上就是把责权利落实到企业人头上,来寻求解放和发展企业生产力的机制和方式问题;后来实行的承包经营责任制、市场经济体制和现代企业制度,本质上就是关于发展生产力的方式、形式、途径、手段以及机制问题,它们只有放在发展生产力的方式问题上来理解,才更有意义和价值;江泽民在十五大报告中讲到的股份制、所有制结构、公有制的实现形式、非公有制经济和按生产要素分配等,也是关于发展生产力的机制和方式问题。股份制对激励企业员工和激活企业可起一定的积极作用,调整和完善所有制结构,实行以公有制为主体、多种所有制经济共同发展的基本经济制度,实质上是为了消除所有制结构不合理对生产力的羁绊,进一步解放和发展生产力。努力寻求公有制的多样化实现形式,目的是为了极大地促进生产力的发展。非公有制经济之所以由过去的"补充"地位被十五大报告提高到"重要组成部分"地位,主要在于非公有制经济是极大促进社会生产力发展的有效途径和方式。按生产要素分配,其实质也是探索一种促进生产力发展的分配方式和激励机制。十五大报告是把有中国特色社会主义建设全面推向 21 世纪的行动纲领,它关于发展生产力有效方式的思想为中国在 21 世纪的改革开放指明了方向。

由此可见,生产力发展的有效方式问题,本质上是关于有中国特色社会主义建设道路的焦点和核心的战略问题;而邓小平关于"发展生产力的有效方式"思想的核心理念是:坚定信心奔富裕,寻找方式快发展;其最鲜明的特点,是在寻找发展生产力的有效方式上具有政治眼光,既大胆探索,解放思想,又力求快速发展,实事求是。

三、关于制度和体制的改革问题——胆大步稳搞改革,务实不争抢时间

要有效地发展生产力,就必须扫除束缚生产力发展的一切障碍,其最大的障碍就是我们现行的一些具体制度和体制。由此,为了发展生产力,就必须对我国现行的一些制度和体制进行改革。"改革是中国发展生产力的必由之路",所以,邓小平在探求发展生产力的有效方式的过程中,首要关注的是制度和体制的改革问题。

1956、1957 年,邓小平同志在担任党的总书记时,就比较关心并开始考虑党和国家的领导制度问题,《关于修改党的章程的报告》,就是他思考党和国家的领导制度的最早文献。其核心思想是针对一些党员脱离实际、脱离群众和宗派主义倾向,强调要根据"三大作风"的精神,从党和国家的领导制度上作出适当的规定,以便对于党的组织和党员实行严格的监督,其实质是主张用制度管理党员和干部。到 1962 年,邓小平在《执政党的干部问题》一文中,提出要逐步从制度上解决党的干部的"能上能下"、"交流"和"加强学习"问

题,但由于以后"左"的指导思想日益严重,再加上我党历来较为注重从思想上、政治上和作风上管理党员干部,结果没有使邓小平的这些思想得以实现。我党历次"整风"大多是着重于从思想、作风和政治上进行,很少涉及制度上的改革。由于没有在实际上解决制度问题以及其他一些原因,结果导致了"文化大革命"的十年浩劫。"文化大革命"一结束,邓小平便着手从思想路线、政治路线和组织路线三方面入手开展拨乱反正,整顿各项工作。由于他当时管科教工作,所以他在1977年也开始考虑科教体制改革问题。

首次郑重谈论制度和体制改革问题的,是1978年12月《解放思想,实事求是,团结一致向前看》一文。在此文中,邓小平谈到,解放思想就是要及时地研究新情况和解决新问题,尤其要研究和解决管理制度和管理体制的改革问题,由此便揭开了制度和体制改革的序幕。从1978年到1992年,制度和体制改革问题成为他关注的核心问题之一。邓小平对制度和体制改革的集中思考,主要体现在《党和国家领导制度的改革》、《精简机构是一场革命》、《改革科技体制是为了解放生产力》、《政治上发扬民主,经济上实行改革》、《对中国改革的两种评价》、《关于政治体制改革问题》和《改革的步子要加快》等文本中。这些重要文本主要涉及到经济体制改革、政治体制改革、科技体制改革和组织人事制度改革等。其基本内容是:

改革的意义、性质、目的和艰巨性。在邓小平看来,改革是决定中国命运的一招,道理很简单,改革是为今后奠定良好的持续发展的基础,不搞改革就不能继续发展,经济就滑坡,走回头路,人民生活就会下降,不改革,我们的组织机构就会缺乏朝气和效率,不论党和政府的方针、政策怎样正确,也难以充分有效贯彻,这必然使四个现代化没有希望,甚至可能会亡党亡国;不仅如此,改革也决定中国在世界上的影响力,只有改革,才会解放和发展生产力,增强综合国力,这必将使中国为世界上的社会主义事业和不发达国家提供某些经验,也将会促进世界和平。由此,中国必须进行改革。中国的改革在性质上决不是在"主义"层次上进行的,即不是由社会主义走向资本主义,而是在"实效"和"方式"层次上进行的,它力图寻求发展生产力的有效方式,使社会主义自我完善,使社会主义由穷变富,从而使其优越性充分发挥出来。这就决定中国改革的目的主要是克服旧体制的弊端,扫清发展生产力的障碍,调动人民群众的创造积极性,从而为实现四个现代化提供制度和体制保证。

而这就意味着改革具有艰巨性和复杂性,它既要革旧体制的命,打破生产力的桎梏,又要引起经济生活、社会生活、工作方式和精神状态的一系列深刻变化,况且我们的改革是前所未有的,风险大,干扰多,全凭我们在干中学,在实践中摸索,走一步,看一步。这种艰巨性和复杂性,邓小平称之为"中国的第二次革命"。

改革的方法论。由于中国的改革是一场革命,所以,邓小平强调必须在方法上认真对待。综而观之,其改革的方法论有以下一些基本内容:

(1)在改革方案制定的依据上,坚持解放思想、实事求是的思想路线,一切根据我国实际情况进行。解放思想、实事求是,就是研究新情况,解决新问题,而改革是我国当前最大的新情况和新问题,因此应在这一问题上解放思想,实事求是。况且中国的改革是做前人未曾想过、未曾讲过和未曾做过的事,中国也有自己的特点,怎样改,往哪改,也就是改革的内容和步骤都只能依据解放思想、实事求是而定,只能按中国的实际办,所有别的东西只是参考,所有别人的经验只能借鉴。农村改革之所以取得成功,重要原因之一就是坚持了实事求是原则,走自己的路。同时改革过程中会不断遇到来自"左"的和"右"的干扰,反"左"要解放思想,防右主要应坚持实事求是。可以说,不坚持解放思想、实事求是,我们就难以制定出行之有效的改革方案、改革也无法成功。

(2)在改革的运行操作方式上,既要胆大顶险求发展,又要心细少误求稳定。胆子要大,步子要稳,是邓小平多次强调的,其内涵比较丰富。一是在改革的前提上坚持四项基本原则,同时也要反对以抽象的"姓社姓资"的思维定势和旧的习惯势力来对待改革。"在改革中坚持社会主义方向,这是一个很重要的问题。"[1]中国的改革必须在共产党领导之下来进行,我们的改革是有前提的,即必须坚持四项基本原则。但在改革过程中,坚持社会主义制度和完善社会主义制度,坚持共产党领导和改善共产党领导,坚持马克思主义和发展马克思主义,坚持无产阶级专政和坚持社会主义民主,是相辅相成、相互促进的,不应将二者割裂开来。二是在改革的环境氛围及导向上,要处理好改革、发展和稳定三者之间的关系。根据邓小平的论述,处理这三者关系的

---

[1] 《邓小平文选》第3卷,人民出版社,1993年版,第138页。

原则是:不能为稳定而稳定,而应从有利于改革和发展的角度理解稳定,稳定是为了更顺利地改革和发展,为改革和发展提供安定团结的政治环境,离开稳定,改革和发展就无法进行,在这个意义上,稳定压倒一切,所以改革要稳妥;也不能为改革而改革,而应从实现发展和稳定的角度理解改革,改革是为了持续发展,有了发展社会才会有更好的秩序和稳定,离开改革,发展和稳定就无法实现,在这个意义上,应"抓住时机,推进改革",所以改革步伐应加快;也不能为发展而发展,而应从有利于推进改革和稳定角度理解发展,发展好了,既有利于推进改革,也有利于促进稳定,更有利于解决中国的问题和中国在世界上的竞争力问题,离开发展的改革和稳定以及对所有问题的解决,都是艰难的,在这个意义上,发展是硬道理,所以改革要大胆①。三是在改革的风险上,既敢于顶风冒险,又认真备好对策。中国的改革是很大的试验,必会有风险,步子大风险也大,这既有失误,也有改革必然带来的坏东西和坏影响。对此我们不能怕,不能因噎废食,向后退缩,退是没有出路的。有效的办法,还是要有勇气,胆子要大,把改革坚定不移搞下去,没有胆量搞不成改革和四个现代化,但要慎重;应敢于承担风险,但要减少风险;应允许实验,但要选择好时机和方式;应允许失败,但要减少失败;应不怕出现问题,但发现问题赶快解决;应不怕犯错误,但要及时总结经验,稳步前进,少犯错误;应敢试敢闯敢于创新,但处理具体事情要谨慎小心;应排除一切干扰,但应同人民一起商量办事;应预见可能出现的代价和风险,但应及早积极采取相应对策;应稳妥,但不能把稳妥变成停止不前②。四是在改革的倾向上,既反"左"又防右。右就是在改革中搞资产阶级自由化,搞动乱,"左"就是把改革开放说成是引进和发展资本主义。在改革过程中,我们始终应避免这两种极端倾向③。

(3)在改革步伐的节奏上,要抓住时机,加速改革。这涉及到改革过程中的时机、机遇和改革步伐快慢的关系问题。在邓小平看来,现在是改革的最好时机,也是一种机遇。从国际方面看,现在国际形势会有比较长时间的和平环境,中国作为第三世界国家,要抓住这有利时机进一步改革开放;从国内

①　《邓小平文选》第3卷,人民出版社,1993年版,第195—200、284—287页。

②　《邓小平文选》第3卷,人民出版社,1993年版,第113、118、130、35、219、219、229、240、248、252、267、364页。

③　《邓小平文选》第3卷,人民出版社,1993年版,第375页。

看,我们耽误了20年时间,1957—1977年这20年尤其是"文化大革命"10年的经验教训,给人们提供一种改革开放和现代化建设的冲力,人们改革开放和搞现代化的决心很大;而农村改革的成功和其他方面改革的成功,证明我党改革的方针和政策以及路子是正确的,人们从中看到了希望,这又进一步增强了人们对改革的信心;尽管改革过程中常会出现某些干扰,但目前没有大的干扰,呈现出的是一个安定团结的求改革求发展的良好环境和局面,是一个加快改革发展的大好时机,如果不抢时间加快改革步伐,就会失去这一大好时机;我们改革发展的宏伟目标和政策已定,未来中国能否赶上发达国家,有很大的发展,关键取决于我们今天能否通过改革为今后的持续发展奠定坚定的基础,而这会影响人民群众对我党的信赖程度。由此而论,不抓住时机加快改革,其风险和代价会比加快改革更大①。

(4)在对待改革的态度上,允许观望不强迫,拿事实说话不争论。由于改革是一场革命,所以一些习惯势力比较强而又怕丧失既得利益的人要么对改革看不惯,要么观望徘徊,要么担心怀疑,要么产生抵触情绪,要么存有不同意见。在邓小平看来,这是正常的,"既然搞的是天翻地覆的事业,是伟大的实验,是一场革命,怎么会没有怀疑呢"?正确的办法是:拿事实来说话,让改革的实际进展去说服他们,要通过事实的证明使人接受;等待他们,让事实教育他们;允许看,不强迫,不搞运动,不争论,让实践证明改革的正确性②。这里,邓小平在改革中实际上坚持了实践是检验真理的唯一标准的思想。

(5)在改革的动力和目标上,坚持物的原则和人的原则的统一。这就是说:改革既要解决经济发展问题,也要充分调动每个人的积极性;每出台一项改革方案,既要看它能否促进社会生产力的发展,也要看人民群众欢迎不欢迎;改革既要按照客观规律进行,也要注重人民群众对改革的积极自觉的理解、支持和参与,把人民群众当作改革的主体;改革既要有利于物质文明建设,也要有利于精神文明建设;改革既要为实现四个现代化提供体制保证,又要为优秀人才脱颖而出提供有效的机制和良好的环境,等等。

改革的内容。邓小平主要思考了经济体制改革、政治体制改革、科技体制改革等方面的问题。这里,我们只着重阐述邓小平关于经济体制改革和政

①　《邓小平文选》第3卷,人民出版社,1993年版,第131、238—240、256、264、265、270、274页。

②　《邓小平文选》第3卷,人民出版社,1993年版,第135—156、238、374页。

治体制改革方面的内容。

（1）关于经济体制改革的内容。作为中国改革的设计师，邓小平主要从政治角度谈论经济体制改革的内容，所以，他对经济体制改革的具体内容细节并没有给予专门系统的阐述，更多是阐述经济体制改革内容的实质、目的、原则、步骤和策略。其中主要有：经济体制改革的实质，就是将责权利落实到人的身上，如实行所有权和经营权分开，企业下放，政企分开等；在目的上，是解放和发展生产力，增强综合国力，提高人民生活水平；在原则上，可以实行对内搞活对外开放，实行计划经济和市场经济相结合，吸收资本主义社会中一些有用的方法来发展我国生产力；在步骤上，实行"三步骤"战略；在策略上可设"经济特区"，也可实行"使一部分人先富起来"的政策等。

（2）政治体制改革的内容。邓小平在 80 年代初就把政治体制改革问题提了出来，但由于经济建设、生产力发展问题更迫切，所以未来得及把政治体制改革具体化。到 1986 年，邓小平认为应把政治体制改革提到日程上来。因为，机构庞大、人浮于事、官僚主义、拖拖拉拉、互相扯皮等这些弊端，已经阻碍经济体制改革，拖了经济发展的后腿，而且经济体制改革每前进一步，都深深感到政治体制改革的必要性。因而，不搞政治体制改革就不能适应形势发展的需要，就不能保障经济体制改革的成功，而所有的改革最终能否成功，还是取决于政治体制的改革①。在邓小平看来，政治体制改革的目的有三：一是持续发展社会主义社会的生产力；二是消除官僚主义，提高工作效率；三是发展社会主义民主，加强社会主义法制，取得一个稳定的环境；四是调动人民群众和基层单位的积极性②。在政治体制改革的方式上，邓小平认为，应保持我们自己的优势，避免资本主义社会的一些弊端，不能搬用西方那种多党竞选、三权鼎立、两院制那一套所谓的民主，而要根据社会主义国家自己的实践、实际情况来决定改革的内容。由于政治体制改革牵涉千千万万的切身利益问题，所以一是要慎之又慎，有领导、分步骤、有秩序地进行，要先从一两件事上着手，不能一下子大干，那样就乱了③。政治体制改革的内容，有以下三方面：党政分开，使党和国家及其行政机构增强活力，以解决党如何善于领导

---

① 《邓小平文选》第 3 卷，人民出版社，1993 年版，第 160、164、176 页。
② 《邓小平文选》第 3 卷，人民出版社，1993 年版，第 177—180、213、313 页。
③ 《邓小平文选》第 3 卷，人民出版社，1993 年版，第 177、240、241 页。

的问题(其中包括各级领导的年轻化问题);精简机构,克服官僚主义,以解决工作效率问题;权力下放,调动基层和人民群众的积极性,以解决中央和地方的关系问题①。其实,这方面的内容,邓小平同志在1980年已经提出了,而且做了较为具体而深入系统的思考。这集中体现在《党和国家领导制度的改革》这一著名文献中。在过去革命和建设时期,由于党在其中发挥突出的作用,所以,邓小平比较注重党的建设问题,也比较注重党的组织和党员干部的思想、作风和政治建设问题,而对制度建设问题有所忽略。"文化大革命"10年的教训使邓小平深刻认识到,思想作风和政治觉悟问题固然重要,但制度问题更加重要。如果不从制度解决问题,就很难使我们党的组织和党员干部适应社会主义现代化建设的需要。所以,邓小平就开始关注党和国家的领导制度问题。而这一问题,毛泽东没有解决。在这篇文献中,邓小平把党政分开、精简机构和权力下放三大问题归结到党和国家领导制度的改革问题(这里的"制度"是政治体制范畴内的具体制度)。这篇文献,是研究邓小平政治体制改革思想的经典文本。

关于衡量党和国家各种制度好坏的标准——邓小平指出,要看其制度是否有利于在经济上迅速发展社会生产力,改善人民生活水平;在政治上创造比资本主义国家更高、更切实的民主;在组织上造就比资本主义国家更多更优秀的人才。

关于党和国家的领导制度、干部制度的弊端——我们党和国家的领导制度、干部制度存在以下一些主要弊端:权力过分集中,党的一元化领导在有些地方变成个人领导;官僚主义;家长制,个人凌驾于组织之上,组织成了个人的工具,上下级关系成了猫鼠关系;干部领导职务终身制;特权。应该说,这些弊端在今天不同程度上依然存在。

关于产生这些弊端的原因以及制度问题的重要性——这些弊端既与某些领导干部的思想作风有关,也与一些领导干部由于缺乏经验而产生的某些不科学的工作方法有关,还与封建主义思想影响有关,如权大于法,人情大于制度,"关系"大于努力、专制大于民主等。新民主主义革命在推翻封建土地所有制和封建反动统治方面是成功的,但由于对封建主义在思想政治方面的

①　《邓小平文选》第3卷,人民出版社,1993年版,第117、180页。

残余影响估计不足,也由于很快转入社会主义革命,所以,对这种残余影响的肃清没能够完成。但更为根本的,是与我们党和国家的具体领导制度及组织制度、管理制度、工作制度和干部制度的不健全、不完善有关。在领导制度方面,我党在历史上多次过于强调党的集中统一,很少反对领导者个人集权,集体领导、民主集中制和个人分工负责这些好的传统没有坚持下来,也没有形成严格的完善的制度;在管理制度方面,实行中央高度集权;在工作制度方面,长期缺少严格的自上而下的行政法规和个人负责制,权责不明;在组织制度和干部制度方面,存在干部领导职务终身制,缺少正常的录用、奖惩、退休、退职、淘汰办法,反正工作好坏都是铁饭碗,能进不能出,能上不能下。在邓小平看来,在产生以上弊端的原因中,制度原因是首要的,制度问题不解决,思想作风等问题也解决不了。"我们过去发生的各种错误,固然与某些领导人的思想、作风有关,但是组织制度、工作制度方面的问题更重要。这些方面的制度好可以使坏人无法任意横行,制度不好可以使好人无法充分做好事,甚至走向反面。即使像毛泽东同志这样伟大的人物,也受到一些不好的制度的严重影响,以至对党和国家对他个人都造成了很大不幸。"因而要解决思想问题,更要解决制度尤其是领导制度问题,"领导制度、组织制度更带根本性、全局性、稳定性和长期性。这种制度问题,关系到党和国家是否改变角色,必须引起全党的高度重视"。过去我们虽然多次反对官僚主义、家长制作风和特权,也多次分过权,但收效甚微,原因是没有从制度上解决问题。如果我们今天不再从制度上解决问题,过去出现的一些严重问题今后就可能重新出现①。

　　关于肃清封建主义思想对党和国家具体制度的影响——上述的弊端及制度上的不健全,不同程度上受了封建主义的影响。现在应进一步明确提出继续肃清其残余影响的任务。对此,首先要采取实事求是的科学态度既划清社会主义同封建主义的界限,决不允许借反封建主义之名行反社会主义之实,也决不允许用搞假社会主义来搞封建主义,也要划清文化遗产中民主性精华同封建性糟粕的界限,还要划清封建主义遗毒同我们工作中由于缺乏经验而产生的某些不科学的办法、不健全的制度的界限。总之,不要不加分析

---

① 《邓小平文选》第2卷,人民出版社,1994年版,第322—343页。

地把什么都说成是封建主义。其次肃清封建主义残余影响,对广大干部和群众来讲,是一种自我教育和自我改造,是一种解放思想,因而不能搞反封建主义的政治运动和宣传运动,也不能用大搞群众运动来整人的办法,而要用透彻说理、从容讨论的办法来解决群众性的思想教育问题。再次,切实改革并完善党和国家的制度,从制度上保证国家政治生活的民主化、经济管理的民主化、整个社会生活的民主化,促进现代化建设事业的顺利发展。最后在肃清封建残余影响同时,也要批判资产阶级的极端个人主义和无政府主义。

关于改革党和国家领导制度实质就是改革和加强党的领导——邓小平指出:尽管我们的社会主义制度还不完善,但要比资本主义好得多,我们将通过改革使这一制度更趋完善;而改革党和国家的领导制度,不是削弱党的领导,涣散党的纪律,而正是为了更有效地坚持完善和加强党的领导和党的纪律。党要善于领导,就必须不断改善党的领导制度。

总的来讲,制度和体制的改革问题,本质上既是消除党内政治生活中一些弊端产生的根源从而改善和加强党的领导问题,也是调动基层组织和人民群众积极性从而提高工作效率,使社会增强活力的问题,结合起来就是充分发挥社会主义制度的优越性、加速现代化建设事业的战略问题;邓小平关于制度和体制改革思想的核心理念是:胆大心细搞改革,务实不争抢时间;其主要特点,是抓住制约我国社会主义现代化建设的深层次制度和体制问题从宏观上思考,这具有战略眼光。关于制度和体制改革的具体操作方案和措施,邓小平并没有专门考虑。

江泽民同志在十五大报告中,继承并运用了邓小平的一系列关于制度和体制改革的思想,并在社会主义市场经济体制建设、依法治国方面创造性地加以发展。

四、关于人才问题——德才兼备加政绩,育用新人利久安

组织制度和干部制度所涉及的一个重要问题,就是人才选拔问题;制度和体制改革的目的之一,就是调动广大人民群众的积极性;政治体制改革,首要涉及的就是人的责权利问题;任何事情都是人来做的,实现四个现代化,贯彻执行党的政治路线,都要通过人。所以,人才问题,是邓小平认为最重要又最关心的战略问题。

1956 年,邓小平就开始重视人才问题。他讲:"现在我们是搞建设,干部已成为决定性的因素……。要充分发挥现有干部的作用,同时要培养大批各方面的建设人才。"①1975 年,邓小平复出后抓整顿工作,其内容之一就是抓领导班子整顿。在这项工作中,他认为最重要的问题,是人才选拔问题。他强调"要选有能力的人,选到了好好培养",要提拔有发展前途的人,因为搞整顿特别需要人才。但专门集中注意人才问题,是"文化大革命"后即 1977 年,那时他刚刚复出。其标志是《尊重知识,尊重人才》一文。这篇文章的核心思想就是:实现现代化,发展科学技术,关键是人才。1977 年至 1982 年,由于在拨乱反正、实现伟大历史转折时期,邓小平重用一些人才使工作卓有成效,认识到了人才问题的重要性,所以人才问题便成为他关注的重要问题。其主要代表作有:《在全国科学大会开幕式上的讲话》、《高级干部要带头发扬党的优良传统》和《目前的形势和任务》。由于从 1981 年到 1991 年这 10 年,他集中思考的主题是发展生产力、制度和体制的改革问题,是发展、改革和稳定的关系,所以对人才问题谈论不多。1991 年后半年,他重新回到人才问题上来,并且向中央正式建议总结一下用人问题的经验,要尊重人才,广开进贤之路②。1992 年南方谈话,他又郑重地把人才问题作为关系国家发展的战略问题提了出来。

邓小平首先深刻论述了人才问题的重要性。他认为,人才问题是关系到社会主义现代化能否实现的战略问题,是关系党和国家长远前途的命运问题,因而是一个带有根本性的问题。实现社会主义的四个现代化,特别需要具备革命化、年轻化、专业化、知识化的新一代人才。四个现代化关键是科学技术现代化,而科技要上去,则需要一大批具有专业知识、专业能力的年轻科技人才,劳动者只有具备较高的科学文化知识水平和先进的专业劳动技能,才能在现代化生产中发挥更大作用,才能赶上世界突飞猛进、科技日异月新的时代步伐;实现四个现代化,需要对旧的经济体制和科技体制进行改革,而改革经济体制和科技体制,最重要的是人才③;现在搞社会主义建设,行业多,每一行业都需要专业知识;实现四个现代化是我党的政治路线,政治路线的

①　《邓小平文选》第 1 卷,人民出版社,1994 年版,第 209 页。
②　《邓小平文选》第 3 卷,人民出版社,1993 年版,第 369 页。
③　《邓小平文选》第 3 卷,人民出版社,1993 年版,第 108 页。

实现要靠组织路线来保证,选什么样的人,直接影响着政治路线的贯彻执行,而且是否具有一大批具有革命化、年轻化、专业化、知识化的年轻人才,对实现四个现代化具有长远意义。现在的问题并不是我们的四个现代化的路线、方针、政策对不对,而是缺少一大批实现这个路线、方针、政策的专业技术人才和干部人才,因为任何事情是靠人做的。现在我们的干部队伍存在着老化僵化现象,一大批老干部有革命经验,能经得起革命斗争的考验,但老革命面对新问题却力不从心,缺乏充沛的精力,身体顶不住,也缺乏搞社会主义现代化建设所需要的专业知识和专业能力,所以工作效率不高。而许多年轻人有精力,有干劲,脑子灵活,适应新事物快,具备专业知识和专业能力;干部新老交替,在 80 年代显得十分突出,如果不及时解决老干部的退休问题,不解决干部的革命化、年轻化、专业化、知识化问题,我们的现代化建设就缺乏后劲,无法实现。所以,选拔和培养一批优秀人才来接班,也是当务之急①。他指出:"我们国家,国力的强弱,经济发展后劲的大小,越来越取决于劳动者的素质,取决于知识分子的数量和质量。""中国的事情能不能办好,社会主义和改革能不能坚持,经济能不能快一点发展起来,国家能不能长治久安,从一定意义上说,关键是人。"②邓小平这一思想的实质,就是立国先立人。

邓小平论述了人才的具体内涵。邓小平根据社会主义四个现代化建设、经济发展和科技发展的需要来确定人才的具体内涵。邓小平所说的人才,是具有革命化、年轻化、专业化、知识化的科技人才、干部人才、经营管理人才、军队人才和理论人才等。革命化,指的是坚持四项基本原则和十一届三中全会以来党的路线、方针、政策,积极为社会主义现代化事业多作贡献,联系群众,具有党性;年轻化,指的是有精力,有朝气,有干劲,年龄在 45 岁左右;专业化,指的是懂业务,具有专业能力,能做好本职工作;知识化,指的是具有专业知识。革命化了,也可以说具有高尚的品德,而年轻化、专业化和知识化就是具有能力,所以,邓小平所讲的人才也可以说是德才兼备加政绩。这里就涉及到红和专的关系。在邓小平看来,只专不红和只红不专都不是有用的人才,红专二者应结合起来,应在坚持红的前提下特别注重专业人才的选拔、使用和培养,注重发现、选拔和使用有本领、有能力的人,红不一定专,但专必须

---

① 《邓小平文选》第 2 卷,人民出版社,1994 年版,第 40、88、191、221、222、225、263、264、384、397 页。

② 《邓小平文选》第 3 卷,人民出版社,1993 年版,第 120、380 页。

红,红一定要落实到专上。有些人只强调红而轻视专,是"左"的倾向在人才问题上的表现。一个人用自己的专业能力致力于社会主义现代化事业,做好本职工作,作出贡献,这既是专,又是红,而那些口头上喊红但不具有专业知识和专业能力从而做不好本职工作的人,很难说他就是红了。这里,邓小平通过"运用专业知识和专业能力做好工作为社会服务",将专和红、德和才有机统一起来了。在坚持红的前提下特别强调专的作用,是符合时代要求的,是具有时代特征的人才观①。

邓小平更着重论述了人才的发现、选拔、使用和培养问题。在人才发现问题上,他既强调要打破常规,又指出要打破旧的制度和体制对发现人才上的障碍,同时还强调老干部在发现人才问题上的重要性,认为发现人才是老干部的首要责任;在人才选拔问题上,邓小平指出,我们现行的一些组织制度和思想方法不利于选拔人才,因而要解放思想,即敢于打破用人上的习惯势力及框框和常规,反对论资排辈、任人唯亲和在圈内选人,要建立一种使优秀人才脱颖而出的人才选拔制度,要善于破格选拔人才,善于到群众中去选拔人才;在人才使用问题上,要打破旧的不合格的台阶论,减少兼职过多和权力过分集中现象,合理配置人才,建立一种制度,既有利于老年人才的退休(出),又有利于使用那些有本领、有能力、有真才实学、能干的人(进),即使有些人有缺点,也要敢于使用,在使用中进行帮助和教育,对那些思想不稳定但不反对党和社会主义的人才,要在进行说服、帮助、教育的同时发挥其专长,尊重其劳动,关心其成长,也要把干部年轻化当作政治体制改革的一个中心目标,从而真正做到人尽其长、人尽其才、人尽其能和人尽其用。在人才培养问题上,要注意培养同国民经济发展要求相适应的经营管理人才,培养同四个现代化要求相适应并能驾驭现代化建设的懂行的干部人才,培育懂科学技术的科技专家人才,培育能促进国防现代化的军事人才,同时要注重教育,从小学抓起,把人培养成德智体全面发展的社会主义新人②。从邓小平的论述看,他对人才的培养问题论述较少,更多是论述人才的发现、选拔和使用问题。

邓小平还论述了如何调动人才的积极性问题。他从分配角度,指出应根

---

① 《邓小平文选》第2卷,人民出版社,1994年版,第93、94、104、262页。
② 《邓小平文选》第2卷,人民出版社,1994年版,第93、95、107、156、193、224、225、323、324、401页。

据人的品德和才能的差异以及贡献大小,从各方面予以区别对待,比如工资、住房等;他从政治角度,指出应提高专家的政治地位和物质待遇;他从价值观角度,指出应重人才的现实表现和实际贡献,轻既定的出身、血统、"关系";他从发展的角度,指出对有一定缺点的人才应予以适当使用,放在适当岗位,同时辅之以教育和帮助;他从制度角度,指出要在用人上坚持任人唯贤,不拘一格;他从拨乱反正角度,指出"四人帮"把钻研科研说成是"白专道路",把有突出贡献的科学家、教授、工程师打成"资产阶级学术权威",把优秀中青年科教人员诬蔑为"修正主义苗子",把培养人才的教师斥为"臭老九",最终造成人才凋零,斯文扫地的局面,这是"左"倾在知识分子问题上的极端表现。科学技术是生产力,知识分子在四个现代化建设中将发挥重大作用,因此,"一定要在党内造成一种空气,尊重知识,尊重人才。要反对不尊重知识分子的错误思想"。

由上可见,人才问题本质上是个组织路线问题,是关乎现代化能否实现的命运和战略问题。邓小平在人才问题上的核心理念是:德才兼备加政绩,育用新人利久安,其主要特征,是反对只讲"红"不讲专的人才观,树立以德为前提、以能为重心的人才观。

此外,在邓小平看来,领导工作方式及其转变问题,也是关乎中国社会主义发展前途和命运的战略问题。

(原载《长江论坛》2001 年第 3 期)

社会主义和谐社会的基本内涵

　　人类历史上的和谐,古往今来都是人类社会、思想家们较为关注的一个重大问题。在当今中国,构建社会主义和谐社会,依然是一个具有重要现实意义和长远历史意义、因而值得我们探究的战略性课题。

一、马克思主义对和谐社会的不懈追求与探索

　　马克思主义经典作家根据人类社会发展规律和社会主义发展的必然要求,在继承前人优秀思想成果的基础上,对和谐社会进行了不懈探索。

　　马克思根据人类社会发展规律的必然要求,提出社会发展与个人发展、以及人和人的关系达到和谐一致的思想。马克思的阶级斗争理论和自由人联合体理论,实质上是一种追求和谐社会的理论。其基本思想是:在资本主义社会,存在着无产阶级和资产阶级的对抗,充斥着资源分配的不平等,并且社会发展以牺牲工人阶级以及个人发展为代价,这种不平等与不和谐,促使无产阶级联合起来并通过阶级斗争的手段来反对统治者,以改变无产阶级生存和发展的命运,进而使社会发展与个人发展、以及人和人的关系达到和谐一致。

　　前资本主义时期,是自然经济形态占主导。从人的发展角度看,这是"人的依赖"阶段。在这种依赖中,人的发展主要表现为"自我牺牲。"这是当时大多数个人自我发展的主要方式:一是个人缺乏独立的自我意识,有的只是群体意识;二是无论在自然面前还是在社会中,个人都依附于某个共同体,缺乏

自主性,缺乏独立于共同体的自主能力;三是个人只能在与共同体的从属关系中发展其才能。早期,人只有通过集体的力量不断为生存而斗争,才能在严酷的自然条件下生活下去。这种生存斗争以最有力的方式形成如下准则:任何关于个人的思想一律排斥在外;个人必须无条件地服从集体,且只有完全依照共同的利益来活动,才能从中发展自己的某些技能。严格来说,这是一种不自由的、片面的发展,不是真正自由和具有丰富内容的发展。

与资本主义市场经济取代自然经济相适应,人也发展到"以物的依赖性为基础的人的独立性"阶段。在资本主义社会,人的发展有着内在的矛盾。社会分工和市场经济的出现,使个体不只属于单一的共同体,而是同时属于若干不同的群体,这给个人以独立。这种独立主要是法律和市场意义上的人身独立。主要表现在:人不再以奴隶或农奴的身份固定在被视为生命线的土地和角色上,他能改变居留地点和生活地点而不受共同体的束缚;人有自己支配其劳动力的权利,人身也不依附于他人。然而,这种独立实质上是表面的,因为它以物的依赖关系为社会基础,人只有通过物才能得到表现和确证:个人力量通过物的力量来体现,个人间的关系成为物的关系,人的劳动力也成为物的牺牲品。这种以物的依赖为基础的个人独立,易走向利己主义。显然,这种物的社会关系限制着个人,成为他无法驾驭的社会力量,个人必然从属于它们。

未来共产主义社会的个人发展的本质特征,是个人发展与社会发展的和谐一致。这既扬弃了前资本主义社会的"自我牺牲",又扬弃了资本主义社会的表面上的"个人独立"或"利己主义",马克思将其概括为"每个人的自由发展是一切人的自由发展的条件"。根据这一思想,个人在发展中,既不像"自我牺牲"那样泯灭个人的个性,而是社会以充分发挥个人的天赋、潜能、本质力量和创造性为目标;也不像表面上的"个人独立"或"利己主义"那样唯我独尊,而是自觉地将其能力自由而全面的发展定向在符合和促进整个人类社会发展这一目标上。这一方式表明:在共产主义社会,个人发展之理想方式,是个人发展与社会发展的和谐一致。要实现这种和谐一致,在马克思看来,在实践上必须通过阶级斗争和无产阶级革命。

列宁根据社会主义建设的内在要求,提出经济、政治和文化协调发展的思想。列宁在对俄国社会主义建设道路的探索中发现,新经济政策正是结合俄国特殊国情、而自己梦寐以求的那条建设社会主义的新路,所以他试图对这条新路提出较为完整并且各方面协调的总体构想和行动纲领。列宁认为,经济文化落后的国家要走向社会主义道路,首先必须从政治上通过无产阶级革命夺取政权,为建设社会主义创造政治前提。落后国家在走向社会主义的道路上,必然会遇到以下困难:**革命容易建设难;开始容易完成难;国有化容易社会化难。**因而,在这一政治前提之下,要建成社会主义这样一种新的社会秩序,就必须相应在经济上大力发展社会生产力,在文化上提高国民素质,就必须采取合理有效的方式进行经济建设、文化建设和政治建设,从经济、文化和政治全面协调发展方面保证社会主义建设的顺利进行。为此,在《论合作制》中,**列宁提出了经济建设的构想。**指出在俄国战争结束后,应把工作重心放在经济建设上面去,而且无论是在理论上还是实践上,全部问题就在于找到建设社会主义或发展生产力的方法,同时还要合理利用商品货币关系来发展生产力。与此相应,在《日记摘要》中,**列宁提出文化建设的构想。**指出社会主义建设应既见物又见人,文化建设的根本任务及其实质,就是造就全面发展的一代社会主义新人,其中最重要的是提高经营管理本领;要辩证地对待资本主义的文明和文化,既要反对资本主义国家在文化上的"全盘西化"倾向,又要反对俄国内部敌视资本主义发达文明的做法;文化建设在进程上要深入细致,循序渐进,不可急于求成。与经济建设构想、文化建设构想相适应,在《怎样改组工农检查院》和《宁肯少些,但要好些》两篇文章中,**列宁提出政治建设的构想。**其中心内容及其实质,就是要从制度与人的关系入手建立和发展社会主义新型民主,反对官僚主义。这里,列宁比较注重对干部进行思想教育,但更注重对其进行制度管理。

　　毛泽东根据中国社会主义建设和发展的必然要求,提出正确处理"十大关系"和正确处理人民内部矛盾的思想。毛泽东集中论述社会和谐问题的,是《论十大关系》和《关于正确处理人民内部矛盾的问题》两篇文章。其核心思想是:要以"统筹兼顾、全面安排"的方法,解决全国城乡各阶层以及国家、集体和个人之间的矛盾;以"百花齐放、百家争鸣"的方针,解决科学文化领域的矛盾;以"长期共存、互相监督"的方法,解决共产党与民主党派的矛盾;以民主的方法,解决人民内部矛盾;其最终目的,就是形成一个既有集中又有民主、既有纪律又有自由、既有统一意志又有个人心情舒畅和生动活泼的政治局面。

邓小平根据中国特色社会主义建设的规律,提出以经济建设为中心的一系列与和谐相关的思想。其中主要有:一是坚持"一个中心、两个基本点"的党的基本路线(体现了和谐与稳定);二是强调消灭剥削、消除两极分化、最终达到共同富裕的社会主义本质。改革开放以前,我们所面临的是普遍贫穷。改革开放以后,邓小平同志倡导使一部分人通过诚实劳动和合法经营先富起来。然而,在中国特色社会主义建设过程中,由于个体的差异和利益关系的调整,人们之间的收入逐渐出现了差距;再由于市场机制的作用,由于分工和竞争机制的存在,便无法消除这种差距,弱势群体便随之产生。弱势群体比强势群体缺少获得资源的手段,而且许多资源也向所谓强势群体转移,如果大多数人在社会转型中丧失利益且得不到有效帮助,不仅改革难以继续下去,而且必然背离社会主义本质。社会主义本质内在要求消除两极分化,最终达到共同富裕。由此,要保证中国特色社会主义顺利健康的发展,就必须实现社会公正,实现人们之间的和谐发展:在当前特别要关注并尊重弱势群体的基本需求、合法权益和独立人格;要公正合理地解决社会上存在的弱势群体和强势群体之间的贫富差距问题,更要增强他们的发展能力,为他们提供平等竞争的机会和条件;要让弱势群体分享社会发展带来的成果;三是在改革、发展和稳定的关系上,强调稳定压倒一切和安定团结;四是在具体政策和措施上,指出"两手都要抓、两手都要硬"。他指出,在坚持以经济建设为中心的同时,要努力做到"多方面的综合平衡","不能单打一",尤其要注重物质文明与精神文明协调发展;五是创立了新时期爱国统一战线理论。认为新时期爱国统一战线的任务,就是调动一切积极因素,努力化消极因素为积极因素,团结一切可以团结的力量。

江泽民同志根据党的执政规律的必然要求,提出社会更加和谐的思想。工人阶级政党的历史使命与历史任务,就是要推翻人类历史上存在的不平等社会,建立一个人格、权利、机会和分配平等的社会。然而,在当今中国特色社会主义建设过程中,一定程度上存在着权利、机会和分配不平等的现象。如果任这种现象扩大,就必然引发各种社会矛盾,削弱党执政的社会基础和党的凝聚力,进而会影响着党的执政安全。因而,要巩固党的执政基础和执政地位,要顺利实现党执政的历史任务,党既要解决好经济发展问题,也要解决好社会公正问题,即社会的和谐发展问题。由此,江泽民同志指出:我们要建设的小康社会是全面进步和协调发展的小康社会,这个社会"民主更加健全、科教更加进步、文化更加繁荣、社会更加和谐、人民生活更加殷实"。实际上,"三个代表"的重要思想就是一种追求和谐的思想:中国共产党要想长期巩固其执政地位,就必须得到中国最广大人民的拥护。这就要求它必须代表中国最广大人民的根本利益,反映广大人民群众的合理要求,凝聚广大人民群众的力量,所以,代表中国最广大人民的根本利益在"三个代表"中,处于主导地位。但中国共产党要代表中国最广大人民的根本利益,就必须通过实际措施来实现,这就是"三个代表"中的另外两个基础——代表中国先进生产力的发展要求,代表中国先进文化的前进方向。只有通过代表中国先进生产力的发展要求和中国先进文化的前进方向,才能实现代表中国最广大人民的根本利益这个目标。一个政党能代表先进生产力的发展要求,这就使它能够看清楚与之相适应的先进文化是什么,从而能确定先进文化的前进方向;而代表了先进文化的前进方向,就能够促使人们不断接受和创造先进文化,进而激发出更大的热情去创造先进的生产力。在中国最广大人民的根本利益、先进生产力的发展要求和先进文化的前进方向三者的关系中,是"人民根本利益"为主导,"两个先进"为基础,两个基础服务于主导,主导依靠于两个基础,以基础为手段,主导与两个基础之间相互影响、相互协调、相互促进。这意味着先进文化的前进方向也应指向广大人民的根本利益,不符合最广大人民利益的文化前进方向必定不是先进文化的前进方向,而不符合最广大人民利益的生产力发展要求必定也不是我们党所代表的发展要求。显然,"三个代表"讲的是物质文明与精神文明的和谐发展、客体与主体的和谐发展,以及社会三大基本力量的和谐发展,这对使社会更加和谐具有重要的指导意义。

以胡锦涛为总书记的新的中央领导集体反映社会主义发展和人民的必然要求,提出以促进社会公平和正义为核心理念的构建社会主义和谐社会的思想。改革开放和现代化建设初期,中国共产党人的主要历史使命是力求把一切积极因素和力量动员起来,参与到改革开放和现代化建设中去,因而在逻辑上,这是一个"**动员参与期**"。这一时期的基本特征,就是努力使人们做到各尽其能,使社会充满创造活力,就是为社会主体充分施展其才能提供机会与舞台。之后,许多积极因素和力量被动员起来了,并日趋发挥着积极重要的作用。当这些因素和力量的作用越来越大的时候,就会向社会提出这样或那样的要求,也会向中国共产党人表达各种各样的诉求。这意味着我国改革开放和现代化建设在逻辑上进入了"**表达诉求期**"。这一时期的基本特征,就是各个阶层、各个群体的社会成员都在力求表达利益诉求。如何面对这些利益诉求?无非有两种态度:一种是不予尊重、消极对待。这样做的结果,就会使群众表达其利益诉求的渠道不畅,进而增加和凸显社会矛盾,不利于社会和谐;另一种是予以尊重、积极对待。也就是积极整合他们的合理要求,努力凝聚他们当中一些有效的力量。这样做的结果,有利于形成一种各得其所而又和谐相处的局面。尊重人民诉求,首先必须做好"整合与凝聚"工作,因而在逻辑上,"**整合凝聚**"是我国改革开放和现代化建设的一个必经时期。而整合和凝聚的首要目的,就是使人们能"各得其所"。其基本特征,就是力求保持各种力量和各方面利益关系的协调与平衡,使公平和正义的理念得到体现。正是在这种背景下,新的中央领导集体与时俱进地提出构建社会主义和谐社会的思想:不断增强全社会的创造活力;妥善协调各方面的利益关系,正确处理人民内部矛盾;加强社会建设和管理,推进社会管理体制创新;健全工作机制,维护社会稳定;坚持党的群众路线,加强和改进新形势下的群众工作。基于这些思想,新的中央领导集体在实践上致力于适度缩小城乡、地区、行业等分配上的差别,消除贫困,合理转移农村剩余劳动力,妥善安置国有企业改革过程中下岗失业的工人,建立完善的社会保障体系,尊重弱势群体的基本需求、合法权益。这就从思想和实践两个方面进一步丰富和发展了马克思主义的和谐社会理论。

二、社会主义和谐社会的含义及其基本特征

我们今天讲的和谐社会,指的是社会系统内部的各部分和要素处于一种相互依存、相互协调和相互促进的状态。这种和谐社会,实际上是一种整体性思考问题的观点,它要求把治国理政的视野拓展到经济、政治、文化、社会和人等各个方面,并运用经济、行政、法律、政策和道德等多种手段,统筹各种社会资源,综合解决社会协调发展问题。这里,和谐既包含稳定、协调,又高于稳定、协调,它是稳定和协调的本质与核心;既包含社会发展的动力机制,

又包含社会发展的平衡机制,它是动力机制与平衡机制的统一;既体现公平,又促进效率,它是公平和效率的统一;既是一种价值目标,又是一种不断推进的现实的社会历史过程,它是价值目标和社会历史过程的统一。"和谐社会"概念的提出,表明我们党治理社会的观念,已从过去的斗争哲学转到和谐哲学。

总的来讲,社会主义和谐社会具有以下五个层面的含义及其特征。

(一)社会主义和谐社会,是一个各尽其能并充满创造活力的社会

西方发达国家进行现代化建设的一条基本经验,就是在现代化建设的起飞阶段,主要任务应放在发掘人的潜能和激发社会活力上。一个社会,如果人们的潜能得不到充分发挥,社会缺乏活力,是不可能跻进于发达国家行列的。近代中国之所以落后,其根本原因就在于人们过于崇拜官本位的价值观,没有真正致力于解放人和开发人,没有使人们的潜能和能力得到真正发挥,缺乏创新能力。

为使人们做到各尽其能,使社会充满创造活力,中国共产党人运用解放思想这一武器,从制度和政策上采取了一系列重要的方法和措施:第一,**尊重劳动**,即尊重和保护一切有益于人民和社会的劳动。不论是体力劳动还是脑力劳动,不论是简单劳动还是复杂劳动,一切为我国社会主义现代化建设作出贡献的劳动都是光荣的,都应得到承认和尊重;海内外各类投资者在我国建设中的创业活动都应该受到鼓励;一切合法的劳动收入和合法的非劳动收入,都应该得到保护。第二,**尊重知识、尊重人才**。第三,**尊重创造**。要坚决破除各种障碍,激发各行各业人们的创造活力,使一切有利于社会进步的创造愿望得到尊重、创造活动得到支持、创造才能得到发挥、创造成果得到肯定。第四,**要形成与社会主义初级阶段基本经济制度相适应的思想观念和创业机制**。即营造鼓励人们干事业、支持人们干成事业的社会氛围;放手让一切劳动、知识、技术、管理和资本的活力竞相迸发,让一切创造社会财富的源泉充分涌流,让一切创造社会财富的人们能从中受益。可以说,尊重劳动、尊重知识、尊重人才和尊重创造,反映了社会各阶层、各群体的共同的利益诉求,同时也使当代中国社会焕发出勃勃生机与活力。

和谐社会首先必须是一个各尽其能并充满创造活力的社会。现代意义上的和谐,应是一种积极的、有益于社会发展的和谐,缺乏各尽其能并充满创造活力的和谐,是一种消极的和谐,对中国发展是不利的。因而,各尽其能并充满创造活力,是社会主义和谐社会的前提,也是社会主义和谐的第一个基本含义和特征。

(二)社会主义和谐社会,是一个尊重人民诉求并畅通社情民意的社会

从一些发达国家现代化建设的经历看,在由传统社会转入现代社会的阶段,经济发展带来的往往是公民的利益诉求、权利诉求、民主诉求和公正诉求的觉醒。而当社会不能提供足够的资源以及对资源难以及时进行合理配置的情况下,就有可能发生利益矛盾甚至利益冲突。实际上,一个社会,如果民意没有正常的渠道得到顺利表达,它就会以某种不正常的方式来释放,而这种方式对社会往往具有某种破坏性。近年来,出现了社会的某种不和谐,全国各地上访现象增多。这从一个侧面反映了人民群众的一些诉求在某些地方没有得到应有的尊重,反映社情民意的渠道还不畅通。政治学家亨廷顿关于现代化引起不稳定、现代化伴随着风险的观点,得到了许多国家经济社会发展实践及其经验教训的验证。他认为,在现代化起飞时期,即从农业社会向工业社会过渡时期,是社会结构错动、社会问题增多、社会诉求增强、社会秩序失范、社会风险易发的时期。当今我国社会转型正处在关键的临界点,即进入了民众诉求增强期和社会矛盾凸显时期,也就是社会失调、社会风险时期,一定意义上也可以说进入了"风险社会"。这种由社会结构不协调而产生的矛盾、冲突和无序逐渐积蓄起来,会在社会结构的薄弱环节释放出来。虽然如德国思想家齐美尔所说,适量的激烈程度较低但频率较高的冲突不会必然导致剧烈的社会变迁,反而释放了反社会的紧张情绪,从而提高了社会系统的稳定性,但激烈程度较高的冲突和无序的社会力量的爆发,就会使社会出现危机或风险。当前,我国社会结构中导致社会不和谐的主要风险根源有四:一是经济风险根源即失业,它导致弱势群体的利益受损,易产生经济和政治危机;二是政治风险根源即腐败,它使人民对执政党和政府的认同度降低,也导致核心价值观的"失语",易产生政治和精神危机;三是社会风险根源即贫富悬殊和较低的社会流动率,它使一些社会成员产生相对的被剥夺感,易产生社会和心理危机;四是体制和机制风险根源即人民群众的诉求和社情

民意得不到通畅表达。为避免社会风险，就必须积极整合各种合理要求，努力凝聚各种有效力量，进而建立健全社会利益的表达机制和协调机制，必须畅通社情民意的反映渠道，既要"引导群众以理性合法的形式表达利益要求"，又要努力"解决利益矛盾"。

和谐社会应当是尊重和维护全体社会成员各种合法诉求并畅通社情民意的社会，也是能够及时发现不和谐因素的社会。现代意义上的和谐，必须是一种充分尊重人民诉求的和谐，抑制人民诉求的表达，是不利于社会和谐的，对中国改革开放和现代化建设也是不利的。因而，尊重人民诉求，是社会主义和谐社会不可或缺的第二个基本含义和特征。

(三)社会主义和谐社会，是一个各得其所并各司其职的社会

整合社会各种合理要求，凝聚社会各种积极力量，其中一个目的，就是使人们能做到各得其所。各得其所，是指每一个社会成员按照一定的规范，尽其职并能公正地得其所应得。当代中国发展过程中存在的一个重大问题，就是没有使一些人真正做到各得其所：一些人不能真正享受社会发展成果和自己的劳动成果，不能公平地分配社会资源，缺乏生存保障和发展机会，而另外一些人非法攫取大量社会资源；一些人能力和业绩大但为其提供的机会少、舞台小，而另外一些人能力和业绩小却凭人情关系、特权金钱获得的机会多、舞台大；一些人在其位却不谋其政、不司其职，等等。这其中就存在着严重的社会不公正。

公正是各得其所的本质，公正产生和谐，它是构建和谐社会的基础。具体来讲，**各得其所，主要包括一个社会能使社会成员各得其岗、各司其职、各守其则、各得其位和各享其成。**

各得其岗，就是人有其岗，而且使人的能力与岗位相匹配，得到合理配置。这叫做按能配岗、按能配工、岗能相宜，使人们的能力配置到其本来应该有的岗位上。这有利于岗位成材。如果人失去劳动岗位，而且人的能力与岗位得不到合理配置，既浪费能力，也使岗位的职责完成得不好，这不利于社会和谐。能与岗的合理配置有益于人们安居乐业，对促进社会和谐具有一定的积极意义。

各司其职，就是社会成员要具有职业精神，能够认同并恰当地承担自己

的职业角色和社会角色,在其职尽其责,做好本职工作。人的本质是劳动,人是在劳动中发生社会关系的,人在劳动中的基本要求,就是各司其劳动职责,尽职尽责。这样做,有利于社会的安全运行。人在劳动中能否做到各司其职,事关社会和谐。各司其职,对促进社会和谐也具有一定的积极意义。

各守其则,就是每个社会成员要具有法律意识和诚信意识,自觉遵循社会规则、角色规范和规章制度,以及合法的公共秩序。和谐与规则、秩序有关。没有规矩就没有方圆,没有规则和秩序就没有社会和谐。规则和秩序产生和谐,真正的和谐社会应是建立在尊重人的权利基础上的、且具有法治秩序的社会,它要求用法治、制度等手段来解决社会不和谐的问题。如果一个社会确立了合理的、统一的社会规则,而不同的社会成员也自觉遵循统一的社会规则,就会产生社会秩序,进而产生社会和谐。一个没有合理规则、不守合理规则进而没有法治秩序的社会,显然不是一个和谐社会。各守其则,对构建社会和谐至关重要。对此,我们应特别重视。

各得其位,就是社会成员应根据能力和贡献来获得相应的职位和社会位置。人在社会中必须有其位置,而获得位置之根据,应是自己的能力和贡献。如果社会成员能做到各得其位,其能力和贡献与其职位、社会位置相匹配,就会政通人和,人们也会心情舒畅地工作,这有利于社会和谐。

各享其成,就是社会成员既能合理享受自己的劳动成果,使其付出能得到相应的尊重和回报,也能共享社会发展的成果。正如恩格斯所说的,应"结束牺牲一些人的利益来满足另一些人的需要的情况",使"所有人共同享受大家创造出来的福利"。当前我国的社会公平和公正问题,集中表现在社会成员承担的改革成本与财富分配上。新形势下的我国人民内部矛盾,主要是人民内部不同阶层、不同群体之间在利益关系上的矛盾。如今的社会冲突,大多是由于我们不能协调各个阶层、各个群体的利益关系引起的。弱势群体缺少资源优势,缺少话语权,缺少与强势群体竞争的能力,在经济、政治、文化和社会各个领域的地位也比较低,如果放任强势群体与弱势群体在利益方面的自然竞争,如果社会财富越来越集中在少数社会群体手里,那就表明社会发展的成果只为少数人所享有,也表明弱势群体的利益将受到巨大损害。这种利益分配的不平衡,会使全面建设小康社会的目标得不到实现,也会引发普通劳动者和弱势群体的不满,进而导致社会的冲突。这就是为什么十六届四中全会特别强调"妥善协调各方面的利益关系"的实质之所在。"和谐社会"应是能够协调利益关系、有效化解内部矛盾的社会,也是劳动者共享社会发展成果的社会。为化解社会阶层之间的利益冲突,就需要政府利用公共权力来保护弱势群体的利益,需要政府想方设法地考虑并解决如何使社会成员普遍受益、共享社会发展成果的问题,也就是尽可能把社会资源公平地分配给每一个社会成员,给强者提供施展创业才能的舞台和空间,给弱者提供生存保障和发展机会。在当前,就是把强者对财富的追求限定在社会可接受的公平范围内,不能以牺牲弱势群体的利益为代价来维护强势群体的利益,使社会财富向少数人一方聚集,反而能让弱势群体共享改革开放和社会发展带来的成果:如帮助困难群众解决就业问题;健全与社会保险、社会救助、社会福利和慈善事业相衔接的社会保障体系等。只有这样,才能使社会达到和衷共济的祥和状态。

和谐社会必须是一个各得其所的社会。社会是依赖于社会成员的劳动、付出而存在和发展的,社会也应根据社会成员的能力和贡献给予相应的回报,使社会成员各得其所。在这种各得其所的社会里,各方面的社会关系才能融洽,人们的心情才能舒畅。这里,各得其所是达到和谐社会的关键环节,它可以为构建社会主义和谐社会奠定坚实而广泛的社会基础。因而,各得其所,应成为社会主义和谐社会的第三个基本含义和特征。

(四)社会主义和谐社会,是一个和谐相处但和而不同的社会

只有使社会成员各得其所,才有可能使社会成员做到和谐相处,各得其所是和谐相处的前提条件,和谐相处是各得其所的结果。"和谐相处",是我国改革开放和现代化建设进程中的一种必然要求和所求状态。其基本特征,是以各种关系的和谐来维持社会的稳定与秩序。

改革开放初期,历史发展的必然性要求我们把创造人的社会物质生活条件突出出来,也要求效率优先、兼顾公平。然而,一些地方片面理解以经济建设为中心的战略思想,所以,只注重经济增长,过于开发自然资源。这种以物为中心的发展虽取得一定成绩,但也在实践中付出了代价:一是人与自然没有真正和谐相处,出现了环境污染,一定程度上破坏了可持续发展能力;二是在人与社会的关系上没有真正达到和谐相处,出现了人被物化的现象,社会

发展一定意义上以牺牲某些个人发展为代价,一些人没有真正享受社会发展的成果;三是在人和人的关系上没有真正达到和谐相处,出现了贫富差距加速扩大的现象,一些人失去平等发展的机会,人们之间存在着某种冷漠,缺乏彼此尊重和宽容;四是人与组织的不和谐,出现贪欲膨胀现象,利己主义泛滥;五是人本身的不协调,精神荒漠而物欲横流,自我膨胀而自律缺失,世俗强化而理想缺失。这些代价促使人们从呼唤现代化走向反思现代性,其结果,就是人们逐渐认识到在全面建设小康社会的过程中,必须走出片面追求经济增长的物本发展观,逐步走向以人为本的发展观,注重人和自然、人和社会、人和人、人和组织、人自身的和谐发展与和谐相处。

和谐相处是一个"关系"概念,应放在各种关系当中来理解。

从外延来讲,和谐相处主要包括:人和自然的和谐相处;人和社会的和谐相处;人和人的和谐相处;人和组织的和谐相处;人自身内部各要素的和谐相处。而人和人的和谐相处,又主要包括党和人民的和谐相处、干部和群众的和谐相处、党员干部之间的和谐相处、社会阶层之间的和谐相处、个人和他人之间的和谐相处、家庭成员之间的和谐相处、民族之间的和谐相处、代际之间的和谐相处,等等。这里,干部和群众之间的和谐相处是根本,社会阶层之间的和谐相处是关键,家庭成员之间的和谐相处是基础。

从内涵来讲,和谐相处是指人人平等、和而不同、互惠互利。人人平等,说的是每一个社会成员在人格、权利、机会、规则和分配上的平等。一些发达国家的成功经验表明,在现代社会,实现社会和谐至关重要的条件,就是作为公民的每一个社会成员都应具有平等的人格、权利和机会,不因经济贫困而被冷落,不因地域原因而遭排斥,不因文化差异而受歧视。和谐社会,应是尊重社会成员独立人格的社会,是社会成员的基本权益能够得到保障的社会,是社会成员有平等的机会并遵循同样的规则充分发挥其能力的社会,是社会成员都有机会通过自己的努力,能从较低阶层上升为较高阶层、且能改变其社会位置和身份的社会。社会成员的平等权利和机会,在很大程度上是通过合理的社会流动机制来实现和保证的。在现代社会中,人们之间的社会位置的差异及其不平等,是各个社会阶层之间沟通的障碍,如果社会阶层之间的界限壁垒森严,就会使处于社会位置较低的阶层在其比较利益下降面前产生不满,进而会引起社会隔阂、摩擦,甚至冲突。化解阶层矛盾和冲突的主要途径,是合理的社会流动,即社会成员从一种社会阶层向社会经济地位不同的另一种社会阶层流动。社会流动的重要作用和意义,既在于它可以打破社会阶层之间的壁垒,使各个社会阶层的人员处于不断的变换之中,以缓和由社会位置差别所造成的冲突,化解由社会不公平所形成的**社会风险**,也可以为社会位置较低的社会成员改变自己不满意的生存处境提供平等的机会。一般来说,社会流动性程度越高,就越能够为社会成员提供更多的机会和希望,而且具有平等进入和流动性的社会比缺乏平等进入和流动性的社会更具有活力,更具有和谐性。由此,任何阶层、群体和个人,特别是具有较高社会位置的阶层、群体和个人,都不应以任何理由人为地设置障碍,来阻止其他阶层、群体和个人进入本阶层、本群体,以达到维护本阶层、本群体特有利益的目的。对于任何一个社会成员来讲,只要具备了某种能力和业绩,就应当有机会获得相应的社会位置。目前,我国仍然存在着有碍于社会阶层之间相互开放和平等进入的因素,如农民进入城市的就业限制政策、代表城乡差异的户籍制度、进入公务员的身份资格限制政策等等。随着社会的进步,一些有碍于社会阶层之间相互开放和平等进入的因素会逐渐予以消除。

和而不同,就是尊重个人、包容个性差异,并通过协商共识,使多样性之间达到协调、合作、共赢。中国具有世界上最为丰富的文化遗产,其中关于"和谐"、"和合"的思想十分丰富。中国古代思想家关于"和谐"较为经典的论断,是"君子和而不同,小人同而不和"。其基本含义是:和是以不同为前提的,各得其所谓之和,而"和"是用来解决矛盾和冲突的,和生万物,"礼"则是达到和的手段。张岱年教授讲到,中国优秀传统文化中有两个基本思想:一是人伦和谐;二是天人协调。人伦和谐,是说人与社会之间、人与人之间的关系,天人协调,是说人与自然、社会与自然的关系。不同的音符产生美妙动听的音乐,不同的调料做成可口的美味佳肴,不同的颜色构成五彩缤纷的世界。和谐与多样性、差异性有关。和谐的价值在于,它是多样性、差异性社会的合理控制和自主秩序,是多样性的统一。和而不同,首要的前提是承认、尊重个人及其个性差异,即承认多样性。在当代中国社会发展过程中,多样性及其个性差异是必然存在的,而如何对待多样性及其个性差异,事关社会和谐,因而,它是构建社会主义和谐社会必须着力面对和解决的一个重要问题。通过排斥多样性及其个性差异来达到所谓的社会和谐,只能是缺乏生机与活力的和谐,是僵死呆板的和谐,不是真正意义上的和谐;真正意义上的、且具有生机和活力的社会和谐,就是尊重多样性及其个性差异,既将个性差异和社会差异合理控制在各方面都可以承受的范围之内,又力求在多样性及其个性差异中寻求统一性、共同性和互补性,使具有不同个性的多样性之间达成共识。

互惠互利,就是社会各阶层、群体和成员之间能保持一种互惠互利关系。这种关系表现为处在较为优势位置的阶层、群体在增进自己利益的时候,不能以牺牲和损害处在弱势位置的阶层、群体的利益为代价,反而应使处在弱势位置的阶层、群体的利益同时得到增进。只有这样,才能使社会成员之间达到安定团结,才能促进社会的安全稳定,进而才能达到社会和谐。由此,在中国现阶段要特别注意防止两种倾向:一是"劫富济贫",它会破坏实现全面小康社会目标所必需的物质基础以及现代意义上的社会和谐;二是"劫贫济富",它会扭曲小康社会的目标,并激化社会阶层之间的矛盾和冲突。

和谐社会必须是一种和谐相处的社会,和谐相处是社会主义和谐社会的第四个基本含义和特征。

(五)社会主义和谐社会,是一个公平公正并共生共进的社会

从使社会成员各尽其能并使社会充满活力,到尊重不同群体的利益诉求,再到使社会成员各得其所与和谐相处,**其根本目的**,都是为了促进社会公平和正义,使一切积极的社会力量共生共进,即形成一种推动中国经济社会发展的合力,或者是"集中全国人民的智慧和力量,聚精会神搞建设,一心一意谋发展",从而"不断为中华民族的伟大复兴增添新力量"。因而,在逻辑上,"共生共进",应成为我国改革开放和现代化建设进程的落脚点。其基本特征,就是以公平和正义形成合力,共促发展。

中国的发展是追求和谐的发展。和谐,既是目的又是手段。对目前我们所面临的各种社会矛盾来讲,达到和谐是目的,对促进当代中国发展来讲,和谐又是手段。和谐社会,是一个把各种社会资源和社会力量凝聚起来、进而形成合力的社会。在构建社会主义和谐社会的过程中,我们的一切努力,归根到底都是为了集中力量,形成合力,以共同促进发展:既是为了使人和自然、人和社会、人和人、人和组织、人自身内部的各要素达到共生共进,也是为了使党和人民之间、干群之间、党员干部之间、社会阶层之间、家庭成员之间、

民族之间、代际之间,以及社会各要素之间达到共生共进,还是为了使城乡之间、区域之间、经济社会之间达到共生共进。要言之,共生共进,是构建社会主义和谐社会的**最高目的**。因而,共生共进,是社会主义和谐社会的最后一个基本含义和特征。

总的来讲,建设中国特色社会主义,是包括所有社会阶层在内的全体人民的共同事业,全体人民都是中国特色社会主义事业的建设者。这就要求各个社会阶层的社会成员都应该自觉为建设中国特色社会主义事业"**各尽其能**",同时中国共产党人也应尊重社会各个阶层和不同群体的"**利益诉求**",努力保证全体社会成员能"**各得其所**",共享改革开放和现代化建设的成果,从而使各个社会阶层的人们"**和谐相处**"于中国社会主义的大家庭之中,最终实现人人"**共生共进**"的发展目的。这些,都是构建社会主义和谐社会所孜孜追求的,因而改革开放和现代化建设的过程,就是不断构建社会主义和谐社会的过程。

三、根据科学发展观的要求构建社会主义和谐社会

构建和谐社会是科学发展观的内在要求和具体体现。构建社会主义和谐社会是一项复杂的系统工程,需要根据科学发展观的要求,着重采取以下途径与方式。

(一)确立一种人们共同认知、接受并具有凝聚力的共同价值观:由以物为本走向以人为本

多样性的统一产生和谐,以人为本既尊重多样性,又在多样性中寻求统一。

改革开放以来,我国社会突出呈现为多样化的发展状态,即经济成分、利益主体、分配方式、就业形式、组织形式、社会阶层、社会力量和价值取向日趋多样化。社会多样化的日益发展,一方面唤醒了各类主体的主体意识,增强了各类主体的竞争观念,从而使整个社会充满了活力。然而另一方面,如果处理不好,就会造成严重的社会矛盾,甚至社会冲突。中国能否在保持经济社会较快发展的同时保持政治稳定,实现社会和谐发展? 如何最充分最广泛

调动一切积极因素,为中华民族的伟大复兴增添新力量? 这些深层次问题摆在了中国共产党人面前。

解决这些问题,既可以从经济、政治上入手,也可以从确立广大民众可以接受的共同价值观入手。作为科学发展观的本质与核心的以人为本,就是从价值观上解决这些问题的一种大思路。因为它**具有谐合性**,在社会多样性和统一性的关系上,它强调在社会多样性中追求协调合作、共赢共进;它**具有公正性**,在弱势群体和强势群体的关系中,它要求适度缩小城乡、地区、行业等分配上的差别,消除贫困,合理转移农村剩余劳动力,妥善安置国有企业改革过程中下岗失业的工人,建立完善的社会保障体系,保障妇女的平等权利和地位;它**具有亲和性**,在人和社会的关系上,它代表广大人民的根本利益,使社会发展成果惠及全体人民;它**具有包容性**,在人和人的关系上,它尊重人们之间的共同性和个性差异。显然,这种以人为本有利于人们在多样性中达成认同和共识,有利于凝聚社会一切积极力量,有利于中国社会的和谐发展。

(二)用制度确保党执政为民:由官本走向民本

执政为民产生和谐,把以人为本的科学发展观引入党的执政活动中,必须从制度与机制上切实保障做到执政为民。

制度问题带有根本性、决定性和全局性,制度问题不解决,思想作风问题也解决不了,执政为民也难以落到实处。从当前情况看,应着重建立健全政府科学施政机制,确立以民为本的政绩评价体系;建立健全社会利益协调机制,善于从政策取向上抓准最大多数人民的共同利益与不同阶层的具体利益的结合点;健全正确处理人民内部矛盾的工作机制,综合运用各种手段和方法,依法及时合理地处理群众反映的问题;建立健全社会保障机制以及与社会保险、社会救助、社会福利和慈善事业相衔接的社会保障体系;建立健全公共安全维护机制。

其中最根本的制度,应是干部人事制度改革。我们传统的选用人制度及其运作方式具有一定的"官本位"色彩。这种选用人制度往往容易形成"对上负责、对下不大负责"的倾向,甚至有时出现干部与民争利现象,因而会成为阻碍执政为民、进而成为构建社会主义和谐社会的体制障碍。要真正做到执政为民,促进社会和谐,就必须打破某些地方存在的"官本位"的干部人事制度,确立"以民为本"的干部人事制度:开放式选人,在较为广阔的范围内选人,给人们提供平等竞争的机会;让人民群众参与选人,适度扩大人民群众参与选举的范围,注重人民群众的公论;凭能力和业绩选人,使人们认识到自己的能力发挥和全面业绩能在晋升提拔上得到公正回报;公正选人,通过考试、面试、考察和考查等"赛马"的方式,使人力资源得到合理配置。这种制度的主要目的在于把优秀人才选拔出来,在于树立良好的亲民作风。这样的制度,必然会把人的行为引向执政为民的工作中去,也必然有利于干群关系的和谐,而干群关系的和谐是社会和谐的重要组成部分,也是社会和谐的前提、基础和根本保证。

(三)建立公共服务性政府:由特权走向公权

公共性产生和谐,规则也产生和谐,而把以人为本的科学发展观贯彻落实到政府行为中,就是要求政府成为公共服务型政府。

政府在建构和谐社会过程中发挥着重要作用。一般来讲,政府与个人之间的关系主要有三种价值取向:一是政府至上。用马克思的话来说,这是一种"虚幻的集体"。这种政府的职能主要是管制人,个人得不到真正自由的发展;二是个人至上的无政府主义。这种无政府主义极力弱化政府,个人因此会失去发展自己的组织条件;三是建立"真正的人民政府"。在这种政府中,个人可以获得自由发展的条件。马克思、恩格斯指出:只有在集体中,个人才能获得全面发展其才能的手段。从前各个个人所结成的那种虚构的集体,总是作为某种独立的东西而使自己与各个个人对立起来,这种集体是个人自由发展的桎梏。

马克思主义所主张的真实集体的思想,对正确处理政府与个人之间的关系具有重要的启示意义。在传统的中国社会,政府较为注重对民众的管制,一定意义上是一种管制型政府。这种管制型政府得以存在的理念支撑,主要就是"官本位"。在管制型政府的框架内,是难以真正实现"以人为本"的,也不利于社会和谐。要真正实现以人为本,促进社会和谐,就必须从管制型政府转向公共服务型政府。这种政府的职能:一是政府注重民主协商,个人的民主权利与公众权利能得到政府的保障;二是政府主要是为个人能力的充分发挥提供一种相对平等竞争的机会与平台、政策与规则、管理与服务,使人们认识到在这样的机会和平台、政策和规则、管理和服务中,自己的努力和能力会得到公正的回报,而且使自己承担竞争的后果。政府为个人提供平等竞争的机会和规则,个人提供努力和能力,成败得失在个人,成者感恩政府,回报社会,败者承担责任,从自身找原因,这有利于社会的和谐发展;三是在政府的政治生活中,人们政治行为的理性自觉程度、守则意识与自我约束、自我管理程度较高,多数人遵循法治高于人治、法大于权、理大于“情”的原则,注重使自己的权力受法治、制度和程序的约束,限制公共权力运行中的随意性;四是政府相对尊重个人在政治生活中的基本需求、合法权益、独立人格,尊重并不断满足人民群众日益增长的物质文化需要。显然,在这种政府与个人的关系中,以人为本的地位得到了应有的体现,也有利于社会主义和谐的构建。

(四)提高正确处理复杂矛盾与防范社会风险的能力:由权力原则走向能力原则

能力原则产生和谐,使以人为本的科学发展观体现到各级领导干部的行政工作和领导活动中,就要提高为人民服务的能力,提高正确处理复杂矛盾与防范社会风险的能力。

直接影响社会和谐的因素,是改革开放和现代化建设过程中出现的各种复杂矛盾,包括人和自然的矛盾、人和社会的矛盾、人和人的矛盾、人和组织的矛盾、人自身的矛盾。当今,各级领导干部大都处在各种复杂矛盾的包围之中。要建构社会主义和谐社会,就必须花大力气来解决这些复杂的矛盾,否则,就容易出现各种社会风险。而要有效解决这些矛盾,其首要条件之一,就是各级领导干部必须消除官本位的思想,提高正确处理各种复杂矛盾与防范各种社会风险的能力。领导干部驾驭各种复杂矛盾和防范各种社会风险的能力的大小,直接影响着社会的和谐程度。要提高领导干部驾驭各种复杂矛盾的能力与艺术,一是需要注重矛盾双方的共同点,追求矛盾双方的共赢共生共进,把矛盾一方看作是另一方发展的一个重要环节,使矛盾双方相反相成;二是需要提高我党科学制定政策的能力,制定的政策必须正确反映和兼顾不同方面群众的利益;三是需要提高我党引导群众处理利益关系的能力,学会并善于综合运用政策、法律、经济、行政等手段解决人民内部矛盾;四是需要提高我党建立健全社会利益协调机制的能力。

（五）培育以中等收入人群为主导的社会阶层结构：由贫富悬殊走向培育中间阶层

增富济贫产生和谐，以人为本的科学发展观内在要求社会各阶层协调发展，并使人们之间扶贫济困、增富济贫。

两极分化的即两头大、中间小的社会阶层结构，最容易造成社会的矛盾和冲突。根据西方发达国家现代化建设的经验教训，也根据中国社会历史发展的经验教训，培育中间大、两头小即以中等收入人群为主导的"橄榄型"社会阶层结构，是特别有利于社会和谐的。因此，我们要从政策和措施上，积极增富济贫，扶贫济困，努力培育中间阶层；政府也应利用财政、税收、福利等杠杆，对收入再分配进行科学调控，扩大中等收入群体，减少贫困和低收入群体。

（六）培育健全人格：由人格分裂走向健全人格

健全人格产生和谐，而贯彻落实以人为本的科学发展观，内在要求人们具有健全的人格。

一个社会是否和谐，人格是否健全至关重要。人是社会发展的主体，社会发展要通过人来实现。具有健全人格的人，可以化险为夷，化解许多社会矛盾，一个人格不健全的人，会制造社会矛盾。在当今中国社会，一些人的人格不大健全，只强调权利而不尽义务，只强调自主而不尽责任，只强调自由而缺乏自律，只强调自我而不关心他人，只强调索取不强调奉献，只关注私利不尊重他人，只强调主观意志而缺乏科学理性，只放纵自己而不宽容他人。这样的人格不利于社会的和谐。所以，要构建社会主义和谐社会，就必须注重健全人格的塑造，把人塑造成既保护自然环境又爱护社会、既尊重他人又完善自己的人。在当前，尤其要培育民众的理性意识和宽容精神。民众应理性地面对各种矛盾纠纷和利益冲突，应以理性、合法的形式表达自己的利益诉求；也应以理性的态度宽容他人，因为接受宽容是社会的进步，

没有宽容就没有和谐的人际关系，也就没有社会的和谐。

（原载《光明日报》2005 年 5 月 26 日，发表时有删节）

社会主义核心价值体系的三维理解

十七大报告指出,要建设社会主义核心价值体系,增强社会主义意识形态的吸引力和凝聚力。那么,为什么要建设社会主义核心价值体系? 这涉及到政治性问题;怎样理解社会主义核心价值体系? 这涉及到学理性问题;如何增强社会主义核心价值体系的吸引力和凝聚力,进而使其真正深入人心? 这涉及到大众性问题。这样,就可以从政治、学理和大众三种维度来理解社会主义核心价值。

一、社会主义核心价值体系的政治维度:背景及其实质

建设社会主义核心价值体系,首先是从政治角度提出的。从政治维度理解社会主义核心价值体系,就是要把握其背景及其实质。总的来说,社会主义核心价值体系是针对过去意识形态领域马克思主义被教条化,今天人们思想活动的独立性、选择性、多变性和多样性不断增强,未来国家之间文化软实力的竞争日趋突出而提出的。建设社会主义核心价值体系,其政治意义在于:在国际上提升国家文化软实力进而提高国家的文化竞争力,维护文化安全;在国内增强社会主义意识形态吸引力,增强民族凝聚力,掌握意识形态领域的话语权,引领社会思潮。

(一)为维护文化安全,提升国家文化软实力进而提高国家的文化竞争力,必须注重社会主义核心价值体系建设

这需要借助时空压缩理论来理解。20 世纪 80 年代末,美国新马克思主

义者戴维·哈维提出一个反映全球化进程中时空特征的概念——"时空压缩"。我国许多学者用这一概念来描述发展中国家在实现现代化进程中的时空特征。它有两层含义:一是发展中国家可能在相对短的时间内走过发达国家在很长历史时期内经历的历程;二是发达国家在较长历史时期内在不同时空条件下出现的现象和问题,因发展中国家为了**赶超发达国家**而在相对较短时间且在同一时空条件下出现。**通俗来说,就是"历时性"变成"共时性"。**我们可以运用时空压缩概念来理解当今我国的"价值多元"现象:它把发达国家在前工业社会、工业社会和后工业社会形成的各种各样的价值取向都集中压缩到当前中国现实中来,或者它把发达国家在较长历史时期内在不同阶段形成的各种价值观念都集中到我国相对较短时间中来,使我国出现不同思想文化相互激荡和价值多元的复杂现象,从而严重影响着我国的文化安全。在这种全球思想文化交流日频、交融日深、交锋日烈的时代,为维护文化安全,就必须提升国家文化软实力进而提高国家的文化竞争力,彰显我国文化的力量,进而必须**加强社会主义核心价值体系建设**,以占领文化竞争的制高点。

(二)要增强社会主义意识形态吸引力,引领社会思潮,必须注重社会主义核心价值体系建设

这需要借助"一与多的辩证法"来理解。我国正处在市场经济的历史时代。经济的市场化与个体的独立化,导致了人们价值观念的自主化、多样化。所谓自主化,是指以往大一统的、适用于社会整体的、渗透于生活方方面面的强制性的一些价值观念渐渐退去,而个人的独立、自由选择越来越增强与突出;所谓多样化,是指基于自由选择基础上的个人价值观念的丰富性与差异性。这种价值观的自主化与多样化构成了当代价值观的所谓市场化格局:不再是单一的被动接受,而是在广大价值域中的自主选择;不仅如此,随着我国市场经济的进一步发展,我国经济成分、组织方式、就业方式、分配方式和利益关系日趋多样化,人们的思想活动的独立性、选择性、多变性和差异性不断增强,这催化着当代中国文化发展多样化的态势。在这一进程和态势中,既有作为主流的社会主义思想文化的发展壮大,又有不容忽视的封建主义腐朽思想文化的沉渣泛起,以及资本主义腐朽思想文化的乘隙而入;既有为社会主义思想文化所激励与感召的英雄楷模的层出不穷,又有为封建主义、资本主义腐朽思想文化所俘获与侵蚀的丧志变节者的出现。在当前这种思想活跃、观念碰撞、文化交融的时代背景下,社会主义核心价值体系建设必须从包容整合凝聚上下工夫,用社会主义核心价值体系引领多样化的思想观念和社会思潮,促进社会和谐发展。因为一方面,在思想领域,只有"多"而没有"一"必然分化。因而必须在"多"中强调"一"——主导价值,即社会主义核心价值体系,牢牢把握社会主义先进文化的前进方向,以形成全社会共同的理想信念和道德规范,打牢全党全国各族人民团结奋斗的共同思想基础;另一方面,在思想领域,只有"一"而没有"多"必然僵化。在一个全球化的时代,在一个开放的社会中,不可能使一种意识形态来取代所有其他社会意识的存在,党需要从巩固执政的思想基础这一角度出发,更多地思考如何整合凝聚多样化的社会价值观念,因而在用社会主义核心价值体系引领社会思潮的同时,还需要积极贯彻尊重差异、包容多样的方针。要在科学分析的基础上,明确价值导向,确立坚持主旋律、尊重多样性的正确态度,在多样中树主导、在差异中求共识、在多变中争主动、在竞争中显优势。只有尊重差异、包容多样,各类思想文化才能自觉认同和接受主导思想文化,才能得到整合、凝聚和发展,才能最大限度地团结不同阶层、不同认识水平的人们共同前进。要着眼于发展、致力于和谐,通过尊重差异与包容多样,而形成全民族奋发向上的精神力量和团结和睦的精神纽带。当然,尊重差异、包容多样,并不是无视社会思潮先进与落后、健康与腐朽之间的界限,不是放任落后、腐朽的思想观念,更不是放弃或削弱主流意识形态的主导地位,因为我们的态度是明确而一贯的,即支持健康有益文化、改造落后文化、坚决反对腐朽反动文化。

以前,我们在价值观建设上的失误在于,对社会主义意识形态做了教条化的理解,对其他价值观常常采取排斥和斗争的方式,与其他价值观长期处于剑拔弩张的紧张状态。历史证明,这对社会主义意识形态本身的发展是不利的。实际上,在目前多样化的价值观中,除了某些落后、腐朽与敌对的以外,大部分的价值观念对主导意识形态是一种有益补充。主导意识形态应具有包容性,渗透到人民群众的各类需要中去,为人们多样的现实生活提供核心价值观念;主导意识形态应具有兼容并蓄其他价值观念合理成分的气度和能力,在与其他价值观念的共处中提升自己在社会生活中的吸引力、凝聚力、影响力。

（三）要掌握意识形态领域话语权，增强民族凝聚力，必须注重社会主义核心价值体系建设

这需要借助社会结构理论来理解。中国传统的社会结构是政治力量过大而经济力量、社会力量相对较小的"金字塔式"的社会结构，政治力量的载体是政治权力，而权力是分层级的，所以可以进一步说是以权力层级为核心的"金字塔式"的社会结构。在当今中国，这种社会结构正在发生变化：经济领域逐渐相对独立，市场机制在这一领域发挥主要作用；公民社会领域逐渐相对独立，社会组织与公民在这一领域的作用越来越大；政治领域由管制型政府转向公共服务型政府，后者在这一领域发挥主导作用。由此就逐渐形成了经济（市场经济）、社会（社会组织与公民）和政治（公共服务型政府）三大领域相互独立、相互制约、相辅相成的新型社会结构。这种社会结构的深刻变动必然带来利益格局的深刻调整：即政府要还权于民、还利于民；利益分配到经济、社会和政治三大领域中去。这种利益格局的深刻调整又必然带来价值观念的深刻变化：拜金主义、个人主义、物质主义、消费主义、享乐主义产生了；自由主义、民主社会主义出现了；自主、自由、权利、民主、公正等价值观念也被提出了。这些价值观念交杂在一起，使一些人难以辨别是非，甚至落后、腐朽的价值观念冲击着先进、健康的价值观念，进而在削弱我们民族的凝聚力。为掌握意识形态领域的话语权，增强民族凝聚力，必须加强建设社会主义核心价值体系。

二、社会主义核心价值体系的学理维度：内容及其逻辑

提出建设社会主义核心价值体系这一政治任务之后，随之而来的就是要从学理上解决：如何全面准确提炼、概括社会主义核心价值体系的内容，如何给出一个具有内在逻辑联系的内容框架？

从学理维度理解社会主义核心价值体系的内容框架，既要把与"价值体系"有关的基本内容的逻辑层次搞清楚，也要把当前我国文化建设"正在做的事情"给予合理的梳理与定位。这样的内容逻辑可以按照构成价值的要素，从宏观到微观、从根本方向到具体行为来进行，这就是从思想体系到理想信念经精神追求再到行为规范。由是，构建社会主义核心价值体系，就可以按

照从党的指导思想到各族人民的共同理想经全社会的精神状态最后到公民个体的行为规范这样的逻辑层次来安排。于是,就必须思考这样一系列基本问题:在指导思想层面,是否应当选择马克思主义? 这涉及到核心价值体系的性质和方向;在各族人民的共同理想层面,是否应当选择中国特色社会主义? 这涉及到核心价值体系所追求的目标和道路;在全社会精神追求层面,如何看待并提炼中华民族的历史传统和当今时代精神? 这既涉及到建设中国特色社会主义应具有怎样的精神状态,又涉及到核心价值体系应树立怎样的精神风貌;在公民个体行为规范层面,应确立怎样的行为规范? 这涉及到核心价值体系中对公民个体操守规则的确定。

对以上四个基本问题的分析,我们党提出了社会主义核心价值体系,其基本内容概括为四个层面,即马克思主义指导思想、中国特色社会主义共同理想、以爱国主义为核心的民族精神和以改革创新为核心的时代精神、社会主义荣辱观。这四个层面各有侧重、相互联系、彼此贯通、层层递进、有机统一,共同构成一个逻辑严密的整体:坚持马克思主义指导地位是灵魂,侧重于党的意识形态,决定着建设社会主义核心价值体系的性质和方向,实质是解决在意识形态上"举什么思想旗帜"的问题,它起价值导向性作用;树立中国特色社会主义共同理想是主题,侧重于各族人民的思想认同,实质是解决"实现什么样的理想目标"的问题,它起价值凝聚性作用;培育民族精神和时代精神是精髓,侧重于历史传统、民族文化与时代特征,实质是解决"应具备什么样的精神追求"和全社会对价值体系的认同问题,它起价值动力性作用;践行社会主义荣辱观是基础,侧重于公民个体伦理认知,实质是解决"公民应具有什么样的行为规范"问题,它起价值规范性作用。其中贯穿的逻辑方法论,就是从一般到特殊、从传统到现代、从多样到主导、从广泛性到先进性。

三、社会主义核心价值体系的大众维度: 吸引力、凝聚力及其认同

从大众角度理解社会主义核心价值体系,主要是解决这一核心价值体系如何具有吸引力、凝聚力进而被人民大众认同的问题。

一要由理论诉求转化成为实践诉求,力求解决社会主义核心价值的实践

效果问题,使人民大众从实践上认同社会主义核心价值体系。社会主义核心价值体系需要从学理上认真研究和深入论证。但要推进核心价值体系的大众化,还需要依靠人民大众的实践活动,注重人民大众的实践诉求,将核心价值体系转化成为不断满足人民大众根本利益的实践进程。因为人民大众往往从他们关切的利益问题出发,以一种价值体系的实践效果和经验感知为根据,来决定是否认同一种价值体系,而人民大众在实践和生活中对其是否认同,是影响社会主义核心价值命运的基础。由此,推动核心价值体系的大众化,就必须高度关注并体现人民群众的利益需求,努力解决人民大众强烈关心的问题。一步实际行动比一打纲领更重要。如果核心价值体系脱离人民大众的实践和生活,这些问题在实践中长期得不到解决,在人民大众关心的问题面前"失语"或"不在场",那么,他们就会从实践上对社会主义核心价值体系产生怀疑甚至排斥情绪。如果人民大众关心的利益问题能在实践中得到有效解决,能在现实生活中真切地获得实惠,人民大众就会真正认同、接受社会主义核心价值体系,进而这一价值体系才能获得强大的实践基础和动力,也才能真正确立它在实践和生活中的主流地位。如马克思所说,人们奋斗所争取的一切都与他们的利益有关。思想一旦离开利益,就一定会使自己出丑。又说,理论一经掌握群众,也会变成物质力量,理论只要说服人,就能掌握群众,而理论只要彻底,就能说服人,所谓彻底,就是抓住事物的根本,人的根本就是人本身。恩格斯告诫一些在美国帮助搞工人运动的德国工人:"我们的理论是发展的理论,而不是必须背得烂熟并机械地加以重复的教条。越少从外面把这种理论硬灌输给美国工人,而越多有他们通过自己亲身的经验去检验它,它就越会深入他们的心坎。"以往我们的价值观建设之所以在某种意义上效果不够理想,其中一个原因,就是未能真正解决好人民大众关切的现实利益问题。

二要由主导要求转化为主体需求,力求解决社会主义核心价值体系入心入脑的问题,使人民大众从思想上认同核心价值体系。社会主义核心价值体系是执政党意识形态建设需要确立的一种主导价值体系,它要求人民大众遵循这种价值体系。但要推进核心价值体系的大众化,就必须理清主导与主体的关系,使核心价值体系由主导要求转化为人民大众的主体需求。就是说,既要使人民大众认识到,社会主义核心价值体系本质上是为人民大众立言的,它具有大众立场,实现大众根本利益,其中包含的以人为本、科学发展、和谐社会、爱国主义、改革创新以及道德规范,就是如此;同时也要使核心价值体系能满足人民大众的精神需求,使其成为人民大众的精神武器。

三要由只注重主流的先进性向也注重支流的广泛性转化,力求解决社会主义核心价值体系尊重差异、包容多样的问题,使人民大众在被尊重、包容中认同核心价值体系。在当今"价值观多样化"的情景下,党需要从巩固其执政的思想基础出发,认真思考如何在包容、整合人民大众多样化的价值观念上下功夫。社会主义核心价值体系作为主流价值体系,首先注重先进性要求。但同时应该使人民大众充分认识到,社会主义核心价值体系具有兼容并蓄其他价值观念合理成分的气度和能力,它注重人民大众的广泛性要求,关注各方认同的共同价值。在全球化时代与开放社会,不可能用一种价值体系完全取代其他价值观念的存在,只有尊重差异、包容多样,各类价值观念的主体才能自觉认同和接受主流价值体系,主流价值体系才能入心入脑。一旦主流价值体系失去包容其他价值观念的能力,并人为地阻隔同其他价值观念的联系时,就会导致自身的贫瘠且难以发挥作用。因为在思想领域,只有"一"而没有"多"必然僵化。实际上,在人民大众多样化的价值观念中,大部分的价值观念对核心价值体系是一种有益补充。因而,在用社会主义核心价值体系引领各种价值观念时,需要在差异中求得共识、在竞争中显示优势,在交融中提升影响。当然,包容多样并不是放任落后、腐朽的价值观念。

四要把政治话语转化成为大众话语,力求解决社会主义核心价值体系的语言表述问题,使人民大众从语言上认同核心价值体系。现有的社会主义核心价值体系的表述是政治的、宏观的、框架性的,大众维度不够突出。这种表述适合于党的政治文件,但难以给普通民众留下深刻印象,这会影响这一价值体系之作用的发挥。针对这种情况,我们需要由政治话语转化为大众话语——一种贴近大众日常生活、符合大众思维方式、为大众喜闻乐见的简明扼要的语言表达方式,切忌居高临下讲大话、空话、套话。这就需要进一步从社会主义核心价值体系中概括提炼出社会主义核心价值理念。先有价值,才有价值观,接着才有价值观念,然后才有价值体系,而核心价值理念是从价值体系中提升出来的。如果说社会主义核心价值体系是一个多层次、包含丰富内容的框架性的价值系统,那么核心价值理念则是关于社会主义核心价值体系的灵魂、精髓的概括表述和简明提升。这种核心价值理念在概括上应做到集中凝炼、内涵普适、简明扼要，既注意内涵的深刻性、适用的广泛性，又要鲜明生动、利于传播。这容易让人民大众铭刻在心。像资产阶级革命时期所提的自由、平等、博爱，以及新加坡提出的"国家至上、社会为本、家庭为根、尊重个人、协商共识、宗教宽容"，之所以深入人心，获得认同，发挥作用，表述简明是一个重要原因。毛泽东非常关注语言对于接受一种思想的重要性，强调善于使用人民大众的生动语言。指出："洋八股必须废止，空洞抽象的调头必须少唱，教条主义必须休息，而代之以新鲜活泼的、为中国老百姓所喜闻乐见的中国作风和中国气派。"

五要由过于抽象的理性化向生动的感性化转化，力求解决社会主义核心价值体系的宣传效果问题，使人民大众在生动直观的感知中认同核心价值体系。我们需要向人民大众提供讲大道理的读物，更需要为普通民众提供贴近人民大众生活的感性的、直观的、形象的宣传作品。正确的价值体系只有被人民大众感知，并转化为社会群体意识，才能为人民大众自觉奉行。我们的宣传教育工作应面向人民大众感性的日常生活世界，摸准人民大众的思想脉搏和社会心理，并采取灵活多样的方法与人民大众喜闻乐见、易于接受的形式，使核心价值体系贴近人民大众的生活实际。这种不同于宏大叙事的春风化雨式的宣传方式，有助于人民大众在日常生活不知不觉地接受熏陶。

六要把单向灌输转化成为双向互动，力求解决社会主义核心价值体系大众化进程中的大众参与问题，使人民大众在参与中认同核心价值体系。社会主义核心价值体系是"化大众"与"大众化"的双向统一过程，包括核心价值体系掌握大众和大众掌握核心价值体系两个方面。向人民大众单向灌输核心价值体系是必须的，也需要经常进行。同时也应认识到，无论核心价值体系要掌握大众，还是大众掌握核心价值体系，人民大众都是依靠的重要主体。因此，在推进核心价值体系大众化进程中，我们不能仅仅满足于单向灌输，还必须采取理论工作者与人民大众对话交流、理性的理论教育与感性的榜样示范结合、高深的理论学习与人民大众参与讨论联结等双向良性互动的方式，使人民大众主动接受核心价值体系。

（原载《人民日报》2010 年 5 月 17 日，发表时题目有变）

当代中国马克思主义的大众化
及其实现途径

当代中国马克思主义具有"政治形态"、"学术形态"和"大众形态"。无论是把当代中国马克思主义作为意识形态领域之指导思想的政治形态,还是把当代中国马克思主义作为学术研究对象的学术形态,在实践上最终都只有落脚到使当代中国马克思主义被大众所掌握的大众形态,才具有彻底的现实意义。当代中国马克思主义如果只是作为意识形态停留在报告文献中,或者只是作为专家学者的专利停留在书斋里,而没有真正被大众所掌握,入心入脑,那就疏离了马克思主义更为根本的大众本性。比较而言,以往我们相对重视当代中国马克思主义的政治形态和学术形态,对其大众形态关注不够。由此,十七大报告强调指出:"要开展中国特色社会主义理论体系宣传普及活动,推动当代中国马克思主义大众化。"当代中国马克思主义的大众形态,从总体和根本意义上来讲,就是基于马克思主义的大众本性(大众性是马克思主义的一个本质属性,马克思主义本来就是无产阶级的世界观或"头脑",它十分关注大众的生存境遇、发展命运和心灵世界,并为分析解决大众关心的问题提供方法;它是一种真正为大众立言、以无产阶级解放和人类解放为理想目标的理论体系),当代中国马克思主义要全方位地走近中国,走近现实,走近大众世俗生活,契合大众心灵世界,符合大众思维方式,满足大众各方面的需要,使当代中国马克思主义可解、可信、可亲、可近。正如马克思所说的:

"理论在一个国家的实现程度,总是决定于理论满足这个国家的需要程度。"①检验这种满足程度的最好尺度,就是这种理论的大众化程度。

一、马克思主义的基本原理要结合中国实际,具有生命力

马克思主义大众化是一个发展范畴,是一个需要不断推进的包含许多环节的历史过程。使马克思主义基本原理走近中国实际,实现马克思主义基本原理与中国实际相结合,解决中国问题,实现马克思主义的中国化,使一般的马克思主义成为当代中国化的马克思主义,是马克思主义大众化的首要环节。这样的马克思主义立足中国国情,总结中国经验,运用科学方法,解决中国问题,促进中国成功,是我们自己的"主义"。

任何一种理论或主义都是在特定的时空背景、意识形态、文化传统、思维方式等综合因素作用下形成的,因而它只有同中国实际相结合,在与中国国情相适应的条件下,才得以在中国生根、开花、结果,进而才能实现这种理论或主义的中国化。实际上,马克思主义经典作家们对此作过类似的明确论述。马克思、恩格斯指出:"一切划时代的体系的真正内容都是由于产生这些体系的那个时期的需要而形成起来的。所有这些体系都是以本国过去的整个发展为基础的,是以阶级关系的历史形式及其政治的、道德的、哲学的以及其他的后果为基础的。"②马克思主义作为一种思想体系,当然也不例外。在谈到《共产党宣言》中有关原理的实际运用时,马克思、恩格斯强调:"随时随地都要以当时的历史条件为转移。"③列宁也认为,马克思主义理论"所提供的只是总的指导原理,而这些原理的运用具体地说,在英国不同于法国,在法国不同于德国,在德国又不同于俄国。"④在毛泽东看来,对于中国共产党人,就是要学会把马克思列宁主义的理论应用于中国的具体环境;对于成为伟大中华民族的一部分而和这个民族血肉相连的共产党员来说,离开中国特点来谈马克思主义,只能是抽象的空洞的马克思主义。因此,毛泽东明确指出:"使马克思主义在中国具体化,使之在其每一表现中带着必须有的中国的特

---

① 《马克思恩格斯选集》第 1 卷,人民出版社,1995 年版,第 11 页。
② 《马克思恩格斯全集》第 3 卷,人民出版社,1960 年版,第 544 页。
③ 《马克思恩格斯选集》第 1 卷,人民出版社,1995 年版,第 248 页。
④ 《列宁选集》第 1 卷,人民出版社,1995 年版,第 274—275 页。

性,即是说,按照中国的特点去应用它,成为全党亟待了解并亟待解决的问题。"①由此可见,只有把马克思主义基本原理与中国实际相结合,使马克思主义"接中国地气",真正融入中华文化和大众精神系统之中,把马克思主义转化为我们自己的东西,实现马克思主义的中国化,变成中国人民大众所能接近的理论,才能真正开始谈论马克思主义的大众化。

马克思主义大众化内在要求把马克思主义基本原理与中国实际相结合。这里所说的"中国实际"主要包含三个层次:一是从发展时态看,包括中国历史实际和现实实际(现实实际又包括当前实际和现实性的未来实际,其中当前实际主要是指以社会发展阶段、社会主要矛盾、社会性质为主要内容的现实国情);二是从社会结构而言,包括中国经济、政治、文化、社会诸方面的实际;三是从国际对比而言,包括中国发展水平、国际地位、国际形象和影响力等方面的实际。对这三层实际的认识,对马克思主义基本原理的把握,以及实现这二者的结合,不是一次完成的,也不是一帆风顺的,而是历经曲折、累进递增的过程。正如毛泽东所说:"我党在幼年时期,我们对于马克思列宁主义的认识和对于中国革命的认识是何等的肤浅,何等贫乏。"②一开始,我们党还没有能够把马克思主义的基本原理与它的某些具体论断区分开来,没有能够把马克思主义基本原理与俄国革命经验区分开来,因而我们党一开始并没有把马克思主义基本原理与中国革命实际很好结合起来。甚至毛泽东提出的农村包围城市、武装夺取政权的正确道路,也因为没有马克思主义的"文本"依据,而被视为"狭隘经验论",毛泽东本人也因此受到错误的批判和打击。而王明的第三次"左"倾冒险主义,却使苏区红军损失 80%,白区党的力量几乎损失 100%。新中国成立以后,也有一个把马克思主义基本原理与中国建设实践相结合的问题,也历经艰难曲折,出现过照抄苏联模式的失误和"文化大革命"的历史悲剧。我们党正是在总结革命、建设、改革的经验教训的基础上,把马克思主义基本原理与中国实际结合起来,不断推进马克思主义中国化,形成了毛泽东思想和中国特色社会主义理论体系两大理论成果,才使马克思主义真正扎根于中国社会、中国实践、中国文化的土壤中。这样的马克思主义"接中国地气",能渗入中国人民大众的血脉,因而能增强当代

---

① 《毛泽东选集》第 2 卷,人民出版社,1991 年版,第 534 页。
② 《毛泽东选集》第 3 卷,人民出版社,1991 年版,第 795—796 页。

中国马克思主义的生命力。

二、当代中国马克思主义的基本方法要解决中国现实问题，具有影响力

使当代中国马克思主义的基本方法走近中国现实，运用其基本方法分析解决大众关切的现实问题，由学院派的马克思主义成为面向中国现实问题的马克思主义，是当代中国马克思主义大众化的第二个环节。

第一个环节强调注重中国实际，第二个环节则强调注重理论实效。从马克思主义方法与意义的角度看，推动马克思主义大众化，离不开实现当代中国马克思主义的效用化。一种"主义"要实现"大众化"，必须管用，能解决大众关切的现实问题，给大众带来实效，带来福祉。马克思曾指出：共产主义"从一开始就是现实的和直接追求实效的。"①马克思还指出："问题在于改变世界。"②马克思对"改变世界"的功能性理解，实质上是通过直接面向和关注社会大众的生存境遇、并为分析解决社会大众生活世界的问题提供方法来体现的。列宁注重把马克思主义基本方法运用于俄国现实。他对俄国社会主义道路的探索过程，走的就是由一开始注重"书本公式"到逐渐注重"生活公式"的过程。在晚年他认为，生活公式高于书本公式，"今天只能根据经验来谈论社会主义"③，不能为死教条而牺牲活的马克思主义。

马克思主义在中国社会主义实践的运用中，一定方面也经历了一个由注重"书本词句"到注重"现实关切"、由当作"公式标签"到当作"行动指南"的曲折过程。从1957年到1977年，我们比较注重根据马克思主义关于社会主义的个别结论、书本词句来选择发展生产力的方式，曾经强调"宁要社会主义草，不要资本主义苗"。改革开放以后，邓小平注重把握马克思主义精髓（解放思想，实事求是），注重依据实际效果（"三个有利于"）来发展社会主义。他特别指出："学马列要精，要管用的。"④这就要求马克思主义理论工作者要改变以往那种仅仅停留于纯学术的学院派研究方式（这当然是必要的），提倡面向和走近中国大众现实生活的马克思主义的现实派研究方式。当代中国

---

① 《马克思恩格斯全集》第42卷，人民出版社，1979年版，第121页。
② 《马克思恩格斯选集》第1卷，人民出版社，1995年版，第61页。
③ 《列宁全集》第34卷，人民出版社，1985年版，第466页。
④ 《邓小平文选》第3卷，人民出版社，1993年版，第382页。

马克思主义本身就具有十分鲜明的现实性。在当代中国,真正坚持马克思主义,就必须坚持中国特色社会主义理论体系。这一理论体系集中回答的就是"什么是社会主义、怎样建设社会主义"、"建设什么样的党、怎样建设党"、"实现什么样的发展、怎样发展"这三大基本现实问题。这里彰显的,就是对当代中国现实问题的高度关注。只要按照十七大的要求,让人民大众真正能够享受改革开放的成果,并在幸福的现实生活中感受当代中国马克思主义的魅力和实效,就必将有力推动当代中国马克思主义的大众化。因为这样的马克思主义走近大众现实生活,扎根于现实土壤,对平民大众管用,能增强当代中国马克思主义的影响力。

三、当代中国马克思主义的基本价值要反映大众世俗生活,具有感染力

当代中国马克思主义要进一步发挥其理论实效,就必须使其基本价值反映大众世俗生活,关心并能解决大众的切身物质利益问题,由仅仅满足于书本词句的马克思主义成为关注平民大众世俗物质生活并得到人民大众认同的马克思主义。这是当代中国马克思主义大众化的第三个环节。

马克思主义不是对"彼岸世界"的一种论证,而是对"此岸世界"的现实关注。其中,关注大众物质利益的实现,就是这种现实关注的重要内容。利益是马克思主义历史唯物主义的基本范畴,生产力是社会发展的根本动力,而需要和利益则是推动社会生产力不断进步的内在动因。马克思、恩格斯在《神圣家族》中指出:"'思想'一旦离开利益,就一定会使自己出丑。"①马克思还认为:"人们奋斗所争取的一切,都同他们的利益有关。"②在《共产党宣言》中,马克思、恩格斯要求将工人阶级长远利益和目前利益统一起来。他们指出:"共产党人为工人阶级的最近的目的和利益而斗争,但是他们在当前的运动中同时代表运动的未来。"③

社会主义制度确立以后,本应按照马克思主义物质利益理论的要求,注重人民大众物质利益的实现。但在"文化大革命"中,"四人帮"提出"宁要贫穷的社会主义"的荒谬口号,要人们安于贫穷。其结果,引起了人们思想观念

---

① 《马克思恩格斯全集》第2卷,人民出版社,1957年版,第103页。
② 《马克思恩格斯全集》第1卷,人民出版社,1956年版,第82页。
③ 《马克思恩格斯选集》第1卷,人民出版社,1995年版,第306页。

的混乱,国民经济走到了崩溃的边缘。这是对社会主义的严重歪曲,也是对马克思主义的极大误解。通过总结经验教训,邓小平指出,贫穷不是社会主义,共同富裕才是社会主义的重要目标。这就要求当代中国马克思主义理论工作者要转变远离大众、不关心大众世俗物质生活、仅仅满足于"词句革命"的倾向,要关注人民大众感性的世俗生活,关心大众的物质利益诉求。马克思主义中国化的最新理论成果即中国特色社会主义理论体系就具有鲜明的亲民性。这一理论体系始终把广大人民群众拥护不拥护、赞成不赞成、高兴不高兴、答应不答应,把实现好、维护好、发展好最广大人民的根本利益,作为我们党和国家的各项工作的出发点和归宿。

当前我国社会利益矛盾日益凸显,对推动当代中国马克思主义大众化提出了新课题。改革归根到底是对社会不同群体的利益关系的调整。随着我国改革的不断深化,人们的利益关系也在不断发生变化,人民内部利益矛盾的新问题也不断出现。利益主体结构、利益来源途径、利益表达方式、利益分配差距等都比以前发生了很大变化。如何满足人民大众的各种合理利益诉求,便成为当代中国马克思主义面临的一个突出问题。中国特色社会主义理论体系作为马克思主义中国化的最新理论成果,不仅对我国的经济、政治、文化、社会等方面做出了整体部署,而且对与人民大众息息相关的具体生存发展的民生问题提出了明确的目标。十七大提出"学有所教、劳有所得、病有所医、老有所养、住有所居"的"五有"目标,就是用诗化的语言,谈论大众关心的民生问题,就是把社会建设的大道理融入大众心坎里,使当代中国马克思主义真正走近大众的世俗生活世界。当代中国马克思主义的基本价值也只有切实走近大众世俗生活世界,关注大众切身物质利益问题,才能疏导大众情绪,赢得大众认同,从而推动当代中国马克思主义的大众化,增强当代中国马克思主义的感染力。

四、当代中国马克思主义的本性要契合大众心灵世界,具有凝聚力

当代中国马克思主义大众化的第四个环节,就是当代中国马克思主义必须走入人民大众的精神或心灵世界,把握人民大众的"心"情,解决大众精神世界的心灵问题,由教条化或说教式的马克思主义成为具有包容性、反映大众呼声、为大众立言、与大众进行心灵对话的马克思主义。

　　一种"主义"要实现"大众化",不仅要关注大众的物质利益需求,而且必须切合大众的心理或精神需求,并站在大众立场上为大众说话。在本来意义上,马克思主义本身就具有大众本性,只有马克思主义才是真正为大众立言、体现大众根本利益(包括精神文化利益)、与大众同呼吸共命运、给人类命运予以深刻关怀的理论体系。马克思主义是伴随着工人阶级运动而登上历史舞台的,是工人阶级的头脑,而工人阶级的利益同人民大众的根本利益是完全一致的,马克思主义的阶级性与人民性是统一的。在此意义上,关注人民大众精神世界,本质上就是马克思主义的一种价值关怀,当然也应是当代中国马克思主义的一种价值追求。

　　我国社会主义制度确立以后,本应按照马克思主义关于关心人、尊重人的价值要求,积极自觉地为人民大众的精神世界中的困惑提供心灵引导,但在"文化大革命"十年,却在一定程度上谈"人"色变,践踏人性,不尊重个人,伤害人的精神世界。结果使一些人远离马克思主义。改革开放以来,我们开始注重从马克思主义价值维度重新认识人和人性,所取得的一个重要成果,就是当代中国马克思主义提出了以人为本的科学发展观。由"谈人色变"到"以人为本",改变了以往我们一度把马克思主义教条化的说教倾向,重新彰显了马克思主义反映大众呼声、且具包容特性的理论特征。因为从价值原则上来讲,以人为本的理念强调尊重人的权利和尊严,发挥人的聪明和才智,实现人的价值,提高人的综合素质,倾听人的心灵声音,它具有包容性、亲和力、凝聚力和感召力,因而它将有力推动当代中国马克思主义的大众化。

　　当前我国正处于社会变革时代,我国社会经济成分、组织形式、就业方式、利益关系、分配方式、生活方式日益多样化。与此相应,人们思想活动的独立性、自主性、选择性、多变性和差异性明显增强,各种社会思潮呈现出相互交织、相互激荡的复杂态势。特别是一些人,要么因与别人贫富差距的拉大而心理失衡,要么因社会转型、多种思潮出现而无所适从,要么因改革遇到了深层次矛盾而丧失信心。所有这些,都要求当代中国马克思主义理论工作者必须关注社会变革对大众精神世界的影响,贯彻以人为本的理念,关注大众的精神世界,读好大众的心灵之书,为解决大众的精神世界问题提供可亲可信的理论和方法,以丰富和发展马克思主义。当代中国马克思主义理论本性也只有契合大众的心灵世界,了解大众"心"情,与平民大众进行平等的心灵对话,使马克思主义入心入脑,才能真正推动当代中国马克思主义的大众化,不断增强当代中国马克思主义的凝聚力。

五、当代中国马克思主义的表述方式要符合大众思维,具有吸引力

要推进马克思主义大众化,还要求当代中国马克思主义的表述方式符合大众思维,解决当代中国马克思主义传播方式和大众理解能力问题,由抽象深奥的马克思主义成为简明扼要、通俗易懂、便于记忆、喜闻乐见的马克思主义。这是马克思主义大众化的第五个环节。

从马克思主义传播的角度看,推动马克思主义大众化,离不开当代中国马克思主义表述方式的通俗化。一种"主义"要实现"大众化",必须具有通俗性,要善于将理论语言转换为大众所喜闻乐见、符合大众思维的大众语言。马克思主义是表达人民群众根本利益和意志、指导人民群众行动的科学理论。要更好地发挥其指导作用,就必须按照现代传播学的"传播——接受"理论,通过摆事实、讲道理,借用日常语言和历史典故,使理论由抽象到具体、由深奥到通俗,从而符合大众思维、为大众所掌握。因此,马克思强调理论要"尽可能地做到通俗易懂"①。他本人也力求使《资本论》让别人"不能说这本书难懂"②。列宁认为:"最高限度的马克思主义 = 最高限度的通俗和简单明了","最高限度的马克思主义 = 最高限度的通俗化。"③毛泽东则要求"洋八股必须废止,空洞抽象的调头必须少唱,教条主义必须休息,而代之以新鲜活泼的、为中国老百姓所喜闻乐见的中国作风和中国气派"④。毛泽东本人关于实事求是的创造性阐释,就是以人民群众熟悉的语言实现马克思主义中国化、进而推进其大众化的成功范例。

大众化离不开通俗化,但通俗化绝不是庸俗化。要做到浅出,就必须深入。所谓深入,就是要抓住理论的根本。正如马克思所说:"理论只要彻底,就能说服人。所谓彻底,就是抓住事物的根本。"⑤这就要求我们理论工作者必须深入掌握理论精髓。所谓浅出,就是不仅要符合大众思维,善于运用贴

① 《马克思恩格斯选集》第 2 卷,人民出版社,1995 年版,第 99 页。
② 《马克思恩格斯选集》第 2 卷,人民出版社,1995 年版,第 100 页。
③ 《列宁全集》第 36 卷,人民出版社,1959 年版,第 467—468 页。
④ 《毛泽东选集》第 2 卷,人民出版社,1991 年版,第 534 页。
⑤ 《马克思恩格斯选集》第 1 卷,人民出版社,1995 年版,第 9 页。

近实际、贴近生活、贴近大众的大众化语言,用发展着的马克思主义,令人信服地回答改革发展中的重大现实问题,以及大众关心的热点和难点问题,而且要借鉴大众文化传播运作方式,用感性的生活世界事例来阐释抽象的理论形态。

当前我们必须加大对当代中国马克思主义的科学内涵和精神实质的传播力度。邓小平在1992年曾经指出:"长篇的东西是少数搞专业的人读的,群众怎么读?要求都读大本子,那是形式主义的,办不到。我的入门老师是《共产党宣言》和《共产主义ABC》。"①由此,我们理论工作者也应力求写出简明扼要、精炼生动、深入浅出、通俗易懂、便于记忆的《当代中国马克思主义ABC》,以推动当代中国马克思主义的大众化,增强当代中国马克思主义的吸引力。

六、当代中国马克思主义的精神产品要面向大众群体,具有辐射力

当代中国马克思主义大众化的上述五个环节,最后都要指向同一个目标,那就是使当代中国马克思主义成为人民大众的精神食粮,而不仅仅是专家学者的学问致思。因此,马克思主义大众化的最后一个也是最重要的一个环节,就是当代中国马克思主义的精神产品要面向大众群体,解决当代中国马克思主义接受主体的问题,由少数专家学者作为学问来研究的马克思主义成为人民大众手中的思想武器、精神食粮的马克思主义。

从掌握马克思主义的主体角度来看,推动当代中国马克思主义大众化,离不开掌握当代中国马克思主义的主体的大众化。一种"主义"要实现"大众化",必须具有掌握这个"主义"的主体的群众性和广泛性。马克思主义本质上走的是一种"从群众中来、又到群众中去"的群众路线。"从群众中来",要求马克思主义理论工作者尊重群众的主体地位,提炼群众的实践经验,以丰富马克思主义;"到群众中去",又要求把马克思主义真正内化为人民大众的精神食粮,使马克思主义由少数专家学者的书斋式研究转变为人民大众的思想武器。我们要重视"从群众中来",尊重群众的首创精神。发展马克思主义不仅仅是领袖的特权,发展马克思主义的源头活水是人民大众的实践。邓小

---

① 《邓小平文选》第3卷,人民出版社,1993年版,第382页。

平曾经指出："农村搞家庭联产承包,这个发明权是农民的。"①他还说,其实很多事"是群众发明的,我只不过把它们概括起来,提出了方针政策"②。同时,我们也要重视"到群众中去",让群众真正掌握马克思主义的理论和方法,并将其真正运用到社会实践中去。马克思指出："批判的武器当然不能代替武器的批判,物质力量只能用物质力量来摧毁;但理论一经掌握群众,也会变成物质力量。"③把马克思主义基本理论转化为人民大众改造世界的巨大物质力量,是马克思主义大众化的最终目的。

推动当代中国马克思主义大众化,必须使当代中国马克思主义成为人民大众的"头脑",使人民大众成为当代中国马克思主义的"心脏",实现当代中国马克思主义与人民大众的联姻。这种联姻是人民大众在发展中国特色社会主义的实践过程中实现的,是"大众化"和"化大众"的有机统一。人民大众只有努力提高马克思主义理论素养,自觉认同当代中国马克思主义,全面掌握中国特色社会主义理论体系,才能成为名副其实的中国特色社会主义的建设者;当代中国马克思主义也只有努力做到以人为本,尊重人民大众的主体地位,从人民大众的实践中汲取营养,才能使马克思主义永葆生机。简而言之,推动当代中国马克思主义大众化,其实质就是要求当代中国马克思主义的精神产品与接收主体的需求相结合,真正面向大众群体。这样的当代中国马克思主义必将具有辐射力。

（原载《光明日报》2009 年 8 月 8 日）

---

①　《邓小平文选》第 3 卷,人民出版社,1993 年版,第 382 页。
②　《邓小平文选》第 3 卷,人民出版社,1993 年版,第 272 页。
③　《马克思恩格斯选集》第 1 卷,人民出版社,1995 年版,第 9 页。

三、以人为本与人的全面发展问题研究

以人为本与当代中国发展

从"造反有理"到"发展才是硬道理"，进而到"发展是党执政兴国的第一要务"，再到十七大报告提出"核心是以人为本"，反映了中国共产党人对中国社会发展规律的认识在深化。以人为本是科学发展观的核心。这就把当代中国的发展问题提到哲学的高度与"人"的层面来考虑。1978 年以前一段时期，一些人常认为"人"的问题是资产阶级的专利，所以在意识形态领域"谈人色变"，现在，从中央到地方都在谈论"以人为本"。理解以人为本，需要弄清以下几个主要问题：为什么必须坚持以人为本？如何全面理解"以人为本"的基本含义？怎样澄清以人为本理解中的一些模糊认识？坚持以人为本有什么意义？怎样把以人为本的理念贯穿落实到当代中国发展的实践中去？

一、为什么必须坚持以人为本

提出并坚持以人为本，具有历史的必然性。完整来讲，可以从以下两个层面来理解。

第一个层面主要着眼的是对过去我国发展实践的反思：人在改革与发展过程中的代价日益突出。

改革开放以来，我国确实取得了巨大成绩。面对这些成绩，我们应该对改革开放满怀信心。然而另一方面，我们取得的成就有多大，我们付出的代价也有多大，这是发展中的代价、成长中的烦恼。任何发展总是要付出一定代价的，关键是要把代价限制在最小的限度，以最小的代价换取最大的发展。

面对这些代价,我们应该具有忧患意识。完整来讲,一些地方在实践中付出了以下三个方面的代价:一是在人与自然的关系方面的代价,用一个命题来表达,那就是:出现了环境污染,一定程度上破坏了可持续发展能力;二是在人与社会关系方面的代价,用一个命题来表达,那就是:出现了人被物化的现象,一些人不能真正享受社会发展的成果;三是在人和人的关系方面的代价,用一个命题来表达那就是:出现了社会不公,贫富差距在扩大。这些代价促使人们从呼唤现代化走向反思现代化,那就是要分析产生这些代价的原因。产生这些代价的原因是多方面的,其中一个主要原因,与过去一些地方只片面追求 GDP 至上的发展观有一定关系。GDP 本身没有错,GDP 是人类在 20 世纪的伟大发明之一,问题就出在 GDP 至上。只要片面追求 GDP 至上的经济增长,就往往会把环境质量、使发展成果惠及全体人民和人的发展等问题放在一边,就会出现劳民伤财的政绩工程和形象工程。为了把发展的代价限制在最低限度,就需要用以人为本的发展观来扬弃片面追求 GDP 至上的发展观。只要实施以人为本的发展观,就必然注重环境保护,注重使社会发展成果惠及全体人民,注重人民群众的基本需求与合法权益。这样,在全面建设小康社会的过程中,整个发展观的核心理念必须由以物为本逐步走向以人为本,既见物又见人。

第二个层面主要着眼的是时代发展的趋势:人在社会历史发展中的主体地位和作用日益突出。

如果说第一个层面主要是纠正过去我国一些地方在实践中的某种偏差的话,那么,第二个层面则主要是与时俱进,反映时代与当代中国实践发展的趋势。

农业经济时代看重的是土地,土地是最大的生产要素和财富。工业时代看重的是资金、技术、设备和自然资源,资金、技术、设备和自然资源是最大的生产要素和财富。日益逼近的知识经济时代则看重的是知识、智力和具有创新能力的人才,人的知识、人的智力、人的技能和具有创新精神、创新能力的人才是最大的生产要素和财富。在知识经济时代,人的智力将爆发革命,这场革命将以开发人力资源和充分发挥人的创新能力为中心。知识经济时代具有三大特征:首先,人的知识对经济增长贡献的比重日趋上升。就是说,知识作为人的智力的创造性产物,由于它对经济增长的巨大贡献而变成了直接生产力。现代经济增长理论认为,人力资本投入是现代经济迅速增长的重要因素;其次,产业结构日趋智能化。即传统的第一、第二产业日渐在萎缩,而提供智能商品和智能服务的软件产业正成为最为夺目的朝阳产业;第三,知识型的劳动者将构成社会经济活动的主体。这意味着在知识经济时代,具有创新精神和创新能力的人才在经济、社会发展中越来越具有决定性的意义,他们是知识经济的希望所在。如果说在传统工业时代主要是拼资金、技术和设备的话,那么,在知识经济时代,则主要是拼具有创新能力的人才。这里,我们发现一条规律,那就是:历史越往前追溯,人以外的因素在经济社会发展中的作用就越大,历史越往后发展,人自身的因素在经济社会发展的主体作用就越突出。反映这一规律,当代西方把以人为本理念引入管理、发展和经济学之中,强调实行以人为本的企业文化,实施以人为中心的综合发展,确立人力资本经济学。因而,我们应与时俱进地反映时代精神与社会历史发展规律,由以物为本逐渐走向以人为本。

二、如何全面理解以人为本的基本含义

把以人为本作为科学发展观的核心,就必须首先对以人为本做出科学理解。

(一)对以人为本中的"人"予以全面界定

在今天我国理论界,有两种代表性观点:一种认为,以人为本的人仅仅指广大人民群众;另一种认为,以人为本的人指所有的人。从党的十七大报告即党与人民群众的关系这一政治角度来看,以人为本的人主要指中国广大人民群众,这是最主要的。除此之外,以人为本中的"人"指所有的人,它包括人的三种基本存在形式:人类、群体和个人。在当今社会,对我们的敌人,除采用"斗争"的方式外,一定意义上也可以适当采取人性化的方式来感化他们。这不是在泛化以人为本概念,而是强调"人"不同于"民",它是全称概念,指普遍的人,其外延比"民"更宽泛,更具有包容性;不仅如此,以民为本主要是在领导干部与人民群众之上下级之间的关系中所使用的一个概念,强调领导干部要以人民群众为本,而以人为本则是在这一关系之外的任何一种关系中所使用的概念。

（二）科学界定"以人为本"中的"本"

"本"在哲学上可以有两种基本理解，一种是世界的"本原"，一种是事物的"根本"。十七大报告所讲的以人为本的"本"，不是"本原"的本，而是"根本"的本，它与"末"相对。进一步说，以人为本的"本"主要是在人和物的关系中所使用的一个哲学价值论概念，它不回答人和物之间谁产生谁的问题，而是回答人和物二者谁最根本、谁最重要。就是说，物也重要，但与物相比，人更根本、更重要，人是事物的根本。

（三）以人为本的基本含义

以人为本是一个关系概念，在不同的关系中具有不同的含义。然而，从一般意义来讲，也根据十七大报告的基本精神①，以人为本有三层基本含义。

第一，相对于仅把人当作客体而言，它把人当作主体，强调人在社会历史发展中的主体作用，即发展依靠人。这是对人的主体性的肯定，解决的是人的主体地位的某种缺失的问题。用十七大报告的表述，就是"尊重人民主体地位，发挥人民首创精神"。所谓人的主体地位缺失，就是人在社会历史发展过程中仅仅具有被动性、受动性和依附性（如仅仅把人看作是恩赐和救济的对象）。当代中国发展内在要求我们必须突出人的主体地位，即注重人的自主性、主动性、能动性和首创性。

第二，相对于仅把人当作手段而言，它把人当作目的，强调不断满足人的合理需求，尊重人的合法权益，充分发挥人的能力，即发展为了人。这是一种价值取向，解决的是仅把人当作手段的问题。用十七大报告的说法，就是"保障人民各项权益，走共同富裕道路，促进人的全面发展，发展成果由人民共享"。过去我们较多关注人以外的世界，当代中国社会发展进一步要求关注人本身的生活世界；我们常讲为民作主，今后应逐渐走向由民作主。

第三，相对于人本理念缺失而言，它把人看作一切事物的最高尺度，要求在分析和解决一切问题时，既坚持历史的尺度，也坚持人的尺度，即尊重人。

---

① 《中国共产党第十七次全国代表大会文件汇编》，人民出版社，2007年版，第15页。

这是一种思维方式,解决的是人本理念缺失的问题。用十七大报告的提法,就是"要始终把实现好、维护好、发展好最广大人民的根本利益作为党和国家一切工作的出发点和落脚点"①。这实质上要求把人的价值看作是至高无上的。近年西方有些国家对我国的指责,实质上是两种发展模式和两种尺度的分歧或冲突。其实,真正打动人心的,是对人性的关注,最真诚的情感是体现人性的情感。在所有国家面前,没有什么比"人"具有更多的共同点了。中国为世界所包容、接纳和认同,其基点在人,我们今天讲以人为本,有助于与西方对话,拉近与西方的距离。

正因为如此,所以我们把以人为本看作科学发展观的核心。

三、坚持以人为本具有怎样的现实意义

在对以人为本的科学发展观的现实意义的探讨中,一种代表性观点认为,以人为本是对以物为中心发展观的批判和超越;另一种代表性的观点指出,以人为本是我党执政理念的深化和发展。我们认为,以人为本的提出不仅具有上述意义,而且还有着更深的现实意义。

(一)以人为本是社会主义的一种基本价值:由"谈人变色"到"回归基本价值"

以人为本的意义,首先体现在对社会主义基本价值的重新认识和理解上。

在十八世纪到十九世纪期间,近代资本主义社会获得了前所未有的发展。正如马克思、恩格斯所指出的:"资产阶级在它的不到一百年的阶级统治中所创造的生产力,比过去一切时代创造的全部生产力还要多、还要大。"②但是,近代资本主义社会发展的一条重要教训,就是经济或社会物质财富的增长以牺牲个人的全面发展为代价。具体来讲就是:物对人的统治,人仅仅成为创造物质财富的手段,使人不能真正发展;资本占有劳动,人成为资本的奴

① 十七大报告所讲的以人为本,主要指中国共产党人要以民利、民主、民创、民权、民富、民享为根本(参见《中国共产党第十七次全国代表大会文件汇编》,人民出版社,2007年版,第15页)。

② 《马克思恩格斯选集》第1卷,人民出版社,1995年版,第277页。

隶,使人不能平等发展;机器支配人,人成为机器的一个零件,使人不能自由发展;分工限制人,使人不能完整发展。

针对这些状况,马克思、恩格斯强烈地批判了资本主义社会中的个人生存、发展的悲惨处境以及非人道境遇,期望建立一个以每个人的自由、平等和全面发展为基本原则的新社会。马克思在描述未来理想社会的一般特征和基本价值时指出,共产主义是"以每个人的全面而自由的发展为基本原则的社会形式"①。可见,在马克思那里,未来的新社会不是物对人的统治,而是物为人的全面发展这一最高目的服务,人能获得真正的发展;不是资本占有劳动,而是劳动占有资本,劳动者能获得平等的发展;不是机器支配人,而是全面发展的人驾驭机器,人能获得自由的发展;消灭了旧式分工,人能获得完整的发展。总之,不是物的原则占主导地位,而是人的自由、平等和全面发展的原则占主导地位,后者才是共产主义社会的基本原则、基本价值和本质特征。马克思一生所追求的就是:通过对社会历史发展一般规律的分析与揭示,通过对资本主义生产方式及其发展规律的研究,为工人阶级以及每个人的解放和全面发展指明方向和道路。所以,人的自由而全面发展在马克思主义的理论体系中占着核心地位,是马克思主义理论追求的一种基本价值目标。

马克思主义诞生之后,列宁领导的十月革命确立了社会主义制度,使社会主义从理论变成实践,从而为推进人的自由而全面发展提供了制度前提,也开辟了广阔的道路和前景。然而,在苏联社会主义建设和发展的历史过程中,并没有从根本上真正解决好人的自由而全面发展问题。这主要表现在以下三种倾向:一是**见物不见人**。一些人多注重研究社会规律而不注重研究人、尤其是个人,把马克思主义仅仅解释成为物质决定论或社会决定论以及阶级斗争学说,人的自由、平等和全面发展以及人的个性、价值等问题被搁置一边;二是谈"**人**"变色。认为"人"的问题是资产阶级的专利,一谈人性、人道主义就是泛滥资产阶级思想,就被扣上资产阶级的帽子,结果人们不敢去研究人的自由、平等和全面发展以及人的个性、价值等问题;三是**抽象地谈**"**人**"。侈谈一切为了人,把马克思主义人道主义化,忽视实现人的自由、平等和全面发展所需要的物质基础和现实条件,在改革过程中不同程度上忽视经

---

① 《马克思恩格斯全集》第23卷,人民出版社,1972年版,第649页。

济建设。这样,就势必影响人的积极性、主动性和创造性的发挥,以及人的素质的提高和人的全面发展,进而必然影响社会主义建设。

1949年建国以后,尤其是1956年确立社会主义制度后,就应当重新确立人在马克思主义和社会主义建设中的地位,因为马克思主义的基本价值观(基本价值之脉)是每个人的自由而全面发展。然而,搞社会主义的国家包括我国,在对待马克思主义和社会主义问题上有两条基本教训:一是把马克思主义教条化,没有做好结合文章;二是把马克思主义的基本价值之“脉”给丢了,没有解决好人的问题。在我国1957—1977年这20年期间,不同程度上也出现过这三种倾向,要么见物不见人,即在我们的社会生活和传统哲学教科书中,仅仅强调人要服从规律,而不大谈个人的主体性、个性、人的自我价值、人的自由、人的平等和人的权力;要么谈“人”色变,把“人”的问题看作是资产阶级的专利而加以批判;要么离开物质基础和现实条件抽象地谈“人”的主观能动性、主体性、人的个性、人的自我价值、人的自由和人的权力。除此之外,还存在着漠视人的倾向:不尊重个人及其独立人格与个性差异;否认共同人性。其最终结果,是抑制了广大人民群众的积极性、主动性和创造性的充分发挥,阻遏了社会生产力的发展以及社会主义优越性的充分发挥。我们虽然也强调过人的“德智体”全面发展,但这主要是从我国的教育方针来讲的,并没有把人的自由而全面发展看作社会主义建设和发展的一个基本原则和基本价值而加以强调。之所以没有解决好人的全面发展问题,其深层的根本原因主要在于:封建文化遗毒的消极影响使人们不重视“人”的问题及人的价值;“官本位”的社会运作体制和方式,使作为独立个人的发展问题得不到应有关注和解决;用革命的方法搞建设,忽视社会主义建设自身的规律和特点之一,就是使每个人的创造潜能、能力和个性得到充分发挥;注重用权力高度集中的计划经济体制搞社会主义建设,轻视市场经济通过利用和规范人性对建设社会主义的积极作用;注重用政治运动的方法搞建设,强调阶级原则高于个人原则,没有把个人的自由、平等和全面发展以及人的价值问题看作是社会主义的本质要求、基本价值和应有之义;社会生产力水平低下,使人们往往注重用经济发展的方法来解决人的生存问题,人的生存问题掩盖了人的发展问题。

十一届三中全会以来,在我国改革开放和社会主义现代化建设进程中,由于社会实践的需要,人们一步步走向了对人的全面发展问题的关注。起初,一些地方只注重经济发展或物质文明建设,而忽视人的素质的全面提高或精神文明建设,存在着"一手硬、一手软"的现象,影响着我国社会主义现代化建设的正常发展;后来在经济发展、社会发展和科技发展的过程中,我们逐渐认识到,人的问题在马克思主义理论体系和社会主义现代化建设中具有重要的地位。反映时代和中国社会实践的发展要求,邓小平在社会主义本质中回归马克思主义和社会主义的"基本价值",从解放思想与共同富裕意义上强调人的价值;江泽民同志在党的执政本质中突出人民的主体地位,从代表最广大人民的根本利益意义上确立人和人民的价值;以胡锦涛为总书记的党中央在继承邓小平、江泽民民本思想的基础上,进一步在发展观中确立以人为本的地位,把以人为本作为科学发展观的本质与核心,为解放人和开发人提供了前提和空间。

从总结社会主义建设和发展的历史经验教训中我们可以得出一个重要结论:漠视人和不重视人的全面发展这一社会主义的基本价值,是社会主义建设出现挫折的一个重要原因,或者说,我国社会主义建设出现一定曲折的重要原因之一,就是由于不了解人而造成的轻视人和不能正确对待人。因而,必须把推进人的全面发展作为社会主义建设和发展的一项重要战略任务,把以人为本作为社会主义的一种基本价值。

(二)以人为本是一种文化启蒙:由"控制人"到"解放人"

以人为本的意义,又体现在对当代我国文化启蒙和我国文化建设的走向及其实质的深入认识上。

马克思主义认为,人是社会历史的人,人的发展状况受社会历史状况与文化发展状况制约。纵观我国文化发展的历史可以看出,在一定意义上它是由"控制人"走向"解放人"的历史。

中国几千年的封建专制社会造成了中国人的依附性和保守性人格。从社会组织来看,我国传统社会主要是靠宗法血缘关系把人组织在一起的,而宗法血缘关系具有强烈的自闭性。一旦宗法血缘关系成为人与人间的主要组织纽带时,它就必然对广大地域性国家构成巨大障碍。中国封建专制社会的宗法观念,是在封建主义国家建立以后,统治阶级推崇儒家的"仁"的道德思想而形成的社会观念,它主要是用来维护封建等级社会的秩序和社会稳定的。尽管儒家文化有着丰富的合理因素需要我们大力挖掘与合理汲取,但在中国封建社会里,封建统治者却是用伦理道德来束缚人。这种思想文化,强调更多的是控制、等级、秩序和伦理纲常,它极大地限制了人们在社会中的自由流动,限制了主体意识和个性自由,限制了人的创造潜能的充分发挥。关于封建专制社会对"人"的压抑,"五四"新文化运动的主将——鲁迅在《狂人日记》中这样写道:"凡事总须研究,才会明白。古来时常吃人,我也还记得,可是不甚清楚。我翻开历史一查,这历史没有年代,歪歪斜斜的每叶上都写着'仁义道德'几个字。我横竖睡不着,仔细看了半夜,才从字缝里看出字来,满本都写着两个字是'吃人'!"①

当腐朽的封建专制统治无力支撑社会大厦时,社会变革就不可避免。任何政治变革往往是以思想变革为前提的。中国的民主革命也是从思想文化运动开始的。作为中国启蒙思想家,有些人不顾国情,"竞言武事",以为国家首事在于装备西方的"钩爪锯牙",这既可御敌于外,又可提高本国文化。而另一些思想家则主张"制造商估"和"立宪国会",以为通过发展商业和政治变革就能强国。而以鲁迅为代表的"五四"新文化运动时期的现代思想革命的先觉者和建设者,则认为这两种思路都不是"根本之图",如果国民素质孱弱,即使拥有现代化的武器,也不可能强大。于是他们转向了"人",并通过吸收世界先进文化,反思、批判中国历史的"非人道"现象和传统文化的惰性力,来提倡思想上的"立人"和"致人性于全"的主张。鲁迅特别强调要"改造国民性",要为国民争取做人的资格:生存、温饱和发展。由此,鲁迅对传统思想和礼教制度,从人的潜意识到社会制度都进行了深刻而彻底的揭露和批判,对沉默的国民灵魂也进行了真实的去蔽。这一时期的许多启蒙思想家认为,人是社会的主体,是文化的根本,思想启蒙、社会变革和民族强盛"首在立人,人立而后凡事举","尊个性而张精神","掊物质而张灵敏,任个性而排众数",才是社会变革的当务之急②。而要"立人",就要进行思想启蒙,反叛"非人"的思想和"吃人"的社会制度,揭露"吃人者"的把戏和"被吃者"的人性弱点。他们还认为,真正的人道主义要关怀具体真实的人,强调每一个具体的

---

①　《鲁迅全集》第1卷,人民文学出版社,1981年版,第424—425页。
②　《鲁迅杂文全集》,河南人民出版社,1994年版,第18—19页。

生命个体的意义和价值。这里，立人中的"人"，实际上是一个个生命个体，是真实具体的个人，而所谓"立人"，就是要确立人的独立意识，促使人的主体意识的觉醒，开发民众的智慧与能力，释放人的生命能量，怀疑和反叛一切制约人的生命和思想的意识观念和社会制度。正因为如此，中国近代一些启蒙思想家深有感触地说，在几千年的中国封建社会中，许多人只知道有"民"，而不知道有"人"！

总之，高扬"科学、民主"旗帜的"五四"新文化运动，主题就是"立人"，即塑造新型人格。然而，由于中国封建社会历史的包袱过于沉重，人的惰性太大，新文化运动进行的时间又短，更主要的是中国缺乏"立人"的经济基础和政治基础，所以，新文化运动对人格的塑造是不彻底的，人格并没有发生根本转变。

马克思主义关于人的解放理论的科学性，就在于把人的解放与社会解放统一起来。在阶级矛盾极为尖锐的时代，政治革命就成为首要问题。面对当时的历史任务，中国共产党从诞生之日起就开始带领全国人民谋求翻身解放，当家作主人。从中国共产党诞生到中华人民共和国成立这 28 年，解决的主要问题是中国政治制度的变革，主要任务是武装革命。封建主义、帝国主义和官僚资本主义是压在中国人民身上的"三重大山"。为推翻这些压迫，我们党带领中国人民进行了艰苦卓绝的斗争。这种斗争的过程也是中国人民实现政治解放的过程，而每一次革命斗争的胜利，人民群众自身都得到了一定的政治解放。随着新民主主义革命的最终胜利，全国人民在政治制度上得到了彻底的解放。这是中华民族数千年历史的一种伟大转折。

在革命战争年代，党始终是坚持发动群众、依靠群众、相信群众，坚信人民群众是历史的创造者，也就是社会变革的主力军。因此，我们党坚持的人民战争，不仅对最终夺取革命战争的胜利起着决定性作用，同时也使人民群众得到了锻炼，认识到了自身的力量。然而在这一年代，党的工作重心在于武装革命，因而，对于群众则更多的是去激发他们的革命热情和爱国的强烈情感。在这一年代，阶级分析是主要思维方式，打破旧世界建立新世界是革命实践的主题。因此，在严峻的革命形势下，清算封建思想遗毒，培养人民群众的全面素质和塑造新型人格未能真正提到议事日程。

在完成新民主主义革命后，人民群众从各种政治压迫中解放出来。在解放后一段时期,党把主要精力放在抓党内政治斗争,虽然相应地进行了一些诸如扫盲、发展教育事业等提高人的素质方面的工作,但由于受战争的影响和革命斗争的思维方式的影响,因而没有把建设问题真正突出出来,而是用革命促生产,用斗争求进步。受"左"的思想影响,我们曾错误地把知识分子当作消极对象而从世界观上加以"教育改造",因而也谈不上有计划、有组织和有步骤地进行真正彻底的旨在塑造新型人格的"革命"。后来就发展到极端,发生了持续十年的"文化大革命"。所谓"文化大革命",只不过是一场破坏文化、践踏人性的政治斗争,而不是全面彻底塑造新型人格的"人的革命"。在这场旨在改造思想文化的运动中,不仅对传统文化采取完全的否定态度,而且对知识分子也采取了完全改造的方针,结果变成了一种浩劫。在这场浩劫中,过激的行为代替了理性思考,阶级性取代人性,组织控制抑制了个人发展,人的生命、价值、尊严和权力等遭到极大漠视。对传统文化的冷静分析、对新社会的人格塑造被狂热的革命热情所取代。后来,"文化大革命"又被妄图篡取政权的政治集团所利用,从而彻底转变为一场政治斗争。这次斗争,不仅没有对中国传统文化进行合理的清理、批判和吸收,而且也没有注重新型人格的塑造,反而对人是一种严重的摧残。总之,改革开放以前,中国未曾经历过"文艺复兴"式的、旨在全面彻底塑造新型人格的人的革命,在人的内心深处实行全面彻底的人格塑造的任务尚未彻底完成。

我国社会主义建设出现一定曲折的重要原因之一,就是由于不了解人而造成的轻视人和不能正确对待人。对"文化大革命"现实的最初反叛是从价值观上重视人,表现在要把人当人看,尊重人和关心人,重视和有效发挥人的作用。改革开放以来,在对人的问题研究中,人们逐步认识到人在社会主义建设和马克思主义体系中的地位,进而强调把人当主体看,正确发挥主体的作用。近年我国人的问题研究的意图之一,就是唤醒人们对"人"的尊重,并充分正确发挥人的主体作用,确立人的主体地位。这也就是要通过提高人的素质,来塑造适应现代社会发展的新型人格。首先,要从依附型向独立型人格转变。在过去,由于长期的宗法社会的存在,人并没有独立的个体意识。新中国成立后,人得到了政治解放,却在计划经济体制下,又转而依赖政府和单位,甚至依靠"关系",这便形成了一种依附型的人格。改革开放,我们要进行经济市场化、政治民主法治化、社会秩序和行为规范的制度化等内容的现代化建设,因而,人们应以充分的自信参与社会竞争,追求自己的正当利益,同时也要增进社会利益。其次,要从消极保守型人格向开拓创新型人格转变。社会主义市场经济也可以称为能力经济,其中,个人成为利益主体,人们应凭借个人能力和业绩获取正当利益。民主法治的政治环境能给我们提供施展才华和发挥潜力的舞台。因此,人们应从被动服从的角色中走出来,积极参与市场竞争与合作,积极进行创业,开拓创新、锐意进取。再次,由从人情关系型向契约法治型转变。社会主义市场经济是契约经济,也是法制经济。市场交易要有契约,有契约就要维系契约,要维系契约就要法治。因而,我们需要建立民主法治国家,维护社会的公平正义。在过去,权力关系、狭隘的人情关系向社会公共领域渗透,人们办任何事情往往要走后门,找关系,这就破坏了社会的公平正义。在社会主义市场经济中,我们要依照法律规范参与平等竞争,学会协商谈判,要用契约规则既保护自己也约束自己,既制约对方也尊重对方。最后,使人们由逃避责任走向承担责任。过去,由于人们缺乏自主性,所以,一些人在追求个人权利的同时往往推卸责任。诚信、担责是市场经济发展的内在要求,也是人们日常行为中不可缺少的品质。因此,我们要积极培育人们的责任意识。

改革开放以来我们之所以能取得巨大成就,其原因之一,正是重视人并充分正确发挥人的主体作用。而改革开放过程中出现的一些问题,一定意义上也与对人缺乏科学理解而轻视人和不能正确发挥人的作用有关。1978年我国迈开了改革开放的步伐,举起了解放思想的大旗,以打破人身上的禁锢和枷锁,为人松绑。解放思想实质就是解放人和开发人。这种对人的解放和开放,集中体现在"利益解放"、"能力解放"和"个性解放",结果"人"字越写越大。可以说整个改革开放的过程,实质上就是解放人和开发人的过程。正因如此,人和社会才焕发出活力,我们才取得巨大进步。

总之,以人为本发展理念的提出,就其实质来讲,就是确立人的主体地位,发挥人的主体作用。这就对当代中国的文化启蒙和文化建设提出了根本要求——必须注重解放人和开发人,其中主要包括人人平等;尊重个人及其个性;维护人民群众的基本需求、合法权益和独立人格;注重人的内在实力。

(三)以人为本是一种现代执政方式:由管制到民主、协商和服务

以人为本的意义,也体现在领导干部的执政方式、领导方式和行政方式的转变上。

以人为本作为党的一种现代执政方式,就是在执政和行政过程中,要注重民主、协商和服务。这是洞悉社会主义建设规律和中国共产党执政规律,以及总结党执政的经验教训,而得出的重要结论,是我们党的执政方式的升华。

人的全面发展是社会主义新社会的本质要求。对社会主义的认识达到什么程度,我们对"人"的认识和态度也就达到什么程度。过去我们曾从生产关系的角度来理解社会主义,认为社会主义就是与资本主义"对着干",由此,我们往往把"人"的问题看作是资产阶级的专利,"谈人色变";在总结社会主义建设的经验教训的基础上,我们逐渐认识到应着重从生产力的角度来重新理解中国的社会主义,由此,我们强调解放思想,通过解放思想来解放人;尔后,我们又进一步从人的全面发展的角度来理解社会主义,认识到人的全面发展是社会主义新社会的本质要求,认为社会主义追求的最终目标是人的解放和人的全面发展,社会主义本身就是实现人的全面发展的现实运动。因此,在新时期,我们既要解决在人的主体地位、作用日益突出的情况下如何以人的发展来促进经济文化发展的问题,也要解决经济文化的发展水平逐步提高之后人的内在精神世界的问题和如何进一步推进人的全面发展问题。根据这种认识,我们把人的全面发展作为全面建设小康社会的一个重要奋斗目标,把以人为本作为科学发展观的核心。

立党为公、执政为民,是通过对共产党执政规律的把握而得出的重要结论。执政的党与革命的党是有区别的。从目标上说,革命的目标是推翻旧制度,夺取国家政权,而执政的目标则是维护自己的执政地位,并利用政权推动经济社会发展,满足人民群众日益增长的物质文化需要;从手段上讲,革命强调的是利益对立与权力控制,高扬斗争主旋律,尽力扩大、激化一切有利于夺取政权和破坏旧秩序的矛盾因素,而执政则主张和合,注重在人民根本利益一致的基础上追求各方的包容、和谐、双赢共生,强调通过民主、协调和对话,来平衡社会不同群体的利益,缓和与化解一切不利于巩固政权和经济建设的矛盾因素;从党的社会基础上说,革命力量来源于被压迫被剥削阶级,革命要体现他们的意志,实现他们的理想,而执政则力求整合、平衡全社会各阶层的利益,反映和实现广大人民的愿望和要求;从主题来讲,革命的主题是强调推翻旧政权,强调高度集中和国家利益,而执政的主题则是促进发展,是注重民主和人民的利益,是整合与凝聚社会一切有效的力量;从职能来讲,革命注重的是管制,而执政则注重的是服务。根据上述分析我们得到一个启示:作为一个执政的党,必须在执政方式上坚持以人为本,也就是要规范执政方式以及领导行为和行政行为,只有这样,才有利于巩固党的执政基础和执政地位。

把以人为本确立为党的执政理念和一种执政方式,是党在执政理念与执政方式上的与时俱进。在传统计划经济时代,由于几千年封建集权意识的积淀和对社会主义理解的偏差,也由于受"斯大林社会主义模式"的影响,我国形成了高度集中的指令性经济以及权力控制,我们也将执政的注意力主要放在实行生产关系领域的革命上,试图主张通过实行"一大二公"的生产关系来推动社会生产力的发展,由此,我们曾提出"抓革命、促生产"的执政理念和执政方式。1978 年以后,邓小平率领全党致力于探索"什么是社会主义、如何建设社会主义"的问题,及时果断地实现党和国家工作重心的战略转移,提出了"一个中心、两个基本点"的新的执政理念和执政方式,不仅提高了社会生产力,增强了我国的综合国力,而且提高了广大人民群众的物质文化生活水平,巩固了党的执政地位。随着改革开放的深入,"如何建设党,建设什么样的党"的问题被突出地提了出来。为创造性地回答这一问题,江泽民同志把"三个代表"重要思想作为党的执政理念,从而进一步增强了党的凝聚力、创造力和战斗力,党的执政地位得到进一步巩固。在今天,党的执政条件、环境和任务都发生了重大变化,尤其是在我国加入世贸组织,国内的经济社会之间、城乡之间、各地区之间、不同社会群体之间以及人与自然之间的矛盾日益凸显的情况下,以胡锦涛为总书记的党中央在十六届三中全会上提出"以人为本,全面、协调和可持续"的科学发展观,把"以人为本"作为党的执政理念。这实质上就是要求党把以人为本、尤其是以民为本作为一切工作的出发点和落脚点,把以人为本作为规范各级领导干部的工作方式、领导行为和行政行为的基本准则。

(四)以人为本是一种具有整合凝聚功能的共同价值观:由"两极对立"到"共赢共进"

以人为本的意义,还体现在整合各种合理要求、凝聚各种积极力量上。

从我国改革开放的历史进程看,大致经历了动员参与期、表达诉求期和整合凝聚期。

一是动员参与期:使人各尽其能,使社会充满活力。我们党领导全国人民实现民族独立和解放,就是要把人们从封建枷锁、宗族依附、帝国压制和阶级压迫中解脱出来。然而,在社会主义建设的探索过程中,由于当时国际环境的限制以及我们对社会主义建设的规律认识不清楚,结果在社会发展上犯了超越历史发展阶段的"左"的错误,抑制了社会各种力量的发挥和个人能力的施展。改革开放和现代化建设初期,中国共产党人的主要历史使命,就是力求把一切积极因素和力量动员起来,参与到改革开放和现代化建设中去,因而这是一个"动员参与期"。这一时期的基本特征,就是努力从思想、政策和机制上采取一系列重要的方法和措施,使人们做到各尽所能,使社会充满创造活力。

首先,思想动员。1978 年进行的"实践是检验真理的唯一标准"的大讨论,实质就是冲破个人崇拜和"两个凡是"的束缚,把人的思想从僵化观念和教条主义的束缚中解放出来,打破人身上的禁锢和枷锁,为人松绑。由于我们依据实践标准,高举解放思想、实事求是的大旗,才顺利进行了拨乱反正和正本清源的工作,实现了党和国家工作重心的转移,在改革开放的道路上迈出了新的步伐。在改革开放过程中,针对困扰人们思想的"姓'资'还是姓'社'的争论",1992 年初,邓小平在南方谈话中强调指出:"判断的标准,应该主要看是否有利于发展社会主义社会的生产力,是否有利于增强社会主义国家的综合国力,是否有利于提高人民的生活水平。"[①]通过思想动员,人们放下了思想包袱,放开了手脚,社会也开始充满活力。

其次,政策动员。在解放思想的推动下,我国采取了一系列新的改革开放措施。在农村推行家庭联产承包责任制,大大激发了广大农民劳动的积极性和创造性;在城市推行国有企业改制,打破铁饭碗,把人们从"单位人"转变成"社会人";在发展策略上,鼓励一部分地区和一部分人通过诚实劳动、合法经营先富起来,先富带动后富,最终实现共同富裕;在所有制结构上,打破单一所有制结构,在坚持公有制为主体的前提下,承认并保护其他所有制成分;

---

① 《邓小平文选》第 3 卷,人民出版社,1993 年版,第 372 页。

在分配方式上,实行按劳分配为主体,多种分配方式并存。这些政策的实行,为人们提供了施展才能和抱负的舞台,也大大激发了人们进行社会主义建设的积极性、主动性和创造性。

最后,机制动员。随着社会主义市场经济体制的建立,以及竞争机制的引入,社会逐渐把人从对"单位"、"地域"的依附中解放出来,成为独立的利益主体。这必然促使人在市场中凭其最大能力来从事经济活动,并参与市场竞争,凭其最大能力求得生存、发展并获得经济选择的自由。这里,市场经济体制在本质上要求人对权位的追逐转向对自身能力发展的提升,并最大限度地激发起人的主动性、积极性和创造性。市场经济的竞争机制,促使人们摆脱在传统计划经济条件下养成的懒惰性、被动性,从而使个人的自主性、积极性、创造性得到了最大程度的发挥。

表达诉求期:各个阶层、群体的社会成员力求表达正当诉求。在我国改革开放和现代化建设进程中,许多积极因素和力量被动员起来了,我国社会也突出呈现为多样化的发展状态。当这些因素和力量的作用越来越大的时候,当社会多样化日趋发展的时候,就会向社会提出这样或那样的要求。这意味着我国改革开放和现代化建设在逻辑上进入了"表达诉求期"。这一时期的基本特征,就是各个阶层、各个群体都在力求表达其利益诉求。改革开放和现代化建设的过程,就是不断解放思想进而解放人的过程,也是各种因素和力量充分发挥作用的过程。在这一过程中,各种创造活力竞相迸发,各种创造社会财富的源泉涌流;同时,各个阶层和利益群体也必然会表达他们的利益诉求、权利诉求、民主诉求和公正诉求。

著名的政治学家亨廷顿关于现代化引起不稳定、现代化伴随着风险的观点,已经得到了许多国家经济社会发展经验的验证。即在现代化起飞的时期(从农业社会向工业社会过渡时期),是进入社会结构错动、社会问题增多、社会秩序失范、社会风险易发的时期。我国社会转型正面临关键的临界点,即进入了社会发展的矛盾凸显时期,也就是**社会失调、社会风险**时期,一定意义上也可以说进入了**风险社会**。这种由社会结构内部不协调而产生矛盾、冲突或人们的无序导致的紧张状态逐步积蓄起来,会对社会结构形成巨大的冲击,并在社会结构最薄弱的环节释放出来。而这种无序的社会力量爆发就是社会危机或叫社会风险。当前,社会结构中导致社会不稳定的最大风险源主要有四个:一是政治风险源即腐败,导致政治上人民对执政党和政府权力认同度降低,导致核心价值理念受到冲击,易产生政治和精神危机;二是经济风险源即失业,导致普通劳动者、弱势群体层面的社会成员利益受损,易产生经济、社会、政治的危机;三是社会风险源即贫富两极分化,导致一些社会成员产生相对剥夺感,易产生心理和社会的危机;四是体制风险源即人民的诉求得不到应有的尊重与表达。随着利益群体的不断多样化,人们利益表达的愿望和要求日益强烈。如果正常利益表达的渠道不畅通、不完善甚至缺失,人民群众的诉求得不到尊重和表达,就会产生不满情绪,发展到一定程度往往会出现对党和政府的不信任。为避免社会风险,就必须积极整合各种合理要求、努力凝聚各种有效力量,进而必须建立健全社会利益的表达机制和协调机制,必须畅通社情民意反映渠道,既引导群众以理性、合法的形式表达利益诉求,又努力解决利益矛盾。

整合凝聚期:力求保持各种力量和各方面利益关系的协调。如何面对各个阶层和群体日益觉醒和增强的利益诉求、权利诉求、民主诉求和公正诉求?无非有两种态度:一种是消极对待,不予尊重。这样做的结果,可能会增加社会矛盾,不利于社会和谐,也会削弱党的群众基础和社会基础;另一种是积极对待,予以尊重。就是积极整合他们当中的一些合理要求,努力凝聚他们当中一些有效力量。这样做的结果,有利于形成一种各得其所而又和谐相处的局面。这就把整合和凝聚的问题突出出来了。这样,"整合和凝聚",便成为我国改革开放和现代化建设的一个十分重要的必经步骤和环节。所谓社会整合与凝聚,就是通过协调社会系统内部各部分和各力量之间的关系来维持一定的社会和谐,它既包含社会结构各个部分之间的相互依赖,又包括对这些社会结构各个部分的协调和控制。这种整合既强调不丧失被整合个体的自身特性,又强调个体中一些要素的动态交叉与融合,从而在高度和谐的基础上产生新的功能,最终达到整个社会在动态中的和谐发展。其实质和本质特征,就是力求保持各种力量和各方面利益关系的协调。

在社会多样化发展的环境中,为使人们能聚精会神搞建设,一心一意谋发展,就必须使社会的整合方式从原来的基于纵向结构、单向依赖的权力控制式,转向现在的基于内在需求、相互依赖的内在契合式。这种新的社会整合方式的形成,虽然需要建立新的制度规范协调体系,需要在个体和整体互动基础上的被整合双方的主动调节和适应,但更重要的是需要形成社会成员的共同价值认同。只有坚持以人为本的社会共同价值观,才能在多元价值之上建立更高的共同价值统摄,从而形成广泛的遵从动机,构建普遍的伦理秩序,支撑社会的制度建设,增进社会的相互依赖和相互协调,进而有利于整合各种社会利益关系。因为在社会的各个领域、各个方面,尤其在个人价值取向上,在个体与个体、个体与社会关系之间,在社会结构及制度架构之中,以人为本的价值观都发挥着导向功能、评价功能、凝聚功能和整合功能;从基础上讲,它具有广泛的人民性;从目的上来看,旨在促进人的全面发展;从功能上说,它具有谐和性、公正性、包容性、整合性和亲和性。它具有谐和性,在社会多样性和统一性的关系上,它强调在社会多样性中追求协调合作、共赢共进;它具有公正性,在弱势群体和强势群体的关系中,它倡导人人平等、扶贫济困、互惠互利;它具有亲和性,在人和社会的关系上,它代表广大人民的根本利益,使社会发展成果惠及全体人民;它具有包容性,在人和人的关系上,它尊重人们之间的共同性和个体差异。显然,这种以人为本有利于人们达成认同和共识,有利于凝聚社会一切积极力量,有利于中国社会的和谐发展;从其存在的合法性来讲,它是马克思主义的最高价值取向和具体体现,是当代中国实践发展的必然要求,是最人性化的理念,也是中国人民共同认同和接受的;从思维方式上来说,它强调人们之间的共同性、共生性和包容性,强调整合、双赢、共生;从价值原则上来说,它要求尊重人、依靠人、为了人和塑造人。这样,以人为本的共同价值观既符合人类文明的发展趋势,又符合社会主义中国的国情,因而必将得到广大人民群众的认同、支持和拥护。

四、如何在当代中国发展实践中贯彻落实以人为本

以人为本既是当代中国发展进程中的必然要求,也是当代中国进一步发展需要坚定确立和努力实现的核心理念。这里的"中国发展",主要包括经济发展、政治发展、文化发展和社会发展。

马克思指出:"一步实际行动比一打纲领更重要。"①纲领很重要,但实现

① 《马克思恩格斯选集》第3卷,人民出版社,1995年版,第296页。

纲领的行动更重要。实现以人为本,我们既不能把它停留在口头上夸夸其谈,也不能将其当作标签到处乱贴,要切实把口动变成心动,把心动变成行动。在当代中国发展过程中,在贯彻落实以人为本的理念上,除了存在思想认识障碍、落后的工作作风障碍以外,还存在着经济发展方式落后、传统政治体制影响、陈旧文化的阻扰和社会中多种利益主体之间的矛盾冲突四方面的问题。因此,要在当代中国发展过程中真正贯彻落实以人为本的理念,需要从以下四方面入手:

(一)在经济建设领域,加快向以自主创新能力为核心的经济发展方式转变

十六届三中全会召开以前,我国不少地方主要以"物"的方式来实现经济增长。主要表现在通过四大物的要素来拉动经济增长:一是消耗自然资源;二是开办一些高投入、高消耗、高污染的企业;三是资本投资;四是依靠廉价的劳动力"成本"。数据显示,在发达国家的经济增长中,75%左右靠技术进步,25%左右靠能源、原材料和劳动力的投入,而我国的情况恰好相反。我国主要行业的关键设备与核心技术基本依赖进口。这种"重物轻人"的经济增长方式功不可没,不可全盘抹煞。但在今天看来,这种经济增长方式的空间越来越小,人付出的代价越来越大。因而,必须实现由传统的经济增长方式向现代经济发展方式转变,这就是一方面既见物又见人,把人的全面发展看作经济发展的目的;另一方面,要通过"人"的手段推动经济发展,即把提高人的自主创新能力看作实现经济发展方式根本转变的中心环节。以自主创新能力为核心的经济发展方式之特征,可概括为"人本"经济发展方式。这里,经济又好又快发展需要确立的以人为本实际上是实现一种理念。原浙江省委书记习近平精辟指出:浙江没什么资源,但把人本身看作最大的资源。相比而言,这比有些地方有不少资源,但就是不把人本身看作资源,要进步得多。

(二)在政治建设领域,逐渐向公民社会结构转变

在现实社会中存在着不少实现以人为本的障碍。但根本的障碍,主要是权力至上的自上而下的"金字塔"式的社会层级结构及其蕴涵的权力结构和

权力运作方式。权力结构和权力运作方式实际上构成政治体制的核心。这里,政治体制的深层背后是社会层级结构,社会层级结构影响政治体制,政治体制是社会层级结构的实现形式,而政治体制又决定思想观念。只有改造社会层级结构,才能有效地改革政治体制,进而改变人们的思想观念。正如墨菲所说,社会结构"隐匿于社会制度之下","并不浮现在可以观察到的社会关系的表面上"①。

按照马克思的社会结构理论,社会结构是由经济、政治、社会和文化等因素构成的,社会结构状况影响着社会和人的发展状况,其中经济因素起最终决定作用。中国传统的社会结构实质上是社会层级结构。所谓社会层级结构,本意是指在传统政治国家领域中依据权力至上与权力大小而形成的权力级别阶梯和权力层级结构,后被延伸为在经济、社会和文化领域根据人和人之间之权力大小、地位高低、身份有别而建立的层级关系结构。这种传统的社会层级结构蕴涵的基本特征是:(1)在权力结构上,以权力为本且政治力量过大而经济力量、社会力量微弱;因而总体上属于金字塔式的权力层级结构,一切资源相对容易向上聚集,一切指令相对容易向下贯彻,自上而下传达上层指令相对通畅,自下而上反映基层意见会相对遇到某种阻力;(2)在权力运作方式上,政治权力至上、权力自上而下运作、逐级管制而对其缺乏有效制衡,由此重集权、讲管制、讲等级、讲服从。显然,这种社会层级结构注重的是权力层级、地位层级、身份层级和关系层级,由此整个社会也形成一种层级思维。

以人为本的"说法"很先进,然而一旦置于这种传统的"社会层级结构"及其权力结构和权力运作方式中,就难以完全变成切实有效的行动,甚至某些"做法"还比较落后。这就是大家在自己的工作中经常会遇到的先进"说法"与落后"做法"的矛盾。为什么?因为个人权利服从政治权力,就是权力至上,这在一定意义上会排斥民众的合法权益;身份挤压能力,就是认为身份高于能力,这在一定意义上会排斥人的能力、尤其是创新能力;地位高于平等,在一定意义上会排斥人们之间的平等交往;服从高于自立,实际上意味着上级对下级的管制和下级对上级的依附,这在一定意义上会排斥个人的平

---

① 墨菲:《文化与人类社会学引论》中译本,商务印书馆,1991年版,第58页。

等、独立人格。

　　因此,要真正贯彻落实以人为本,根本的是必须从改造传统社会层级结构及其权力结构和权力运作方式入手,由"社会层级结构"向"公民社会结构"转变。改造"社会层级结构",就是把自上而下的"金字塔式"的社会层级结构,转变为由市场经济、公共服务型政府和公民社会所构成的"三维制衡"的公民社会结构;把注重上下纵向政治权力管制、但对权力缺乏制衡的"集权型"社会结构,转变成注重经济力量、政治力量和社会力量横向沟通、且相互制约的"分权型"的社会结构;把政府权力至上的一种力量分化为自主创新能力、公共权力和民主三种相辅相成的力量结构。这实际上是一种公民社会结构。这种公民社会结构对实现以人为本具有重要意义:首先,在公民社会结构中,公民真正成为现代社会的主体和主人。因而公民与政府的关系模式及其相应的观念将要重新构架,这就是政府的角色和职能要实现现代转换——政府是公共服务型政府,其角色和职能主要是为公民服务,与民众协商;其次,公民社会强调的核心是公民参与。公民通过广泛参与,能形成厚实的民主之风,进而有利于提高公民的独立与自主、平等与宽容、民权与民主素质;这些素质是民主政治建设的一个关键,公民可以凭借其独立自主和民主监督的力量,发挥着制衡政府权力与市场权力的作用,以消除官本位和金钱本位的消极影响。

　　改革开放以来,作为改造这种社会层级结构的主体,我们中国共产党人努力从健全现代市场体系、扩大人民民主、加强公民意识教育和建设服务型政府等方面入手,逐步改造这种社会层级结构,进一步巩固了党的执政基础。对此我们应充分肯定①。一定意义上,中国共产党人领导的改革开放过程就是循序渐进地改造传统的社会层级结构与建立新型社会结构的过程。

(三) 在文化建设领域,进一步注重"解放人"

　　中国传统社会的运作方式相对注重对个人及其个性的控制。如前所述,中国传统社会和传统文化也关注人、研究人,具有许多优秀的思想资源。然而,它研究人的目的主要不是如何真正有效地解放和开发个人,而是如何用"道德"、"权力"、"情感"和"组织"等有效地控制和约束个人(对人的私欲加以合理控制

---

① 《中国共产党第十七次全国代表大会文件汇编》,人民出版社,2007年版,第25、28、29、31页。

是必要的），结果把"人"字越写越小，缺乏创新个性和自主创新能力，因而也难以真正实现以人为本。这正是制约中国社会发展的一个深层原因。

近代西方社会特别关注人和研究人，在这一点上同传统中国社会和文化没有多大差别。差别主要在于研究的目的上。近代西方研究人的目的主要是为了解放和开发个人。它们所举起的"利益"解放、"能力"解放、"理性"解放和"个性"解放的大旗等，都是着眼于解放和开发个人的。人的任何一种解放都是为人的创造潜力松绑，都是把人从各种束缚的消极状态下解放出来，赋予人以积极生活的权利，让人充分享有行动自由。这种解放，刺激着人去奋斗、冒险、拼搏和创新。结果"人"字越写越大，一种创新精神和创新能力也就培育起来了。以人为本就是在这种文化背景中产生和成长起来的。这也正是西方强大的一个深层原因。实际上，坚守道德，是任何国家和社会所倡导的，中国更是如此。问题主要在于在坚持道德的前提下以何种方式和态度对待能力：重视和正确利用能力尤其是创新能力就会强大，而轻视和排斥能力就会落后。

1978年我国迈开了改革开放的步伐，举起了解放思想的大旗。解放思想实质就是解放人和开发人。一定意义上可以说，整个改革开放过程就是不断解放人和开发人的过程。正因如此，人和社会才焕发出生机和活力。

（四）在社会建设领域，推动"多样和谐"社会的建设

我们今天讲的和谐社会，则指的是社会系统内部的各部分和要素处于一种相互依存、相互协调和相互促进的状态。这种和谐社会，实际上是一种整体性思考问题的观点，它要求把治国理政的视野拓展到经济、政治、文化、社会和人等各个方面，并运用经济、行政、法律、政策和道德等多种手段，统筹各种社会资源，综合解决社会协调发展问题。这里，和谐既包含稳定、协调，又高于稳定、协调，它是稳定和协调的本质与核心；既包含社会发展的动力机制，又包含社会发展的平衡机制，它是动力机制与平衡机制的统一；既体现公平，又促进效率，它是公平和效率的统一；既是一种价值目标，又是一种不断推进的现实的社会历史过程，它是价值目标和社会历史过程的统一。"和谐社会"概念的提出，表明我们党治理社会的观念，已从过去的"斗争哲学"转到和谐哲学。这里，以人为本是理解社会主义和谐社会的一个关键。

建构社会主义和谐社会是一项系统工程,从以人为本角度看,需要从以下途径入手。

第一,用制度确保党执政为民:由官本位走向以民为本。执政为民能产生和谐。制度问题带有根本性、决定性和全局性,制度问题不解决,思想作风问题也解决不了,执政为民也难于真正落到实处。其中最根本的制度,是干部人事制度。我们传统的选用人制度及其运作方式具有一定的"官本位"色彩。这种选用人制度往往容易形成"对上负责、对下不大负责"倾向,甚至有时出现干部与民争利现象,因而会成为阻碍执政为民、进而成为建构社会主义和谐社会的体制障碍。要真正做到执政为民,促进社会和谐,就必须打破某些地方存在的"官本位"的干部人事制度,确立"以人民为本"的干部人事制度:开放式选人,在较为广阔的范围内选人,给人们提供平等竞争的机会;让人民群众参与选人,适度扩大人民群众参与选举的范围,注重人民群众的公论;凭能力和业绩选人,使人们认识到自己的素质提高、能力发挥和全面业绩能在晋升提拔上得到公正的回报;公正选人,通过考试、面试、考察和考查等"赛马"的方式,使人力资源得到合理配置。这种制度的主要目的在于把政治上可靠、有本事和作风过硬的优秀人才选拔出来,在于为人民服务,树立良好的亲民作风,并使人们认识到在这样的制度中,在为人民服务的工作中,自己的努力奋斗、能力发挥和素质提高能在晋升提拔重用上得到公正的回报。这样的制度,必然会把人的行为引向执政为民的工作中去,也必然有利于建构社会主义和谐社会。

第二,建立公共性和服务性政府:由特权走向公权。公共性产生和谐,规则也产生和谐。政府在建构和谐社会过程中发挥着重要作用。一般来讲,政府与个人之间的关系主要有三种价值取向:一是政府至上。用马克思、恩格斯的话来说,这是一种"虚幻的集体"。在这种政府中,政府的职能主要是管制人,个人得不到真正自由的发展;二是个人至上的无政府主义。这种无政府主义极力弱化政府,个人因此会失去发展自己的组织条件;三是建立"真正的人民政府"。在这种政府中,个人可以获得自由发展的条件。马克思、恩格斯指出:"只有在共同体中,个人才能获得全面发展其才能的手段。从前各个人所结成的那种虚构的集体,总是相对于各个人而独立的",这种集体是个人自由发展的桎梏①。

---

①　《马克思恩格斯选集》第1卷,人民出版社,1995年版,第119页。

马克思主义所主张的真实集体的思想,对正确处理政府与个人之间的关系具有重要的启示意义。在传统的中国社会,政府较为注重对民众的管制,一定意义上是一种管制型政府。这种管制型政府得以存在和延续的理念支撑,主要就是"官本位"。在管制型政府的框架内,是难以真正实现"以人为本"的。要真正实现以人为本,就必须从管制型政府转向服务型政府。这种政府的职能,一是注重民主协商,使个人的政治权利(包括民主权利)能得到政府的保障;二是为个人能力的充分发挥提供一种相对平等竞争的机会与平台、政策与规则、管理与服务,使人们认识到在这样的机会和平台、政策和规则、管理和服务中,自己的努力和能力会得到公正的回报,而且使自己承担竞争的后果。政府为个人提供平等竞争的机会和规则,个人提供努力和能力,成败得失在个人,成者感恩政府,回报社会,败者承担责任,从自身找原因,这有利于社会的和谐发展;三是在政府的政治生活中,人们政治行为的理性自觉程度和规则意识较高,多数人遵循法治高于人治、法大于权、理大于"情"的原则,注重使自己的政治行为受法治、制度和程序约束,限制公共权力运行中的随意性,人们的自我约束和自我管理程度以及守则意识相对较高;四是政府相对尊重个人在政治生活中的基本需求、合法权益、独立人格,尊重并不断满足人民群众日益增长的物质文化需要。显然,在这种政府与个人的关系中,以人为本的地位得到了应有的体现,也有利于构建社会主义和谐社会。

第三,培育健全人格:由人格分裂走向健全人格。健全人格产生和谐。一个社会是否和谐,人格是否健全至关重要。因为人是社会发展的主体,社会发展要通过人来实现。具有健全人格的人,可以化险为夷,化解许多社会矛盾,而一个人格不健全的人,会为社会制造矛盾。在当今中国社会,一些人的人格不大健全,只强调权利而不尽义务,只强调自主而不尽责任,只强调自由而缺乏自律,只强调自我而不关心他人,只强调索取而不强调奉献,只关注私利而不尊重他人。这样的人格不利于社会的和谐。所以,要建构社会主义和谐社会,就必须注重人格塑造,把人塑造成既保护自然环境又爱护社会、既尊重他人又完善自己的人。

(原载《学习月刊》2009 年第 5 期,发表时有删节)

全面准确深入理解以人为本

目前学术界对以人为本存在着不同、甚至分歧较大的理解。这里，首先有必要通过辩证处理几种基本关系，来全面、准确和深入理解以人为本的概念。

一、"以人为本"与马克思主义的关系

以人为本是通过超越以神为本、以物为本发展而来的，它把人看作主体，把人当作尺度，把人看作目的，显然，这与马克思主义是一致的。

首先，现实的人是马克思主义研究问题的出发点。西方文艺复兴以来，人的地位和作用得到了重新发现，人本思潮开始兴起。到了 19 世纪，德国著名人本主义哲学家费尔巴哈尽管不能完全科学地理解人，但他对人的重视，把人和自然视为哲学的最高对象，还是给马克思留下了宝贵的思想资源。马克思指出："人是人的最高本质"，"人的根本就是人本身。"①虽然这时的马克思还没有从人的实践活动出发去理解人，仍带有费尔巴哈人本主义的印记，但马克思已经开始关注工人阶级的现实生活，以及无产阶级的解放问题，并开始了对人的现实本质的探索。在被恩格斯称为"包含着新世界观的天才萌芽的第一个文件"的《关于费尔巴哈的提纲》中，马克思对旧唯物主义展开了批判，认为旧唯物主义"对事物、现实、感性，只是从客体的或者直观的形式去

---

① 《马克思恩格斯选集》第 1 卷，人民出版社，1995 年版，第 9 页。

理解,而不是把它们当作人的感性活动,当作实践去理解,不是从主观方面去理解"①。马克思认为,感性世界"决不是某种开天辟地以来就直接存在的、始终如一的东西,而是工业和社会状况的产物,是历史的产物,是世世代代活动的结果"②,而"整个所谓世界历史不外是人通过人的劳动而诞生的过程,是自然界对人来说的生成过程"③。与人本主义不同,马克思、恩格斯是从现实的人出发来确立其历史观的。在马克思那里,唯物史观就是"关于现实的人及其历史发展的科学"④。实际上,马克思关注的是工人阶级的生存境遇和发展命运,是无产阶级的社会物质生活条件,是每个人的自由而全面发展与社会发展的和谐一致,是每个人能力的充分发挥。

其次,人的自由而全面发展是马克思主义的基本价值观。在 18 世纪到 19 世纪期间,近代资本主义社会获得了前所未有的发展。但是,近代资本主义社会发展的重要特征,就是"物"对人的统治,人仅成为创造物质财富的手段,**使人不能真正发展**;资本占有劳动,人成为资本的奴隶,**使人不能平等发展**;机器支配人,人成为机器的一个零件,**使人不能自由发展**;分工限制人,**使人不能完整发展**。

针对这些情况,马克思强烈批判了资本主义社会中的个人生存和发展的悲惨处境,期望建立一个以每个人的全面而自由的发展为基本原则的新社会。马克思在描述未来理想社会的本质特征和基本价值时提出,共产主义是"以每个人的全面而自由的发展为基本原则的社会形式"。未来的新社会不是"物"对人的统治,而是以人自身的全面发展为目的,"物"为人的全面发展这一目的服务,人能获得真正发展;不是资本占有劳动,而是劳动占有资本,每个人能获得平等发展;不是机器支配人,而是全面发展的人驾驭机器,人能获得自由发展;消灭了旧式分工,人能获得完整发展。总之,不是物的原则占主导地位,而是人的自由、平等和全面发展的原则占主导地位。马克思一生所追求的就是:通过对社会历史发展一般规律的揭示,通过对资本主义生产方式及其发展规律的研究,为工人阶级以及每个人的解放和全面发展指明方

---

① 《马克思恩格斯选集》第 1 卷,人民出版社,1995 年版,第 54 页。
② 《马克思恩格斯选集》第 1 卷,人民出版社,1995 年版,第 76 页。
③ 《马克思恩格斯全集》第 42 卷,人民出版社,1979 年版,第 131 页。
④ 《马克思恩格斯选集》第 4 卷,人民出版社,1995 年版,第 241 页。

向和道路。所以,人的自由而全面发展是马克思主义理论追求的**根本价值目标**。在《资本论》中,马克思强调:每个人自由而全面的发展是共产主义的基本原则。在恩格斯晚年,有记者问他:你认为马克思主义最基本的信条是什么?恩格斯认为是《共产党宣言》中的这句话:"每个人的自由发展是一切人自由发展的条件。"①

有人发问,既然马克思主义是倡导以人为本的,为什么不用以人为本来代替马克思主义;还有人认为,马克思主义实质上就是一种以人为本的理论体系。我们认为,这两种看法都是值得商榷的。

马克思主义是一个完整的科学体系,而以人为本则只是马克思主义理论体系中的一个重要原则。具体来讲,马克思主义是包括马列主义、毛泽东思想、邓小平理论和"三个代表"重要思想在内的一种思想体系,它是我国当今一切工作的指导思想,而以人为本则是这一思想体系的一种理念,一种追求,一种价值目标。

马克思主义理论不仅包含着"人的自由而全面发展"这一价值目标,而且还包括实现这一价值目标的途径与方式,因而,马克思主义是价值原则与实践原则的有机统一,而以人为本只是马克思主义理论体系的一种价值原则。马克思主义超越西方人本主义的地方就在于,它不是抽象地谈论人的价值、个性和尊严,而是通过社会革命和社会改造等实践活动,来实现人的自由而全面发展。过去,我们在社会主义建设的实践中,曾误把实现人的自由而全面发展的手段当作了目的,忽视马克思主义的基本价值目标。今天,我们提出以人为本的发展理念,就是为了突出这一价值目标,从而使我们的发展紧紧围绕这一目标,而不是偏离这一目标。

马克思主义不仅强调以人为本,而且也强调要遵循社会发展规律,它是合目的性与合规律性的有机统一,是价值原则和科学原则、人文精神和科学精神的有机统一,而以人为本仅体现为马克思主义的合目的性方面,是一种价值原则。人的自由而全面发展是共产主义者的终极追求,但这种终极追求与承认社会发展的规律性是有机地、辩证地统一在一起的。马克思主义是从从事着实践活动的人出发的。实践活动,是人类有目的地能动地改造现实世

---

① 《马克思恩格斯选集》第 1 卷,人民出版社,1995 年版,第 294 页。

界的一切客观物质活动。以实践为基础的社会历史观包含两个方面：其一，历史活动是人类有目的的能动的活动，体现着人类历史的合目的性和人的主观能动性，这体现着以人为本的原则；其二，实践又是一种客观物质活动，它必须遵循社会历史发展的规律，这体现着人类历史的合规律性和不以人的意志为转移的客观成分。这两个方面是有机地、辩证地统一在一起的。马克思并没有抽象地谈论人的解放和自由而全面发展。为了实现人类解放和每个人的自由而全面发展的崇高目标，马克思提出了一整套分析和认识世界的科学方法和完整理论，比如我们所熟悉的唯物史观和唯物辩证法，比如剩余价值学说和科学社会主义。马克思通过剩余价值理论的发现，揭露了资产阶级剥削工人阶级的秘密；通过阶级分析和阶级斗争，来寻求人类政治解放的途径；通过对科学社会主义道路的探寻，来寻找实现人的自由而全面发展的道路；通过活生生的革命实践去最大限度地争取和维护无产阶级的权益；通过创造相应的社会经济和政治制度去真正实现"人的自由而全面的发展"。因此，坚持以人为本，必须以遵循社会历史发展的规律为前提，也必须建立在遵循科学精神的基础上，不能脱离社会历史条件和社会发展的阶段而单单强调以人为本。

马克思主义是世界观、历史观、价值观和方法论的有机统一，而以人为本则是建立在这种世界观、历史观上的一种价值观，它虽然是马克思主义重要的观点，但绝对不是唯一的核心观点。如果离开了世界观和历史观的基础，以人为本就成了空洞口号。

二、"以人为本"与社会主义的关系

提出以人为本，有利于我们深入认识社会主义，因而这是一种进步。

以人为本是社会主义的应有之义。社会主义是在对资本主义社会的批判中产生的。资本主义社会得以立足的一个基本原则，就是物对人的支配和统治。马克思、恩格斯批判继承了历史上关于以人为本的思想资源，从现实的人出发，通过分析人类社会发展的一般规律和资本主义生产方式发展的特殊规律，认为未来的社会主义和共产主义社会，应是"每个人的自由发展是一切人的自由发展的条件"的社会①。在这一社会里,联合起来的人占有社会生产力总和,物质财富的增长用于人自身的发展,人自身的自由而全面发展成为目的。这实际上就是以人为本的社会。今天我们所从事的社会主义事业正是从实践上朝着这一以人为本的理想社会迈进。

社会主义革命和建设的根本目的,是为了推翻帝国主义、封建主义、官僚资本主义的反动统治,建立社会主义制度,从根本上解放和发展生产力,消灭人剥削人、人压迫人的阶级社会,以实现人民当家作主。但在社会主义建设初期,由于没有搞清楚什么是社会主义、怎样建设社会主义这个基本问题,甚至把社会主义与以人为本对立起来,谈人色变,漠视人,认为人的问题是资产阶级的专利,结果犯了一系列错误。十一届三中全会以后,我们党总结正反两方面的历史经验教训,重新认识什么是社会主义、怎样建设社会主义。邓小平指出:"社会主义的本质,是解放生产力,发展生产力,消灭剥削,消除两极分化,最终达到共同富裕。"②解放生产力和发展生产力,说到底是解放人和发展人,达到共同富裕解决的是人民富裕的问题。这就从社会主义本质观上把社会主义与人内在联系起来了,并且回归了马克思主义的基本价值观,从而使人们深化了对社会主义的认识。江泽民同志进一步把社会主义与人的全面发展统一起来,指出"我们建设中国特色社会主义的各项事业,我们进行的一切工作,既要着眼于人民现实的物质文化生活需要,同时又要着眼于促进人民素质的提高,也就是要努力促进人的全面发展。这是马克思主义关于建设社会主义新社会的本质要求。我们要在发展社会主义社会物质文明和精神文明的基础上,不断推进人的全面发展"③。显然,这里明确认为人的全面发展是社会主义的应有之义。

当前,我国进行的改革说到底是解放人,为人松绑,激发人的积极性、主动性和创造性。我国建立的社会主义市场经济体制,是充分利用人性和规范人性来运作的,它对人的最大影响就是促进了独立人格的形成和人的能力的充分发挥。当然,市场经济也会出现人的物化现象。从哲学高度讲,市场经济体制的表层是"物"的问题,深层却是"人"(人性、人格、人的素质、人的价

①　《马克思恩格斯选集》第1卷,人民出版社,1995年版,第294页。
②　《邓小平文选》第3卷,人民出版社,1993年版,第373页。
③　江泽民:《论"三个代表"》,中央文献出版社,2001年版,第179页。

值等)问题,市场经济体制与人的问题更具有内在本质的联系,这必然促使人的自我觉醒,加快人的发展。特别是在经济文化比较落后的中国建设社会主义,就是要促使生产力快速发展、国家早日富强、人民共同富裕。这实际上是在实践中逐渐实现以人为本。正如邓小平所说的,坚持社会主义的发展方向,就要肯定社会主义的根本任务是发展生产力,逐步摆脱贫穷,使国家富强起来,使人民生活得到改善。没有贫穷的社会主义。社会主义的特点不是穷,而是富,但这种富是人民共同富裕。

以人为本是社会主义的应有之义,但不能把社会主义归结为人本社会主义。

社会主义首先是包括经济、政治、文化、人等在内的一种社会制度,而以人为本只是一种价值观。作为价值观,以人为本必然反映和体现这种制度,但毕竟不能替代这种制度。况且,当代资本主义社会也讲以人为本。如果根据社会主义坚持以人为本就得出结论说社会主义就是人本社会主义,那么,资本主义社会讲以人为本也可以说是人本资本主义。实际上,我们只能用社会主义和资本主义来区别以人为本的不同实质,但不能用以人为本来区别社会主义和资本主义。在社会主义建设中,以人为本应适当确定其使用范围,并在不同的关系中确定其不同的含义和意义,而不能把以人为本作为普遍适用的原则到处加以使用。那种认为在任何场合、领域和范围都可以使用以人为本的原则的看法,认为社会主义就是人本社会主义的看法,是需要商榷的。因为对马克思主义来讲,以人为本说到底是一种价值观,而不是一种世界观和历史观。

社会主义又是一种现实的经济运动过程。这就是说,要实现以人为本,首先必须创造实现以人为本的社会物质条件,尤其是对经济文化落后的中国来讲,更是如此。由此说来,中国特色社会主义既是一种以经济建设为中心、大力发展社会生产力的社会主义,也是注重以人为本的社会主义。如果把社会主义仅仅归结为人本社会主义,就是缺乏国情意识的一种表现,也是对中国特色社会主义的一种片面理解。当前,我国提出以人为本,是为了在实践上突出社会主义建设和发展的价值目标,是反对见物不见人。但不能走向另一极端,即见人不见物,离开社会物质条件空谈以人为本。在处理经济发展与人的发展的关系时,以人为本既要注重人的发展的物质基础,同时也要强调经济发展是"为了人";在处理个人与国家、社会的关系问题上,以人为本既要倡导个人对国家、社会的贡献,也要强调国家、社会应尊重每个人的基本需求、合法权益、独立人格和创造个性,并为其才能的发挥和自由全面发展创造条件;在处理人与人之间的关系问题上,以人为本不仅坚决反对按出身和门第的高低把人划分为上等人和下等人的封建等级观念,而且否定资产阶级按金钱、财富多少来确定人的社会地位的价值观念。

三、"以人为本"与西方人本主义的关系

以人为本和西方人本主义具有共同点,即都承认人们之间具有共同人性,都强调人人平等和尊重人权,都把人作为最高价值取向。由此,有的学者指出,西方早就提出了人本主义观念,现在我们讲以人为本就具有人本主义的嫌疑。勿庸置疑,西方人本主义对人的思考的确为我们提供了丰富的思想财富。然而,我们所讲的以人为本与西方人本主义有着根本区别。

文艺复兴时期,伴随着资本主义生产方式的产生,兴起了一场波澜壮阔的人文主义运动。这场运动把斗争矛头直指向宗教神学和封建等级制度:它反对神道,弘扬人道;批判愚昧,倡导理性;轻蔑信仰和彼岸,重视尘世和此岸,把人从天国梦中拉回到实实在在的现实生活中来。这场运动以其"人"的发现而成为人本主义思潮的肇始。经过18世纪法国人道主义者的锤炼和提高,到德国古典哲学时期,就形成了较为完整的近代形态的人本主义思潮。康德重视人的生存和价值,强调人是目的而不是手段,强调人为自然立法。费尔巴哈虽然不了解人和社会的真实关系,但他推崇人,把人看成是至高无上的存在和哲学的最高对象。尤其是费尔巴哈对宗教的批判,揭示了宗教是人的本质自我异化的实质,这不仅把人从宗教那里夺回来,而且确立了人的主导地位。这就使"人"堂堂正正地站立起来,使人为争取自己的尊严和权益而斗争。

到了现代,人本主义思潮在形态上虽然发生了很大变化,但仍然推崇人的地位、尊严和价值,并对现代科技的工具理性和大工业对人性的压抑进行了深刻批判。从19世纪中叶起,以叔本华和克尔凯郭尔为代表的一些哲学家们就开始向传统的理性主义公开宣战。他们不满于对普遍人性及自由、平

等、博爱的一般颂扬,要求转向人的个体生命、本性和本能,认为这是人的本真存在。他们强调人是包括肉体、活动、意志、情感在内的完整的存在,而传统哲学的弊端就在于忘记了具有非理性因素的人,因而,必须使哲学向本真的回归。20世纪以后,在德、法等国出现的一批人本主义思想家继承了先辈的思想,并在资本主义社会人的异化急遽加深的背景下,把人本主义思潮进一步推向系统化。特别是西方马克思主义者,见解深刻,著作众多,影响巨大。无论是以霍克海默、马尔库塞为代表的法兰克福学派,还是以萨特为代表的存在主义等,他们之间虽有分歧,但都表现了对个人命运的关切和对个人自由的追求。

现代西方人本主义与近代西方人本主义的区别主要体现在:一是强调人的非理性因素对人的认识活动和行为的决定作用。近代西方人本主义一般认为,理性决定人的认识并进而决定人的行为,因此,人从本性上说是理性的动物。而现代西方人本主义则突出感性与理性的对立,认为理性压抑了人的本能,限制了人的自由。现代人本主义正是在批判科学理性的基础上,强调非理性因素的重要性,认为人的本能、直觉、意志、情绪等非理性的直接生存状态才是人的真正本质。二是从外到内,开始关注人本身。近代西方人本主义把人的理性和人的主观能动性更多地看作一种认识能力,它指向外部世界,以认识、利用、支配客观世界为目的。现代西方人本主义则把主观能动性更多地理解为主体的内在冲动力,它是生命潜能的强烈表现,是主体固有的自发性,其目标指向是人的本质对于自然和自身的超越。三是强调人的个体性。在近代西方人本主义那里,作为主体的人所具有的不过是一种抽象的理性,一种无差别的普遍人性,认为人的本质即类的规定。而现代西方人本主义则从类特性转向个体存在,不再满足于一般地谈论抽象人性,而注重个体的生存状态。现代西方人本主义强调,每一个人都是个别的不可重复的主体,都有自己独特的个人经历、内心体验和自由意志。四是注重主体间性,反对近代西方人本主义所理解的"主客二分"意义上的主体性。

近代和现代西方人本主义对人的问题的关注和思考及其成果,是我们今天提出以人为本理念的可资借鉴的思想资源之一。然而,我们不能现成地把它们搬过来从而当作科学发展观的理念,必须根据当代中国发展的实践要求,对此加以科学改造。我们今天所讲的以人为本,是建立在唯物史观基础之上的,与西方人本主义具有根本区别。这主要体现在对人的不同理解上。

一是近代西方人本主义多强调类意义上的人,注重人的共同性、普遍性而忽视人的社会差异和个性差异,现代西方人本主义多强调个体意义上的人,注重个体差异而忽视人的社会本质。而我们所讲的以人为本,是从人和动物的区别、不同社会群体的人之间的区别、个人和个人的区别三种意义上来理解人,既把人看作是类意义上、个体意义上的人,更强调人的社会性。

二是近现代西方人本主义多注重人性革命而轻视实践,而我们所讲的以人为本,是把人主要理解为现实的、从事着实践活动的人,把以人为本看作是建立在社会实践基础上的一种理念,认为要实现以人为本,必须强调实践的作用。

三是近现代西方人本主义相对多地强调自然属性上的人,以及原子式的人,这在价值观上往往主张个人主义。以唯物史观为理论基础的以人为本,则把人放到社会关系中来理解,既看到人的类存在和类价值,也看到人的社会存在和社会价值,还看到人的个性存在和个性价值,尤其把人看作是社会的人,强调并关注人的社会差异和个性差异。这在价值观上是强调个人发展与社会发展的和谐一致。

四是近现代西方人本主义是从抽象的人出发来解释社会,而我们所讲的以人为本,则是从社会历史条件出发来谈论人。由于近现代西方人本主义是把人的某一共同属性当作人的本质,没有看到人的感性活动对人的意义,没有从具体的历史条件出发来看待人,因此,它往往以抽象的、永恒不变的“人的本性”作为观察社会历史的准绳,作为社会历史发展的动力,作为维护资产阶级剥削压迫、反对无产阶级革命的思想工具。这就与我们所强调的以人为本有着本质的区别。马克思主义从一定社会的经济关系出发,从社会历史现象中找到了决定历史发展的基本矛盾,发现了生产力和生产关系辩证运动的规律,把人类社会的发展看作是一个自然的历史过程,认为无产阶级只有消灭阶级剥削和压迫,解放全人类,才能最终解放自己。因此,我们所讲的以人为本是从社会历史条件出发的,它把解放和人的发展放到社会历史的发展进程中来理解。

五是近现代西方人本主义多把人当作社会历史发展的目的,而我们所讲的以人为本是强调人既是目的,同时又是手段,是目的与手段的统一论者。近现代西方人本主义强调理解人、尊重人、为了人,强调保障人的权利,反对封建特权等,在资产阶级革命中发挥过积极作用。但是,近现代西方人本主义往往把"整个历史过程看作'人'的自我异化、自我发展、自我实现的过程"。这与我们所强调的以人为本有着本质的区别。我们今天提出的以人为本,是把人作为社会发展的手段和目的统一。马克思在对人类历史进行考察之后,发现人既是"历史的剧中人物",也是历史的"剧作者"①。这就是说,一方面,人民群众是社会历史的创造者和推动者,另一方面,社会历史的发展也是人的解放和发展的条件。

四、"以人为本"与以经济建设为中心的关系

有人认为,提出以人为本,是由于过去过分强调以经济建设为中心从而出现不少问题,现在应从以经济建设为中心转向以人的发展为中心,以人为本是对以经济建设为中心的否定。这是一种误解。以人为本是要求把以人为本的理念注入以经济建设为中心之中,因而是对以经济建设为中心的发展而不是否定。

"以经济建设为中心"是实现以人为本的基础,一般来讲,经济发展达到什么水平,以人为本就会达到什么水平,经济越发展,就越能为实现以人为本提供物质条件。这里,以人为本就是要求使经济发展成果用于人的全面发展。我们党在建设社会主义的过程中,一定要把解放和发展生产力作为自己的根本任务,把包括发展生产力和调整改革生产关系在内的经济建设作为自己的中心工作。对此,一定要坚定不移而不能有丝毫动摇。因为只有如此,才抓住了社会发展的主要矛盾,才能为社会发展提供必要前提和坚实基础。这也就是说,社会发展不是单一方面的发展,而是包括经济政治文化等等在内的各方面的发展,是所有这些方面全面、协调、可持续的发展。其中,经济的发展处于中心的地位。只有经济发展了,才能为其他方面的发展、包括人的发展奠定物质基础。没有经济的发展,所有其他方面的发展、包括人的发展都要受到影响和限制,甚至不可能实现。

以经济建设为中心是实现以人为本的基础,还可以从马克思主义理论本

---

① 《马克思恩格斯选集》第1卷,人民出版社,1995年版,第147页。

身得到说明。马克思把共产主义定义为"自由人联合体",在这一联合体里,其核心原则是"作为目的本身的人类能力的发展",它存在于"真正物质生产领域的彼岸"①。可以说,马克思主义是以人为本的。但是,马克思主义与资产阶级人道主义以及形形色色的空想社会主义的区别恰恰在于,它没有把人的全面自由的发展当作一个抽象原则,而是看作人的本质力量发展的历史的产物,没有把人的发展看成是外在于物质生产领域的过程,相反,它在人类思想史上第一次把生产力与人的本质联系起来,认为生产力的发展也是人的本质力量的发展。在批判资本主义生产过程具有"否定人"的性质的《1844 年经济学哲学手稿》中,马克思写道:工业"是一本打开了的关于人的本质力量的书……人们至今还没有从它同人的本质的联系上,而总是仅仅从外表的效用方面来理解。"②在《资本论》中,马克思同样指出:"为生产而生产无非就是发展人类的生产力,也就是发展人类天性的财富这种目的本身。"③概言之,马克思既批判生产力发展的资本主义性质,认为在这一社会中,生产力发展具有否定人的性质,物的增值与人的贬值成正比;同时又认为,人的解放离不开生产力的高度发展,自由王国存在于物质生产领域的彼岸,但是它只有在必然王国的基础上才能繁荣起来。马克思这一与历史观高度统一的价值观告诉我们:虽然物质生产的发展、经济增长不能等同于人的发展,但人的发展不是外在于物质生产发展。以人为本的发展理念不应该动摇经济建设这个中心。

　　但是,改革开放初期,一些地方片面理解"以经济建设为中心"的思想,把以经济建设为中心,简单化为追求 GDP 的增长。而忽视了以经济建设为中心作为以人为本的手段和基础的作用,而是为经济而经济。一味地去注重经济增长,过度开发物质资源和自然资源,虽然取得一定成绩,但也在实践中付出了很大的代价——环境污染;人被物化;存在着不公平。这些代价,促使人们从开始时的呼唤现代化走向了反思现代化。反思的一个重要成果,就是在全面建设小康社会的过程中,虽然要注重经济增长,但必须走出仅仅片面追求经济增长的发展观。这也是提出以人为本的新发展理念的重要原因。以人为本的发展观就是在强调经济建设的同时,也强调经济与社会的协调发展,

---

① 《马克思恩格斯全集》第 25 卷,人民出版社,1974 年版,第 926—927 页。
② 《马克思恩格斯全集》第 42 卷,人民出版社,1979 年版,第 127 页。
③ 《马克思恩格斯全集》第 26 卷下,人民出版社,1974 年版,第 124 页。

强调在可持续发展框架内解决现有的和不断出现的矛盾和问题,以促进经济社会更快更好的发展,从而更快更好地改善人民的生活、提高人民的福利。总之,当前我们提出的以人为本发展观,是用来指导发展的,是紧紧围绕发展这个主题的。

以人为本也要求我们把以人为本的理念注入以经济建设为中心之中:一是从目的方面注入,把人的全面发展看作经济建设的目的;二是从手段方面注入,通过"人"的方式来推动经济发展。

以人为本要求把人的全面发展看作以经济建设为中心的目的,反对只见物不见人。以经济建设为中心,目的并不是为经济本身,而是为了使经济发展成果惠及全体人民,为了不断促进人的全面发展。脱离了"人"的经济发展是我们不需要的,也是不可能长久的。这里,我们首先要反对把发展仅仅等同于经济增长的发展观。西方早期的发展理论是把经济增长作为发展的主要目标,虽然取得一定成就,也付出了很大代价。对此,佩鲁曾加以批判,指出,"经济学家公认的日益增长的天真,曾令人感到痛惜"①。从哲学上看,发展离不开人,发展问题归根到底就是人的问题。经济社会的发展没有人的发展是不可能实现的,因为一切经济活动都出自人的需要,也是为了满足人的需要。人们日益增长的物质生活、政治生活和精神生活的需要推动着社会经济、政治、文化的发展。从这个意义上说,发展就是以人为本的综合发展和可持续的发展过程。改革开放以来,我国一些地方也曾出现为经济而经济、为增长而增长的现象,大搞项目投资、资源开发、追求效率,不考虑人的生存与发展,结果造成了自然环境的破坏、社会矛盾的突出、人际关系紧张等不良后果,长期下去,经济发展也就难以为继。十六届三中全会提出以人为本的科学发展观,为解决中国的发展问题指明了方向。我们必须牢固树立以人为本的科学发展观,处理好人与自然、人与社会、人与人的关系,把以人为本的发展理念注入到经济建设中,做到全面、协调、可持续的发展,必须摒弃以"物"为本、以 GDP 为中心的发展模式,由以商品为中心的发展战略走向以人为本的发展战略,确保经济增长的可持续性和公平性,并满足十多亿人口日益增长的物质需求和文化需求,包括首先满足全体人口特别是贫困人口最基本的

---

① 佩鲁:《新发展观》,华夏出版社,1987 年版,第 9 页。

生存需求等,进而使他们不断达到较高的人类发展水平,享受较高的生活质量和公共服务,真正做到使经济增长有利于促进人的全面发展。

以人为本还强调人在经济社会发展中的作用。当今时代,具有创新能力的人在综合国力竞争中越来越具有决定性的意义。在农业经济和工业经济时代,推动经济发展的往往是物的因素——自然资源和资本等。这一时期,人们关注更多的就是物质资本,在很大程度上也正是物质资本决定着经济发展的规模与速度。进入知识经济时代,人力资本在经济发展中起到了决定性的作用。于是,发展手段从"以物为本"到"以人为本"也就成了进一步发展的必然要求。当今世界,人才资源是第一资源;人才是先进生产力和先进文化的重要创造者和传播者;人才开发在经济社会发展中起着越来越重要的作用;人才强国战略是科教兴国战略和可持续发展战略的"制高点";具有创新能力的人也越来越成为生产力中最具有决定性的力量。正如马克思指出:"表现为生产和财富的宏大基石的——是社会个人的发展。"[1]因此,以人为本也就成为实现经济更快更好发展需要确立的一种理念。以人为本的提出,就意味着要通过大力开发人力资源、加强人力资本投资、注重人力资源能力建设,来不断推进人的全面发展,进而推动经济社会的发展;就意味着要以充分发挥人的积极性和创新能力的集约型经济增长方式,代替以过度消耗自然资源和物质资源为特征的粗放型经济增长方式,创造日益增多的社会物质财富和精神财富。也就是说,整个发展观和发展框架必须由过去注重"以开发物质资源为核心"逐步走向"以开发人力资源为核心",即走向以人为本,通过人力资源能力建设尤其是创新能力的培育,来推进当代中国的发展。

五、"以人为本"与以民为本的关系

有人认为,以人为本不如以民为本的提法科学,应该用以民为本来取代以人为本。也有人认为,以人为本只能是以民为本。在政治和意识形态意义上,以人为本实质就是以民为本,但在其他方面,仅仅把以人为本理解为以民为本是不够的,以人为本比以民为本具有更为丰富的特殊内涵。

----

① 《马克思恩格斯全集》第46卷下,人民出版社,1980年版,第222页。

在当代中国,把以人为本落实到执政党的政治实践活动中,主要就是"以民为本"。

首先,需要弄清楚我们今天所讲的以民为本与我国古代民本思想的区别。(1)古代民本思想把人民当作统治阶级成就霸业和维护统治的手段,是仅仅从某种手段意义上来讲的,而以民为本则强调人民群众是社会历史发展的主体和目的,是从手段和目的统一的意义上来讲的;(2)古代的民本思想是在官本位意义上讲的民本,今天我们讲的以民为本是以人本为意义上讲的民本;(3)古代的民本思想是在控制人和约束人意义上来讲的民本,而今天作为我党执政理念的以民为本则是在解放人和开发人意义上来讲的;(4)古代民本思想是在恩赐、施舍意义上讲的民本,今天我们强调的以民为本则是对政府官员之行为的一种规范。总之,古代的民本思想维护的不是人民群众的根本利益,而是统治阶级的利益。这与中国共产党把人民的利益看得高于一切,是完全不同的。

其次,以民为本的执政理念是以人为本的政治体现。我们党在民主革命时期,组织和发动广大人民群众进行反帝反封建的革命,终于取得了新民主主义革命的胜利。新中国建立以后,我们党也由原来的革命党转变为将要长期执政的党。作为执政党,我们党所处的环境改变了,所处的地位也改变了。许多共产党员担任了各种领导职务,当了"官",掌握了一定的权力,有的人掌握了很大的权力。但是,执政为民这一党的执政理念不应有什么变化。我们的国家在本质上是人民当家作主的社会主义国家,国家工作人员,包括最高领导人,本质上是人民的公仆,担任各种领导职务的共产党员,作为党的领导干部和国家工作人员,本质上也都是人民的公仆。人民是国家的主人,人民是本,"官"不是本,决不能反过来搞以"官"为本。然而,我国是一个有着数千年封建社会历史的国家,新中国成立以来,也长期处在权力高度集中的计划经济体制下,缺乏保障公民权利的法治传统,在伦理道德观念上,又轻视个人。这就是说,传统观念深深积淀在社会的群体意识中,要彻底改变这种状况,决非易事。有些地方领导干部以社会整体利益的代表者自居,漠视公民的个人权益,结果造成对人民群众利益的侵害。这在一定意义上与我们没有真正理解"人"这一观念的实质有一定关系。在马克思那里,人的存在是"'有生命的个人的存在'与'社会的存在'的统一"。由此,人的利益也是个人利益与社会整体利益的统一,个人利益同社会整体利益是并重的。当二者发生矛盾时,我们既要强调个体利益服从社会整体利益,又要强调集体对个体利益的损失给予补偿。我们党把以人为本作为执政理念,就是既要尊重和保障人民群众作为人的权利,又要尊重每个人的正当利益,还要把人民群众的根本利益作为一切工作的出发点和落脚点。这是以民为本的实质所在。

然而,"以人为本"也具有与"以民为本"不同的特殊的内涵与意义。

第一,"以人为本"中的"人"首先是一个强调人人平等的**普遍性概念**,指抽去社会身份、等级和"官""民"区别的所有的人;"民"则是一个具有社会身份差别的**特殊性概念**,它是整个社会中的一部分。因而,以人为本比以民为本的外延宽泛,更具包容性。

第二,"以人为本"比"以民为本"的内涵更丰富。人这个概念,不仅强调人的自然性和社会性,而且还强调人的共同人性和个性差异,而人民这一概念更多强调的是人的社会性;以人为本的"人"包含着尊重个性和个性差异,而以民为本则更强调关注群体;以人为本与以民为本的不同,还在于以人为本强调尊重人的权利、尊严和价值,强调为每个人创造平等发展的权利、机会和社会环境。因而以人为本更具有启蒙意义,更有利于独立人格的形成,也更具人性化。

第三,"人"是一个哲学范畴,从社会地位和法律地位来说,以人为本意味着人们之间具有共同人性,人人平等,互相尊重;"人民"则是一个政治学范畴,在中国现代社会中,"民"既是与敌人相对立的,也是与官相对应的,在官和民的关系中,不管你怎么讲"以民为本","民"都包含了服从、依附。因而,以人为本比以民为本更具平等博爱精神。

第四,以人为本是从全人类、全球性角度来看问题的,因为今天人类面临日益增多的、需要超越阶级界限来思考和解决的全球性、全人类的问题;而以民为本则是从党执政的政治角度思考问题的。因而,以人为本更具有批判超越精神,更有利于国际交流和国际合作。

根据这些理解我们可以说,许多的人只知道"民",而不知道"人"。

(原载《社会科学辑刊》2005 年第 5 期,
与张洪春合作,发表时有改动)

人的全面发展理论及其当代意义

党的十六大报告把"促进人的全面发展"写入党的纲领性文献,作为党在全面建设小康社会的新的发展阶段的一个重要奋斗目标,引起了人们广泛的关注。其中如下问题是大家比较关心的:一是究竟如何理解人的全面发展思想提出的必然性? 二是怎样理解人的全面发展理论及其实质、精髓? 三是人的全面发展理论对领导干部具有怎样的方法论意义?

总的讲,人的全面发展中的"人"主要指每个个人;对人的全面发展的理解,是以对人的本质的科学认识为前提的,人的本质可界定为:人是在其需要、能力、社会关系和个性的全面发展的历史过程中不断生成的;所以,人的全面发展可理解为:个人是在历史发展过程中不断表现、实现其需要、能力、社会关系和个性的,这一过程呈现为由"人的依赖"到"物的依赖"再到"自由个性"三种形态。据此,人的全面发展理论的基本内容包含六个判断、六种理论和六种方法。六个判断是:人是追求全面发展的人;人是有生命且具有需要的人;人是从事物质生产劳动的人;人是处在一定社会关系总和中的人;人是具有个性的人;人是历史的人。由此就有六种理论:以人的解放为价值导向理论;人的需要全面发展理论、人的能力全面发展理论;人的社会关系全面发展理论;人的个性全面发展理论;人的全面发展在其自然历史过程中逐步实现理论。在此基础上形成六种方法:历史和价值相统一的方法;需要层次分析方法;生成论思维方式;坚持人的尺度的人性化思维方式;主体性思维;揭示历史实现形式的思维方式。其中,人的三种存在形态理论、人在历史发展过程中不断实现其需要、能力、社会关系和个性的人的本质理论、人的历史发展三形态理论,是马克思主义人的全面发展理论的精髓。掌握这一精髓,对领导干部做好与人相关的一切工作具有重要的意义。

一、以人的解放为价值导向与全面建设小康社会提出人的全面发展的必然性

在马克思看来,人是追求全面发展的人。"全面"、"发展"都意味着:现实社会总是存在着对人性发展的某种压抑,因而,要以人的解放为价值导向,不断超越这种压抑人性发展的现实,使其进一步符合人性发展的要求,这种超越精神体现出对人的发展的关怀。

在18世纪到19世纪期间,近代资本主义社会获得了前所未有的发展。但是,近代资本主义社会发展的重要特征,就是经济增长对人的统治,人仅成为创造物质财富的手段,**不能获得真正发展**;资本占有劳动,人成为资本的奴隶,**不能得到平等发展**;机器支配人,人成为机器的一个零件,**不能自由发展**;分工限制人,**不能完整地发展**。

19世纪空想社会主义力求批判这种非人性的现实,试图建立一个能实现人的全面发展的理想社会——社会主义社会。所以,**作为资本主义的对立物,19世纪空想社会主义在本质上就是同对每个人的全面发展的关注联系一起的**。但由于它不懂得社会历史发展的规律,找不到实现人的全面发展的有效途径和条件,所以它的人的全面发展理想自然流于空想。

当马克思涉足社会主义问题时,自然要扬弃这种空想社会主义,但社会主义对人的全面发展的追求却不能抛弃,问题在于社会主义对人的全面发展的追求必须建立在合乎社会发展规律的基础上。**马克思一生追求的就是**:通过对社会历史发展一般规律的揭示,通过对资本主义生产方式及其发展规律的研究,为工人阶级及每个人的解放和全面发展指明道路,并期望建立一个"以每个人的全面而自由的发展为基本原则"的新社会。所以,人的全面发展是马克思主义追求的**根本价值目标**。

今天我们在全面建设小康社会的进程中提出人的全面发展,与以下三个问题的突出有关:一是忽视人的全面发展给我国社会主义事业造成的致命危害比较突出。1957—1977这20年期间,我们在对待人的问题上出现过以下

三种倾向,要么见物不见人,要么谈"人"变色,要么离开物质基础和现实条件抽象地夸大"人"的主观能动性,其结果,就是挫伤了广大人民群众的积极主动性和创造性,给我国社会主义事业造成了致命危害。**二是发展中的代价日益突出**。改革开放初期,历史发展的必然性内在要求我们必须把创造人的社会物质生活条件突出出来,再加上一些地方片面理解以经济建设为中心的战略思想,所以在实践中付出四种代价:环境污染;生态失去平衡;人被物所支配;出现"一手硬、一手软"的现象。结果影响我国现代化建设的正常发展。这些代价促使人们从一开始呼唤现代化走向反思现代化,反思的一个重要成果,就是必须走出仅仅片面追求经济增长的发展观,走向以人为本,把人本身的全面发展突出出来。也就是说,整个发展理念和发展框架必须由过去注重"物"的发展逐渐走向注重人的全面发展。**三是人的主体地位、人本身的发展和精神世界问题日益突出**。今天,我国社会为促进人的全面发展提供了一定的物质基础和社会条件。在这种社会历史发生剧烈变化的情况下,有以下四个关系到人的全面发展的问题被提了出来:从总体上基本解决小康之后追求人本身的发展;一部分人获得了发展而另一部分弱势群体失去了发展的条件;机遇与挑战并存要求全面提高人的素质;物质生活有所富裕之后关注人的精神世界。也就说,人的社会历史发展过程中的主体地位、人本身的发展和人的精神世界问题日益突出了。所以,全面建设小康社会,我们既要**解决经济文化的发展水平逐步提高之后如何进一步推进人的全面发展问题,也要解决人的主体地位、人的精神世界日益突出的情况下如何以人的全面发展来促进经济文化发展的问题**。

在全面建设小康社会提出人的全面发展问题,给我们的启示就是要确立"历史与价值相统一"的思维方法,树立以不断推进人的全面发展作为价值导向的社会主义观。我们在认识上走过了从生产关系到从生产力和生产关系的统一来理解社会主义的历程。这里的角度侧重于"历史"。人的全面发展理论告诉我们,人的全面发展是社会主义的最高价值取向,在社会主义发展过程中具有核心地位。因而,社会主义制度的优越性和生命力的显现,不仅体现在具有更高的劳动生产率,而且体现为人的全面发展。这种从"价值"角度来理解社会主义本质及其优越性的思路,突破了过去仅从"历史"即生产力和生产关系矛盾运动的历史的角度来理解社会主义的本质及其优越性的局限。

二、人的需要的全面发展与不断满足
人的发展着的基本需求

在马克思看来,人首先是具有需要的人,这样的人在前资本主义社会主要表现为人对血缘共同体、血亲关系和权力的需要,在资本主义社会主要表现为对物的需要,在未来社会,则主要表现为多方面实现其内在本质力量的需要。马克思认为,前两种需要属于"占有性"需要,人追求的是占有什么和为我所有,这不是全面发展的人的本质需要,全面发展的人的本质需要不是表现为他"占有"什么,而是"实现"什么,即需要表现、实现其内在本质力量。就是说,人的需要的全面发展表现为对狭隘的"人情关系"、"权力"和"物"的占有的需要的超越,进而全面实现其内在本质力量。

人的需要的全面发展理论对分析当今中国人的需要及其相关问题具有方法论意义,它要求我们确立"需要层次分析"的方法。人的需要是什么样的,人就是什么样的。对一个经常食不饱腹的人谈论民主、自由、创新和可持续发展,无疑是水中捞月。一些地方出现的"一手硬、一手软"现象,与人们的需要主要还是温饱的需要有一定关系。就业之所以是民生之本,就在于许多人的安全需要受到了威胁。腐败,环境污染,一定意义上与人的需要还属于"占有性"的需要有关。作为领导干部,既要搞清楚人民群众的需要处于哪一个层次,然后采取相应的合理方法给予满足,也要不断地丰富、充实和完善自己的需要。现在,一些人的不同需要没有得到很好解决,从而引发出许多社会问题,应引起高度重视。同时,也要引导人们逐渐认识到需要不仅仅是对某种对象的占有,更根本的是自身能力的发挥,也就是引导人们由一味的"捉摸人"走向倾心去"琢磨事",把充分发挥人的能力干事业、干成事业和干好事业当作真正的需要。

三、人的能力的全面发展与人力资源能力建设

马克思认为,人是从事物质生产劳动的人,在前资本主义社会,人的劳动

受血缘共同体和血缘关系支配,在这种劳动中,人的能力发展表现为"原始的丰富";在资本主义社会,人的劳动受资本、交换和分工支配,劳动是维持人的肉体生存的手段,人的劳动过程表现为人受物、交换和分工支配的过程,在这种劳动中,人的能力呈现为片面发展;在未来理想社会,人的劳动体现为人的内在本质力量的充分发挥和实现,人本身能力的全面发展表现为目的本身。由此,既要从物质生产劳动出发来理解人的能力发展,也要从人的能力发挥的角度来理解物质生产劳动。马克思把人的能力的全面发展看作是人的全面发展的核心。

人的能力全面发展理论为我们分析当代中国的发展问题提供了重要启示,它要求我们必须树立能力本位的发展理念,确立生成论的思维方式和能力建设的发展战略。

(一)确立能力本位的发展理念

原始社会主要是以"群体能力本位"为文化基础的;奴隶社会的核心文化理念转移到"宗法血统本位"上来;封建社会推崇的主导文化价值观主要是"权力本位";资本主义社会奉行的主要是"金钱本位"的价值观。

当代中国社会转型的总趋势是走向以能力为本的社会。传统计划经济的逻辑是:权力配置资源;人们愿意做官;奉行"官本位"的价值观。这种理念阻碍着中国的发展,因而必须冲破,确立新的发展理念。今天我们实行的市场经济具有自己的逻辑:市场配置资源;能力决定地位和空间;推崇"能力本位"的价值观。市场经济不相信能力弱者的眼泪,倒是给那些能力强贡献大的人以优厚回报,市场经济对那些不努力的懒汉和不提高能力的人是无情的,但对有能力的人和整个社会的发展却是有情的,这是通过"无情"的手段达到"有情"的目的。现实和历史证明,凡是参与比较激烈的国际竞争的经济领域或真正搞市场经济的地方,就必然弱化非能力因素,注重能力因素。当今日趋激烈的国际竞争根本上是人的创新能力的竞争,具有创新精神和创新能力的人才在综合国力的竞争中越来越具有决定性的意义。因此,市场经济对人的最大要求是,要从对权位的崇拜、对金钱的追逐转移到注重自身能力建设上来。知识经济向我国日益逼近。在知识经济时代,"人的智力将爆发革命,这场革命将以开发人力资源和充分发挥人的创新能力为中心。人们将不再以拥有土地和钱财的多少论财富,而主要是以知识的多少、智力的高低和创新能力的大小论贫富"①。由此,我们要认识到对于具有 13 亿人口的中国来讲,加强人力资源能力建设尤为迫切。人口资源开发得好,人口负担将会变成人才优势,也可以为我国发展拓宽新的更大空间。

市场经济和知识经济内在推动着中国社会的转型。这就是在由"神圣"走向"世俗",在世俗社会,人必须靠能力和业绩获取正当利益;由"人情"走向"理性",在理性社会,要靠理性来消除非能力因素的消极影响,确立能力因素的地位与作用;由依附走向自立,在自立社会,人们必须打破"等靠要"这种旧的安全观,确立靠能力业绩立足的新的安全观;由"权力社会"走向"能力社会",由权力配置资源走向金钱配置资源再走向能力配置资源,在能力社会,一切存在的现实合法性主要来自于能力大小和业绩贡献。

"能力本位"对当代中国发展具有重要的意义。(1)**"能力本位"是一种价值取向**。它要求冲破"官本位"、"钱本位"等一切妨碍发展的思想观念,确立靠本领立足的观念,要求由注重先天因素走向注重后天因素,由注重外在因素走向注重内在素质,由注重非能力因素走向注重能力因素。这必将使社会充满活力与生机;(2)**"能力本位"是一种思维方式**。它要求确立尊重人的思维方式;确立解放人和开发人的思维方式,确立后定论、生成论和实力论的思维方式;确立面向做事之能的思维方式。这些思维方式有利于最广泛最充分调动每个人的积极性、主动性和创造性,推动社会主义现代化建设事业健康发展;(3)**"能力本位"是人力资源合理配置的一种方式**。它要求人的能力与岗位达到合理的配置,按能配岗,按能配工,从而做到你有多大的能力就给你多大的舞台,使人有用武之地。这有利于释放人的潜能,发挥人的积极创造性,进而促进生产力的发展;(4)**"能力本位"是追求公正的一种积极努力**。能力本位首先是针对由于非能力因素造成的不公正而提出来的一种强调机会、规则和"回报"公正的理念,它强调人才资源的合理配置,注重人的后天作为,尊重每个人的独立人格、能力、创造个性和权利,倡导每个人凭能力立足。在这里,平等权利是前提,合理配置是基础,努力奋斗是过程,同一规则是约束,能绩尺度是标准,公正回报是结果。在这些意义上,能力为本体现为人和

_____

① 委内瑞拉:《宇宙报》2000 年 11 月 1 日,《智力革命》一文。

人之间关系的相对公正、岗能配置的相对公正、个人和社会关系的相对公正。(5)"能力本位"是一种机制。它要求竞争上岗,能上能下,能进能出。显然,这种发展观念有利于促进当代中国的发展。

(二)确立生成论的思维方式与实行能力建设的发展战略

能力本位意味着,人是在自己的劳动过程中靠能力和业绩成为自己的。这里蕴涵一种生成论的思维方式:人要在努力奋斗、能力发挥和有所作为中生成自己、发展自己、成为自己。

能力本位与生成论思维方式进一步要求我们实行能力建设的发展战略。

改革开放一段时期,一些地方只注重经济增长(GDP),过于开发物质资源和自然资源,虽取得一定成绩,但也付出不少代价,造成发展的非持续性。人的全面发展理论告诉我们,在全面建设小康社会的过程中,虽然要注重经济增长,更要注重开发人力资源,要从过去注重"以开发物质资源为核心"的发展战略逐步走向"以开发人力资源为核心"的发展战略。

毛泽东力图通过实行"一大二公三纯"的生产关系革命,来解决生产力发展的问题,因而后来提出了"抓革命、促生产"的思路。20世纪60—70年代以来,西方发达国家进入知识经济社会,科学技术在社会生产力发展中日益起到关键作用。反映这种趋势,邓小平提出了"科学技术是第一生产力"的思想。进入21世纪,知识经济也开始逐渐向中国走来,知识经济的发展越来越要求注重人的创新能力。反映这种发展趋势,江泽民同志明确提出"人力资源能力建设"的思想,认为人力资源能力建设事关中国经济、社会和科技发展的关键。这实际上蕴涵一种能力发展战略。

这种战略应包括以下内容:(1)发掘每个人的潜能。我国改革开放的过程实际上就是不断解放人、开发人进而释放人的潜能的过程,现在中国人的许多潜能还没有得到充分的开发和释放,因而还有一个进一步解放、开发和释放的问题;(2)培育人的创新能力。把中国的人口资源转化为人力资源,再把人力资源转化为人才资源,最根本的方式与途径,就是培育人的创新能力。我们中国人相对缺乏创新能力,如何培育民族的创新能力,就成为能力发展的一个非常重要的内容;(3)培养一专多能的复合型人才。干部的"四化"方针是革命化、知识化、专业化和年轻化。"四化"方针体现了人的全面发展的要求。其中的专业化,是针对"万金油"的干部提出来的,它是实现人的全面发展过程中的一个必经环节;我们的当务之急是需要具有专业技能的专家型干部,专家型干部对"万金油"式的干部是一种历史的进步;当然,专家型干部也具有自身的局限;发展趋势,必然是走向体现全面发展的一专多能的复合型人才。(4)善待高素质的具有能力的人。当代中国正在爬坡、创业、竞争和经受各种挑战的时期,这就迫切需要一大批敢闯、敢干、敢为天下先并具有高素质和能力的人,这样的人才可能成为各种创新的开路先锋。所以,如何既从制度上为有能力的人的发展提供有利条件,又从主观上不断改造有能力的人的主观世界进而全面提高其素质,就成为能力发展的重要内容;(5)凝聚社会一切积极力量。如果社会中的各种积极力量能得到有效的凝聚,就会成为推动中国发展的动力,否则,就会一盘散沙,成为社会发展的阻力。

四、人的社会关系的全面发展与当代中国现代性的建构

马克思把人理解为生活在一定社会关系中的人,认为人是一切社会关系的总和,社会关系是什么样的,人也就是什么样的,个人的发展总是取决于同他直接或间接进行交往的其他人的发展。这种社会关系在前资本主义社会,主要表现为"人的依赖",即人和人的社会关系主要靠血亲和权力来组合,因而以"血缘关系"或"家族关系"为主要形态;在资本主义商品经济社会,这种关系主要表现为"物的依赖",即人和人的社会关系主要以物为纽带,"金钱关系"成为主要形态;在共产主义社会,这种主要表现为"能力依赖",即人和人的社会关系主要是以能力为基础和纽带来组合的关系。在前两种形态中,社会发展往往以牺牲个人的全面发展为代价,而在"能力依赖"的关系中,社会发展与个人发展趋于和谐,健全的社会把个人能力的自由全面发展作为主体与目的,健全的个人则凭全面发展的能力立足于社会,个人既具有自主个性,又主动承担社会责任,因而,"自主与责任"成为主要形态。

人的社会关系的全面发展理论对今天我们所面临的问题具有较强的解释力,对各级领导干部做好各项工作也具有重要的借鉴意义。总的来讲,就是我们应逐步走出"人的依赖"和"物的依赖",努力走向以"能力依赖"和"以人为本"为基础的现代性,坚持人的尺度的人性化思维方式。封建文化的核

心是"人的依赖",其基本内容是:权大于法;情大于理;关系大于能力;依附大于独立;身份大于实力。这是造成中国近代落后的深层原因。中国9亿农民在农村,农民的生存方式基本上还处在前现代性之中,没有农民的现代化,农村就难以全面建成小康社会。为消除中国几千年封建文化的消极影响,为使中国的农民成为现代型农民,必须追求现代性。当今中国正处在从前现代向现代的转型过程中,虽然现代性也有代价需要我们加以警惕和防范,但对当今中国的进步来讲,是利大于弊,因为它由过去的控制人和束缚人走向解放人和开发人。针对这些情况,中国应追求的是以"利益、能力、理性和自立"为价值取向、以"能力本位"为核心理念的现代性。要建构中国的现代性,需要努力做到:第一,培育以"利益、能力、理性和自立"为核心的现代人格,自觉推进人性革命和人格转型;第二,推进制度创新,确立一种使人的能力得到充分发挥的制度体系;第三,促进社会转型,从权力社会走向能力社会,从人治社会走向法治社会,从人情关系社会走向理性社会,从依附社会走向自主社会,从身份社会走向实力社会。

　　领导干部需要在这种现代性的框架中考虑自己的各项工作:(1)**树立以人为本的价值观**。就是在各项工作中,尽力消除狭隘的"人情关系"、"长官意志"和"物欲"的干扰,既注重物,更尊重人;既把握规律性,又体现人性化发展要求,实行人性化管理和服务;(2)**树立尊重人、依靠人、为了人和解放人的群众观**。在当今我国社会,一些人的需要变成仅仅对物的需要;一些人的能力仅仅表现为占有物质财富的能力;在不少人那里,人和人的关系变成了金钱关系;一些人受金钱或物所奴役;人们之间贫富也比较悬殊。针对这种情况,领导干部的工作就是为群众提供机会和平台、政策和规则、管理和服务,以不断满足群众基本需求,充分发挥群众创新能力,树立群众自主责任意识,自觉维护群众平等权利,积极推进解放人开发人;(3)**树立既注重经济方面的业绩又注重促进人的全面发展方面的业绩的政绩观**。能力和贡献不仅体现在经济业绩方面,也体现在促进人的全面发展方面。所以,领导干部要善于对经济问题注入人文关怀,注意从"人"的角度考察经济问题,既见经济又见人,不能把人变成纯粹经济动物。当前一些地方经济工作的一个局限,就是更多从经济角度考虑经济问题,没有把经济问题提到人的层次上来;(4)**树立根据能力和业绩选人的用人观**。由根据"人情关系"、"金钱多少"选人走向根据"能力业绩"选人。

五、人的个性的全面发展与解放人和开发人

马克思把人理解为追求自由个性的人,这样的人是在社会历史发展过程中逐步实现的。马克思认为,在前资本主义社会,个人依附于血缘共同体,而且做出很大牺牲,人格没有独立,在资本主义社会,虽然个人具有一定独立性,但从根本上却受物的统治,未来社会的基本原则和价值目标,是每个人能力的全面发展,其最高成果,是自由个性的实现,而每个人能力的全面发展是未来社会的目的本身。在马克思那里,自由个性包含以下含义:与他律相对应的自律,能自己制约、支配自己;与强制性相对应的自由性;与盲目自发性相对应的自觉性,能意识自身和外部条件;与依附性相对应的独立自主性,能自己支配自己的生存条件和活动;与重复性相对应的独创性。恩格斯认为,这些思想代表马克思一生最主要的思想。

人的个性全面发展理论,内在要求树立**主体性思维**,把解放人和开发人作为当前我国改革开放和现代化建设的基本价值取向。近代西方社会特别关注人和研究人,研究人的目的是为了解放人和开发人,结果"人"字越写越大,它们倡导的人权高于神权、人道高于神道、人的价值高于上帝的价值,推崇的自由、平等、博爱,奉行的利益、能力、理性和自立等,都是着眼于解放人和开发人的。这正是西方强大的深层原因。中国传统社会也关注人、研究人,在这一点上同近代西方没有差别。差别主要出在研究的目的上。中国传统社会研究人的目的主要不是如何有效地解放人和开发人,而是如何有效地控制人和约束人,结果把"人"字越写越小,缺乏创新精神和创新能力。这正是制约中国社会发展的深层原因。1978 年以后,我国迈开了改革开放的步伐,打起解放思想的大旗,以打破人身上的禁锢和枷锁,为人松绑。解放思想实质就是解放人和开发人。可以说整个改革开放和现代化建设的过程,实质上就是解放人和开发人的过程。正因如此,人和社会才焕发出巨大的活力,我们才取得巨大的成就。然而,现在一些人依然依附于狭隘的"人情关系"、"长官意志",依然服从于金钱统治,所以,解放人和开发人是一个永无止境的过程,我们必须继续把解放人和开发人当作我国改革开放和现代化建设的价

值取向。在当代中国,解放人和开发人主要表现为确立人的独立人格,释放人的潜能,培育人的创新能力,使人具有自主性并同时承担责任。如果把"自主与责任"的精神真正确立起来了,中国会显示出更大的勃勃生机。

这里涉及到如何理解人的全面发展与人的自由发展的关系。人的自由发展主要是从发展的条件和成果来讲的,侧重的是外部客观条件与主体自律之间的关系,而人的全面发展主要是从发展的内容来讲的,侧重的是主体素质状况与完成其所承担的客观任务之间的关系。二者也是互为条件的:人的全面发展必须以人的自由发展为前提条件,**没有自由的人的全面发展会处处受限制**;人的全面发展也是人的自由发展的条件,人的自由发展是人的全面发展的最高成果,**没有人的全面发展的人的自由发展容易出问题**。对国家利益来讲,人的全面发展比人的自由发展更重要,因为人的自由发展更多涉及的是个人与国家的关系,当国家保证个人自由发展的资源有限,而个人自主能力和自律意识较为缺乏以及人格不健全的情况下,容易产生个人对国家、社会的不满,从而引起社会不稳定,而人的全面发展更多涉及的是个人素质与社会活动、社会任务的关系,强调人的全面发展,有利于使个人更有效地完成国家和社会所安排的任务;就人民大众而言,更看重的是人的自由发展,因为它涉及到个人的自主性、主体性以及国家、社会对个人权利的尊重。

六、人的全面发展的实现与不断推进人的全面发展

人是历史的人,实现人的全面发展是一个历史过程。它所需要的条件是:联合起来的人占有生产力的总和,使生产力的成果用于个人的全面发展;消灭私有制,建立劳动者个人所有制;劳动的变换;自由时间的增多。

这就提出我国社会主义初级阶段能否实现和如何推进人的全面发展问题。一种观点认为,人的全面发展只有在共产主义社会才能实现,而在中国现阶段并不具备实现人的全面发展的条件,因而强调人的全面发展还远不是时候。这种观点的积极意义在于使我们充分认识到了实现人的全面发展的长期性和艰巨性。然而它有一个方法论缺陷,就是没有区分作为未来理想社会的价值目标的人的全面发展和作为社会主义现阶段的价值取向来追求的一种现实生成过程的人的全面发展。就前者而言,人的全面发展在今天不可

能一下子实现,但就后者而言,人的全面发展实质上就是一个不断推进的历史生成过程,正在一步一步实现。这里,关键是结合我国国情,找到影响人的全面发展的深层障碍,揭示推进人的全面发展的根本条件和实现形式。这就是:当今我国的制度和体制创新应围绕以人为本的核心理念来进行。

当今社会发展的一个总趋势,就是走向以人为本,这里的以人为本有三层含义:它是一种对人在社会历史发展中的主体作用与地位的肯定;它是一种价值取向,即强调尊重人、依靠人、为了人和解放人;它是一种思维方式,就是实践中,要求我们在分析和解决一切问题时,既要运用符合规律发展的要求的尺度,也要在制度和体制上确立并运用合乎人性发展要求的尺度。只有确立起以人为本的制度和体制,才能更好地促进人的全面发展。

(一) 经济体制创新:通过市场经济建设来发展生产力,推进人的全面发展

市场经济能为克服人的片面发展创造有利条件,它是推进人的全面发展的一种有效方式。市场经济除了通过促进社会生产力发展从而为人的全面发展提供物质基础外,还可以从以下两个方面推进人的全面发展:第一,它是一所注重平等竞争和人的独立的大学校,它有利于培育人的实力、自立、民主、创造个性、主体性和业绩意识。这种意识有助于推进人的全面发展;第二,市场经济必然要求生产出新的消费需求,造成新的丰富的需要,进而必然促进社会生产的不断扩大,这种生产不仅使人在改造自然的同时,发展了人的多方面能力,而且也必然带来社会交往和社会联系的不断丰富。这必将逐步建立起人的多方面需求、社会流动、多方面的能力体系和丰富的社会交往关系,进而推进人的全面发展。

(二) 干部人事制度创新:通过确立一种使优秀人才脱颖而出的选人用人制度来推进人的全面发展

我们传统的选用人制度和运作方式具有一定的"官本位"色彩。这种选用人制度往往排斥具有创新能力和创造个性的人,成为阻碍人的全面发展的体制障碍。要进一步推进人的全面发展,就必须打破某些地方存在的"官本位"的干部人事制度,确立"以人为本"的干部人事制度,即在全社会范围内真正建立一种能使人的素质得到全面发展并确保那些凭能力做好工作、而且有业绩的优秀人才脱颖而出的制度。随着我国改革开放的日趋深入和国际竞争的日趋激烈，随着我国市场经济和知识经济向广度和深度的推进，随着经济全球化进程的日益明显，就日趋需要具有创新精神和创新能力的素质全面发展的人才，也日趋需要确立这样一种制度。这种制度的主要功能和目的在于合理配置人力资源，并为人的努力奋斗、能力发挥和素质全面发展提供一种相对平等竞争的机会和规则，既鼓励人大胆创新，又要求人遵守规则，使人们认识到在这样的竞争和规则中，自己的努力奋斗、能力发挥和素质提高能在晋升提拔上得到公正回报。

（三）分配制度创新：通过确立一种按能力贡献大小进行分配的制度以推进人的全面发展

知识经济时代的到来，意味着要改变仅仅根据权力、资力和"人情关系"来配置资源的分配制度，进而实行根据能力和业绩配置资源的分配制度。在知识经济时代，在对社会财富的创造中，是人力资本为根本，货币资本为条件，经济发展史主要是一部人力资本所有者的创业史。在寻求新的经济增长方式的努力中，人们发现只有能力全面发展的、具有高知识含量和创新能力的人才，才是最重要的，他们是知识经济的希望所在。这意味着劳动能力和创新能力创造价值，因而，人们不能再仅凭权力大小、资历深浅和情感远近来配置资源，而要凭其劳动能力和劳动贡献占有劳动和资本，凭能力和业绩配置资源。其实质目的，就是建立一个能使人"各尽所能"的激励机制，以促使一切社会成员尽可能全面正确发挥其能力。

（四）教育制度创新：通过实施素质教育推进人的全面发展

文化建设是推进人的全面发展的深层条件。通过文化建设推进人的全面发展，就现阶段讲，主要就是推进素质教育。素质教育是推进人的全面发展的一种重要的方式。有什么样的教育模式，往往就会有什么样的人。过去我国的传统教育取得不少成就，但从当代来看也具有一定的历史局限。这是影响人的全面发展的教育模式障碍。在现代社会和知识经济时代，世界性教育发展的趋势是走向素质教育和能力教育，因此，我们应在继承以往教育成果的基础上,注重素质教育,从教育理念、教育目标、教育内容、教育方式、教育体制和教育评估机制等方面入手,把人培养成既有知识又具有综合素质和能力的人,使知识变成能力,知识变成能力才有用。素质教育的实质就是能力教育,就是培养素质全面发展的人。

(五) 管理体制创新:通过增强社会流动和交往推进人的全面发展

我国传统社会遗留下来的身份制、等级制、劳动管理体制和户籍制,现在我国不同单位和不同行业之间缺乏的合理流动机制,是影响人的全面发展的**两大交往性障碍**。人的全面发展必须以世界交往的发展和社会流动性的增强为条件。这在经济全球化的今天更加突出。

工业化促进了交通、通讯工具的发展和世界市场的形成,促进了经济全球化的进程,进而逐渐使地域性的个人成为世界性的个人。这可以使不同国家的个人获得解放,即克服自身局限、职业局限、地域局限、民族局限,超越交往性障碍,进而利用世界的成果来发展自己。

市场经济内在要求社会转型,即由权力社会走向能力社会,由身份社会走向实力社会,由依附社会走向自立社会,由静态社会走向流动社会,由人治社会走向法治社会。这样的社会由于内在具有流动性,从而形成一种使社会充满活力的运行机制。这种社会流动要求管理体制进行创新,目的在于把被束缚的、依附的和狭隘的"单位的人"变成开放的、独立的和靠能力素质立足的"社会的人"。这种人的解放,不仅可以克服人的自身局限、地域局限、职业局限和社会关系局限,还可以促进个人与他人、集体、社会和世界的广泛交往和交流,形成"杂交优势",并在这种交往和交流以及"杂交"中,学习和利用社会发展成果来发展自己。

(原载《科学社会主义》2004 年第 1 期)

社会主义市场经济与人的塑造

社会主义市场经济体制建设,是当今我国的伟大社会实践,人是这一实践的承担者和实现者。一方面,人的素质如何,直接影响社会主义市场经济体制建设的状况;另一方面,社会主义市场经济体制建设也必然对人产生影响。从我国的现实来看,正是在这两方面存在着严重问题:国民素质不高影响着市场经济体制建设的顺利进行;市场经济体制不健全给人的发展也带来一定的消极影响。在这种情况下,如何在社会主义市场经济体制建设过程中自觉加强人的塑造,就成为当今我国的一个重大而迫切的现实问题。这里着重从哲学角度对这一问题作一初步分析。

一、人的塑造是社会主义市场经济
体制建设的一项基础工程

人是社会主义市场经济体制建设的主体,社会主义市场经济体制是通过人来建设、运作和发挥作用的,因而,人的素质状况直接影响社会主义市场经济体制建设的状况。"社会主义市场经济体制的建立和现代化的实现,最终取决于国民素质的提高和人才的培养。"《中共中央关于建立社会主义市场经济体制若干问题的决定》一语道破了人的素质的提高即人的塑造,对社会主义市场经济体制建设所具有的根本性意义。

社会主义市场经济体制建设内在要求其主体——现实的中国人——经受市场经济的锻炼,并具备与社会主义市场经济体制建设相适合的素质。市场经济首先在资本主义社会得以运用和发展。现在我国搞社会主义市场经济,把市场经济从资本主义社会引过来,不仅有一个同社会主义相结合的问题,而且还有同现实的人相结合的问题,即它内在包含着一套有关现代人的设计,这里就有一个人的塑造问题。因为国民的现代素质是不能引进的,而没有经受市场经济洗礼和锻炼的中国人对市场经济有一个从陌生到适应的过程。具体说,社会主义市场经济体制建设要取得成功,就必须要求人具有与其相适应的素质,就必须形成这样一种新人——他的价值观念、能力水平、道德人格、精神状态、社会心理和思维方式成为适应和推动社会主义市场经济发展的文化、精神动力。如果人的这些方面还束缚在旧体制中,其思想行为与社会主义市场经济体制建设的要求存在着距离和矛盾,要么会使社会主义市场经济体制建设发生扭曲,建立不起来,要么使体制建设总停留在一个水平上。在现实生活中,改革及市场经济体制建设之所以遇到一些障碍,就在于一些人的思想行为仍停留在旧体制的范畴之内,在于现实人的素质与社会主义市场经济体制的内在本质要求还存在着矛盾。首先是新经济体制建设先行与大多数国民的思想观念变革相对滞后的矛盾。社会主义市场经济要求树立个人的能力本位观念、自主观念、平等竞争观念、团结合作观念、开拓进取观念、尊重人才的观念、民主观念、法制观念和责任观念等,但在现实生活中,权本位观念、依附观念、特权观念、等级观念、保守观念、“人情”观念和平均观念等,在一些人的头脑中还不同程度地存在。其次是新体制在客观上赋予某些人以一定的自主权与他们的能力有限而难以行使其权利的矛盾。最后是新体制赋予从事经济活动的人在经济运营中以主体地位与他们的主体素养相对不高之间的矛盾。这些矛盾提示我们:既要抓体制建设,又要抓人的塑造,使人自觉经受市场经济的洗礼、培育和锻炼。这里,从一定意义上可以说,体制的转型取决于人格的转型,人的塑造程度影响社会主义市场经济体制的发育程度。

　　社会主义市场经济建设的任务非常艰巨,它实际上是一项主要包括制度建设、体制建设、组织建设和人的建设的系统工程,而人的建设则是其中一项基础工程。一定的制度要求一定的体制与之相适应,而体制是否完善,对制度有一定影响;体制通过组织结构表现出来,组织结构是体制的功能执行机构,它是否完善和有效,在一定意义上取决于体制并影响体制;组织是由具体个人构成的,是通过人来运作和发挥作用的,组织是否有效,取决于组织中每个人的素质。正是制度、体制、组织和人的这种内在有机联系,构成一种社会运作系统。其中,人是这一系统运作的基础。因此,只有加强人的塑造,制度建设、体制建设和组织建设才能更好地运作起来并发挥作用,舍此,后三种建设将流于形式。社会主义市场经济建设的任务越艰巨,对人的要求就越高,因而人的塑造就越迫切、越重要。

社会主义市场经济体制建设中的任何一项目标、方案、政策、措施的落实和实现,都取决于人的素质,邓小平在总结我国现代化建设的经验教训时指出,仅有现代化的目标是不够的,还必须有人才,没有大批人才,我们的事业就不能成功,我们的目标就会落空。因此,要保障体制建设中的一些目标、方案、政策和措施的顺利落实和实现,就必须在市场经济体制的建设中注重人的塑造。

当然,人和社会主义市场经济体制是一种双向建构过程。社会主义市场经济体制只能由高素质的人建立起来,高素质的人又必须在建设社会主义市场经济体制的实践活动中得到培养和塑造,所以,人的塑造和社会主义市场经济体制建设是同一过程的两个方面。但是,就人是社会主义市场经济体制建设的能动主体而言,就人在市场经济环境中的自我塑造具有自觉能动性而言,就市场经济的环境对人的塑造需要通过人来实现而言,自觉地进行人的塑造是十分迫切而重要的。

二、社会主义市场经济对人的发展具有正负效应

在阐述人的塑造对社会主义市场经济体制建设的重要意义之后,我们再从另一方面来分析社会主义市场经济对现实人的发展的影响。

首先涉及一个前提性问题,即市场经济的一般本质和社会主义市场经济的特殊本质是什么。有人从经济学角度认为市场经济是资源配置的一种方式。有人从法学角度认为市场经济是法制经济。有人从社会学角度指出市场经济是生产的社会化。这些有代表性的看法在其特定意义上都有其合理性,但并不能揭示市场经济的一般本质。关键是要从哲学的历史唯物主义高度把握市场经济的一般本质。从这一高度看,市场经济的本质就是:人通过

物来表现和实现,人和人的社会关系通过物和物的交换关系来表现和实现,它揭示的是人对物的依赖关系。从历史唯物主义角度分析考察市场经济,首先着眼的是物质经济关系的承担者——人,是市场经济的内在基本矛盾;它既力图揭示出人的经济活动的社会实现形式(主要是物质的经济关系),又力图揭示出经济关系的主体实现方式(主要是人的自主劳动)。由此来看,出现在我们视野中的市场经济,首要是其中的人与物的矛盾关系。具体来说,在市场经济中,每个人的生产依赖其他一切人的生产,依赖于生产者互相进行交换的社会关系,个人的活动及产品只有通过交换转变为交换价值和货币的形式,从而被社会所接受,即只有通过"物"的方式,才能实现和取得自己的社会权利。因为只有在交换价值和货币上,在生产者之间的社会关系中,个人的活动及产品的价值才能得到实现和确证。人的生产活动及产品的这种社会性进一步表明:(1)人只能在一定的社会关系中进行生产,因而人依赖于社会生产和社会关系;(2)人的劳动产品只有通过交换被社会接受,才能转化为社会劳动的一部分,才能实现自身,因而物质产品的普遍交换已成为劳动者个人生存和发展的一种方式、条件;(3)无论是生产者之间形成的社会关系,还是人的劳动产品,抑或是交换价值及货币,都表现为物的东西(或都具有物化的性质),表现为人对物的依赖,它使个人需要、能力等必须通过劳动产品的交换——表现在交换价值上——来实现和确证。马克思曾明确分析了商品经济的一般特征,指出其一般本质是"以物的依赖性为基础的人的独立性"。这里实际上说的就是人对物的依赖关系。

市场经济的这种一般本质,在不同形式的市场经济中有不同表现。

在近代资本主义市场经济中,人对物的依赖关系主要表现为物对人的支配关系,即它把人对物的依赖变成人受物的统治。因为资本主义制度中的一切经济活动都围绕利润和经济效益旋转。在资本家看来,只有在获得利润和经济效益的情况下,一切经济活动才是有意义的,而人不过是生产物质财富的一种工具。马克思在谈到资本主义商品经济的本质特征时指出:资本主义商品经济中的"基本经济事实"表明,物的世界的增值以人的世界的贬值为代价("物"的地位高于人的地位);社会物质财富的增长以牺牲人的全面发展为代价(物质财富高于人本身的财富)。现代西方人本主义流派的多数代表人物,如萨特、马尔库塞、哈贝马斯等,在分析资本主义商品经济的本质特征时,大都得出如同弗洛姆所给出的结论:资本主义商品经济得以立足的原则,就是物对人的统治。

社会主义市场经济以特殊方式表现市场经济的一般本质。理解社会主义市场经济的特殊本质,就是要弄清人对物的依赖关系在我国社会主义条件下的特殊表现方式。为此应基于对如下一个前提问题的理解:相对于资本主义市场经济中的物对人的统治,社会主义市场经济中的"社会主义"这一限定对实现"人对物的依赖"有什么特殊实质的意义。我们以为,其意义在于:它使市场经济中的人对物的依赖关系向积极方向发展,限制其消极作用,因此它既坚持人对物的依赖——人通过物来实现和确证自己,又向积极方向发展人对物的依赖——自觉地把物变成实现其内在本质力量的有效方式和有机条件,使人不完全盲目受物的支配,人依赖于物是为了使物更好地服务于人,使物由于对人的关系而显示其意义,因而应在人对物的依赖关系中揭示出人的独立存在的意义和价值,揭示出人的主体地位;它使每个人必须积极自觉地通过发挥其能力和独创个性来创造社会物质财富,通过联合的方式来占有"物",使物成为每个人发展的物质基础,因此,它坚持人对物的自主创造、联合占有和每个人自由而平等发展相统一的原则。由此出发,可以把社会主义市场经济的特殊本质规定为:人应以独立自主的方式依赖于物,自觉地通过物来表现和实现自己,也应以联合的方式来共同创造和占有物,从中表现和实现每个人的能力和独创个性,而物应以合乎人性的方式来表现和实现人,它揭示的是人对物具有的自觉依赖关系、合乎社会主义原则的依赖关系和合乎人性的依赖关系。具体讲有三层含义:(1)它把人对物的依赖变成自觉的依赖——人积极自觉地通过物来表现和实现自己,人对这种依赖具有独立自主性;(2)它把人对物的依赖变成合乎社会主义原则的依赖——"人依赖物"既是为了使人把注意力首先集中在创造社会物质财富上,以便为每个人的自由发展提供雄厚的社会物质基础,又是为人们联合从而共同占有社会物质生活条件奠定基础;(3)它把人对物的依赖变成合乎人性的依赖——人把这种依赖作为每个人存在和发展的有效条件和保护力量,力图把物对人的支配限制在合理的限度,并在人对物的依赖关系中看到人的独立自存的价值。显然,社会主义市场经济的上述特殊本质,既体现了市场经济的一般本质,又体现了社会主义市场经济的特殊性,它与资本主义市场经济的"物对人的统治"

有本质区别。

从社会主义市场经济的特殊本质入手，可以看到社会主义市场经济对现实人的发展的影响，有积极的和消极的两个方面。

（一）社会主义市场经济对人的发展的积极影响

社会主义市场经济的本质内容之一，是人以独立自主的方式依赖于物，并积极自觉地通过物来表现和实现自己。这一本质使社会主义市场经济体制对人的发展产生的首要和最大的积极影响，是逐步冲破旧体制中固定的、狭隘的人格依附关系，从经济关系上促进独立的个人的形成。这里的"独立个人"，指的是在经济关系上具有独立人格的个人，确切些说，是具有自主性、自由自觉性、自立性、自律性和主体自我意识的个人。

社会主义市场经济体制为个人主体地位的确立提供了经济形式。由于社会主义市场经济内在要求人积极自觉地通过物来表现、实现和确证自己，所以它的确立，实质上是把从事经济活动的个人从对指令性计划、行政命令和长官意志的人格依附中解放出来，使其走向市场，并成为经济运营的自主的主体。由此便使从事经济活动的个人不再成为他人可以随意支配之物，而是在经济关系（如劳务市场、人才市场）上成为具有主体地位的个人。社会主义市场经济体制之所以在对人的发展的作用方面优于旧体制，从哲学角度看，首先在于从事经济活动的个人成了经济运行的一个主体，在经济关系中具有独立自主性。社会主义市场经济体制孕育出的这种独立自主性，有助于社会中独立个人的形成。

社会主义市场经济体制为实现个人自由、个人平等提供一定的经济基础。在旧体制中，由于个人在社会经济运行中不具有独立自主的地位，所以，个人自由受到限制，个人间存在着等级特权关系。在社会主义市场经济体制中，个人自由和个人间平等获得了历史性进步。在人的关系表现为物的关系的商品生产和商品交换中，两个商品持有者在处理自己商品方面必须有自由，他既有把自己的意志对象化到产品中去的自由，又有处理自己的产品的自由。要进行交换，交换双方无论在人格及实现个人劳动方面，还是在交换劳动量及遵循价值规律方面，都应当是平等的。所以马克思指出：自由和平等既在交换行为中受到尊重，又以交换为现实基础。社会主义市场经济还将破除个人之间的等级特权关系,给每个人提供一个自由和平等竞争的环境,使人在优胜劣汰规则面前一律平等,因而使人意识到个人之间具有平等的人格。社会主义市场经济孕育出的自由和平等意识升华为观念形态,要求个人树立自由、平等观念。这就为独立个人的形成提供了前提。

社会主义市场经济体制为个人能力发挥提供了舞台。在旧体制中,由于个人缺乏一定的自由和平等,所以人的能力得不到充分发挥。社会主义市场经济体制的确立,使劳动者个人成为具有一定独立自主性的主体,也使劳动者通过创造交换价值来确证、实现其价值。这必然促使人凭其能力从事经济活动,参与市场竞争,创造更多的交换价值,获得经济选择的自由并发展自己。社会主义市场经济的平等竞争原则和追求利益最大化的效益原则,也将冲破种种"人情关系"和"权力本位"观念,促使个人在市场经济中充分发挥其能力。在社会主义市场经济体制中,虽然价值规律在影响人的命运,但这种影响不是先定和固定不变的,人们可以通过市场经济的培育和锻炼,提高其掌握自己命运的能力,以使其逐步走向自立,成为独立自主的个人。

社会主义市场经济体制改变着适应于旧体制的旧观念,增强个人主体自我意识。这主要表现在:它使权位观念向能力观念转变;个人依附观念向个人独立自主观念转变;自给自足观念向开拓创新观念转变;等级特权观念向平等民主观念转变;守旧保守观念向革新进取观念转变;平均观念向竞争观念转变;人情观念向规范观念转变;小农观念向交往观念转变;应付观念向责任观念转变,如此等等。这些转变将进一步增强个人的主体自我意识,促进独立个人的形成。

社会主义市场经济孕育出的这种主体自我意识和独立个人的形成,将使个人发展的方式发生历史性变化,并对我国经济体制建设、政治体制建设、文化建设和社会发展,具有重大推动作用。

(二)社会主义市场经济对人的发展的消极影响

社会主义市场经济虽以特殊的方式表现市场经济的一般本质,但却不可能取消市场经济的一般本质,后者还在社会主义市场经济中存在。这就是说,在社会主义市场经济中,人对物的依赖关系依然存在,只是表现程度、表现方式和性质不同而已。社会主义市场经济对人的发展的许多负效应,就根源于这种人对物的依赖关系之中。尽管社会主义会积极限制这些负效应,但并不能完全避免它。由人对物的依赖关系产生的对人的发展方面的负效应,在当今我国现实生活中主要表现为:

拜金主义的泛起。在市场经济中,人的关系通过商品关系表现出来。正如马克思指出的,商品形式在人们面前把人们本身劳动的社会性质反映成劳动产品本身的物的性质,反映成这些物的天然的社会属性,从而把生产者同总劳动的社会关系反映成物与物之间的交换关系。市场经济中劳动所特有的这种社会性质,必然会在一部分人中产生商品拜物教,而其在流通领域必然发展为货币拜物教。因为货币作为固定充当一般等价物的商品,直接体现为物化的社会劳动,是交换价值的一般代表。由此它可以无差别地同一切商品相交换。谁拥有它,就等于拥有一种社会权力,就可以凭这种权力占有他所需要的东西。这就使它在商品流通领域的作用(魔力)越来越大,同时也使具有金钱欲的人把货币的力量看得如此神秘,以致产生拜金主义。当今中国社会出现的权钱交易、滥制假冒伪劣产品等消极丑恶现象,都表现了一种对金钱的不择手段的疯狂追求,社会上也确实有一部分人成了金钱的奴隶。

个人利己主义的盛行。追求利益最大化,是商品生产者的基本动机。这种追求表现在交换领域,必然使交换双方追求平等互利:一方面,由于商品交换把交换双方的关系主要表现为经济利益关系,因而在交换中双方都追求对方所能给我带来的经济利益(对我的有用性),至于对方作为"人"的其他方面并不予以注重。同时,交换双方的利益是相对独立和分离的,双方为追求更高的交换价值,便展开竞争。这种情况往往导致个人之间的冷漠,只关心自己的利益。另一方面,由于人的关系采取商品交换形式所带来的等价交换原则会对社会生活各领域产生强大影响,所以会把传统的温情脉脉的人伦关系淹没在利己打算的冰水之中。如果交换行为失去强有力的规范,利己主义就有可能泛滥。

个人的片面发展。在追求经济效率的一定历史过程中,由于人的存在和发展对物有一定的依赖性,商品生产把每一个生产者纳入到商品交换的社会关系中,使他必须在这种关系中活动,受这种关系制约,这样就会有一些人把获取物质生活条件或物质财富当作首要的、直接的目的,通过充当获取经济利润的工具来片面发展自己,而忽视其能力、个性和创造精神的全面发展。

同时,由于价值规律和竞争法则的运作,也会使一些人的发展以牺牲另一些人的发展为代价。

由人对物的依赖关系所产生的上述消极现象,在整个社会主义市场经济发展过程中将会继续存在,但随着社会主义市场经济体制的逐步健全和完善,这些消极现象也将逐步受到削弱。

社会主义市场经济对现实人的发展所产生的正负效应,有内在的关系。这就是:个人的独立以人对物的依赖为代价。如何看待这种现象呢? 从我国社会主义市场经济体制的历史发展过程来看,这是一种带有规律性的历史必然现象。因为在旧体制中,物支配人的现象虽不会发生,但个人和社会得以发展的物质基础却难以有效解决,个人更多地依附于"外在"的东西,缺乏人格独立。社会主义市场经济体制建设的首要目的,便是解决这一问题。在解决"物质基础"这一历史过程中,必然会出现人对物的依赖。但是,只有把旧体制中的"人格依附"转变为市场经济体制中对"物的依赖",才能使个人从对外在东西的"人格依附"中解放出来,使个人逐步获得人格独立。社会主义不同于资本主义的地方,就在于它力图自觉地为克服"人对物的依赖"所带来的消极现象进而使个人真正成为有独创个性的个人创造条件。因此,现在的问题是:究竟如何才能把由人对物的依赖所产生的消极影响限制到最低限度? 如何形成现代人格? 如何使个人在社会主义市场经济体制建设中得到自由而充分的发展? 根据人是社会主义市场经济建设的主体以及人的可塑性原理,我认为,解决这些问题的一种最有效办法,就是针对社会现实生活中存在的问题,全面加强人的塑造。

三、按照社会主义市场经济体制的积极要求塑造人

人在生物和文化意义上是永远处在发展中的存在物,他永远处在自我塑造的历史发展过程中,并随着环境的变化而发展变化。当代中国社会环境的一个最大变化,就是社会主义市场经济体制的建立。它的建立,使当前我国现实人的发展呈现出"人格分离"。人格分离容易引发许多社会问题。我们应针对社会主义市场经济体制对人的发展的正负影响以及人的现实存在状况进行人的塑造。概括来讲,人的塑造的一般含义有两个基本方面:一是根

据社会主义市场经济体制对人的发展的内在本质要求改变旧体制中的人,培育与社会主义市场经济体制相适应的人,实现由现代人对传统人的扬弃;二是针对市场经济体制对人的发展的消极影响改造人,使人从消极影响中解放出来,实现由病态的人向健全的人转变。

　　社会主义市场经济体制建设最终是为了人,它内在预设了人的塑造的目标。那么,应把人塑造成什么样的人? 人的塑造应达到怎样的目标,才能与社会主义市场经济体制的内在本质要求相适应? 我以为在方法上至少要依据以下几个因素:从我国现实人的存在状况出发,为人的塑造寻找一个现实的基点;正确反映社会主义市场经济体制的内在积极要求,为人的塑造寻找切实可依的根据和方向;充分吸纳中西文化中的积极因素,为人的塑造寻找有效的方式;全面正确理解人的本质及人格,为弄清人的塑造的基本内容提供前提。据此,我认为,人的塑造的完整的基本内容(或一般目标)具体可从以下六个方面入手加以考察。

(一)确立正确的价值观念

　　一定的价值观念反映人的一定思想立场(倾向)、信念、信仰和理想,因而对人的行为具有重要作用。人们具有不同的价值观念,便会有不同的行为倾向、行为态度、行为方式和行为状态,所以,人的价值观念是人格的一个根本内容。在社会主义市场经济条件下,确立正确的价值观念,首先要正确对待个人和集体、创造和索取(个人和社会)、人和物三方面的关系,从中确立一种既反映社会主义市场经济体制和现代化发展的本质要求,也为大多数人共同接受的核心价值。从哲学高度看,我认为,社会主义市场经济的核心价值观念是,以人的能力充分正确发挥为本位(简称"能力本位")。理由是:(1)以人的能力正确发挥为价值取向,有利于协调并处理个人和集体、创造和索取、人和物三方面的关系。集体的最大功能在于使每个人的能力得到充分正确发挥,集中每个人的力量干一个人无法干的事,而个人对集体的贡献首要依赖于他的能力,并且,个人能力的充分正确发挥也有益于确立个人的主体地位。所以,协调个人和集体的关系,首先要正确发挥人的能力。个人对社会的创造首先依靠其能力,而个人从社会中索取的份额,应取决于他的能力及贡献大小。这里,协调创造与索取的关系,首要在于正确对待和充分发挥人的能力。社会物质财富是人的能力对象化的产物,按照马克思的思想,人的能力是最大的、真正的社会财富,也是个人之最大、最高的价值。如何在物质财富的深层揭示出人的能力本质,是正确对待人和物的关系的关键。(2)平等竞争是社会主义市场经济的基本原则,市场竞争本质上要求充分正确发挥人的能力。(3)把人的能力本位作为社会主义市场经济条件下人的核心价值观念,既能弱化权本位和钱本位观念,同时有助于引导人们克服官僚主义及利己主义、享乐主义,有益于人们真正尊重知识,尊重人才,也符合社会主义关于"每个人能力充分而自由发展"的基本原则。(4)马克思及现代西方一些思想家针对近代资本主义社会中人对物的过分崇拜(商品拜物教、货币拜物教、资本拜物教)之消极危害,明确主张把人的创造能力作为人的主导价值取向。(5)把人的能力正确发挥作为人们的价值取向,大多数人都可以接受,也是社会主义力求倡导的。因为人的能力的发挥,既利于个人,又利于集体、社会和国家的发展。以"能力本位"为取向的价值观念,指的是:与社会主义市场经济体制内在本质要求相适合的价值观,应建立在注重人的能力充分正确发挥这一基础之上,人的一切活动、一切关系和一切追求都要围绕如何正确发挥人的能力旋转。这里的"能力",除人的一般能力外,主要包括人的创造能力、专业技术能力、合理交往能力、实践操作能力和相互合作能力等。能力本位,不是片面推崇个人自我而忽视德行,而是要求人通过充分正确发挥其创造能力,为社会多作贡献,因而它在本质上与集体主义是一致的。以往,旧体制对人的能力不够重视,现在我们搞社会主义市场经济,应把这一问题突出出来。为此,在目标上,应把人塑造成以"能力本位"为价值取向的人,实现由权本位、钱本位向能力本位的转变。

(二)提高和充分发挥人的专业才能

前一内容着眼于对人的活动(行为)方向和目标的引导、激励和调节,它强调"应该"以人的能力正确发挥为价值取向。这一内容则着眼于人驾驭和掌握某一具体活动的实际本领,它强调"如何现实地"提高和发挥人的专业才能。一定实践活动中的个人才能体现着他的专业素质,它是人格的一个重要内容。从当前看,造就一大批适合社会主义市场经济体制建设的专门人才或专家,是人的塑造的一个必须加以重视的内容。在社会主义市场经济体制建设过程中,劳动分工必将越来越细,各种活动领域对科学技术的需求必然越来越高。这就内在要求每个人应首先提高和充分发挥其专业才能,力求成为本部门、本领域、本行业的专家。这在我国尤为迫切。然而在现实生活中,我们缺少许多懂行的专业人才,不懂专业的"万金油"人员倒有很多。原因之一在于许多人囿于日常经验习惯,忽视专业才能的提高和发挥,缺乏"专家意识"。因此,提高和充分发挥人的专业才能的任务是艰巨的。为此,应该在人的塑造的战略目标中,包含对人的专业才能的设计;在政策策略上,敢于选拔、培养和起用能人,即专业技术人才、专家和奇才;在具体措施上,着力提高人的专业素质;在思想上,树立专才意识和专家意识。其目标是把人塑造成具有专业才能的人,实现由囿于日常经验习惯向注重专业才能的转变。

(三) 完善人的道德品质

人的道德品质是人格的一个重要内容,完善人的道德品质,在人的塑造中具有重要地位。从社会主义市场经济体制建设的现实来看,道德出现了某种历史进步和历史退步并存的现象:从人格依附走向个人的某种独立,个人成了独立的道德主体,这无疑是一种历史进步;但在走向"独立个人"的一定历史过程中,必然以集体主义道德的某种丧失为代价,用静止的眼光看,这无疑又是一种历史退步。目前所谓的道德爬坡和道德滑坡之争,皆缘于此。如果全面而历史地看待这种现象,那么就会看到任何一种进步都是以某种退步为代价的。在旧的计划经济体制下,个人自我价值主要通过个人对集体的依赖来实现,确立集体主义道德是题中应有之义。但在市场经济体制中,市场经济的本质决定了从事经济活动的个人不再主要通过集体而是主要通过创造并占有社会物质财富来实现其价值。个人自我价值之实现方式的这种变化,必然会使从事经济活动的人注重物质财富而在一定方面疏远集体。在这种情况下,集体主义道德的某种丧失就具有历史的必然性。然而,以集体主义道德的某种丧失为代价必然换来个人道德的某种历史进步,这就是个人作为独立的道德主体的逐步形成。因为从事经济活动的个人在通过创造和占有社会物质财富来实现其价值的过程中,旧体制下的人格依附将逐渐变为人格独立,并成为在经济运营中具有一定主体地位的独立自主的个人。这在道德上必然要求个人成为独立的道德主体。这里,关键是要完善个人道德素质,避免集体主义道德失落的扩大。具体来说,要注意发挥道德自身的矫正功能,针对市场经济体制建设过程中出现的集体主义道德失落的状况,引导人们深刻认识到社会主义市场经济体制的运作内在要求扬弃与传统计划经济体制相适应的传统集体主义(即忽视个人的独立人格,过多强调个人服从集体),确立与新的市场经济体制相适应的新集体主义,以此来矫正当前市场经济体制建设过程中出现的个人利己主义、享乐主义以及对社会不负责任的行为等。其实质目的是把人塑造成具有现代道德品质的人,实现新集体主义对传统集体主义的扬弃。

(四)培养良好的精神状态

人的良好精神状态,指的是个人具有从事活动的激情、热情、意志及积极进取的主体性精神。马克思指出:"激情、热情是人强烈追求自己的对象的本质力量。"爱因斯坦强调:对一个人来说,钢铁般的意志比智慧和博学更重要。这表明:人的精神状态对人的活动有强烈影响,并关系到活动效果,因而它是人格中不可忽视的一个内容。社会主义市场经济体制建设在我国是一场全新的实践,对此,我们既缺乏经验,又缺乏足够的基础准备,在素质上也不完全适应,许多问题有待我们去解决。由此,确立个人在市场经济体制建设中的主体地位,使其以创业精神、开拓进取精神、竞争精神积极参与和支持市场经济体制建设,是非常必要的。时下之所以会出现社会不正之风、行业不正之风、工作不负责任、腐败及企业缺乏活力等消极现象,固然有许多原因,但也与人的消极惰性的精神状态有关。所以要重塑国民精神,其目标是把人塑造成具有积极进取精神的人,实现由消极惰性向积极进取的转变。

(五)健全人的社会性格

这里的社会性格,指的是同一文化同一社会情境中社会绝大多数人所共同具有的行为定势。它着眼于人的社会行为的心理倾向。人的行为方式受社会性格支配,社会性格状况影响人的行为的社会效果,制约人的发展。所以,社会性格是人格的一个重要内容。从人性一般来讲,人的社会性格有两种基本倾向:依附盲目和自主创造。这两种社会性格在我国社会主义市场经济体制建设中都有表现。确有一些人有社会责任感,为社会创造性地工作。

但也不乏一些人的依附、占有行为严重,这集中表现为以下三种较为普遍的社会性格:用"人情攻势"向一切领域渗透,利用人情办事,破坏工作原则和规范;盲目附合别人,缺乏独立思考、独立分析和独立判断;不积极参与竞争,不敢为天下先。从总结历史经验的角度看,我国社会经济发展缓慢的一个重要原因,就在于人们在日常生活中过于注重人情,漠视原则规范。而社会主义市场经济体制建设既追求个人利益和社会经济效益最大化,又内在要求人们发挥创造性,恪守原则规范。因此,必须把改造人的依附、"人情"的病态性格,塑造人的自主创造、恪守原则规范的健全性格作为人的塑造的一个基本内容。其目标是把人塑造成为具有独创个性并恪守原则规范的社会性格的人,实现由注重"人情关系"向恪守原则规范的转变。

(六)改变人的思维方式

人的思维方式对人的活动有重要影响,思维方式不同,人的行为方式会有所不同,其认识和行为的结果也会有所不同。在现实生活中,感性思维方式和教条演绎型思维方式支配着许多人的头脑。一些人要么只局限于感性直觉、感官享受、感情用事和感觉经验,因而往往跟着感觉走,要么只从既定的前提出发推出结论,前提是既定的,结论也是既定的。这两种思维方式使人陷入狭隘经验主义和教条主义的泥坑,阻碍市场经济的建设和发展。社会主义市场经济体制和现代化建设需要具有健康理性思维的人。近现代西方商品经济发展的历史经验教训证明,搞商品经济的人必须具有健康理性,理性原则成了近现代西方文化发展的一个主题。邓小平建设有中国特色社会主义理论的精髓,是"解放思想,实事求是"。它在思维方式上,就是倡导人们既要冲破教条演绎型思维方式的束缚(解放思想),又要从实际出发去科学认识事物的本质,反对从感觉主观出发的主观主义(实事求是)。因此,在人的塑造中,应注重对人的思维方式的改造和培养,克服感情用事、主观臆断和盲目信仰,树立健康完善的理性思维方式,倡导人们从市场经济建设的实际出发,对市场经济进行理性思考、理性分析和理性判断,透过其表象科学地认识其本质和规律。这里,人的塑造的目标是把人塑造成具有健康理性思维方式的人,实现由注重感性思维、教条演绎型思维向注重健康理性思维的转变。

四、把"人的原则"贯彻到市场经济体制建设之中

社会主义市场经济内在要求把"人的原则"作为一个基本原则,即把人看作一切经济活动、经济关系的主体、基础、前提、动力和目的,在经济活动和经济关系中尊重人,关心人,依靠人。"人的原则"在社会主义市场经济体制建设中的具体贯彻,主要表现在以下几个方面:

(一)在发展生产力过程中要注重发挥"人的能力"。发展生产力是社会主义市场经济建设的一个中心任务,而当今最关键的问题是用什么方式才能更有效地发展生产力。在马克思那里,发展生产力主要有两条基本思路:一是以社会的方式发展生产力,其途径和方式主要是调整和变革生产关系,发展科学技术,加强管理,完善劳动方式;二是以人的方式发展生产力,即把重心放在个人能力全面而充分的发展上,如马克思所说:个人的充分发展又作为最大的生产力反作用于劳动生产力。在现实中,人们更多地注意了前一种思路,而没有充分认识到:个人能力的充分发展是最大的生产力。个人能力的充分发展是生产力发展的基石;个人能力通过一定的劳动方式、协作和分工而构成社会生产力;个人能力可对象化为产品和财富,它本身是最大的、真正的社会财富,社会物质财富的深层本质是人的能力;个人能力是科学技术现实地对生产力发挥作用的媒介、条件和基础。因此,在发展生产力时,我们要注重充分发挥和合理使用每个人的能力。

(二)在注重生产效率的同时注重生产的"人道化"。人是生产的主体,使生产人道化,有利于调动人的生产积极性,从而有助于提高生产效率。生产的人道化集中表现在:改善劳动环境和条件;不断提高劳动者的福利;尊重职工个人的主人翁地位和作用;尽力消除生产和分配领域中的不公平,尊重劳动者个人的目标和价值;充分发挥和合理使用劳动者的能力,等等。其实质是,不能把人当作获取利润的工具,而应把生产当作直接满足人的需要和自我实现的手段。

(三)在开发资源时注重开发"人力资源"。有效开发、配置和利用人力资源,对我国经济发展具有十分重要的作用:人力资源是自然资源得以开发、利用和发挥作用的根本条件;劳动者的知识和技能的提高是经济增长的主要

因素。开发人力资源是我国一项带有根本性的战略任务。我国是世界上的人口大国,人力资源开发得好,人口多就会变成人力优势,人口阻力就会变成人口动力。世界银行曾在对中国进行全面考察之后指出:在今后几十年内保持快速增长,对中国来说将是一项艰巨复杂的任务;中国的经济前景将取决于成功地调动和有效地使用一切资源,特别是人力资源。这应引起我们的充分重视。

(四)在理顺产权关系时注重协调国家、经营者和职工个人的关系,以有利于人的能力的充分发挥。产权制度是所有制的实现形式。从马克思的有关论述来看,所有制可从其主体本质和客体本质两方面考察。所有制的客体本质,指的是人对客观存在物主要是生产资料的占有方式;所有制的主体本质,是指劳动者对劳动的占有方式和劳动者同生产资料的结合方式。这二者的合理关系应是:生产资料所有制形式应有利于劳动者和生产资料的直接结合,有利于使劳动者的劳动成为自主劳动,从而适合、促进劳动者能力的充分发挥。因此,我们在进行产权制度改革时,必须把建立一种能够保证劳动者的主体地位、促进劳动者能力及积极性充分发挥的新型产权制度作为目标,把是否有利于劳动者能力及积极性充分发挥作为衡量产权制度是否合理的尺度。

(五)在企业经营管理中要注重"以人为中心的管理"。现代企业经营管理,正经历一个从过去着重行政控制和物质刺激的管理方式,向着重以人为中心的管理方式转变的过程。这种转变旨在克服旧的管理方式"见物不见人"的缺陷,把人看作企业的主体和灵魂。实行"以人为中心的管理",要求我们:(1)把"人的塑造"作为企业思想政治工作和经济工作的结合点。建立现代企业制度,使企业的思想政治工作面临如何同经济建设结合这一新课题。解决这一课题的关键在于把思想政治工作的重心放在"人的塑造"上,理解人、尊重人和关心人,充分提高和发挥每个人的个性和能力,培养人的整体素质,从人的价值观念、能力水平、道德品质、精神状态、社会性格和思维方式中,寻找企业发展的动力源和启动器。(2)在对职工个人的理解上,不能仅把职工看作追求经济利益的劳动者,还要把职工看作追求自我价值实现的人,看作企业活动的主体,充分发挥企业职工的主人翁精神。(3)注重培养和正确使用人才。(4)尊重、关心和平等对待每一个职工,营造一种使职工感到温暖和谐、能力得到充分发挥的企业环境。(5)建设以人为中心的企业文化。

（原载《中国社会科学》1995 年第 3 期，

《新华文摘》1995 年第 8 期转载）

四、现代化建设视域的
"中国问题"研究

世情国情新变化与"中国问题"

研究世情国情新变化及其提出的"中国问题",是当前理论工作者的一项重要课题。

一、世情新变化条件下的改革开放要求
坚持党的正确领导不能动摇

在当前世情国情出现新变化及国际金融危机蔓延的背景下,坚持党的正确领导不动摇,是极其重要的。

观察当前世情变化,关键是分析世界经济基础的变化。总的来看,其变化集中体现为三个方面:后工业社会的来临与财富资本化;世界产业的链条化与我国产业格局定位;美元本位危机及其背后的世界金融博弈新格局。其中,美元本位危机及其背后的世界利益博弈新格局对我国发展影响最大。

美元要想能充当世界货币,必须与黄金具有同等价值。这意味着美元与黄金必须挂钩。而从实际上看,一开始,美元也确实与黄金挂钩,问题出现是在后来。如果说,挂钩时期,美元对应着黄金是一种以抵押为主要基础的信用模式;那么,脱钩之后,则实际上形成一种以强制为主的信用模式。这种转换带来了严重后果。纸条信用来源于实际财富抵押与纸条信用来源于强制的共同点是:都具有流通、支付功能,都可以当钱用。不同点是:基于抵押信用的纸条同时还具有储备价值,存钱＝存财富;基于强制信用的纸币不具备储备价值,存钱＝买单。可见,美元信用基础转换的背后实际上反映的是财

富内涵与意义的变化：与黄金挂钩，美元的意义是：美元储备＝财富积累；与黄金脱钩，美元的意义是：储备美元＝财富买单。

1973，世界各主要货币被迫实行浮动汇率制，布雷顿森林体系完全崩溃。自此以后的美元信用不再是"抵押主导"，而转换为"强制为主"。美元的这种"强制为主"的信用基础给世界带来巨大影响。

首先，美元的"强制为主"的信用基础意味着，在世界货币体系中，美元具有支付流通功能，但不具备储备价值。因此，从理论上看，以强制为信用的美元货币在其流通中必然形成一种"击鼓传花"式的演进逻辑和路径。这意味着：美元不能用来储备，否则就是最后接"花"者；只有不断地把手中的美元之"花"传递出去，才能避免接单，才能在传中获利。由此，美元的强制信用带来的是世界金融活动中"击鼓传花"的游戏理路。

其次，"击鼓传花"的金融博弈格局会给世界带来两大需求。美元的不能储备（储备＝买单）和恶意流通（支付＝获利＝转到下家），必然使得人们在利益博弈的过程中逐渐意识到"美元非储备"原则的重要性和"重大资源储备"（美元≠财富）原则的战略价值。因此，一方面人们会尽力主动加快美元在自己手中的流通速度，争取尽快转手；另一方面尽可能用美元获取财富，最大可能把手中的美元兑现。这样，在世界范围内，"争取转手的意愿"使得美元的扩散变得迅速，"最大可能兑现的需求"使得美元不断向下家积压，美元本位的危害处于一种不断的积累和膨胀中。而从实际上看，随着美国债务的不断扩大，自2006年起，其总体债务规模仅还利息就需要美国联邦政府一年的财政收入，这种还债能力的不足，已经预示着美元本位危害的出现。尤其是此次国际金融危机，更是把其有害性推向了极致。此次危机发端于美国的次级房贷违约，危机形成具有几个关键环节：没有钱的人如何能买上房（怎样注入信用）——没有钱的人的房屋抵押如何能获得金融认可（谁保证了信用）——机构、公众为什么买这些债券（通过什么刺激投资）——危机规模有多大（能否救得起）。

第一，银行体系创造了"零首付"和"低利率"金融产品，吸引和支持没有钱的人买房子。银行告诉穷人，房价连续上涨，买时30万，翌年升为50万，升值的20万可以用来还利息，而且，为了鼓励穷人，银行把头几年的还贷利率定的低于房屋升值的比率，这样，穷人不仅能还得起，还可以用升值的剩余的钱消费其他。从表面上看,银行通过"零首付"和"低利率"金融创新让穷人具有了信用。但深入看,这种信用注入的方式违背了市场经济基本的"信托责任"原则,即:该信用建立在假设的前提下——必须保证房价持续升值,否则信用不再。可见,第一个环节就是一个潜在的风险。

第二,次级债的背后是美国国家信用的加入,具有政府信用抵押的色彩。具有美国政府信用支持的 Ginnie Mae 和另外两家机构房地美、房利美,对证券的评级和发行代理带来一定影响,客观上造成对市场信息的干扰,放大了风险的严重性。

第三,高利润激发了人们的投资欲望,大环境增加了人们的良好预期,次级债规模越来越大。这些证券在政府信用的包装下,具有高利率、高回报的特征。加之,一个时期以来,美国房价持续走高,基本上看不到下跌趋向。所以,次级债经过投行、保险公司、商业银行、基金以及个人投资的层层购买,规模越来越大。这次金融危机虽然是从金融领域开始,但演进却会指向经济的各个方面。"次贷危机——信用危机——利率危机——实体危机——财富分化组合",这将是危机演进的基本路径。

综合上述几个环节我们判断:

首先,危机的根源是信用不足,次级房贷抵押的信用建立于对"房价持续走高"的假设和预期上,本质上是一种虚拟信用,违背市场经济的"真实信用"原则,具有经济上的病根。

其次,危机的致命处是美国政府信用的滥用。在政府支持下,次级债信用具有了政府担保底蕴,但这种担保从性质上看,不是对"信托责任"的实体性保证,而只是一种虚拟的心理打气。该打气效应带来了严重后果,使得次级债危害扩散至全球。一个深层次的问题是,为何美国政府信用打气就能使得风险扩散到这么大的规模呢?这就是此次危机最核心的东西所在。

最后,此次危机的核心是美元信用基础的转换及其所带来的世界利益博弈新规则。美国能扩散危机,当然首先是由美元作为世界货币体系的地位决定的,但这并不是核心问题,决定美元能充当扩散机制的核心因素是美元信用基础的转换。基于美元信用由"抵押为主"向"强制主导"这一转换,世界经济领域发生了两大变化:一是"美元不能储备"成为一种多数国家认同的事实;二是"存钱≠存财富"的金融新规则普遍被人们认识和接受。这两点使得美元在实际经济运行中仅仅具有符号意义,功能仅局限在支付和流通上。这对于任何一个国家来说,只要不是符号最后的接受人,都能在流通中获得财富,都能在交易中达到目的。换言之,美元作为世界货币其运行表现出一种"击鼓传花"的特征,其中,"花"＝美元,"鼓"＝危机,危机没来,"花"可以照传,危机一到,"花"落谁家谁就吃亏。这就是今天在美元本位时代下全球金融利益博弈的本质所在。

正是在这个意义上,我们以为,此次危机的本质是美元本位的危机,是在美元本位出现危害条件下,各个国家利用新规则有意规避风险的一场利益大博弈,此次危机既可以说是前一阶段博弈的结果,也可以说是未来阶段继续博弈的开端。

从实践上看,当前世情新变化体现的是一般趋势,所展示的发展路径及前景具有普遍的参考价值,但一般不是特殊,趋势也不等同于现实,实践中的我国改革开放还具有自身的特殊性。着眼于一般趋势和立足于具体实际,我们有两个基本判断:

一是世情新变化对当前我国改革开放带来了挑战和产生了重大影响:(1)"存钱≠存财富"日渐成为国际共识,中国外汇储备现有的"存钱"本质,将面临巨大风险,如何把庞大的美元资产兑现为有形资产,如何实现"重大资源储备＝真正财富"新战略原则,是中国在此次危机中面临的核心性问题;(2)"美元储备＝财富买单"的新国际金融博弈本质,意味着中国必须在此次危机中把美元资产有形化,至少在战略上实现与美国的战略制衡。

二是这些挑战意味着,如何应对这些外汇风险、货币缺陷问题,如何消除这些已经产生和即将带来的严重后果,如何依据一般趋势并结合实际来制定发展规划和国家战略,已是十分迫切。而在实践上,一方面,解决上述问题涉及到观念、利益以及力量的博弈问题,因而肯定不是一蹴而就的事情,需要考虑社会的可承受度,公众的认同度等问题,这就决定了我们的基本心态只能是"急不得";另一方面,尽管今后一个时期改革开放面临压力和困境,但这并不意味着我们只能畏难而退,也并不意味着我们可以听之任之,因为压力的性质和困境程度决定了该问题必须解决并且要尽快解决,既绕不过去更拖不过去,一句话,对该问题我们"等不起"。"急不得"与"等不起"意味着,要想保证改革开放持续推进,必须有一个强大有效的权威来保障,否则,凭社会自发的博弈或者外部力量的挤压,改革开放或者因进程缓慢而错失时机,或者因压力失衡而使进程偏向,改革开放进程将会受到影响。正是在这样的意义上,我们说,要保持改革开放持续有效进行,必须坚持党的正确领导不能动摇。

二、国情新变化条件下的社会多元化及不确定,需要中国共产党作为坚强领导核心

当前国情新变化的本质是公民社会转型,其核心是公民与国家关系的重构,基本态势表现为"市场经济崛起"、"社会领域划界"、"国家系统合法性来源转换"。

市场经济的崛起必然带来了三种分离效应,展示为四个深刻变动(经济体制深刻变革、社会结构深刻变动、利益格局深刻调整、思想观念深刻变化),形成了公民社会转型中的社会多元化景观和不确定性场景。应对这些多元化及不确定性,需要中国共产党这一主心骨和坚强领导核心。

首先,"市场自组织"与"经济/政治"的相对分离。"市场自组织"的含义是:市场源于人类的天生的需求与供给本性,只要允许交换,那么市场就会生成。市场具有自组织性,这意味着国家也就无必要直接管制经济。相应地,一旦市场经济崛起,那么它就会从国家手中相对分离出来,表现为"经济/政治"的相对分离。基于这一分离,社会发展进入一个以经济活动自由超越权力直接管制的新阶段。

其次,"领域分界"与"私域/公域"相对分离。"领域分界"的含义是:基于市场与国家的相对分离,二者分别居于不同的轨道,国家"法律许可才可为",市场"法无禁止即可为";二者背后的社会空间明显不同,前者即国家领域,后者即私人领域;社会在市场经济的驱动下形成私人领域与国家领域的划界。基于这一变化,国家的政治统治色彩渐趋潜隐,民主宪政的色彩逐渐显现。这预示着,传统国家那种对整个社会绝对式的、自上而下的权力管制的正当性和必要性相对减弱,国家的主宰地位面临挑战。

最后,"公权转型"与"私权/公权"相对分离。"公权转型"的含义是:在社会日益公私划界的基础上,人们私权意识相对增强,并逐渐意识到必须让

渡一部分私权给国家,而国家则接受委托成为一种公权机构;同时,因为国家不再直接创造财富,但履行公务又需要经济支撑,因此,就产生要公民纳税支撑其公务行动的需求,这就是公民纳税、国家服务的基本逻辑;由此,私人纳税与国家提供公共服务,私人授权与国家接受授权,形成一种新的社会基本架构,公民纳税与授权观念成为社会的基本共识。

市场经济所带来的三种相对"分离"可以归结为两点:社会结构转型;国家系统合法性来源转换。

经过"经济/政治"、"私域/公域"的相对分离,使国家不再是一种全能机构,其行动具有边界;公民也不再仅仅是被管制者,而成为社会的主体。这意味着,在公民与国家之间,其关系将发生重大变化。如果说,传统时期是一种"管制与被管制"的关系,那么,当下则体现为一种"纳税与服务、授权与被授权"的关系。二者相比,后者则是现代"公民社会"的基本结构。就此而言,市场经济的第一个要求就是现代社会秩序取代传统社会格局。从理论上看,公民社会的核心问题是确立公民在社会中的主体地位。这种地位需要两种机制保证:市场机制与权力机制。市场机制的价值在于,它通过市场交换体系的壮大来保证现代公民作为"市场人"的经济基础;权力机制的意义是,它通过"公民授权"的规则来保证公民的"主人"地位。因此,从实践上看,现代秩序能否确立的核心在于两个基本环节,即"市场人"角色与"公民授权"框架。

国家系统合法性来源具有这样三种模式:革命时期为暴力夺权;建设阶段体现为领导经济建设的成就;市场体制下体现为民意认同。这三种模式分别来源于不同的社会发展需求。革命时期,国家的主要任务是夺取政权,暴力具有正当性,是阶级矛盾不可调和境遇中的一种次优选择;建设时期,国家主要任务是解决发展问题,能否有能力领导经济建设,就成为能否获得社会支持的主要根据;市场体制下,国家成为公权力的代表,它的合法与否来源于公民是否授权,是否正当取决于民意是否认同。在这里,领导经济建设的能力成为一种"资格授予"的前提因素,而"民意认同"则成为决定因素。在实践上,一则我国刚刚解决温饱问题,一则市场体制初步确立。这意味着,无论是"领导经济建设的能力",还是"民意认同",都是一种现实的需要。就此而言,当前国家系统合法性取决于两种基本能力:一是把握市场经济的能力,这是建设时期获得执政资格的基本条件;二是建设现代民主的能力,这是市场条件下获得执政正当性的基础路径。

如果说,上述趋势反映的是当前国情变化的一般性和主体脉络,那么,要想深入了解未来进程的细节,还需要具体分析上述两种变化的实际影响。结合当前中国的特殊国情,我们判断:社会转型和合法性转换在实践上带来了当前社会发展的多元化和不确定性。多元化的含义是:改革打破了原有的利益格局,社会利益主体结构呈多元化趋势,传统阶层的经济利益和政治社会地位受到威胁,新的社会阶层不断出现并提出政治和经济诉求;中国社会日趋分层化已经是不争的事实,人们利益需求多样化、诉求表达多样化、思想观念多样化构成当前社会多元化的基本景观。不确定性的含义是:各个阶层之间存在利益要求的差异性和社会地位的不平等,这种差异性和不平等在一个可预见的时期内得到彻底解决的可能性很小,从而使中国社会存在着社会动荡的风险性和可能;在社会阶层分化的同时,各个分化的阶层内部也在不断分化成各不相同的群体,即"碎片化",若这种碎片化没有相应的制度安排来适应,则会演变成社会冲突加剧的危险信号。无论是多元化还是不确定性,根源和焦点都在于社会的阶层分化和阶层构架。而深入看,社会阶层分化及其构建从来都不是一个单纯的社会问题,它还关系着政治架构和经济结构。在这个意义上,当前最让人担忧的就是,目前的社会阶层结构可能孕育着某种现在还无法看清楚的危机。

当然,辩证地看,在现代社会中,社会利益的多元化与风险的不确定性,是一件不可避免的事情,具有其合理性和积极价值,我们没有必要过度担忧,当然也不能掉以轻心,所需要的只是要对其消极面和潜在风险进行预先规避。对当前中国来说,中国共产党作为唯一的执政党,担负着促进增长、社会动员、公平分配、国家整合、政治参与等繁重的任务,因而也就承担着相应的多重责任。为化解利益冲突和民怨爆发,构建完整而合理的利益诉求渠道和健全完善的监督体系,这自然就是当前中国共产党诸多重任和责任中的首要选项和重要内容。正是在这样的意义上,我们认为,有效应对当前国情新变化条件下的社会多元化及不确定,需要中国共产党这一主心骨和坚强领导核心。

三、中国共产党必须解决好自身如何掌好权、用好权与执好政这一根本问题

（一）传统执政掌权的一些方式既不适应当代中国实践发展变化的要求，也容易动摇中国共产党的执政地位

当今中国经济领域存在的根本问题，主要是权力的"非规范化"和粗放的经济增长方式；政治领域存在的根本问题，主要是权力对权利的某种背离、能力恐慌和政府职能的某种缺位越位；社会领域存在的主要问题，一是公民社会不够成熟，二是存在着某些社会不和谐现象；文化领域存在的主要问题，就是在日常生活层面依附性人格有余主体性人格不足，较注重管制人不够注重解放人。产生以上问题的根源，我们认为，主要是权力至上、自上而下、逐级管制的传统社会层级结构及具体的权力运作体制。

从理论上分析，传统执政掌权的一些方式的本质特征可以这样描述：权力因素起主要作用；权力至上、自上而下、逐级管制、缺乏真正有效制约的权力运作方式；由此容易产生唯上思维、重人情关系、搞家长制特权等现象。这些现象表明当前权力还未有明确的划界，还存在着越位和缺位的可能性。如果权力体系在行动上还未出现有限化趋向，只能表明该领域还未实现向现代公权系统的转换。而在市场经济语境下，这些方式不仅不适应当今我国结构层面（市场经济、公民社会逐步建立）、体制层面（体制日趋多样化）、人的层面（民众的权利诉求、民主诉求、公正诉求日益觉醒与增强）的发展变化与人民的需要，反而在一定意义上容易动摇中国共产党的执政地位。

（二）中国共产党必须反映时代和中国实践发展变化的新要求与人民群众的新期待，努力解决好自身如何掌好权、用好权与执好政的根本问题

我国社会的温饱问题已经基本解决，今后要面临的是更高层次的"发展性需求"。较之于"温饱需求"，"发展性需求"首先是一种多样化需求，涉及到经济、政治、文化、社会（狭义）、人的发展等各个领域；其次，是一种高层次需求，关涉到人的社会性、精神性内容；最后，还是一种共时性需求，同时指向

人本身发展的不同方面。"发展性需求"的这三种特征对当前我国发展提出了新要求。

第一，"发展性需求"的多样化，要求当下社会的供给不能再是前一阶段的"生产性"模式，而应转向新的"分配性"模式；相应地，当前我国实践发展变化的新要求与人民群众的新期待也就体现为，从"生产性努力"转向"分配性急需"。在这里，"分配性急需"具有两个内容：一是物质层面的生产成果的分配；二是社会和精神层面的资源分配。由此需要解决两个相关问题：如何在分配性问题中保证效率，以确保分配的可持续性；如何使蛋糕分得满意、秩序建得合理和规则定得公正，确保分配的道德性。前者是公平问题，后者是正义问题。这就对我们党如何在执政中实现社会公平正义提出了更高要求。

第二，"发展性需求"的高层次化要求当下社会的供给不能再停留于前一阶段的"基础性"层面，而应转向新的"发展性"层次；相应，当前我国实践发展变化的新要求与人民群众的新期待也就体现为，从"基础性急需"转向"发展性急需"。在这里，"发展性急需"指的是当前中国发展具有特殊的境遇：一方面我国经济本身处于现代市场经济发展的初期，现代性是主要方面；另一方面，中国这种初期市场经济却又处于全球市场经济的后现代场景中。现代性意味着，中国市场经济还很弱小，"生产决定消费"的运行逻辑依然是国内市场的主要方面，金钱的价值、商品的使用价值依然是国内人群消费的关注点。后现代场景却意味着，国际市场的"消费主导生产"的逻辑不可避免地会约束和规范中国市场，国际市场上，财富的资本化、产业的链条化同样适用于中国经济。这就要求我们的市场运行必须面对这些要求，尤其是在当前我国的外汇储备、中国制造、核心资源储备不足等问题上，实现理念、模式的转换更显得迫切。

第三，"发展性需求"的共时性要求当下社会的供给不能再是前一阶段的"历时性积累"性质，而应转换为新的"共时性提升"之内涵；相应，当前我国实践发展变化的新要求与人民群众的新期待也就体现为，从"摆脱经济增长历时性落后"转向"破解经济社会发展共时性挤压"。在这里，"破解经济社会发展共时性挤压"指的是：中国自身特殊的市场化模式具有内在紧张性，有效解决实现"权力经济＝权利经济"的问题需要社会综合配套改革，能否跟进和跟进多少,对社会发展形成内在压力;中国现有发展模式的局限性带来了诸多问题,发展中的"低人权、弱产权、低端口"体制性约束,使社会发展面临潜在风险。上述两个方面集中指向这样的问题,即我们的发展可持续性较弱,发展潜力不足,发展还需要外部制度的配套。如何创设可持续发展的机制,如何实现对市场主体基本权利的保障,如何转换我们的发展模式,最终实现科学发展的要求,就变得十分迫切。

中国共产党能否适应"发展性需求"对当前我国发展提出的新要求,进而提高其执政能力,直接关乎到自身能否掌好权、用好权与执好政的根本问题。

(三)中国共产党应对社会危机的模式的演进实践证明,中国共产党有能力解决好自身和社会的问题

对比 1978 年前后两个 30 年,我们看到,中国共产党应对危机的模式和理念在发生变化。

改革开放之前,中国社会权力系统处于高度管制的状态。在这种社会发展模式下,"危机大多被定性为事故或'工作中的失误',解决危机的主体是中层干部加上技术专家。中央政府解决危机的时候是通过体制内的渠道,依托的是上下级间的科层制,使用的杀手锏是罢免和升迁,往往是上司雷霆震怒,下级雷厉风行"[①]。在这种模式下,党和政府的力量得到极大的强化,也可能在短时间内把危机消除。但从整体上看,这种模式也有弊端。

从 1978 年开始,传统的社会模式逐渐被打破,尤其是从 1992 年以来市场经济的驱动下,公共权力开始分化,公民有了基本的财产权、迁徙权。中国共产党与时俱进,形成了一套全新危机应对模式。主要包括:及时、准确公布信息;新闻媒体强势介入;国际合作;建立危机应对机制。可以看出,中国共产党在新的历史时期,面对新的历史条件,与时俱进,不断创新,已经成功地摸索出了一条适合中国国情的危机应对新模式。

---

① 何帆:《抵抗 SARS:增强社会免疫力的改革良机》,《国际经济评论》2003 年 5—6 月号。

四、中国共产党解决自身掌好权、用好权与执好政的根本问题的具体对策

(一)政府行政一维建设:从传统管理走向现代治理

在世界范围内,当代政府行政模式正发生巨大改变,表现为传统政府管理模式向现代政府治理模式转换。政府治理的基本要求是:适应公民社会运行主体多元化的要求,改变传统以管制为特征、以命令为内核的管理观念,逐步树立以分担为特征、以协同为内核的治理理念。基本目标是:建设"人本服务型"、"法治廉洁型"、"阳光型"以及"责任型"政府。

在当今政府职能转变的进程中,我们应根据中国国情,循序渐进地按照上述要求进行政府行政建设,逐渐从传统管理走向现代治理。

(二)民众人格二维建设:市民化与公民化双重建构

基于公民社会的转型,当下我国人的发展正处于这样一个特殊的双重化阶段,即乡村领域"从身份农民走向职业农民",城市中"从城市市民走向国家公民"。在这一转换中,前者意味着农民开始成为"市民",后者则预示着"市民"开始成为"公民"。而在理论上,"市民"即"市场中的人",表征着人的发展的"私人性"生成,"公民"即"面对国家公权的人",表达着人的发展的"主人性"生成。这就是当前中国民众人格建设的基本背景和现实起点。基于这一背景和起点,当前我国民众人格建设就需要具有针对性,目标是塑造"自主与责任"相统一的健全公民人格。

(三)权力结构三维建设:从传统威权走向现代权威

前市场经济时期,国家权力的合法性来源于革命业绩、权力管制和阶级强制,权力运行具有某种"集权"倾向,国家权力因"威"而显"权",因"权"而显"威",具有浓厚的"威权"色彩。市场经济阶段,国家权力的正当性来源于建设业绩、执政能力和公民授权,权力运行出现"分权"趋势,所以有"威"只因由能绩而获"权",即"能"、"权"前而"威"后,体现的是一种现代性"权威"意蕴。当前我国权力结构的建设,首先是实现从传统"威权"向现代"权威"

的转换;其次是建立市场经济、公民社会、公共服务型政府的三维制约相辅相成的新型社会权力结构;最后是构筑社会主义民主新模式,即实现协商民主、程序民主和问责民主的有机统一。

(四)权力运作四维建设:构建权力运作新秩序

权力运作需要解决四个基本问题,即凭什么获得权力、通过什么方式获得权力、如何行使权力、向何种方向行使权力,这四个问题构成了权力运作的基本秩序。第一,在凭什么获得权力问题上,应该通过能力业绩与民意认同来获得权力。第二,在通过什么方式获得权力问题上,应该是"公正获权"和"公民授权"。第三,在如何行使权力问题上,应坚持公共理念。第四,在向何种方向行使权力问题上,应是民本方向,基本目标是实现下述转向,即:由官本型政府走向民本型政府,由对人的消极控制走向对人的积极管制与解放的统一。

（原载《中共天津市委党校学报》2010 年第 1 期,与张健合作）

结构性问题——结构性改革
——新型权力结构建设

改革开放发展到今天,需要从根本上进行清理和总结。改革开放三十多年使我国取得巨大成就,但同时存在大量问题。这些问题究竟是怎样产生的? 中国共产党人提出的先进理念为什么在实践层面出现某种"肠梗阻"? 当今我国解放思想的对象和目标是什么? 怎样全面深入诠释并积极推动社会结构的转型? 弄清这些问题,有利于进一步明确回答今后我国改革开放"如何深层推进"的问题,也有利于说清在中国社会结构发生巨大变化的情境下,中国共产党如何能掌好权、执好政的问题。

一、中国的总问题是结构性问题

任何国家都有自己的问题,我们需要追问的是属于中国特有的、普遍存在的、影响中国长远发展命运的根本性问题。这些问题,在经济领域,主要是权力的未规范化、粗放的经济增长方式;在政治领域,主要是权力对权利的某种践踏、能力恐慌、政府职能缺位越位;在社会领域,主要是公民社会不成熟,存在着一定程度上的社会不公平且不和谐;在文化领域,主要是依附性人格有余主体性人格不足,较注重对人的控制不够注重人的解放。这些问题究竟是什么性质的问题,它是怎样产生的? 我们认为:这些问题不仅仅是体制性问题,在根本上、总体上是结构性问题,即是由传统的社会层级结构及其蕴涵的权力结构和权力运作方式产生的。

（一）结构决定体制，结构问题不解决，体制问题也解决不了

人们常常认为，中国存在的问题是体制性问题，即是由体制产生的。这在一定意义上是正确的。但进一步追问就会看到：体制是由结构决定的，归根到底，许多问题是由结构产生的，是结构性问题。考察一个社会，最基本的方法论，是从"结构——体制——文化"三维入手。马克思考察、理解社会的根本视角是社会结构。在他看来，资本主义社会的运作体制是由资本主义的社会结构决定的。就是说，有什么样的社会结构，往往会有什么样的社会运作体制，有什么样的社会运作体制，往往会有什么样的文化。中国更是如此。从根本上说，中国民众的文化取向中有一种"官本位"，这种"官本位"与传统的政府一元主导体制有关，而这种体制，说到底与传统的政治权力至上而经济力量和社会力量微弱有关。由此，结构问题不解决，体制和文化问题也解决不了。

改革开放起初，我们十分注重文化观念变革；后来，我们进一步深入体制层面，进行体制改革。当今我们的改革主要是在体制层面进行的，如经济体制、政治体制、文化体制和社会管理体制改革。应该说这是一种进步。然而，目前的问题是：社会中许多问题通过体制改革依然未能解决。我们认为，其根本原因在于我们未能认识到"社会结构"这一更为深层、更为根本的问题，也未能在实践层面自觉主动地推进社会结构改革。

实际上，当今中国存在的许多问题、包括体制问题的深层根源，主要是传统社会形成并作为残余遗留下来的自上而下的、逐级管制的传统社会层级结构及其权力运作体制，后者属于"中国的总问题"。这一总问题本质上与当代中国的政权性质无关，关涉的只是邓小平所谓的权力的具体社会运行机制。为什么会造成一些权力的未规范化？因为在传统的社会层级结构中，权力是至高无上的，还没有受到现代性规范，表现为它不仅掌管许多资源，而且还要占有许多资源。权力运行基本上就是权力管制。权力的未规范化说到底与一些政府的权力至上、权力管制有直接关系。为什么现在许多地方实行的仍然是粗放型经济增长方式？其根本原因之一是缺乏自主创新能力，而后者又根源于传统社会与文化过于对人进行控制与约束，不大注重对人的解放与开发，它造成人的发展依附性人格有余而主体性人格不足。显然，这与社会层

级结构及其权力运作体制对人的控制有关。为什么出现能力恐慌？直接看，是某些官员原有本领跟不上当前发展要求，进一步说，归根究底与权力运作体制及其对人的控制有关，与该体制背后的传统社会层级结构不注重对人的解放和开发有关。为什么政府职能缺位、越位？因为这种体制注重对资源的控制与占有，不注重供给与服务，注重管制而轻视治理，重私人特权轻公共服务。所以，在需要政府为民众提供优质的公共产品与公共服务的时候，它往往"缺位"；而在有资源、有利益、有"蛋糕"的地方，政府往往"越位"。为什么公民社会不成熟？这与社会层级结构及权力运作体制对个人与社会民间组织的过于控制有关。这种控制使得民众依附性人格有余而主体性人格不足，使民众过于依附与服从于政府权力而缺乏平等独立的人格、创造个性和参与精神，也往往使一些个人的基本需求、合法权益得不到应有的尊重。为什么存在着社会不公平且不和谐的现象？从根本上看，这是由社会层级结构和权力运作体制导致公共治理不健全所造成的。权力的未规范化和"私有化"必然导致公正理念的缺失；公正理念的缺失必然引起分配秩序的混乱；分配秩序的混乱带来的直接结果，就是社会各阶层之间的利益冲突；这种利益冲突必然产生社会分化，具体表现在涉及到利益问题时人们之间难以达成共识，许多人往往从自己的特殊利益而不是从共同利益出发来看待问题，许多人开始以站队的思维或对立的思维来思考问题，不再把社会看作一个整体存在，富人阶层与穷人阶层之间出现一种互相敌视的倾向，许多部门都在强化自己的局部利益，不再以全局的眼光来看待问题，等等；这种社会分化必然产生许多社会不和谐现象。为什么依附性人格有余而主体性人格、创造性人格不足？根本原因是由自上而下的社会层级结构及其权力运作体制对人的控制造成的。

　　可见，体制改革遇到种种阻力，存在的许多问题难以真正解决，在根本上源于传统的社会层级结构及其权力运作体制。

（二）传统社会层级结构及其权力运作体制具有深远消极影响

　　在寻求所存在问题的根源之后，再分析我党提出的先进理念的实现状况。在传统社会，各领域不同程度上存在的这种社会层级结构对稳定社会秩序具有一定积极作用，然而其消极影响更为深远。从历史上看，它不仅阻碍中国从农业文明向工业文明、计划经济向市场经济、国家社会向公民社会、传统社会向现代社会及管制型政府向公共服务型政府的转变,而且使社会特别是政治呈现非理性、非逻辑的特征。从现实来看,当今中国共产党人提出了不少先进理念,如以人为本、科学发展、公平正义、和谐社会、执政能力等,在实践中也取得一定成效。然而,这些先进理念的实现以及一些路线方针政策的贯彻落实,一定程度上依然是通过社会层级结构及其权力运作体制来进行的,一切先进理念以及路线方针政策一旦置于并通过这种社会结构及其权力运作体制来实现,就会不同程度上被这种社会层级结构及其权力运作体制扭曲、变形,进而影响其真正实现。在实际生活中,一些人"身"处在逐渐形成的新型社会结构中,享受着丰裕的物质财富,而"心"却依然滞留于传统的社会层级结构之中,精神状态和思想意识深深打上传统社会层级结构的烙印;一些人希望获得自主权利,却没有学会争取自主权利的现代方式,更不具备行使自主权利应该承担责任与义务的现代观念。这表明:传统的社会层级结构及其权力运作体制是影响一切先进理念实现的根本障碍。

二、应把体制改革进一步引申到结构性改革

根据上述分析,当今中国应把体制改革进一步引申到结构性改革上来。

(一)当今中国改革本质上应走向结构性改革

要搞清楚什么是结构性改革,首先应了解当代中国正在发生的社会结构转型。

当今中国的社会结构正在自然而然地发生变化,集中体现为基于市场驱动的三种宏观分化、分离过程和态势。首先,"经济与政治"的分离,其含义是:市场源于人类天生的需求与供给本性,只要允许交换,那么市场就会生成,体现为自组织特征;市场具有自组织性,这意味着国家没有必要直接管理经济;相应地,一旦市场经济崛起,那么它就会从国家手中脱离出来,表现为"经济与政治"的分离。基于这一分离,社会发展会进入一个以经济活动自由超越权力直接管制的新阶段,政党、国家逐渐趋向在"法律规定"的范围内理性地行使公共权力。其次,"私人领域与公共领域"的分离。在上述的分离的

基础上,市场与国家分别居于不同的轨道,国家"法律许可才可为",市场"法无禁止即可为";二者背后的社会空间明显不同,前者即国家领域,后者即私人领域;社会在市场经济的驱动下形成私人领域与国家领域的划界。基于这一变化,私人活动空间逐渐扩大,私人行为逐渐自主和自治,国家的政治统治色彩渐趋潜隐,民主宪政的色彩逐渐显现。这预示着,传统国家那种对整个社会绝对式的、自上而下的权力管制在逐渐削弱,国家的支配地位面临挑战。最后,"私人权力与公共权力"的分离。在社会日益公私划界的基础上,人们私权意识增强,并逐渐意识到必须让渡一部分私权给国家(如安全权,私人行使既不经济也不可能),而国家则接受委托成为一种公权机构;同时,因为国家不再直接创造财富,但履行公务又需要经济支撑,因此,就产生公民纳税支撑其公务行动的需求,这就是公民纳税、国家服务的基本逻辑;由此,私人纳税与国家提供公共服务,私人授权与国家接受授权,便形成一种新的社会基本架构,公民纳税与授权观念成为社会的基本共识。这三种分离过程将产生一个显著的结果,那就是,社会结构会发生重大变化,逐渐形成市场经济、公民社会和公共服务型政府相互制约、相辅相成的新型社会结构。

　　基于上述分析,所谓结构性改革,有三层含义:一是在中国共产党领导下,改造传统的社会层级结构及其权力运作体制,从市场经济、公民社会、公共服务型政府三方面同步进行改革,而不是单方面的改革;二是按照三方面**相互制约、相互协调**的基本要求进行改革,而不是有快有慢的改革;三是以实现三方面**相辅相成**为目的改革,而不是相互牵制的改革。具体说就是:(1)经济体制改革的目标是建立市场经济体制,以解决财富问题。市场经济体制建设,既为公民社会培育和公共服务型政府建设提出适合自身发展的要求,也为培育公民社会和建设公共服务型政府提供物质基础;(2)社会建设的目标是培育公民社会,主要解决公民的民主参与问题。它凭借公众的独立自主、舆论、网络空间和民主监督的力量发挥制约政府权力与市场权力的作用,完善民主政治,实现社会公正。培育公民社会,既向市场经济体制建设和公共服务型政府建设提出有利于自身发展的要求,即将市场、政府限定在合法范围内,并在各自领域遵循各自规则运行,避免权力霸权和资本霸权,也为市场经济体制建设和公共服务型政府建设提供健全的人格基础;(3)政府自身改革的目标是建立公共服务型政府,主要解决政治领域如何公正运用公共权力为市场经济体制建设和公民社会培育提供公共产品、公共服务的问题。建设公共服务型政府,既向市场经济体制建设和公民社会建设提出有利于自身发展的要求,即促进市场经济体制的健全和完善,制约资本权力的过度扩张,限制不成熟的公民社会并减少其可能造成的危害,也为市场经济体制建设和公民社会建设提供良好的政治环境。显然,在今天,应从单方面进行经济体制改革、政治体制改革、文化体制改革和社会管理体制改革等体制性改革,进一步深入到结构性改革。结构性改革不进行,单方面的改革就难以深入。

(二)当今的解放思想应落实到结构性改革上来

从哲学角度看,借解放思想来不断冲破意识形态领域陈旧思想观念的禁锢,由此来解放人性,通过人性解放又进一步解放了生产力,进而推进我国经济社会的进步,既是 30 年我国改革的基本逻辑,也是 30 年改革的基本经验。

改革开放起初,我们高举解放思想的大旗,强调"实践标准",以冲破意识形态领域"两个凡是"的禁锢,确立解放思想、实事求是的党的思想路线,开启了以经济建设为中心的新步伐;在深化改革开放过程中,当我们强调大力发展社会生产力的时候,却遇到了意识形态领域传统社会主义观的阻碍,我们又举起解放思想的大旗,提出"生产力标准",冲破了传统社会主义观的阻碍,解放了人又进一步解放了生产力;在进一步深化改革开放的过程中,当我们强调建立市场经济体制的时候,又遇到了意识形态领域"姓社姓资"的思维定势的阻挠,我们又举起解放思想的大旗,提出"三个有利于"标准,冲破了这种阻挠。

今天,我们又强调解放思想。我们认为,当今的解放思想应落实到结构性改革上来。这是因为,今天我们必须通过解决经济、政治和社会领域三大问题,来进一步寻求当代中国科学发展的新的更为广阔的空间:一是在经济建设领域如何顺利向以自主创新能力为核心的现代经济发展方式转变;二是在政治建设领域如何顺利向公共服务型政府转变;三是在社会建设领域如何培育健全的公民意识。而影响这三大问题解决的根本障碍,都是传统的社会层级结构及其权力运作体制。改革开放以来,中国共产党人努力且自觉主动从许多方面来改造传统的社会层级结构及其权力运作体制,并在这一改造中不断完善自我。以胡锦涛同志为总书记的中央领导集体执政以来,提出了以人为本、执政为民、执政能力及公平正义和民主法制的执政理念,强调进一步完善社会主义市场经济体制,积极推进社会建设,努力建设公共服务型政府,积极推进行政管理体制改革和社会管理体制改革,为构建新型社会结构提供了丰富的思想资源。然而在今天,在某些领域,虽然有形的社会层级结构被打破了,但无形的社会层级文化、层级观念和层级思维依然存在。不消除传统的社会层级结构及其权力运作体制,就会影响科学发展观的顺利贯彻落实。正是在这样的意义上,我们强调,今天的解放思想与以往的解放思想有重要区别:以往强调解放思想多侧重于意识形态领域的思想层面,注重理论创新;今天的解放思想应侧重于影响整个中国科学发展的结构性障碍,注重结构创新。

三、建立新型权力结构和结构性民主,构筑中国共产党执政的新权力和权威基础

随着社会结构转型和结构性改革,党和国家的政治权力和权威基础将发生转换;适应这种转换,需要建构新型权力结构和结构性民主,以构筑中国共产党执政的新的权力和权威基础。这是我们特别加以强调的。

(一)社会结构转型必然引发党和国家政治权力和权威基础的转换

社会结构转型将引起政党、国家与公民关系模式的重组,进而在实质上必然引发政党、国家政治权力、权威的基础发生转换。首先是公民逐渐成为现代社会的主人。这意味着国家的地位和角色要实现现代转换,国家是为公民提供公共服务的公共权力机构;其次是现代"公民赋权"观念的普及化。这会使整个社会对政党、国家政治权威的基础产生理性思考:既然公民是主人,国家是为公民提供公共服务的公共权力机构,那么,政党、国家政治权力、权威的基础就应该获得公民的认同。这对政党、国家来说,就是其政治权力、权威的基础的转换问题。政党、国家政治系统要满足全体公民所提出的正当性社会诉求,要获得全体公民的认同、支持和拥护,既要顺应社会结构的变化,实现政党、国家与公民的关系模式的重组,又要顺应政党、国家权力、权威基础转换的趋势,把政党、国家政治权力、权威的基础由传统的革命业绩转换为

现代的建设业绩及民意资源的支持,由主要靠权力及其权力控制资源获得权威转向主要靠提高执政能力并为民众创造公共价值来赢得权威。

(二)积极建构新型权力结构及其结构性民主

革命时期,政党、国家的权力、权威基础来源于革命业绩、权力管制和阶级强制。建设时期、尤其是建设社会主义市场经济时期,政党、国家的权力、权威基础来源于新型权力结构形成后所要求的建设业绩、执政能力和公民认同。在这种意义上,我们认为:应围绕新型权力结构与结构性民主建设,来构筑党和国家新的权力和权威基础。

首先要建立中国共产党领导下的市场经济(资本)、公民社会(民主)、公共服务型政府(公共权力)的三维制约相辅相成的新型社会权力结构。这种结构对构筑党和国家新的政治权力和权威基础,进而使中国共产党执好政、掌好权具有直接的现实意义:市场经济和公民社会的存在,内在要求党和政府干好自己应该干的事,不干自己不该干的事,这有利于减少越位,增补缺位,避免错位,减少执政成本,提高执政能力;公民社会意味着公民对政党的监督力量及问责意识的增强,这有利于减少党员干部的腐败,增强廉政;公共服务型政府既注重与民众平等对话,又注重为社会与民众创造公共价值,提供公共服务,这有利于减少抵触,增强信任。

其次,建立公共服务型政府自身的决策权、执行权和监督权相互制约的权力结构和权力运行机制,构筑协商民主、程序民主和问责民主有机统一的结构性民主。市场经济和公民社会既使公民拥有表达自己权利诉求的渠道,要求党和政府尊重公民权利,与民众协商来解决民生、民利、民权和民享等问题,又要求党和政府集中精力干好自己的事,并与民众协商合作共同治理国家事务和社会事务。尤其要适应公共服务型政府自身权力结构和权力运行机制建设新要求,自觉构筑协商民主、程序民主和问责民主有机统一的结构性民主新模式。即:实现协商民主,在决策过程中,中国共产党通过与民众充分平等的协商,根据公众的整体利益和长远利益,而作出符合公共利益的公共决策,公民通过协商而参与决策;实行程序民主,在执行决策过程中,通过一系列具有可操作性的制度、规范和程序,来保证决策顺利有效的实现;实行问责民主,在监督过程中,对决策和执行的程序与效果及其责任进行问责,它既可以是上对下的问责,也可以是下对上的问责,目的是保证决策科学、执行有效。这样做,有利于政党和国家提高执政能力,创造公共价值,确保人民赋予的权力始终用来为人民谋利益,从而能获得人民的认同,奠定党和国家政治权力和权威的新基础。

(三)注重权力运作方式建设,建构权力运作新秩序

反映新型权力结构的要求,需要围绕"凭什么获得权力、通过什么方式获得权力、如何行使权力、向何种方向行使权力"这四个基本问题,进行权力运作方式建设,以建构权力运作新秩序。

在凭什么获得权力问题上,应通过能力业绩与民意认同来获得权力。民意认同指的是,公共权力合法性来源于公民授权,即"一切权力属于人民"的宪政原则的现代表达;能力业绩指的是,在我国进入全面建设小康社会的新阶段,能力业绩不能缺少,但更多是转向民意认同。在这种意义上,前提是能力业绩,核心是民意认同。

在通过什么方式获得权力问题上,应该是"公正获权"和"公民授权"。民意认同既然上升为解决权力正当性问题的主要方面,那么相应地,"通过什么方式获得权力"也就主要体现为"公民授权";又因为该阶段,能力业绩已成为获得权力的前提条件,所以,支撑能力业绩的公平(机会平等,旨在促进效率)和正义(绝对平等,旨在保证社会道德性)也就成为必不可少的方式,即公正获权。就是说,谁能促进社会的效率,谁能维护社会的正义,谁就能获得社会的认可。

在如何行使权力问题上,应坚持公共理念。这主要是针对权力运行中某种程度上出现的把公共权力异化为私人权力、因私人关系破坏公共规则的问题而强调的。基本目标是:实现由管制型政府走向服务型政府,由对权力缺乏制约走向注重对权力的制约,由注重私人关系走向注重公共规则之转换。

在向何种方向行使权力问题上,应是民本方向。这是针对官本位与家长制提出的。基本目标是实现下述转向,即:由官本型政府走向民本型政府,由以权谋私走向执政为民,由对人的消极控制走向对人的积极管制与解放的统一。

权力运作方式建设的本质,是通过建构权力运作的合理秩序,来创造公共价值,提高中国共产党的执政能力,赢得广大人民群众的支持,进而构筑党和国家政治权力和权威的基础。

（原载《学习时报》2009 年 7 月 20 日,与张健合作,发表时有改动）

利、力、理、立：当代中国发展的核心理念

任何社会的发展都必然受其深层的核心文化理念或核心价值的支撑和引导，有怎样的核心价值，就必然有怎样的社会发展；而核心价值的确认和提升，取决于对时代精神的判断。

那么，当今中国的"时代精神"究竟是什么？应如何从对这一时代精神的判断中提升出支撑和引导当代中国发展的核心价值？应如何把这种核心价值引入当代中国社会发展的各个方面？可以说，至今这仍是一个没有真正明确解决的重大现实问题。不解决这一问题，我们的许多活动和行动往往是盲目的而不是自觉的，是事倍功半的而不是事半功倍的。

一、当代中国发展的"核心理念"："利益"、"能力"、"理性"、"自立"

时代精神主要是通过"问题来体现的"，问题就是时代的口号，"是它表现自己精神状态的最实际的呼声"，是左右一切个人的时代的声音"（马克思语）。由此，要把握时代精神，就必须准确把握时代提出的深层次问题。

当今中国时代深层次的根本问题，是运用市场经济体制建设有中国特色的社会主义。中国坚持走社会主义道路，这是原则性，不能改变。但建设社会主义可以采取不同的方式，方式问题至关重要，方式不同，效果和命运也就不同。从1958到1978这20年，我国社会主义建设采取"一大二公三纯"的方式，结果付出沉重的代价；1978年以来，我国社会主义建设主要采取了商品经济、尤其是市场经济的方式，结果获得了长足的发展。由此，有中国特色的社会主义建设问题，实质上就是运用市场经济体制建设社会主义的问题。中

国二十多年来的改革开放和现代化建设,就是围绕这一问题展开的。由此,我们应基于对社会主义市场经济的分析,来揭示和提升当今中国的时代精神和当代中国发展的核心价值。

市场经济作为一种经济运作方式和社会主义建设方式,必将对当代中国社会的各个层面产生广泛而深刻的影响,从而使我们这个时代呈现出新的特点,显现出新的精神。概括起来就是:

注重利益的精神。市场经济中的市场机制之实质,就在于它充分利用各个人对自己利益追求的本性来激发人的最大潜能,为社会作出最大的贡献,它是以人对自我利益的追求和满足为出发点的。为此,市场机制力图通过竞争和交换价值的实现,刺激人为实现其利益而焕发其进取精神。因而,追求交换价值中的利益最大化和互利,是人们进行生产的基本动机。这种情况往往由于"人对物的依赖关系"的存在,从而更使人们关心其物质利益的实现。资本主义在人类发展史上,较早发现了市场机制的趋利本性以及人在市场机制中对其利益追求的奥秘,因而公然批判中世纪的禁欲主义,充分肯定人在世间感性欲求的合理性和合理满足,并想尽一切办法和自觉运用有效的机制(如市场的竞争和交换机制),来刺激和规范人对利益的追求。由此,它在文化价值观上,明确以个人利益的名义反对封建奴役和人性压抑。在当代我国社会主义市场经济体制建设过程中,利益驱动正逐渐成为一项原则,并向社会生活的各个领域渗透。这对过去强调"义"的中国人来说,确实是一个不小的冲击,它要求人们不能像传统计划经济体制的某些时期那样,离开利益抽象地谈义,而应把义植根于对利的现实状况的分析和批判之中,针对利来谈义,否则,思想一旦离开利益,就一定会使自己出丑(马克思、恩格斯语)。

崇尚能力的精神。从本质来讲,市场经济社会给人提供的多是些未确定性或可能性的东西,这使人有一种压力感,同时也给人以一定的独立自主性和选择性,这使人有一种主体感,还给人提供相对平等竞争的机会和舞台,这些人有一种竞争感,每个人要在竞争中赢得成功,避免失败,减少代价,抢占发展的制高点、空间、时机和机遇,就必须最大限度地发挥其潜能和能力。在这里,市场竞争不相信能力弱者的眼泪,倒是给那些能力强的人以优厚的回报。这必然使每个人认识到,人生的海阔天空主要是靠自己的能力创造的,你一生的价值实现以及幸福很大程度上取决于你的潜力、能力和努力程度。

在这个意义上可以说,市场竞争首要是能力竞争,市场经济首要是能力经济,市场经济内在要求每个人由过去注重对权位的追逐转移到注重其能力充分正确发挥上来。近代资本主义社会是推行市场竞争的社会,因而它就自然而然地发现了市场竞争的能力本质及其对实现人的价值的意义,发现每个人能力的发挥对社会发展的巨大推动作用。文艺复兴时期的一些思想家为给新兴的资本主义商品经济的发展提供新的文化价值观的支撑,并反映其内在本质要求,他们以多才多艺、学识渊博和具有冒险精神的人,反对封建中世纪知识贫乏和循规蹈矩的人。美国著名汉学家本杰明·史华慈指出:文艺复兴时期的中心问题,是能力问题,而且"能力"这一主题体现了欧洲走向近代化的运动。生活在竞争激烈社会的斯宾塞强调,在宇宙整体中,力无比强大,力的范畴是宇宙方面的"终极的终极",并把"才能"作为人类方面的关键之项。正因此,严复在欧洲思想中发现了一个秘密,那就是:能力观念或实力主义是自文艺复兴以来近代西方社会的核心文化精神之一,而近代化的成就和西方社会的富强,正缘于这种精神。当今中国正处在某些方面相似于西方文艺复兴的时期,也正在搞工业化和现代化,正在建立市场经济体制,引入市场竞争机制。当我们这样做时,强调对能力问题的重视就不足为怪了。社会主义应比资本主义更注重每个人能力的充分正确发挥。其实,当代中国正在进行的市场经济建设,现代企业制度建设,使人力资本参与分配,下岗分流再就业工程,组织人事制度改革,素质教育等,都内在要求突出"能力"的价值。

推崇理性的精神。市场经济内在要求人必须依靠其理性的认识能力去把握外部世界发展的规律,以发展科学技术,必须应用理性思维能力来对社会上存在的信息和市场行情加以分析、选择和处理,必须运用理性的法则破除"人情"、"关系"、特权向社会经济的公共领域渗透,必须运用理性和理智来控制竞争者的情感、意志以及生活方式,必须以精细的理性计算来使资本和劳动达到最优组合——对可供利用的达到预期目的的手段、方法进行谨慎的确证和选择。这实质上是内在要求发育和提升出一种理性主义的自律体系,使理性精神成为市场经济中的强音,使人自觉按照理性的法则而存在。正因如此,实行市场经济的西方资本主义社会是极力倡导理性精神和理性主义的,并在人类发展史上较早发现并自觉建立了市场经济和理性的内在联系。文艺复兴时期的一些思想家反映社会发展的要求,以人的理性和科学的名义反对中世纪的盲目信仰和蒙昧主义,从而开启了西方工业和商业经济时代科学理性精神的大门。之后,理性被进一步得到重视,科学理性主义大旗被高高举起,理性也成为人们评判一切的标准。在当代中国社会主义市场经济体制建设过程中,迫切需要且正在逐渐兴起的,就是理性精神。经济领域中的注重成本核算和建立现代企业制度,政治领域中注重民主法制建设,文化领域中注重科学技术,组织人事领域中的反对任人唯亲,注重任人唯贤,社会各领域中的注重科学管理和制度规范等,都表明理性精神正在兴起。

强调自立的精神。市场经济内在要求人们要依靠自己的努力奋斗而自立。这不仅是因为市场经济要求把有关经济组织对政府的依附关系中解放出来,把从事有关经济活动的人从对长官意志和人身的依附关系中解放出来,使他们走向市场,从而成为经济运营的独立自主的主体,而且是因为市场经济所要求的自由、平等、独立个性和能力正是自立的基础、前提或体现。近现代西方资本主义社会历来强调人的自我努力奋斗精神,主张个人可以凭其后天努力奋斗实现个性独立以及自身的价值。在我国社会主义市场经济体制建立过程中,注重人自己的后天努力奋斗的自立精神日益确立起来。现代企业制度的建立,民主进程的逐步展开,素质教育的实施,以及其他一系列改革政策和措施的实行,越来越使人们感觉和体验到"人必须依靠自己的努力奋斗而自立",而不能一味注重出身、身份、门第以及"等靠要"。

在当代我国社会,社会主义市场经济正把"利益"、"能力"、"理性"和"自立"这四大核心要素历史地凸显出来,并使注重利益的精神、崇尚能力的精神、推崇理性的精神和强调自立的精神成为具有鲜明时代特征的主要时代精神。由此我们可以从中提升出支撑和引导当代中国发展的四大核心价值,这就是:有效利用和规范人对利益的追求;充分正确发挥每个人的能力;自觉按照理性的法则行事;必须依靠自己后天的努力奋斗而自立。

二、应把"利益"、"能力"、"理性"和"自立"精神引入政治体制改革过程之中

经济体制改革的目标最终是建立社会主义市场经济体制,社会主义市场经济体制的建立和发展必然要求政治体制与之相适应,因此,社会主义市场经济所要求的"利益"、"能力"、"理性"和"自立"精神必须引入政治体制改革

之中,从而使政治体制发生相应的转变。

我国的政治体制改革是在坚持社会主义政治制度的前提下进行的。传统的政治体制是与传统的计划经济体制相适应的。任何一种体制都有其存在和发展的理由和限度。应当说,传统的政治体制在计划经济体制时期、甚至在今天,发挥着不可低估的重要的积极作用,有其存在的合理性和必要性。然而,随着社会主义市场经济体制对传统计划经济体制的取代,随着人们的利益意识、能力意识、理性意识和自立意识的确立和发展,传统政治体制的积极作用会逐渐弱小,其历史局限性会逐渐暴露出来。在这种情况下,我们应逐步稳妥地推进政治体制改革,否则,它就会成为市场经济体制进一步发展的障碍。因为在传统的政治体制中,一定程度上依然包含着带有封建残余影响的某些消极因素。其中主要有:权大于法,民主法制不健全,对权力在一定程度上缺乏行之有效的法律监督,权力至上,权力干预法制的现象时有发生;情大于理,制度管理和科学精神不健全,狭隘的"人情关系"向政治公共领域渗透,为"人情关系"而破坏制度、原则和规范的现象时常发生,重严格、规范、精确、程序和标准的科学理性精神并未真正和完全确立起来;"关系"大于能力,用人机制不健全,任人唯亲、近亲繁殖、拉帮结派、论资排辈、迁就照顾的倾向依然存在,甚至存在许多跑官、卖官现象,靠能力实绩立足的用人价值取向并没有真正和完全确立起来;整体大于个人,人格不健全,缺乏独立人格和创新个性,个人对整体的依附有余而自立不足,盲目从众有余而自觉自主不足。

这些消极因素影响着我国政治体制改革的步伐,背离了社会主义市场经济的内在要求,最终必然影响中国共产党的执政方式和执政水平,所以必须推进政治体制改革。然而,这种改革更是中国的第二次革命,它在很大程度上是中国共产党的自我革命,是领导干部的自我革命,它要革除官本位的人治权力结构,处理不好,在一定意义上可能会影响共产党执政地位的稳固性,所以政治体制改革的难度比较大。中国共产党的执政地位是绝对不能动摇的,但传统的执政方式不改革又会影响其执政地位的稳固。因而,执政方式至关重要,"方式"就是"地位","方式"就是"命运",应从执政方式入手进行政治体制改革,把"利益"、"能力"、"理性"和"自立"的精神引入执政方式的改革中。

把"利益"精神引入执政方式的改革中,就是在工作出发点上,党的各级领导干部应始终代表最广大人民群众的根本利益,应把人民群众的根本利益作为党的一切工作的出发点和标准;就是在解决广大人民群众的切身利益的过程中开展思想政治工作;就是要切实尊重和关心各级领导干部的利益,使他们无后顾之忧地为党和人民而忘我地工作。

把"能力"精神引入执政方式的改革中,就是在选人用人机制上,知人要搞五湖四海,反对近亲繁殖;看人要看能绩,不能求全责备;识人要搞能力测评,反对凭主观好恶;选人坚持竞争上岗,反对论资排辈;用人注重能力实绩,反对任人唯亲;管人注重能上能下,反对迁就照顾。

把"理性"精神引入执政方式的改革中,就是在制度和管理上,加强民主法制建设,反对权力过分集中、搞特权和家长制;改善党的领导制度和组织制度建设,反对官僚主义以及等级观念和长官意志;强化对领导干部的科学管理,以严格、规范、精确、标准、程序的精神和方法,健全干部的竞争、选举、招考、任免、考核、弹劾、轮换和交流制度,并对各级领导干部的行为规范作出适当、明确的规定,反对主观臆断;实行民主和科学决策,反对主观武断。

把"自立"精神引入执政方式的改革中,就是在人格上,要求党的领导干部既要把中央的路线方针政策同本单位的具体实际相结合,创造性地开展工作,而不可搞教条主义,又要在贯彻执行中央精神的过程中,努力开拓进取和创新,而不可因循守旧,也要在本职工作中具有自主意识并勇于承担责任,而不可盲从并推卸责任,还要靠自己后天的努力奋斗和实力而自立,而不可形成人身依附关系及"等靠要"的思想。

三、围绕"核心理念"实行人格转型:当前我国文化建设的历史使命

党的十五大报告把当前我国文化建设的根本任务确定为培养"四有"新人。这主要是从政治的高度对文化建设所提出的要求。社会主义市场经济所要求的"利益"、"能力"、"理性"和"自立"精神也必然反映到当前我国文化建设中来。因此,当前我国文化建设还应在坚持这一政治要求的前提下,根据社会主义市场经济的要求自觉实行人格转型。这是当前我国文化建设的一项历史使命。

一是由离开利谈义向在利中求义转变。过去我们曾一度重义轻利、离开

利谈义，其后果是一部分人对义敬而远之，将其束之高阁，"义"难以深入人心。市场经济内在必然地使人追求其利益。而且在利用和刺激着人对利益追求的本性。从事实角度讲，这是一种客观存在。但在追求利的过程中不讲"义"，就会走向极端利己主义。这就要求我们还应当从价值角度去看待利，即必须以合乎"义"的方式对待利。由此，我国的文化建设不仅要反对空谈，应强调按照"义"的方式追求利，而且要针对"利"对人的正反两方面的影响，既发挥"义"的作用，以矫正在追求利的过程中所出现的极端利己主义，又要发挥"义"的建设作用，以把"利"对人的积极要求升华为人们的积极意识，并成为建构"义"的原则和观念的重要内容。

二是由一味追求"关系"、权位、金钱向崇尚能力转变。在社会历史发展过程中，主要有四大力量在支配人的存在和发展，这就是"关系"、权位、金钱和能力。一般来说，在前资本主义社会，支配人的存在和发展的主要力量是"关系"（血缘关系、家族关系、宗法关系等）和权位。在市场经济条件下，支配人的存在和发展的主要力量是金钱和能力。资本主义主要是让金钱支配能力，而社会主义在原则和本质上应是让能力支配金钱。然而，在我国现实生活中，在一些人那里，"关系"、权位、金钱遮蔽了能力的价值从而成为至上，忽视能力在社会主义市场经济中的价值。这必然影响人格和社会的健康发展。这就要求我国的文化建设不仅注重道德教育，而且应在确立和实现能力的价值上下功夫，使人由一味崇尚"关系"、权位和金钱向崇尚能力转变，靠能力来组合关系、赢得权位和获取金钱。

三是由一味注重"人情"向注重理性精神转变。"人情关系"向社会公共领域渗透，并破坏制度、原则和规范，造成不平等，抑制人的能力，是我国现实生活中带有某种普遍性的现象。可以说，"人情关系"有余而理性精神不足，仍是我国国民素质方面存在的一个重要问题。在建立社会主义市场经济体制过程中，我国的文化建设应在社会公共领域尽力打破"人情关系"的缠绕，确立科学理性精神，追求科学精神的最大化，注重实事求是，使人们由一味注重"人情关系"向注重理性精神转变。

四是由注重先天给定、依附向注重后天努力、自立转变。在中国传统社会，在许多人身上，往往是依附人格有余而独立人格不足，重先天给定有余而重后天努力不足。许多人在思维方式上，善于依傍古人，拘泥经典，结果养成了"面向着过去,背向着未来"的向后看和守成的积性和文化心理模式;在价值取向上热衷仕途,委身皇权,注重天定和给定。这种人格与传统的大一统国家制度和源远流长的宗法家族制度有密切关系。这种先天给定和依附的人格在今天许多人身上依然存在。其消极后果,是人的潜能、能力和创造个性得不到充分发挥。社会主义市场经济内在要求人注重后天努力奋斗和自立。然而,一些人认识不到也一时难以适应这种现实,因而常常在思想上产生某种困惑。由此,我们在文化建设上,要弱化那种注重先天给定和依附的社会心理,强化人的后天努力奋斗和自立的精神,确立靠能力和实力自立并实现其人生价值的实现方式。

综上所述,我们可得出这样的结论:我国的文化建设应积极塑造义利结合型、能力型、理性型和自立型人格,确立"利"、"力"、"理"和"立"四大"核心价值",反对重义轻利、重权力轻能力、重"人情关系"轻科学理性、重先天给定轻后天努力、重依附轻自立等价值取向。历史经验教训告诉我们:这些价值取向正是导致中国近代以来社会发展缓慢和落后的深层原因。

（原载《教学与研究》2001 年第 1 期,发表时题目有改动）

自主创新能力与国家发展战略

一定时期国家的核心发展战略必须具备三个基本条件:具有清晰的内涵和明确的目标;具有广泛的社会认同和持久的整合凝聚能力;统领同一时期的其他发展战略,关系着国家发展的兴衰成败、生死存亡和前途命运。历史上,关系国家发展的兴衰成败、生死存亡和前途命运的有三大根本力量:权力、资本和自主创新能力。依靠权力来推动发展可称为权力型发展模式;依靠发达国家的资本推进发展可称为资本依附型发展模式;依靠提高自主创新能力而形成强大科技竞争优势的发展可称为自主创新能力型发展模式。在当今中国,自主创新能力具备上述条件,因而十七大报告指出:应把提高自主创新能力提升为我国国家核心发展战略。

可以从多种角度研究自主创新能力与国家发展战略问题,这里主要从哲学角度入手。

一、以物为本的经济增长方式及其得失

一种观点认为,今天提出以人为本为时过早,现在还不具备实现以人为本的条件,当经济发展与人的发展发生矛盾的时候,还应使人的发展服从经济发展。如果一味强调以人为本,就容易动摇以经济建设为中心。这种认识可以理解。相对而言,以人为本不如 GDP 可以量化,GDP 具有很强的操作性,现在讲以人为本,确实增加了工作难度。然而,注重以人为本并没有动摇以经济建设为中心,而是为了更好地以经济建设为中心。经济建设的核心内

容之一是确定经济增长方式。我们试图通过分析我国经济增长方式的转变问题来说明这一点。

十六届三中全会召开以前,我国不少地方主要是以"物"的方式来实现经济增长。主要表现在通过四大物的要素来拉动经济增长:一是消耗自然资源;二是开办一些高投入、高消耗、高污染的企业;三是资本投资;四是依靠廉价的劳动力"成本"。数据显示,在发达国家经济增长中,75%靠技术进步,25%靠能源、原材料和劳动力的投入,而我国的情况恰好相反,我国主要行业的关键设备与核心技术基本依赖进口。

这种"以物为本"的经济增长方式在中国经济发展的历史过程中起着十分重要的作用,功不可没,不可全盘抹杀。但今天看来,从未来发展的走势看来,这种经济增长方式的发展空间越来越小,代价越来越大。因而,必须把"人本"理念注入经济建设之中,使经济发展具有目的与手段的合理性,从而实现由传统的经济增长方式向现代经济发展方式转变:一是从目的方面引入,把人的全面发展看作经济发展的目的,反对只见物不见人,使经济获得好的发展;二是从手段方面引入,要通过"人"的方式来推动经济发展,即把提高人的自主创新能力看作实现经济发展方式转变的中心环节和经济发展的根本方式。以自主创新能力为核心的经济发展方式之特征,可概括为"人本"经济发展方式。这里,强调以人为本或注重自主创新能力实际上是实现经济又好又快发展需要确立的一种理念。原浙江省委书记习近平曾精辟指出:浙江没什么资源,但把人本身看作最大的资源。相比而言,这比有些地方有不少资源,但就是不把人本身看作资源,要进步得多。

二、实现经济发展方式转变的根本障碍

1995年制定的"九五"计划,中央就提出经济增长方式的转变问题,虽然取得一定成效,但从总体上并没有转变过来,甚至近两年反而出现了粗放型经济增长方式的回潮。那么,影响我国经济增长方式转变的根本障碍究竟在哪里?其根本原因,我认为主要是权力社会所造成的自主创新能力的缺乏。

人们审视社会历史发展的角度不同,据以划分人类社会历史形态的标准不同,人类社会便呈现为不同的历史形态。从生产力角度来划分,便有渔猎

社会、农业社会、工业社会和信息社会;从生产关系角度划分,便有原始社会、奴隶社会、封建社会、资本主义社会和社会主义社会;从资源配置方式、文化价值观角度来划分,便会有血统社会、权力社会、物本社会和能力社会。从这一角度看,传统中国社会主要是一种权力社会。因为资源主要靠权力来配置,权力操纵着经济生活、政治生活、社会生活和人的生活,人们奉行权力本位的文化价值观。

这里需要对权力社会及其权力做出哲学分析。第一,权力力量的来源。权力是一种力量,这种力量影响着中国社会的发展。权力作为一种力量,主要来源于"我有权"。由此封建社会就讲"一人得道,鸡犬升天","朝廷有人好做官"。第二,权力结构及其权力运作方式。在中国传统社会、尤其是封建社会,权力结构可概括为:政治权力力量过大而经济力量、社会力量微弱;因而总体上属于金字塔式的权力层级结构,一切资源相对容易向上聚集,一切指令相对容易向下贯彻,自上而下传达上层指令相对通畅,自下而上反映基层意见会相对遇到某种阻力。由此可以看出,在中国传统社会,政治因素在中国社会历史发展中起主导作用。有怎样的权力结构就会有怎样的权力运作方式。在中国传统社会、尤其是封建社会,权力的运作方式及其基本特征可归结为:权力至上;权力自上而下运作;逐级管制;缺乏有效制衡。由此重集权、讲管制、讲等级、讲服从。第三,权力的功能。权力至上容易导致妒贤嫉能;自上而下运作权力容易压抑人的能力的充分发挥;逐级管制造成身份挤压能力,这既在一定意义上会排斥人的能力、尤其是创新能力,也会造成机会不平等,从而不能使人各尽其能;"层级"意味着服从高于自立,意味着上级对下级的管制和下级对上级的依附,这在一定意义上会排斥人的独立人格和创造个性,这就是我们常说的枪打出头鸟。第四,权力社会的导向。这种导向可以用三句话来表达:"权力配置资源,人们愿意做官,奉行官本位的价值观。"第五,权力社会的结果。权力社会必然会造成自主创新能力的缺乏。这就是影响今天我国经济发展方式转变的根本障碍。

三、中国走向能力社会的历史必然性

当今中国社会发展的总趋势,就是从以权力为本的发展框架,经过以物为本的发展框架,再逐步走向以能力为本的发展框架,走向能力社会具有历史的必然性。

(一)具有创新能力的人才对当代中国经济社会发展和综合国力竞争越来越具有基础性、战略性、决定性的意义

市场经济本质上是一种能力经济。从哲学层面看,传统计划经济的逻辑是:权力配置资源;人们愿意做官;奉行"权力本位"的价值观。以"权力本位"为核心理念的发展框架容易形成"人治",阻碍着中国的发展,因而应确立有利于当代中国发展的新的理念。市场经济不是万能的,但当代中国发展需要市场经济。从哲学看市场经济,其逻辑是:市场配置资源;能力和业绩决定人的社会地位和发展空间;推崇"能力本位"的价值观。市场经济本身不相信懒汉的眼泪,倒是给那些能力强贡献大的人以应有的回报,市场经济对那些不努力奋斗的懒汉和不提高能力的人是"无情"的,但对有能力有贡献的人和整个社会的发展却是"有情"的,这是通过"无情"的手段达到"有情"的目的。平均主义相反,是以"有情"的手段达到了无情的目的。我们今天在某些方面就是在承受由这种无情的目的所带来的一些代价。历史和现实证明,凡是真正搞市场经济的地方,就会弱化非能力因素,注重能力因素。如果计划经济看重的是权力的话,那么市场经济看重的是能力,在一定的意义上,市场经济是能力经济,市场经济对人的最大要求是,凭能力和业绩获得权力,凭能力和业绩获取物质利益。当今日趋激烈的国际市场竞争根本上是人的创新能力的竞争,具有创新能力的人才在综合国力竞争中越来越具有决定性的意义。

当代中国社会转型的基本走向是能力社会。即在当代中国,社会转型的总趋势是由"人的依赖"经过"物的依赖"再逐步走向"能力依赖",即走向以能绩为本的社会。市场经济和现代化建设推动着中国社会发生新的转型,这就是:由"人情"走向"理性",在理性社会,要靠理性来消除非能力因素的消极影响,确立能力因素在社会历史发展过程中的主体地位与作用;由依附走向自立,在自立社会,人们必须打破"等靠要"这种旧的安全观,确立靠能力业绩立足的新的安全观;由强调"一元"社会走向日趋"多样化"社会,在多样化社会,人的独立思考、自主判断、自主选择的能力显得越来越重要了。能力社会确立人的自主创新能力在经济社会发展中的根本作用,有利于推进中国社

会发展。

注重人才资源能力建设是把我国的人口大国转化为人才强国的内在要求。中国国情的一个重要内容,是人口多,有13亿。中国的每一个小问题乘以13亿,就成为大问题,每一个巨大成就除以13亿,就没有理由值得我们过于骄傲。这就要求我们必须把人口资源转化为人力资源,再把人力资源转化为人才资源,其实质就是大力加强以自主创新能力为核心内容的人才资源能力建设。这种建设搞得好,人口包袱就会变成人力财富,人口负担将会变成人才优势,人口阻力将会变成发展动力,人口大国就会转化为人才资源强国,也可以增强中国的核心竞争力。因此,面对13亿人口,我们要充分认识到加强人才资源能力建设的迫切重要性,它已成为中国把握新机遇、应对新挑战的关键。就是说,中国要从人口大国迈向人才强国,核心问题是培育和提升人的创新能力。

注重创新能力是总结中西方社会发展的经验教训得出的一个重要启示。总体来讲,中国传统社会的运作方式相对注重对个人及其个性的控制。不容否认,中国传统文化具有丰富的优秀的思想资源。中国传统社会和传统文化也关注人、研究人,然而,它研究人的目的主要不是如何真正有效地解放人和开发人,而是如何用"道德"、"权力"、"情感"和"组织"等有效地控制人和约束人(对人的私欲加以合理控制是必要的),结果把"人"字越写越小,缺乏创新个性和创新能力。这正是制约中国社会发展因而使社会缺乏活力的一个深层原因。

近代西方社会特别关注人和研究人,在这一点上同传统中国社会和文化没有什么差别。差别主要在于研究的目的上。近代西方研究人的目的主要是为了解放人和开发人。它们所举起的"利益"解放、"能力"解放、"理性"解放和"个性"解放的大旗等,都是着眼于解放人和开发人的。人的任何一种解放都是为人的创造潜力松绑,因为人的解放,就是要把人从各种束缚的消极状态下解放出来,赋予人以积极生活的权利,让人充分享有行动自由。这种解放,刺激着人去奋斗、冒险、拼搏和创新,去挣脱一切束缚人的桎梏。结果"人"字越写越大,一种创新精神和创新能力也就培育起来了。这也正是西方强大的一个深层原因。实际上,坚守道德,是任何国家和社会所倡导的,中国更是如此。问题主要在于在坚持道德的前提下以怎样的态度和方式对待能力：重视和正确利用能力就会强大，而轻视和排斥能力就会落后。

鉴于人的自主创新能力关系着国家发展的兴衰成败、生死存亡和前途命运，**我们就应该把提高自主创新能力提升为国家的核心发展战略**。江泽民同志明确强调指出：当代中国要树立发展新理念，加紧人力资源能力建设。要充分认识人力资源能力建设对经济社会发展的基础性、战略性、决定性的意义，把它放在社会经济发展的突出位置。党的十七大报告正式提出：要更加注重提高自主创新能力，把提高自主创新能力看作国家发展战略的核心。

（二）对能力和自主创新能力的哲学分析

我们需要对能力和自主创新能力给予哲学的分析。

第一，能力力量的来源。能力作为一种力量，主要来源于"我能"即我有知识，我有技术，我有潜能，我有创新精神。由此，人们强调知识就是力量，能力改变命运。

第二，能力结构及其功能。一般来讲，能力结构是由知识、智力、技能和自主创新能力构成的。知识是人的认识能力的体现和结果，智力是知识转化为智慧的能力，技能是智慧在实际工作中的一种应用能力，自主创新能力是以知识、智力、技能为基础的改造世界（对象）的能力，是最高或最核心的能力。从哲学角度讲，人生活在世界上，主要面临认识世界和改造世界两大任务，这要求人必须具备认识世界和改造世界两种基本能力。知识体现着人的认识能力，自主创新能力体现着人的改造能力，智力和技能则是由人的认识能力转变为改造能力的中间环节。这样，由知识到智力再到技能最后到自主创新能力，实际上呈现为一种由认识能力到改造能力、由低层到高层次的发展过程。"自主创新"是针对"依附"和"不创新"而言的一种创造性活动。它包括三个基本含义：一是原始创新；二是集成创新；三是在消化吸收国外先进技术的基础上的再创新。具体讲，就是通过原始创新（"原创"），努力获得更多的科学发现和技术发明；通过集成创新，把各种相关技术加以融合而形成具有市场竞争力的产品和产业；在引进的基础上消化吸收后再创新。这三者是一个不可分割的有机的统一整体，不可顾此失彼。正如有的学者指出的：自主创新不等于"纯国产"，核心技术并不都是源自本国的技术发明，它既可以是引进技术的集成创新，也可以是引进技术经过消化吸收后的再创新。在综合国力有限的情况下,我们应在优势领域进行原始创新,在追赶领域进行集成创新和引进消化吸收再创新,不断提高自主创新能力。自主创新的程度包括集成创新、拥有自主知识产权的创新和掌握核心技术的创新三个层次。自主创新的成果,一般体现为新的科学发现以及拥有自主知识产权的标准、核心技术、专利和品牌等。

一般来讲,具有能力的人,希望给他机会和舞台,喜欢从事挑战性的工作。因而能力的核心功能是解放人和开发人。

第三,能力社会的导向。能力社会倡导能力本位的价值观。这种价值观首先要求确立注重后天作为、内在实力和面向做事的现代的思维方式,它主张靠人的后天努力奋斗、素质提高、能力发挥和有所作为成就自己和确立自己;它强调实效,注重内在实力;它要求人们由一味的"捉摸人"走向凭能力倾心去"琢磨事",引导人们凭能力干事业、干成事业和干好事业。其次,能力本位要求合理配置资源。即要求社会主要由权力配置资源、金钱配置资源走向主要凭能力贡献配置资源;要求人的能力与岗位达到合理的配置,按能配岗,按能配工,从而做到你有多大的能力就给你多大的舞台,使人有位更有为,有用武之地。这有利于释放人的潜能,开发人力资源,发挥人的积极创造性。第三,能力本位积极倡导和努力追求公正。在今天,我们既要强调能力,也要注重公正,就是说要处理好效率与公平、鼓励创业与扶贫济困之间的关系。劫富济贫不是一种好思路。建立一种体现能力本位要求的当代意义上的公平观,是一种符合时代精神的思路。实际上,能力本位首先是针对由于非能力因素造成的不公正而提出来的一种强调权利、机会、规则、尺度和"回报"公正的理念,它强调平等的权利和机会,强调人才资源的合理配置,强调遵循相同的规则,强调人人凭能力和业绩立足,强调有为必有位。这样的公正会带来效率。当代中国基本上还处在从传统社会走向现代社会的过程和框架中,封建文化遗毒的影响根深蒂固,我们还没有完全享受现代性的积极成果,现代性依然是我们未竟的事业。所以强调能力本位依然是时代的强音。强调能力本位也是解决弱势群体生存境况的一条重要途径。弱势群体之所以在社会处于弱势地位,一是由于自己主观努力奋斗不够和素质相对不高,具有极大的脆弱性;二是自然、社会为他提供的、他所面临的客观条件相对较差。针对第一个原因,应加强他们自身的能力建设,由能力脆弱性造成的问题还需要由能力建设来解决。针对第二个原因,在健全社会保障制度和社会救助制度的同时,能力本位要求他们要靠自己的拼搏进取、努力奋斗和能力发挥来改变自己不满意的处境,要求整个社会注重培育他们的"造血"能力,即为他们的能力提高和发挥创造有利的机会和社会条件。能力本位意味着,一个面临客观条件比较差同时也没有"背景"和关系的人凭其努力奋斗和能力发挥而有所成就,他就应得到尊重和回报。

第四,能力社会的结果。由能力的力量来源、能力结构、能力的功能和能力社会的导向来看,能力社会将会使民众各尽其能力,使社会焕发活力。

四、增强自主创新能力的方式与途径

必须把增强自主创新能力贯彻到现代化建设各个方面。这除了要实施具体的政策和措施外(如加大对自主创新及教育科研投入;通过建设研究型大学来进行核心技术创新;政府提供政策支持,增强企业的自主创新能力;引导和支持创新要素向企业集聚,使企业必须转向自主发展和技术创新;加大知识产权保护力度;减弱政府的权力,提升市场的作用;大力培育创新文化;在劳动保护、社会政策等领域,加大执法力度等),从哲学角度考虑,就是要把自主创新能力理念引入我国经济建设、政治建设、组织建设、文化建设之中,并从制度上给予保障。

在经济建设上,注重自主创新能力在经济发展中的重要作用。即在经济发展过程中,由物质资源驱动经资本驱动走向创新能力驱动。由于物质资源驱动能直接并快速带来物质财富的增长,也由于缺乏自主创新能力,始初我国许多地方主要是依靠物质资源来带动经济增长的。随着生产规模的扩大和交换关系的发展,我国逐步依靠资本投资、资本运作和资本经营来拉动经济增长。依靠物质资源带动经济增长所付出的代价越来越大,发展空间越来越小,我国自然资源支持体系业已无法持续发挥有效作用;依靠资本驱动拉动经济增长造成了收入差距扩大和劳资关系紧张,进而影响社会和谐。所以,经济发展便越来越需要通过提高人的自主创新能力来推动。如果说物质资源驱动需要的是物质资源,资本驱动需要的是物质资本,那么,创新驱动则需要的是人的自主创新能力。历史越往前追索,人以外的因素在经济社会发展中的作用就越大,历史越往后发展,人自身的因素在经济社会发展的主体作用就越突出。正因如此,党的十六届五中全会指出,我国经济发展战略要实现从资源依赖型、对外依赖型向创新驱动型的转变,就必须从战略高度去认识自主创新。

要发挥自主创新能力在经济发展中的重要作用,实行创新驱动,途径之一就是必须进行分配制度创新,即确立一种按能力贡献大小进行分配的制度。知识经济时代的到来,意味着要改变仅仅根据"人情关系"、权力大小、资本多少来配置资源的分配制度,进而实行主要根据能绩大小配置资源的分配制度。在知识经济时代,在对社会财富的创造中,是人力资本为根本,货币资本为条件。美国微软公司成功的秘密,正是它所具备的开发电脑软件的知识和创新能力,以及经营高科技产业、开发高科技市场的企业家才能。于是,在寻求新的经济增长方式的努力中,人们发现人的知识、智力、技能和具有自主创新能力的人才,才是最重要的。因而,人们应凭其创造能力和贡献占有资本,配置资源。其实质,就是建立一种以能力贡献配置资源为核心内容的"各尽所能"的分配制度。

在政治建设上,改造社会层级结构,培育公民社会。 社会层级结构下的社会是一种管制型社会,个人的依附性比较大,自然缺乏自主创新能力。改造社会层级结构意味着社会结构的转型,其中意味着公民社会结构的出现。公民社会蕴涵着公民人格的独立、自主、自治,即公民主体性的觉醒与增强,意味着公民真正成为社会的主体和主人,而这必须以公民自主创新能力的提高为基础。

在政治建设领域,倡导并提高人的自主创新能力的一条有效途径,就是进行干部人事制度创新,即确立一种使具有创新能力的优秀人才脱颖而出的选人用人制度。从理论来讲,只要是对中国社会进步有用并具有创新能力的人,就应该不拘一格大胆地选用。这样做,本质上是选贤任能。然而,正如邓小平同志所指出的:在中国,选贤任能是一场革命。因为尽管我们在原则上强调任人唯贤,但在实际具体操作时,有些地方却往往任人唯亲。这种用人方式是提高人的自主创新能力的一个主要障碍因素,必须加以改革和完善。这就是要实行"德为前提,能为本位"的干部人事制度,即在全社会范围内真正建立一种能使人的素质得到提高并确保那些凭能力做好工作、而且有业绩的优秀人才脱颖而出的制度；拓宽选人视野；相对注重群众公论；凭能力业绩选人；赛马式选人。这种制度的主要目的在于为人的努力奋斗、能力发挥和素质提高提供一种相对平等竞争的机会和规则，既鼓励人大胆创新，又要求人遵守规则，使人们认识到在这样的竞争和规则中，自己的努力奋斗、能力发挥能在晋升提拔中得到公正的回报。

在组织建设上，建立能力型组织，营造一种鼓励创新的组织环境。要努力消除"权力型组织"，积极营造"能力型组织"，使组织的制度、管理、运行机制和政策等，都围绕着有利于开发人力资源、合理配置人力资源和培育创新能力来设计、运作；努力消除维持性组织，建造一个"创新型组织"，逐步实现制度创新、技术创新和文化创新；努力消除经验型组织，将组织改造成一个"学习型组织"，使组织建立一种科学的教育培训体系，加大教育培训的力度，注重人力资本投资，使成员在组织中能得到"终身学习"，进而使组织成员具有主动地驾驭组织的目标和任务并能适应外部环境变化的能力；还要逐渐消除形式型组织，建立一个"实效型组织"，使组织注重实效，反对形式主义，力图增强组织的实力和活力。

在文化建设上，把能力本位作为人生的一种基本价值取向，营造一种增强自主、鼓励创新、宽容失败的文化。只有把能力本位作为人生的一种基本价值取向，才有可能形成一种凭能力立足的环境和文化，进而人们才有可能把发掘其创新潜能作为一种基本需求。能力本位作为一种价值取向，要求冲破"权力本位"、"金钱本位"等一切妨碍发展的观念，树立人凭其能力和贡献配置资源、确立地位、实现价值的观念。这种价值观有利于培育和提高人的自主创新能力。我国改革开放的过程实际上就是不断解放人、开发人进而释放人的创新潜能的过程，现在中国人的许多创新潜能还没有得到充分的开发和释放，因而还有一个进一步解放、开发和释放的问题。由此，我们需要进一步培育和形成一种增强自主、鼓励创新、宽容失败、注重公正的能力本位的环境和文化。

要培育和形成这样的环境和文化，其中一条重要途径，就是进行教育模式创新，实施素质教育。我国传统的应试教育模式取得不少成就，但也具有一定的历史局限：重知识轻方法；重分数轻素质；重应试轻应用；重服从轻自主；重灌输轻创新。这是影响自主创新能力提高的一个障碍因素。在现代化社会和知识经济时代,世界性教育发展的趋势是走向素质教育,因此,我们应在继承以往教育成果的基础上,注重素质教育,从教育理念、教育内容、教育方式和教育评估机制等方面入手,把人培养成既有知识又具有素质和自主创新能力的人。素质教育的实质是能力教育(包括自主创新能力教育)。

（原载《中国党政干部论坛》2008 年第 5 期）

能力建设与当代中国发展

当代中国面临的是一个新的图景。这一图景主要是由知识经济、社会主义市场经济、日益激烈的国际竞争、中国特色社会主义建设实践、以丰富的人口资源为重要内容的中国国情、当代中国发展最需要又最缺乏的是人的创新能力的现实等构成的。新的图景把一个全新的时代性重大课题推到了前台，这就是：能力建设及其对当代中国发展的重大意义。

一、能力建设提出的背景与根据：进入了实力决定地位的时代

（一）日益逼近的知识经济呼唤能力建设

21 世纪是走向以知识、智力和创新能力为基础的知识经济时代。这个时代，"人的智力将爆发革命，这场革命将以开发人力资源和充分发挥人的创新能力为中心。人们将不再以拥有土地和钱财的多少论财富，而主要是以知识的多少、智力的高低和创新能力的大小论贫富。"[1]就是说，在知识经济时代，人的知识、智力和创新能力将成为经济、社会发展的主要源泉和动力，注重以人的能力开发和管理为基本内容的能力建设，正成为中国把握新机遇、应对新挑战，藉以实现科技进步以及经济和社会发展的关键[2]。首先，知识作为人的智力的创造性产物，不再是社会生产的一般性因素，由于它对经济增长的

---

[1]　委内瑞拉：《智力革命》，《宇宙报》2000 年 11 月 1 日。

[2]　江泽民：《加强人力资源能力建设　共促亚太地区发展繁荣》2001 年 5 月 15 日。

巨大贡献而变成了直接生产力。现代经济增长理论认为,人力资本投入是现代社会经济迅速增长的重要因素,知识是实现经济增长的主要驱动力。这些理论在知识经济时代得到了确证。在知识经济社会,人们主要是通过人力资源和人才资源的开发,来开发自然资源以创造新的社会财富。世界经合组织1996年年度报告显示:该成员国国内生产总值的50%以上来自知识的贡献。在当今时代,人类经济发展正在从主要依靠物的投入转向主要依靠智力的投入,如果说在传统工业时代主要是拼资金和设备,在知识经济时代,则主要是拼素质和具有创新能力的人才。这里,显然人力资源高于自然资源,人力资本高于物质资本。其次,知识化的生产方式使得产业结构日趋智能化,即传统的第一、第二产业的比重日趋降低,而提供智能商品和智能服务的信息产业正成为当前最为夺目的朝阳产业。第三,劳动主体日趋智能化,从业工人的劳动素质日益提高,知识型、智力型和创新型的劳动者将成为社会经济活动的主体。

(二) 当今日趋激烈的国际竞争根本上是人的创新能力的竞争

大量历史和现实的案例表明:当今世界上国家之间的较量实质是发展实力的较量,国与国的交往很大程度上就是实力交往,实力决定国家在世界上的地位,离开发展实力的支撑,将会在国际竞争中处于被动。要在这种竞争中取得优势,只有靠发展来积累实力,而要加快发展,使国家尽快富强起来,就必须使它的制度确保国民的创新能力得到充分发挥。就一个国家内部来讲,其发展实力主要来自于国民的创新能力。因为对增强发展实力起直接作用的科学技术之发明、发现和运用,取决于人的知识、智力和创新能力。

(三) 中国特色社会主义建设实践本质上要求注重能力建设

中国特色社会主义建设必须把发展看作是党执政兴国的第一要务。这就要大力发展生产力,增强综合国力,提高人民生活水平。人是生产力中最有决定性的力量,大力发展生产力,首要就是大力发展人的能力;要增强综合国力,就必须使我国的制度和体制确保人的创新能力得到充分正确发挥;要提高人民的生活水平,就必须具有为人民服务的能力。

（四）当代中国社会发展最需要也最缺乏的,是人的创新能力

新时期、新形势、新任务和新困难,向人的能力素质提出新的更高要求,任务越艰巨,困难越多,就越需要人具有创新能力。当代中国发展对人的知识、智力、尤其是人的创新能力的需要是最迫切的。问题是:第一,由于中国传统社会重天命轻人力,重先天出身血统轻后天努力奋斗,重权力、"关系"轻能力,结果造成中国社会发展的缓慢。第二,在改革开放时代,在剧烈竞争条件下,有些道德素质好的"好人"却对市场经济和现代化建设不通也不适应,缺乏驾驭市场经济和现代化建设的智慧和才能,面对改革的艰巨任务缺乏开拓创新精神,遇到复杂问题、困难、突发事件以及各种挑战束手无策,心有余力不足,有一种能力恐慌,结果业绩平平。一个人有才无德是干不好大事的,而有德无能也是干不成大事业的,如果不克服能力恐慌,经济恐慌和政治恐慌就会随之而来。第三,我们现存的某些体制、文化观念和具体做法阻遏着人的创新能力的充分发挥。农业时代,社会的生产方式和人们的生活方式需要把道德作为核心价值,由此,道德中心主义成为中国传统文化的本质特征。今天,我们已步入工业时代和正在迈进知识经济时代,工业是打开人的本质力量的一本书,人的创新能力将成为整个知识经济、社会发展的主导力量。我们应与时俱进地反映时代精神,确立"能力本位"的核心价值观,围绕人的创新能力开展能力建设,使道德建设体现能力建设的要求。然而,我们比较多地强调了道德建设、思想建设、作风建设和制度建设,唯唯轻谈能力建设。这种看法将限制中国社会的创新和发展。我们决不是以能力建设排斥道德建设,恰恰相反,在知识经济时代,只有使道德建设反映能力建设的要求,这样的道德建设才是具有时代先进性的。第四,当前我国的人力资源状况与经济社会发展的要求还远不适应。主要表现在:人才外流现象严重;人才竞争机制不健全,往往根据"人情关系"和权力配置人才资源,从而存在着人的潜能得不到充分发掘、人才资源配置不合理、压抑人才和浪费人才现象;没有形成一套适合我国国情的行之有效的人才测评方法和手段;人才、尤其是具有创新能力的人才短缺;人才结构失衡;人才流动存在不合理现象等。历史和现实表明:当代中国必须实行能力建设强国的战略。

二、能力建设的基本理论内容:含义、目标和方式

那么,如何理解能力建设呢? 这是一个新课题。

中西方思想史上提出了一些与能力建设相关的零散观点,涉及到了能力问题的重要性、能力开发的内容和方式。这对我们研究"能力建设及其与当代中国发展的关系"具有一定的借鉴价值,但对"能力建设及其与当代中国发展的关系"问题还缺乏专门、系统和深入研究。

由此,很有必要对能力、能力建设和能力建设的目标方式等问题作一番专门的考察与研究,建立一种能力建设理论。

(一)能力概念

迄今为上,人们主要是从心理学的角度来界定能力,很少从哲学与人学的角度来理解能力,结果低估了"能力"的意义和价值。

从哲学与人学角度来理解能力,它具有八方面的内涵:一是从能力的基础看,能力是人的综合素质在实践中的外化表现。这里涉及到能力与人的素质的关系,人的素质是能力的内在基础,是人的内在本质力量,而人的能力则是人的内在素质的外在表现、实现和确证,是人的内在本质力量的外在体现,没有素质,就谈不上什么能力。这里,能力具有显现性。二是从能力的一般内容结构看,能力主要包括:潜能;体力;智力;情感力;意志力;精神力量;实践能力(含专业技能);德力。潜能,即主体通过自然遗传、文化继承、社会实践获得的处于可能状态的力量或能量;体力,是指人在生理上的健全程度;智力,是指人的知识水平和智慧程度;情感力,指人的情感力量;意志力,是指人的心理素质表现出来的一种力量;精神力量,指人的理论思维能力和思想观念的力量;实践能力,指人的基本技术与掌握生产流程的熟练程度;德力,是指主体对社会行为准则或规范的认识、理解和领悟并据以遵循、外化的能力。这里,能力具有全面性。三是从能力的水平看,能力是指人驾驭各种活动的本领大小和熟练程度。这里,能力具有可测性。四是从能力发挥的合理性看,能力是受道德和理性引导的。这涉及到能力与道德、理性的关系,是能力能否正确发挥的合理性问题,我们通常所说的"能力"大都是从正面讲的。这

里,能力具有受动性和方向性。五是从能力发挥的效果看,能力是指人的实际工作表现及其所达到的实际成效。这涉及到能力与实绩的关系,"实绩"是人的能力充分正确发挥的必然结果,是对人的能力的一种确证。这里,能力具有功能性。六是从能力发挥的载体看,能力是人在某种实际行动或现实活动中表现出来的、可以实际观察和确证的实际能量。它涉及到与活动、行动的关系,因而是一种"行动"范畴,回答人在现实活动中能做什么。能力如何决定着人对活动范围和活动领域的可选择度。这里,能力具有经验观察性和可确证性。七是从能力发挥的价值看,能力是实现人的价值的一种方式。这涉及到能力发挥与回报的关系,讲的是有一分耕耘就有一份收获,只要尽力就有回报。这里,能力具有"本位性"。八是从能力发挥的作用看,能力是左右社会发展和人生命运的一种积极力量。这涉及到能力与左右社会和人生的力量的关系问题。权力、金钱、人情关系和能力都是左右社会和人生的力量,不过能力是一种比权力、金钱、人情关系具有积极作用的力量。"能力"对于人及其人生来说,涉及到"人靠什么立足(方式)"、"人追求什么(目的)"和"实现什么(效果)"这三大有关人生价值和人生命运的问题。这里,能力具有属人性。

要之,所谓能力,是人的综合素质在现实行动中表现出来的正确驾驭某种活动的实际本领、能量,是实现人的价值的一种有效方式,也是社会发展和人生命中的积极力量。

(二)能力建设概念

要揭示能力建设的内涵,应当明晰一些相关概念。

1. 相关概念分析

人口资源、人力资源和人才资源。人口资源、人力资源和人才资源是三个相关但又有区别的概念。人口资源,是指在一定时空范围内的、所有的有生命的个人,既包括具有潜在的和现实的劳动能力的人口,也包括不具有或丧失劳动能力的纯粹是消费的人口,有生命是理解人口资源概念的关键;人力资源,是指在一定时空范围内的、能够直接或间接参与社会活动的、具有一定劳动能力的人口,它具有质和量的规定性,劳动能力是理解人力资源概念的关键;人才资源,是指在一定时空范围内的、经过专业教育培训的、具有特殊专长、且能从事专业劳动的人口,专业技能是理解人才资源概念的关键。

人力资源和自然资源。自然资源,是未经投资开发的天然资源,人力资源则是经过投资开发的人造资源。它具有以下特征:一是主体的能动创造性和最终决定性。人力资源在经济活动中起主导作用,世界上一切资源的开发和利用都离不开人来发动、调控和掌握。舍此,自然资源就不可能转化为经济资源,也不可能带来经济效益。二是潜力的持续性和资源的再生性。就整体人口资源而言,人的潜力大有可挖且能持续进行,在其不断消耗的同时还能实现资源效用的再生。三是社会可塑性。社会所需要的各种类型的人力,需要由社会来教育和培训,即通过社会来有意识地塑造人,把先天因素和后天因素合成为人力。四是生理制约性和损耗性。人力本身要受生理制约,人的作用总是局限在一定的年龄范围内;如果在一定的年龄范围内,有效的人力不被及时地利用,错过了最佳使用期,就会造成人力资源的浪费。

2. 能力建设概念

能力建设与人口资源、人力资源、人才资源和人力资本相关,涉及的是人的能力。

能力,是人的综合素质在现实行动中表现出来的实际本领和能量。具有一定素质的“主体人”和客观的“人的活动的现实展开”是影响人的能力发挥与实现的两个重要因素。与之相应,“人”(能力的主体承担者)和“人的行动的现实展开”(能力发挥和实现的手段),便构成能力建设的两个基本方面或基本维度。换言之,能力建设,实质上就是对能力人的培育和对人的能力充分正确发挥所赖以进行的条件体系的创造。前者是指把人口资源转化为人力资源再进一步转化为人才资源从而形成能力人和人力资本的能动过程,也就是把人口资源、人力资源和人才资源转化和提升为一种现实的能力,这是一种“转换能力”,涉及到能力建设的过程与目标;后者指的是服务于能力建设过程和目标的条件体系的建设,实质是注重培育和提高人口资源、人力资源和人才资源开发本身的能力,这是一种“开发能力”,涉及到能力建设的方式与途径。总的来讲,能力建设,就是主体通过各种行之有效的方式与手段,把人口资源转化为人力资源再进一步转化为人才资源从而形成能力人和人力资本的一系列能动活动过程。这里的“主体”,包括国家、社会、组织、家庭和个人。

（三）当前中国能力建设的目标

一般来讲，能力建设的目标可确定为：它是一个从潜在到现实的过程——发掘人的潜能；它是一个从低到高、从弱到强的过程——提高人的能力；它是一个从无到有的过程——培育人的能力；它是一个从不健全到健全的过程——完善人的能力；它是一个从片面到全面的过程——发展人的能力；它是一个从自发到自觉的过程——培养人的能力。

从当代中国发展来讲，根据人的社会化过程与个性化过程的统一，根据人的需要、劳动、社会关系和个性相统一的人格结构，当前中国能力建设的具体目标主要包括 10 个方面：

第一，发掘人的潜能。美国心理学家马斯洛、詹姆斯、奥托以及玛格丽特·米德经过研究和实验发现：一个正常健康的人只运用了其潜能的百分之六左右。这种潜能，就是客观存在并能通过一定的方式开发出来的潜在的智力和体力之总和。发掘人的潜能，就是通过各种行之有效的方式，去唤醒"沉睡状态"的各种潜在智力和体力，去转化内在的混沌状态潜能为外在的能力。其实质就是解放与发展人的智力和体力。

第二，提高人的社会适应能力。人生活于社会首先要适应社会。联合国教科文组织给人的健康下的定义中就包括社会适应能力。社会适应能力，就是一个人在心理和能力上适应社会环境并学会生存的社会化过程。社会适应能力的高低，表明一个人的成熟程度和能力大小。面对纷繁复杂的现代社会环境，人们越来越需要具有良好的心理适应能力，以胜任各项富有挑战性的工作。否则就会产生自卑感，跟不上现代社会的节奏。当代中国社会对人的适应能力提出了新的更高要求，我们只有加强适应能力建设，紧跟社会发展的步伐，才能在社会中立足。

第三，提高人的学习能力。人适应社会首先要学习，学习是不断提高人的素质从而使人顺利适应社会并获得各种生存手段的过程，而是否具备学习能力则是关键。学习能力，就是学会获取新知识和新方法并提高其素质的能力。在当代，经济日益全球化，生产力的知识含量越来越高，激烈的竞争也导致个人和组织处在一个动荡不安的环境中，为了适应生产力的快速发展、激烈的国际国内竞争和不断变化的中国社会，必须不断地进行学习，必须具备不断变化的新知识、新技能和新需要。仅靠昔日在学校里获得的知识再也跟不上趟了,学习是伴随整个人生的过程。

第四,提高人的劳动能力。人从学校毕业便走上新的劳动岗位。劳动是人获取生活资料并实现其价值的基本途径,也是人发挥其能力的重要手段。人一生相当多时间是在劳动岗位上度过的,不断提高劳动能力就成为每个人的必修课。提高人的劳动能力,对国家和社会也是十分重要的。中国是一个人口资源大国,要把人口包袱变成更大的财富,就必须不断提高人的劳动能力,把人口资源转化为人力资源。

第五,提高人的专业技能。在劳动岗位上,关键是要培养人的专业技能,使其成为熟练的劳动者和专门人才,使其在岗位上成材。中国所缺乏的主要是人才资源,这已经严重影响到我国现代化建设。不断培养人的专业技能,实际上就是要把人力资源转化人才资源。

第六,培育人的实践创新能力。人适应社会只是第一步,第二步就是改造社会,培育人的实践创新能力。在21世纪知识经济时代,科学技术对经济的影响程度加深,新的知识和技术不断出现,新的产业不断产生,知识更新的速度加快,产品的生命周期缩短。所有这些都归结为一点,即人所存在的外部环境愈加动荡不定,风险加大。这就要求我们能洞察时代变迁带来的机遇和挑战,善于从更宽广的视角和战略的角度审视问题,在根本问题上进行创新变革。当代中国发展最需要创新能力,但最缺乏的也是创新能力。

第七,完善人的交往能力。社会越发展,社会交往问题就越突出。在当代中国,完善人的交往能力,就是不断扩大交往范围,提高交往质量,消除狭隘的“人情关系”,培养世界眼光和战略思维;就是既要增强国内的沟通与交流,也要扩大与国际的沟通与交往。

第八,发展人的自主能力。人不仅要改造社会,还要从社会中解放出来,按照人的目的安排社会,做社会的主人,做自己的主人。当代中国发展迫切需要确立人的独立人格,这对“依附”已经熟悉的中国人来讲,发展自主能力就显得非常必要了。在社会主义市场经济体制建立过程中,发展人的自主能力,就是培育人的独立人格、自主意识和自律意识,以达到自我组织、自我管理、自我超越、自我完善的能力的过程。

第九,培养恪守制度、原则和法律道德规范的能力。人的社会化过程和个性化(自主化)过程一定意义上也是不断学会制定和遵循规则的过程。培养人的恪守制度、原则和法律道德规范的能力,是社会主义市场经济提出的迫切要求。对习惯于重狭隘的"人情关系"和长官意志的某些人来讲,达到这种要求还差距甚远。恪守制度、原则和法律道德规范的能力,就是能对制度原则规范的好坏、善恶、是非进行正确判断,并自觉遵守合理的制度原则规范的能力,以及依法办事的能力。当今,人们应学会按照"三个有利于"标准来对制度、原则、规范的好坏进行判断,并且要增强他律与自律的能力。

第十,不断提高驾驭市场经济的能力。在当今中国,人的各项能力建设都要最终落实到提高人驾驭市场经济的实践能力上来。在我国加快现代化建设的新的发展阶段,提高人们驾驭市场经济的能力是最迫切的,但也是做得不够的。因为我们正在建立的社会主义市场经济是一所过去人们从未上过的新学校。要搞好社会主义市场经济,就必须去学习市场经济的新知识,研究市场经济建设中的新情况,把握市场经济的内在逻辑、本质和规律。然而,有些人对市场经济不懂不通也不去积极研究;不少人往往还是用过去的旧方法来解决新问题,新的方法不会用;不少人难于完全胜任建立市场经济所应肩负的历史重任,经不住市场经济所提出的各种挑战和考验,其能力低于市场经济建设所要求的水平,遇到复杂问题和困难束手无策。结果在市场经济的实践中处处碰壁。因此,要搞好市场经济,就必须提高人们驾驭市场经济的能力。

(四)当代中国能力建设的方式

1. 经济体制创新:进一步推进市场经济体制建设——培育能力的一所大学校

市场经济由于诱发拜金主义因而会对人的能力发展造成一种人格障碍。然而,我们还应通过推进市场经济建设从而为人的能力建设创造有利条件:第一,它是一所注重平等竞争和人的独立的一所大学校。它要求人应凭其后天努力奋斗和能力发挥而自立,应注重人的个性、独立自主性以及人的素质和业绩。这种价值观有利于培育人的实力、自立、民主、创造个性、主体性和业绩意识,也有助于推进人的能力的发展;第二,市场经济必然要求生产出新的消费需求,造成新的丰富的需要,进而必然促进社会生产的不断扩大,这种生产不仅使人在改造自然的同时,发展了人的多方面能力,而且也必然带来社会交往和社会联系的不断丰富。这必将逐步建立起人的多方面需求、社会流动、多方面的能力体系和丰富的社会交往关系,进而推进人的全面发展。

2. 制度创新:确立以人的能力为本的制度体系——确保能力得到充分发挥

中国封建社会主要是按权力本位的价值取向来运作的,是权力社会。传统计划经济是靠权力发布命令的指令经济,"权力高度集中"是这一经济的根本特征。围绕权力本位来运转的社会阻碍着人的能力的发展。

中国的制度创新应围绕能力本位的价值取向进行。除了要确立以"各尽所能"为目的的按能绩进行分配的分配制度外,主要应实行干部人事制度创新,即确立一种使优秀人才脱颖而出的选人用人制度。尽管我们在用人方针上强调德才兼备,但在实际操作时,有些地方却往往重亲情、"关系"、年资、主观好恶和背景,甚至存在跑官卖官现象。这种"官本位"的人事运作机制严重影响着人的能力发挥,必须加以改革。这就是要实行"德为前提,能为本位"的干部人事制度:选那些有才能和业绩的人;在较为广阔的范围内选人;让广大群众参与选举;根据人的能力和贡献大小选人;通过考试、面试、考察等赛马式的方式,公平、公开地选人。这种制度的主要目的在于合理配置人力资源,并为人的努力奋斗、能力发挥和素质全面发展提供一种相对平等竞争的机会和规则,既鼓励人大胆创新,又要求人遵守规则,使人们认识到在这样的竞争和规则中,自己的努力奋斗、能力发挥和素质提高能在晋升提拔重用上得到公正的回报。

3. 组织创新:建立能力型组织——注重人力资本投资

组织是随着人类社会进步而不断发展的,而每一次科技革命对它的发展都产生着直接影响。渔猎社会,组织是为"强者"所支配的组织;农业社会,组织主要是以血缘、权力为基础组成的;工业社会,尤其是知识经济社会,组织出现了新的发展态势——能力型组织。随着知识经济社会的出现,必将使得传统组织产生彻底变革,组织更强调灵活性、适应性和创新能力,组织的发展形态将会由原来重视资产与规模走向对组织核心能力的提升,组织成员能力的持续发展将成为组织发展关注的焦点,组织成员和组织能力的提升将是组织发展的主要动力。我们应反映这种趋势进行组织创新,把组织建立成能力型组织:

第一,把提高组织的能力作为发展的首要目标,其他目标都要服从这一目标。第二,把提高组织成员的能力作为组织目标的重要组成部分。第三,组织成员的能力发挥与组织的能力发展是一致的。组织只有为其成员的能力发挥和提高创造良好的外部环境,才能使组织成员的能力最大限度地得以释放,组织成员也只有为组织的发展不断提高和发挥其能力,才能促进组织的发展。

三、能力建设:当代中国发展的新思路、新生长点

发展要有新思路。只有具有新思路,才能拓宽发展空间。改革开放以来,我们曾通过解放思想和体制创新来寻求新的发展思路,拓宽新的发展空间,由此推进了中国的发展。要进一步推进当代中国的发展,就必须寻求新的发展思路,拓宽新的发展空间——我们认为,这就是大力加强能力建设。

(一)从知识经济看,必须把能力建设作为当代生产力发展的新思路

寻求新的发展思路,对发展起着重要的作用。

马克思主要是通过"生产关系的变革"来解放和发展生产力。1921年后,列宁提出"新经济政策",指出:经济文化落后的俄国要大力发展生产力,就必须使劳动群众学会从"按照亚洲方式作买卖"(主要依靠政治热情、行政权力和人情关系干预商业活动),转变到"按照欧洲方式作买卖",也就是主要按商业化原则办事,实行经济成本核算,根据市场竞争、价值规律从事商业活动。这主要是从生产关系角度来寻求生产力发展的形式。在推进中国社会主义工业化过程中,毛泽东力图通过生产关系的革命,即通过实行"一大二公三纯"的生产关系,来解决生产力发展的问题,因而后来提出了"抓革命、促生产"的思路。

20世纪60—70年代以来,西方发达国家进入知识经济社会,科学技术在社会生产力发展中日益起到关键作用。反映这种趋势,邓小平提出了"科学技术是第一生产力"的思想。这是从科学技术方面来寻求生产力发展的思路,与马克思、列宁和毛泽东着重从生产关系方面寻求生产力发展的思路有所区别。进入21世纪,知识经济也开始逐渐向中国走来,社会主义市场经济的发展越来越求注重人的素质和创新能力,世界范围内日趋激烈的综合国

力竞争,根本上就是人的素质、人的创新能力和人才的竞争。反映这种发展趋势,江泽民在2001年上海召开的APEC会议上,明确提出"人力资源能力建设"的思想,认为人力资源能力建设是中国经济发展的关键。这实际上为我们找到了一条当代生产力发展的新思路:通过人力资源能力建设来发展生产力。知识经济实质上就是营造一个以人的创新能力为本的能力社会。因此,我们应与时俱进地注重能力建设,逐步实现由过度消耗自然资源和物质资源的发展思路向以开发人力资源为核心的发展思路转变。我国传统的经济发展战略主要是以开发物质资源和自然资源为核心内容的:靠山吃山,靠水吃水;跑资金、跑项目、跑设备;一味追求产值、利润;开办资源消耗型的水泥厂、化肥厂和造纸厂。虽然这种战略会带来一时的经济效益,但却是非持续的,甚至付出一定代价。时代发展要求我们必须逐步实行以开发人力资源为核心的发展战略。实行能力建设,可进一步为我国生产力发展提供新途径。

(二)从现代社会看,必须通过制度创新来拓宽新的发展空间

要进一步推进发展,必须拓宽新的发展空间。任何一个想成为发展空间大的强盛国家,它的制度就必须鼓励和保证充分发挥大多数人的创造潜能和创新能力。

传统的社会运作机制主要是权力本位。这种运作机制既使人缺乏对能力发挥的需求又压抑创新能力,从而阻碍经济、社会和人的发展。由此必须进行制度创新,主要是干部人事制度和分配制度的创新。前者涉及到如何用人,使人把事做好,后者涉及到对人的劳动贡献如何给予承认。二者都关乎到调动人的积极性和创造性。

(三)从市民社会看,需通过发挥人的创新能力来为发展增添新力量

要进一步推进发展,必须为发展集聚一切有用的积极力量。

中国社会中存在的"前定论"、"给定论"和"两极对立论"思维方式,注重的是先天背景、出身和血统,注重"等靠要",注重外在因素对人的命运的支配。这不仅排斥和打击了一批力量,而且不利于集聚力量,发挥每个人的潜能和积极性,因而影响着我国的发展。现代"市民社会"不仅内在要求尊重每个个人及其正当利益、能力差异、个性和个人价值,给予个人的存在和发展以

一定的空间,而且也注重努力形成全体人民各尽其能、各得其所而又和谐相处的局面。这就要求我们反映现代化建设的时代精神,确立后定论、实力论、实效论和双赢共生的现代性思维方式:主张靠人的后天努力奋斗、素质提高、能力发挥和有所作为成就自己、实现自己和确立自己;人们之间要注重互利合作、共同发展。这些思维方式有利于推进思想解放,焕发广大人民群众的潜能,最广泛最充分调动广大人民群众的积极性创造性。

(四) 从主动发展看,必须紧紧抓住对发展大有作为的战略机遇期

被动发展往往使人缺乏机遇意识,要么认识不到机遇,要么遇到机遇却错失机遇。主动发展使人具有机遇意识,它使人善于抓机遇,进而有利于发展。我们应积极抓住 21 世纪头 20 年可以大有作为的战略机遇期来求得发展。一是可以集中力量进行经济建设的"安定期"。当今中国有一个相对比较稳定的周边环境;美国的反恐战略将呈现长期性,这会牵扯美国的精力,弱化对我国的遏制;广大人民群众渴望经济发展的愿望比较强烈。这有利于我国集中精力搞经济建设。二是确立中国在世界新格局中战略地位的"孕育期"。当今世界格局多极化趋势虽然受阻但不可逆转;中国的总体实力地位在美国、欧盟和日本之后,而且不断增强。这意味着我们基本具备成为世界一极的条件、机遇,如果紧紧抓住发展这个第一要务继续努力,在 2020 左右,将可能成为世界多极中的一极。三是在世界科技新高潮中积极调整产业结构进而加速腾飞的"推进期"。当今世界高科技革命正在兴起,这对发展中国家来说也是一种机遇。我们应积极主动抓住高科技革命这一机遇,积极以科技创新和产业结构调整来推进发展。四是实施"走出去"战略、发挥中国比较优势的"交往期"。当今经济全球化的进程已使交往成为世界性交往,这要求中国必须进一步"走出去、引进来",开辟新的世界市场。这里就包含着交往的机遇:既可以有更多的机会和条件利用世界成果来发展自己,也可以有更多的机会和条件把我们具有比较优势的东西打出去,以利于扩大我们的交往,争取更多合作伙伴和朋友。五是解决我国现行体制和结构深层矛盾、加快制度创新的"突破期"。改革开放以来,我国现代化建设取得了举世瞩目的成就。由此,大多数中国人精神振奋,愿望做事,渴望致富奔小康和国家富强。这种注重开拓进取、奋发有为的精神状态,是进行制度创新的精神支撑;

现在大多数人价值追求的次序已由追求自身的生存走向追求自身的发展,因而渴望通过制度和体制创新来为自己的发展营造一个好的环境。这种普遍的社会心理是进行制度创新的心理机遇。我们应反映上述精神状态和社会心理,通过加大制度创新的力度,来解决深层的结构性矛盾。错失这种机遇,制度创新的难度就会加大。

(五)从开放和发展的关系看,应积极学习发达国家的先进发展经验

过去,我国在发展方面既有经验,也有教训。其中主要有:在文化价值理念方面,以"官本位"的核心理念及其价值体系影响社会;在生产力方面,主张"抓革命、促生产",往往主观上一味强调使生产力去适应"一大二公三纯"的生产关系;在生产关系方面,离开生产力发展的要求追求"一大二公三纯";在国家和社会运作机制方面,用权力、人情和关系运作社会,人的社会地位主要靠权力、人情和关系来确立,抑制了个人创造性的充分发挥。

要搞好中国的发展,必须学习和借鉴发达国家先进的发展经验。在方法论上,我们既要把资本主义制度固有的特殊的东西与在资本主义社会中存在但为现代化建设固有的、属于人类共同文明成果的一般东西区分开来,又要以开放的姿态理性地学习、借鉴西方发达国家中一些带有规律性的先进发展经验和优秀成果。西方发达国家在发展方面,有几点值得我们借鉴:在文化价值理念方面,确立以"能力本位"为核心价值理念的价值体系;在生产力方面,大力发展科学技术;在生产关系方面,注重根据生产力的发展要求调整生产关系;在国家和社会运作机制方面,实行实力立国的发展战略,注重人力资源开发与能力建设,确立鼓励创新和有为就有位的社会运作机制,增强国家和社会的自我反思、自我批判、自我超越和自我完善的机制与能力(国家和社会为个人努力奋斗和能力发挥提供并建立一种相对平等竞争的机会和规则,既鼓励人大胆创新,又要求人遵守规则,使人们认识到在这样的竞争和规则中,自己的努力和能力会得到公正的回报,而且使自己承担竞争的后果。国家为个人提供平等竞争的机会和规则,个人提供努力和能力,成败得失在个人,成者感恩国家,回报社会,败者承担责任,从自身找原因)。

(原载《中国社会科学》2005年第1期)

哲学新思维与党的执政能力建设

可以从哲学角度研究党的执政能力建设问题。

一、国内研究党的执政能力建设问题的四个特点

　　国外很少涉及中国共产党的执政能力建设问题，只有一些零星的评论。真正全面、专门和深入研究中国共产党的执政能力建设问题，是从十六届四中全会开始的。目前，这种研究具有四个特点或倾向：一是多停留在对"党的执政能力建设"的本义的解读上，对其引申义（根据"文本"作进一步延伸性、扩展性的深度理解）解读不够，没有进一步深入挖掘文本背后的精神实质、深层意蕴、深远意义和创新价值；二是多从"执政"角度理解党的执政能力建设的意义，从"能力思维"角度理解其意义显得不够；三是多把执政理念、执政方略、执政方式、执政体制和执政地位看作是党的执政能力建设，而对执政能力建设本身的特殊意义及其蕴涵的执政新思维揭示得不够；四是多从党的建设角度理解执政能力建设，从哲学新思维角度理解党的执政能力建设不够，因而，许多问题未得到深入研究，而且已有的研究也缺乏一定的创新性。

　　从哲学新思维角度研究党的执政能力建设具有重要意义：它有利于深入理解党的执政能力建设与政治文明建设的关系；有利于深入理解加强党的执政能力建设的深层哲学底蕴、精神实质和深远意义及蕴涵的执政新思维，并拓宽党的执政能力建设研究的空间；有利于我们把握将"能力原则"引入党的建设所发生的整个框架性变化；有利于进一步丰富、发展、深化哲学理论及党

的执政能力建设理论和实践。

二、用新思维理解党的执政能力建设的深远意义

应从马克思主义哲学角度,运用唯物史观、抽象和具体相结合、历史和逻辑相结合的方法,来系统而深入研究作为当代中国共产党建设的新思路、新形态和新框架,及其深层所蕴涵的哲学新理念、新思维,或从当代哲学的新理念、新思维来深层理解党的执政能力建设的深远意义。

(一)应首先从哲学角度分析时代精神与历史方位对党的建设的深刻影响:能力原则的哲学提升

我们之所以提升并强调能力原则,其根据主要是:市场经济背景下的当代中国处在"**关键时期**",在这关键时期,党要顺利完成时代、历史赋予的重大使命与艰巨任务,要熟练驾驭各种复杂矛盾,就必须加强党的执政能力建设;当今中国处在世界的"**深刻变化**"之中,单级化与多级化的较量实质上是综合国力和创新能力的较量,这就要求提高中国共产党人的执政能力;中国共产党人在自身发展过程中存在着某种"**本领恐慌**",为巩固党的执政地位,必须加强党的执政能力建设;在历史转折时期,要尊重和合理满足人民群众的"**基本诉求**",也必须加强党的执政能力建设;中西方社会发展的"**经验教训**"启示我们必须加强党的执政能力建设。马克思主义的"**能力思想**":从历史观上看能力,人类历史是个人本质力量发展的历史,从价值观上看能力,每个人能力的全面而自由发展是最高价值目标。运用哲学思维,可以从上述时代精神、历史方位及马克思主义的能力思想中,提升出一种**能力原则**,这种能力原则对党的建设将产生广泛而深刻的影响,甚至是整个框架性的影响。

(二)当代能力原则蕴涵着现代政治文明

我们所讲的能力原则,主要包括以下主要内容:作为一种价值导向,它反对"官本位"和"金钱本位"的价值观,倡导凭能力和业绩获取资源,并确立其社会地位;作为一种思维方式,它强调弱化先天给定而注重后天作为,弱化外在名分而注重内在实力,淡化"捉摸人"而注重"琢磨事";作为一种配置与整

合方式,它强调各尽其能和各得其所,使能力到它本来应该有的位置上:按能配岗,按能分配,根据能力和业绩给予应有的职位、地位;作为一种要求和努力,它追求机会平等、规则公正和分配公正;作为一种机制,它强调竞争上岗、能上能下、能进能出。

能力原则蕴涵着现代政治文明,它是现代政治文明的基础与核心:能力原则首先要求由人治(权大于法、情大于理、"关系"大于能力、依附大于自立)走向法治(注重法理权威、制度程序、能力业绩和自主自立);其次要求由权力政治走向权利政治(由官本走向民本,由注重权力因素走向注重非权力因素:凭能力和业绩赢得人民的认同和支持;能力原则支持民主);第三是要求由特权政治走向公权政治(反对以权谋私,领导干部应具有驾驭公共权力谋公共利益的能力);第四是要求由管制政治走向治理政治(由凭权力管制人走向注重提高领导干部与民众平等对话、协调合作的能力)。

(三)党的执政能力建设蕴涵着哲学新思维

从哲学角度和能力原则来理解党的执政能力建设,它要求我们揭示其中所蕴涵着的哲学新思维和党的建设的新思路,这些新思维有利于丰富马克思主义哲学。

一是尊重人民诉求的民本思维:更注重宗旨、本质的实现。在中国共产党的发展历史上,历来要求领导干部牢记为人民服务的宗旨,而且在实际工作中也努力这么做。然而,在1957年至1977年期间,虽然取得不少成就,但由于一些党员干部缺乏为人民服务的本领,存在着"本领恐慌",结果没有真正把为人民服务的宗旨和执政为民的本质落到实处。在这一时期,我们干部队伍中的一些人犯了经验主义、教条主义、形式主义和家长制作风的错误,缺乏理论创新能力、实践创新能力、依法执政能力和建设社会主义的能力。尤其是持"左"的倾向的人往往认为右是立场问题,左是方法问题,宁左勿右,结果缺乏判断形势的能力和实践创新能力和应对复杂局面的能力。在中国特色社会主义建设过程中,中国共产党人的执政能力不断提高,但也暴露出其适应新形势新任务的要求的能力不足。改革开放的过程就是不断解放思想进而解放人的过程,其中取得的一个成果,就是人民群众的利益诉求、权利诉求、民主诉求和公正诉求日益觉醒和提高。这对中国共产党人的执政能力提出很高要求。然而,一些党员干部的能力达不到人民群众要求的水平,这就使为人民服务的宗旨难以落到实处。其实,一个政党,不管它的宗旨、本质如何,如果缺乏执政能力,就会被历史所淘汰。

二是注重后天作为的生成思维:更注重后天执政的人民认同性。过去,我们比较注重从历史必然性出发来论证中国共产党执政掌权的历史合理性。这种论证具有一定的历史合理性。但在综合国力竞争日趋激烈的国际背景下,在实力竞争日趋激烈的市场经济条件下,在人民群众的经济政治文化需要日益增长且对中国共产党的执政提出更高要求的情况下,在我国正处在爬坡、创业、竞争和挑战的关键时期,仅仅满足于这种论证就不够了,还必须进一步从"后天作为"即"执政能力"角度,来论证中国共产党后天执政的人民认同性。就是说,中国共产党人不能吃老本,要立新功,只有提高党的执政能力,才有助于在新的形势和新的任务面前有所作为,从而才能不断巩固党的执政基础和执政地位。只有有所作为,才会有执政地位,现在具有执政地位,就应该注重有所作为。因此,中国共产党应在其现实努力奋斗和有所作为中完善自己、巩固自己、发展自己和确立自己。这就突出了执政能力在执政内容、执政基础和执政地位中的核心地位。这是在对古今中外执政党执政的经验教训和执政规律的深刻把握,以及对中国共产党如何长期保持执政地位的深刻思考而提出来的。十六届四中全会指出:中国共产党的执政地位"不是与生俱来的,也不是一劳永逸的"。就是说,是靠后天作为和执政能力生成和确立的。

三是注重内在实力的功能思维:更注重以实正名,即"名和实"的统一。过去一段时期,我们在党的建设问题上,一定意义上具有注重身份名分的思维方式。这种思维方式热衷于争论工人阶级政党与资产阶级政党在意识形态和制度上的对立;而且善于把这两极对立看成是观察一切政党的唯一的思维方法。在这种思维方式影响下,我们往往把在资产阶级政党中存在、但实际上属于人类共同政治文明的优秀成果当作"姓资"而加以排斥,结果影响了对人类优秀的共同政治文明成果的吸收。今天,我们依然不能否认工人阶级政党与资产阶级政党在意识形态和制度上的对立。然而在当代,党要胜任历史方位转变后新的职能和使命,要正确认识和处理国内各种复杂的矛盾关系,要在激烈的综合国力竞争中应对挑战并能掌握主动权,要担负起中国特色社会主义建设事业的大业,就必须注重提高其执政能力,注重其内在实力,注重执政成效。只有这样,"才能使我们党在世界形势深刻变化的历史进程中始终走在时代前列,在应对国内外各种风险考验的历史进程中始终成为全国人民的主心骨,在建设中国特色社会主义的历史进程中成为坚强的领导核心"。这种时代精神和中国社会实践的发展,要求中国共产党人由相对注重"意识形态和制度的对立"的身份名分思维走向相对注重"内在实力"的功能思维,注重名分与实力的统一,注重以实正名。因而,中国共产党人既要注重自身建设的特殊性,也要遵循政党建设的一般规律;要在坚持意识形态和制度对立的前提下,注重合理吸收世界上一些政党在执政能力建设方面的优秀政治文明成果。

四是素质能力为重的能本思维(非权力思维):引导人由注重人情关系、权力金钱走向注重品质、知识、能力和业绩。目前,在一些党员干部队伍中,存在着以下三种不正确的价值取向:要么崇拜"关系本位",认为"人情关系"比制度更重要;要么崇拜"官本位",认为权力高于一切;要么崇拜"金钱本位",认为金钱能使鬼推磨。看重人情关系、权力金钱已成为某些党员干部的生存方式和行为方式。这对党的形象危害极大,党内的许多腐败现象大都与崇拜这些价值观有一定关系。所以,在党的建设过程中,必须努力消除"关系本位"、"官本位"和"金钱本位"的价值观对党员干部的不良影响。我们正在进行的社会主义市场经济,正在向我们日益逼近的知识经济,日趋激烈的国际竞争,本质上要求斩断狭隘的"人情关系"和"特权"对党的活动的缠绕,强调按照理性精神和能力原则来从事活动。将这种精神升华到党的建设中来,就要引导一些党员干部由崇拜"关系本位"、"官本位"和"金钱本位"的价值观走向注重"能力本位"的价值观,靠能力和业绩获得权位,树立权力的权威,靠能力和贡献赚钱,靠非权力因素提升领导团队的影响力;要求由过于注重权力因素走向注重非权力因素——品质、知识、能力和业绩。这样才有利于克服党内存在的一些腐败现象,树立党的良好形象。

五是做好本职工作的专业思维:注重工作态度和工作效果的统一。如果从总结党的建设的教训的角度看,我们在计划经济时期较多强调党员干部应具有良好的工作态度,认为态度重于能力。这是必要的,没有好的工作态度,再大的工作能力也不愿意尽心发挥。然而,在市场经济条件下,没有工作能力,再好的工作态度也会感到心有余而力不足,从而影响工作效果。实际上,制度建设、作风建设、思想建设、理论建设等,一定意义上都是手段,提高党的执政能力才是其他各项建设的最终目的,党的其他各项建设最终都是为提高执政能力服务的。十六届四中全会指出:"党的其他各方面建设的成效最终都要体现到提高党的执政能力上来。"因而,既要注重工作态度,又要注重工作能力;应注重制度建设、作风建设、思想建设、理论建设、组织建设和队伍建设的效能;应把党的执政能力的高低作为检验党的其他各项建设成效的一把尺度。这种强调,实质上是要求把态度落实到效果上来。不仅如此,加强党的执政能力建设,还意味着各级领导干部要努力熟悉、精通本职工作,具有驾驭本职工作的能力,应力求成为本行本业本领域的专家型领导。否则,就谈不上具有较好的领导水平和执政能力。因而,应把执政能力建设具体落实到提高领导干部做好本职工作的专业能力上来。

六是一心一意做事的事功思维:注重"做人和做事"的统一。以往,中国共产党人相对比较注重围绕"做人"即如何做一个合格的共产党人,来进行党的制度建设、作风建设、思想建设、道德建设、理论建设等。制度建设的实质主要是使党员干部变好、防止变坏;作风建设的实质主要是使党员干部具有良好的思想作风、工作作风和生活作风;思想建设的实质主要就是加强共产党人的党性锻炼和修养,使共产党人具有坚定的政治立场;道德建设的实质主要是使中国共产党人具有崇高的道德觉悟和情操;理论建设的实质主要是提高中国共产党人的理论水平。这样做是必须的,自然能培养起中国共产党人的工作热情。具有工作热情是前提,但仅仅具有工作热情而没有工作能力,人们就会在工作中感到力不从心,有热发不出光。中国共产党人要把工作热情与工作能力、做人与做事统一起来,既要有工作热情,又要有工作能力,既要做人,也要做事。我们今天正在进行的改革开放、现代化建设、全面建设小康社会和中国特色社会主义建设等,都是全新的事业,新的形势、新的任务、新的问题、新的矛盾、新的困难和新的考验都摆在了中国共产党人面前。因而,我们必须营造一个使人们干事业、干好事业、干成事业的良好环境和氛围,必须由过于"捉摸人"走向精心"琢磨事"。做事或完成这些事业,就必须提高中国共产党人的执政能力。提出加强党的执政能力建设,其实质,即是在注重做人的同时,进一步注重党的制度建设、作风建设、思想建设、道德建设、理论建设和组织建设的"做事"的内涵。

七是注重解放开发的创新思维:注重"管束人和开发人"的统一。一些党员干部具有一定的惰性,因而应对其行为进行监督、管控、规范、约束和教育。我们注重党的制度建设、作风建设、思想建设和理论建设的一个主要目的,就是加强对党员干部的监督、管制、约束和教育。这些都是十分必要的,应继续坚持。然而,问题还有另外一面:党员干部也是一种资源,其思想还受某些陈旧观念的禁锢和束缚。这就意味着党员干部是可以塑造的,应该进一步解放他们的思想,挖掘他们的潜能,发挥他们的能力,培育他们的独立人格和创新能力。因而,我们不仅要对其行为进行管控、规范、约束和教育,还要采取一些行之有效的方法来解放和开发他们的创造潜能,发挥他们的创新精神,培育他们的创造能力。加强党的执政能力建设,其实质意图和目的之一,就是加强党员干部自身的素质与能力建设,就是着眼于解放和开发他们的创造潜能和创造个性,从而使他们成为具有学习能力、实践能力和创新能力的人。这样的人,必将使党的事业焕发出生机和活力。

(四)把能力原则引入党的建设所引起的框架性转换

有必要把能力原则引入党的建设。如果党的建设和发展受权力原则支配和影响,既容易使我们党内出现围绕争夺权力而进行的斗争,也容易产生各种腐败现象;如果用能力原则扬弃权力原则,把能力原则引入党的建设和发展,既容易把社会的精英人才凝聚在党的周围,也容易形成人才辈出的良好局面,还有利于促进中国共产党的执政走向现代政治文明。

把能力原则引入党的建设,会引起党的建设的框架性转换。简要说就是:确立以民为本的执政理念;实施以执政能力建设为根本的治国理政的执政方略;立足于提高执政能力进行执政体制建设;采取科学执政、民主执政和依法执政的执政方式;把提高执政能力看作巩固党的执政基础的主要途径;建立以公共性理念为核心的服务型与效能型政府;走向治理政治(以社会为主导,以协商为手段,致力于推进民主法治化进程);建立选贤任能的干部人事制度;建立学习型政党。

（五）党的执政能力建设的新思维对提高党员干部的执政能力提出了具体要求

具体要求主要包括：注重提高领导水平和职业能力，成为懂行懂专业的专家型领导；注重非权力因素的作用及其影响力；注重人力资源开发与人力资本投资；注重培育创新能力；弱化先定给定，注重后天作为；淡化"人情关系"，注重内在实力；由注重"捉摸人"走向注重"琢磨事"，营造一个使人能干事业、干成事业、干好事业的环境、氛围，并注重做事的效果；努力建立一种有利于人的创造才能充分发挥的先进制度；注重提高领导干部的治学思维能力；注重提高哲学思维能力。

三、从哲学新思维角度理解党的执政能力建设的意义

从哲学新思维角度深层理解党的执政能力建设，有利于深化对如下问题的认识。

对时代精神和当代中国实践的发展要求理解上的深化。过去人们并没有从对时代精神和当代中国实践的发展要求的分析中提升出能力原则；现在我们第一次明确从中提升出了能力原则。

对能力原则及其与政治文明关系理解上的深化。对能力原则的基本内涵的全面而深入的分析，以及对能力原则所蕴涵的现代政治文明的内容的深入探讨，有利于人们认识政治文明与能力原则的内在关系。

对加强党的执政能力建设深度理解上的深化。过去，人们多从党的建设的角度且多从本义上理解执政能力建设；我们力图从哲学新思维的角度深层解读党的执政能力建设所蕴涵的精神实质、时代意义、长远的历史意义和创新价值。

对党的建设的新框架理解上的深化。过去，权力原则在一定意义上影响着党的执政活动和执政方式，结果使党在自身发展过程中付出一定代价；我们认为，提出加强党的执政能力建设，实际上意味着要用能力原则扬弃权力原则，因而应把能力原则引入党的建设，并着重分析和揭示了这种引入所引起的框架性转换。这种探讨，具有一定的创新性。

对提高各级领导干部执政能力的理解上的深化。人们较多从思想作风

等方面分析加强党的执政能力建设对各级领导干部所提出的具体要求;我们着重从能力、环境和制度等方面全面分析加强党的执政能力建设对各级领导干部所提出的具体要求,并认为判定一种制度、环境是否先进的一个重要标准,就是看其是否有利于人的创新能力的充分发挥。

在总结党的历史经验教训的思路上的深化。过去,人们很少从权力原则和能力原则的角度来总结党的历史经验教训;我们试图另辟蹊径,从权力原则和能力原则的角度总结党的历史经验教训,认为视权力原则大于能力原则,是我党付出某些代价的深层原因。

(原载《天津行政学院学报》2006 年第 2 期)

五、中国人的精神世界重建问题研究

应重视对中国人的精神世界
重建问题的研究

从根本或一般意义上讲,整个世界可分为物质世界和精神世界。虽然人类曾对这两个世界进行过孜孜以求的探究,并且取得不少成果,然而,相比而言,人类对物质世界的关注要多于对精神世界的关注。从当代中国来看,由于中国社会发展的内在自然历史过程的必然性,使得我们这个社会必须更多地注重社会物质财富的增长和社会生产力的发展,因而平民大众的内在精神世界在一定程度上却研究和开发得不够,结果使人的精神世界出现许多问题。这必须引起我们的重视。

一、关注人的精神世界是时代的呼声

应当说,人类在古代、近代和现代的一段历史时期,对物质世界的关注重于对精神世界的关注。在农业社会,人们把土地看作最大的财富;在工业社会,人们主要把金银货币、机器设备、劳动技能和自然资源看作最大财富;而在信息社会,人的知识、智力、创新能力、人力资本和人力资源将是最大的财富。在资本主义社会以前,人类对其精神世界的开发和研究虽然在进行着,也取得不少成果,但毕竟是有限的。在西方,古希腊文化主要把人看作是自然或宇宙的流出物,自然本体论在哲学中占主导地位,中世纪时期的文化把现实的人看作是上帝的奴仆,平民大众的内在精神世界并没有真正给予具体而充分的深入研究,近代西方文化对人的认识进行了一般性研究,但并没有具体而深入地研究现实的人的认识过程和认识机理,没有全面而深入地研究人的精神世界对人的认识的影响,而且这种认识论研究也是为人类改造自然、征服自然以获取物质生活资料和生产资料服务的,是为增加社会物质财富和发展社会生产力服务的,而人的精神世界总的来说在很大程度上仍受神学的制约。马克思、恩格斯指出:"资产阶级在它的不到一百年的阶级统治中所创造的生产力,比过去一切时代创造的全部生产力还要多,还要大。自然力的征服,机器的采用,化学在工业和农业中的应用,轮船的行驶,铁路的通行,电报的使用,整个大陆的开垦,河川的通航,仿佛用法术从地下呼唤出的大量人口,——过去哪一个世纪料想到在社会劳动里蕴藏有这样的生产力呢?"[①]可以说,近代资本主义社会得以立足的一个基本原则,就是物对人的支配,"人对物的依赖"是资本主义社会的一个本质特征。应该说,在中国,古代文化对人的精神世界是比较重视的,但它不是把人看作具有独立人格的个人,而是看作受社会和政治支配的一个分子,因而,它对人的精神世界的研究,不是为了真正确立个人的主体性,而是为了使个人更好地服从人之外的社会统治者的统治,这种研究虽有一定的意义和价值,但却是不全面的。近代文化曾把人的解放和人格发展作为一个主题,但基本思路是注重人和社会的关系,对人的精神世界以及人的心理结构和精神结构并没有给予专门而系统的研究。当代中国社会和中国人更为注重人之外的物质世界,而对人的内在精神世界却没有给予应有的关注,由此,我们在物质世界领域取得了重大成就,而在精神世界领域却拿不出重大成果来,人的精神世界的一系列问题都没有得到很好的解决。

回归人的生活世界,关注人的内在精神世界,是当今时代的呼声。人类创造丰裕的物质生活本应给人类带来幸福,然而实际上在给人类带来富裕的同时,也给人类带来不幸,这就是物对人的支配或人对物的依赖,是人的物欲的膨胀和贪欲的滋长,是物质世界的增值而人的世界、尤其是人的精神世界的贬值,是人在物质世界中的异化或失去精神家园,是人看不到自己存在的意义和价值,理解不到物质世界对人的意义。面对丰裕的物质世界给人类带来的痛苦,自20世纪以来,西方兴起一种回归人的生活世界并致力于探究人的精神世界的"人本主义"文化思潮。这种思潮要求转向人的非理性世界,并

---

① 《马克思恩格斯选集》第1卷,人民出版社,1995年版,第277页。

对人的非理性的精神活动进行多层次和多方面的研究,试图揭示与人的精神活动直接相关的研究和自然研究之间的区别,制定与自然科学方法论不同的精神科学方法论;要求揭示人的生命、本能、情感、意志、自我意识、选择和创造等人的精神结构。通常被归属于这种思潮的流派主要有意志哲学、生命哲学、存在主义、弗洛伊德主义和哲学释义学等。尽管这些流派分别具有不同的思想特征,但有一点却是共同的,那就是其指归都强调"以人为本"。应该说,这一思潮反映了人们的物质生活富裕之后对精神生活的追求与渴望,以及对这种精神需求不能满足的批判。在西方,人们的物质生活需求在得到满足之后,便开始追求精神生活质量的提高,如追求平等的社会交往和真诚的心灵沟通,渴望人人都有爱心,其人格和尊严希望受到尊重,其兴趣、爱好、个性和创造能力能得到自由而充分的发挥,有成就感等等。在当前我国社会生活中,当人们的温饱问题基本解决之后而进入小康生活水平时,也会提出重视和改善精神生活的要求,如丰富文化精神生活,塑造健康人格,尊重个人的个性、权力和价值,倡导人文精神,关怀人的精神世界,营造人的精神家园等。然而,无论是当代西方还是中国,对人的精神需求问题并没有真正解决好,由此才引发许多与人的精神疾病有关的社会性问题。不仅如此,当今世界性的变革潮流,必然使人的生存方式发生广泛而深刻的变化;也必然削弱传统与现代人的联系,人在现代生活中也一时难以找到一种稳定有效的、被大家共同接受的精神理念和精神支柱,许多人看不到未来人生的目的和方向,为未来生活担忧。这种现实存在状况必然反映到每个人的内在精神世界中来,进而对人的精神世界和精神生活产生深刻的影响。如果对这种影响不加以科学而深入的分析,不去认真有效地解决平民大众精神世界中的问题,不能为平民大众提供一种能代表、反映和体现他们共同心声的精神理念和精神支柱,许多人就会产生焦虑、迷惘、悲观、失望、烦恼和痛苦。这种精神的焦虑、迷惘和痛苦,迫切要求我们应去关注人的精神世界和精神生活。

二、从哲学看中国社会变革和转型所引起的人的生存方式变化及其对人的精神世界的影响

哲学作为人的一种精神活动,在分析和揭示人的精神世界的奥秘方面,有充分发挥其作用的空间。哲学作为一种反思性很强的精神活动,就其本性来讲,不仅要反思人的存在和生存的意义,而且要通过对人及其精神世界的反思,来反思和理解人之外的物质世界对人的意义,哲学是通过理解人进而理解人和外部物质世界的关系的,在一定意义上,哲学就是一种通过理解人来理解人和外部物质世界的关系的理论。这样,哲学是有资格作为研究人的精神世界问题的方法论工具的。

就当前的紧迫性而言,哲学对人的精神世界的研究,首要应集中研究中国社会变革和转型所引起的人生存方式变化及其对人的精神世界的影响。

改革开放带来的发展大潮,使中国这个历史悠久的文明古国发生着前所未有的剧烈变革。在这一历史性巨变中,社会生活的各个层面、各种因素,无论是经济、政治、文化,还是人的生存方式、生活方式、行为方式、思维方式以及价值观念,都在不断地进行着不同方式、不同程度的转变,也不断地产生着新与旧、先进与落后、发展与迟滞的矛盾和冲突。

任何社会历史的变革和转变最终都要落实到每个人身上。在整个社会由过去农业文明向工业文明转变、由传统计划经济体制向社会主义市场经济体制转轨、现代科技和文化日益渗透于人们生活的各个方面的进程中,个体的人在精神、思想、认识、心理、信仰和行动等方面也不得不发生相应的转变。这种转变对每个人的精神世界的影响是广泛而深刻的,每个人对这种影响的心理体验和精神感受也是不同的。其中一些人们的消极心理体验和精神感受具体表现在:

有些人对新的社会变革和现实环境无法适应,在精神上感到迷惘和痛苦。社会转型必然要求和促进人的生存方式、生活方式、行为方式以及人格发生相应的转变,即由过去主要听从命令和计划安排的"等靠要"的"依赖性"状态,向主要依靠能力和努力的"进取性"状态转变,由"稳定性"生活状态向"变动性"生活状态转变。社会主义市场经济越发展,个人的生存方式、生活方式和行为方式的转变就越明显。社会转变是刚性的,但对每个人来说不仅是无情的、不可抗拒的,而且是漫长的、艰巨的,甚至是痛苦的。面对社会转型和新的现实环境,许多人能够投入这一转变过程之中,在实践中努力调整和发展自己,找准自己在人生路程中的位置,并且奏出壮丽的人生乐章。但也有一部分人把握不住时代发展的脉搏,对剧烈动荡而且陌生的新的社会现实感到捉摸不定,对事事靠自己努力和能力以及选择不大习惯,难以驾驭和改变周围环境,因而未能较好较快地实现这一转变,适应新的现实环境。这就会使一些人在精神上产生迷惘和痛苦,似乎觉得人生的命运不是操纵在自己手中,而是被某种捉摸不定的外在力量(如天命)支配着。

有些人对异常激烈的各种思想文化竞争和思想文化渗透无所警惕,在思想上产生矛盾和迷惑。改革越深入,各种深层次的矛盾冲突就会越突出,这些矛盾冲突在人们思想中的反映也就越明显、越尖锐,故而思想上出现的冲突和混乱就越多。开放越扩大,西方的思想、文化就越容易进入我国,世界范围内各种思想文化的相互激荡和相互竞争就越激烈。用思想文化侵略并占领阵地、控制全球,用思想文化渗透来实现其利益,是当今霸权主义的新伎俩。思想文化竞争实质上是思想攻心、夺取人心的竞争。在这种思想文化激荡、竞争、渗透、侵略和控制面前,在各种思想冲突和混乱的情境下,许多人具有敏锐的判断力,能对此加以识别并保持警惕。然而,也有一些人反应迟钝,思想判断力和识别力差,对思想文化上的斗争缺乏警惕,对思想文化斗争的实质缺乏识别。其结果,是在思想上上当受骗,授人以柄,被人迷惑、蒙蔽和控制。

有些人对社会多样化和价值多元化的现实感到无所适从,在认识上出现混乱、疑惑和偏差。社会历史的转型必然使人生的价值取向、价值标准和价值实现方式发生变化。在权力高度集中的计划经济体制下,“义”、“权”、“情”、“靠”这四种价值取向支配着许多人的生存方式、生活方式、行为方式和思维方式。社会主义市场经济体制的建立,必然使人的这些方式发生变化。这就是:它使人以合乎“义”的方式追求和满足自我的正当利益而存在;使人主要依靠能力而存在,靠能力获得权力,并树立权力的权威;使人自觉遵循理性的法则而存在,并且使情和理在各自的领域发挥作用;使人必须依靠后天努力奋斗而存在。简要概括起来就是,虽然义、权、情和靠仍然要在社会主义市场经济体制条件下发挥作用,但“利益”、“能力”、“理性”、“自立”这四种价值取向将会对人的存在和发展产生重大影响。这种变化既是新旧价值观的扬弃和更替,同时也会由于一些人不能正确处理义和利、权力和能力、人情和制度、关系和努力、依附和自立的关系,从而出现价值真空、价值多元、价值错位、价值悬置和价值虚无现象。其一,在社会历史转型期,旧的价值体系在现实面前显得捉襟见肘,被越来越多的人重新审视,甚至被一些人怀疑和抛弃,而文化建设和精神文明建设的某种"不到位",又使新的价值体系未能真正建立起来。这就使得一些人失去了人生的目标和方向,内在精神世界没有归依,缺乏必要的人文精神的支撑,从而在他们的内在精神世界出现"价值真空"状态。其二,人的内在精神世界的价值真空必然为各种各样的价值观提供生存空间,也为多种多样的价值观"乘虚而入"提供机会和条件。于是,社会主义的、资本主义的和封建主义的价值观,中国传统的价值观与西方现代的价值观,农业文明的价值观与工业文明的价值观,计划经济的价值观与市场经济的价值观,科学的价值观与反科学的价值观,等等,在当代中国社会并存着,且都有不同的表现和影响。当然,这个问题比较复杂,但从根本上讲,是经济成分的多样化、经济主体的多样化和利益的多样化,决定文化的多样化和价值主体的多样化,进而决定价值的多元化,或出现"价值多元"现象。不同的价值观出现在同一个时代、同一时期以及大体相同或不同的人群中,必然会产生某种价值冲突,从而使人们的思想出现混乱。这是一种不容否认、不容忽视的客观事实。其三,在现实生活中,许多人对多元的价值观缺乏分析、判断、批判和选择的意识和能力,社会对平民大众的价值取向缺乏一定的有说服力的分析和引导,也没有切实有效地为平民大众提供一种适合于他们生活实际、反映他们内在精神世界共同心声从而使他们普遍认同、普遍接受的"共同价值观"和"大众价值观",再加上在社会结构转型过程中出现的某种社会关系的裂变和社会秩序的混乱,结果使各种错误的人生价值观充斥社会生活,支配许多人的头脑,而正确健康的人生价值观得不到弘扬,甚至被一些人嘲讽、贬斥。这就会出现是非颠倒的"价值错位"现象。其四,一些人接受了错误陈旧的人生价值观之后,就会对正确健康的人生价值观采取拒斥态度。并且由于一个时期以来,我们的价值导向没有完全跟上时代发展的步伐,对平民大众的内在精神世界缺乏应有的关注和探究,故而社会的宣传教育、舆论灌输与平民大众的实际观念之间存在着断裂现象,所宣传倡导的人生价值观也与平民大众的需求存在一定距离。其最终结果,就是往往把社会所倡导的主导价值观念悬置空中,未能深入人心,从而出现"价值悬置"现象,而平民大众的日常生活世界和精神世界却缺乏价值支撑。最后是"价值虚无"。价值真空、价值多元、价值错位和价值悬置的必然结果,就是一部分人首先对国家和政府所倡导的主导价值观和正确价值观、甚至社会上存在着的一些价值观采取排斥态度,然后,或试图制造出一种反国家、反政府、反科学的价值观来与主导价值观相对抗,或对社会现实感到悲观失望。

有些人对其既得利益被改革所剥夺和当今事事都靠其能力感到不习惯而在改革中无所事事,在心理上出现失落、焦虑和烦恼。确立社会主义市场经济新体制,是一场广泛而深刻的革命,它不仅仅要打破旧体制的障碍机制,而且要革新社会生活和个人生活的各个方面,其中必将削弱一些人的既得利益,弱化某些人的权力和"关系",割断一些人赖以"依靠"的纽带,也必将要求人靠其个人努力和能力而自立,恪守制度规范。对此,有些人感到不理解,也不习惯,因而在心理上产生失落、焦虑和烦恼,在改革的实践中无所事事。

有些人对不满意的生存境遇和生存处境感到无能为力,在信仰上出现某种危机。每个人都生存在特定的境遇和处境之中。在社会转型和市场经济条件下,人的生存境遇和生存处境发生了深刻的变化,这种变化既有积极的,也有消极的,或者说,市场经济对人的生存处境既有积极影响,同时也有消极影响。这种消极影响会使人面临以下的生存境遇和生存处境:社会转型期用权力寻租的机会增多,从而使腐败现象蔓延、渗透到人的生活的方方面面;贫富差距拉大和分配不公造成人的心理不平衡;原有稳定而安全的生活条件被打破和社会邪恶上升,使人对自己现实的生存环境和未来生活感到某种畏惧和担忧,丧失安全感;利己主义、极端个人主义、拜金主义和享乐主义膨胀使一些人缺乏真心、善心、良心和爱心,从而造成人际冷漠、孤寂和无奈;难以解决生活中遇到的诸多难题而又孤立无援;曾付出艰辛的努力,但由于事物的复杂性,并没有获得应有的回报,对这种所谓"无情"的社会和人生充满困惑和疑虑;变化多端、错综复杂和捉摸不定的某种社会现实使人的精神感到无"家"可归,等等。面对这种不满意的生存处境,许多人感到无能为力,难以驾驭,由此试图逃避现实,到某种神秘的地方寻找慰藉。这最终必将动摇人们正确的理想信念,进而产生某种信仰危机。

有些人对只追求物质财富的增长而轻视人文精神建设的现实感到无所归依,在行动上犹豫不决,随波逐流。人的行为和行动是直接受精神支配的,而且必须具有一定的精神支柱。健康向上的精神支柱需要有一个健康向上的人文精神环境来营造。我们国家多次强调物质文明建设和精神文明建设"两手"一起抓。然而,某些地方往往只注重物质财富的增长而忽视人文精神的建设，没有为人们营造一个美好的精神家园，也没有为人们提供和确立一种积极有效且能为大家共同接受的价值观念和价值体系，结果使人人都成了赚钱的机器和工具，缺乏文化知识和精神素养，愚昧无知，无"家"可归，在精神上找不到一种好的归所和归宿，找不到一种积极向上和健康文明的精神支柱。没有这样的精神支柱，人在行为和行动上必然犹豫不决和随波逐流，人的行为和行动也必然会走火入魔，走向邪路。

三、人的精神世界的痛苦和人生命运的困惑及其哲学解答

中国社会变革和转型所引起的人的生存方式变化及其对人的精神世界的上述六方面的影响，以及一些人对这种影响的消极心理体验和精神感受，必然给人们带来心灵的痛苦、精神的焦虑和人生的困惑。人生命运为什么捉摸不定？人生的命运究竟掌握在谁的手中，被什么支配着？人的精神世界的痛苦究竟是什么原因造成的，靠什么才能解脱？人的精神世界究竟靠什么支撑？究竟有没有一个人格化的神秘力量和命运之神在冥冥之中主宰人生？在社会转轨过程中，人如何才能把握住自己，寻找一种新的安全感、稳定感和依赖感？人的努力为什么时常不能得到相应的回报？如何重建人的精神世界和精神家园？人的新的生活准则、价值观念和发展方式是什么？人的未来前景怎样？这一连串的困惑在许多人那里是难以解答的，但"向未知领域探究"的人类本性，又促使人必须去追问和求解这些困惑。在这种心灵矛盾中，一些深层次的精神需求问题提出来了：迫切需要寻求一种有效的方法，为人们解疑释惑，消除人的心灵世界的痛苦；疏通思想，化解思想深层矛盾，提高思想的鉴别力；端正认识，树立正确的价值取向；以情理感人，健全国民社会心理；明确方向，坚定正确的理想信仰；安顿心灵，确立健康的精神支柱。这里，人迫切需要"什么"能帮助自己解疑释惑、疏通思想、端正认识、情理感化、明确方向、安顿心灵，人就会信仰什么，人生信仰问题实质就是寻求对人生困惑、人生痛苦和心灵安慰的解答问题。

自古以来，解答困惑、解脱痛苦和安慰心灵的办法以及信仰的对象大体主要有以下几种。一种是把精神世界和人生命运交给现实的人自己，由现实的人在现实的世界中靠自己现实的努力奋斗和能力发挥，来主宰自己的心灵和命运，人生的命运在人自己手中，人生的命运来自人的现实努力和能力。

因此,人应该去信仰自己的努力、能力和创造。这是无产阶级的人生观和信仰观。另一种是把人的精神世界和人生命运交给某个掌握生死、荣辱、进退大权的关键人物、杰出人物,认为靠从这样的人物,就可以光荣一生,离开或得罪这样的人物,人生就会处处坎坷,这实际上是"权本位"的人生价值观,在现实生活中也有很大影响。第三种是把精神世界交给天国的上帝或神,由上帝或神这种救世主来解答人生困惑、解脱人生痛苦和安慰人的心灵,这是宗教的人生观和信仰观。宗教在世界历史上曾经发挥过重要作用,即使在今天,其影响也不可低估。宗教在一定意义上是无情世界的感情,是苦难心灵的慰藉,是飘游精神的归依。尽管许多宗教从内容到形式有所不同,但大多数都强调人要正确对待自己的"欲望",认为克制和限制膨胀性的欲望可使人生解脱痛苦。一般来说,大多数人首先力图从现实世界中去寻求自己精神需求的满足,寻求解决精神世界问题的答案。而当其精神需求在现实世界中得不到满足的时候,当其精神世界的问题在现实世界中找不到正确的答案或找不到正常合理的现实解决方式的时候,有些人就会逃避现实,以求在非现实的世界中,以不正常、不合理的方式来求得精神上的满足,来求得所谓"圆满"的解答。

应当说,我们国家是比较注重解决人的精神世界中的问题的,我们历来强调精神文明建设、文化建设和开展思想政治工作就是如此。问题主要出在解决人的精神世界问题的"方式"上,也就是说,我们还需要进一步在解决问题的方式上下工夫:我们需要全面、深入、细致和准确地了解、把握和研究社会变革和转型所引起的人的生存方式的变化及其对人的内在精神世界的影响,以及人们对这种影响的心理体验和精神感受及其由此产生的精神需求,把握脉搏,了解"心"情;需要采取循序渐进的行之有效的办法,开展经常性的深入细致的促膝谈心、耐心说服、平等对话和从容讨论活动,使我们的思想政治工作以人为本,文化建设深入人心,精神文明建设入心入脑,确实能对人作"说解工作",帮助人们解疑释惑,消除精神世界痛苦,能对人做"说通工作",帮助人们疏通思想,化解思想深层矛盾,增强思想鉴别能力,能对人做"说清工作",帮助人们端正认识,树立正确价值取向,能对人做"说服工作",以情感人以理服人,健全国民社会心理,能对人做"说明工作",帮助人们明确方向,坚定正确的理想信仰,能对人做"说动工作",帮助人们选择正确的精神支柱;

应该对各种价值观进行科学的分析、判断和取舍,用制度确保"只要有效努力就必然有幸福生活,只要尽力就必然有收获,只要有成就就必然有价值"的价值导向真正确立起来,把人生命运和人的精神世界置于人自己的努力和能力的基础之上,使人们认识到在市场经济社会,是知识和能力改变着人生命运,而不是什么人之外的某种神秘的自发力量和因素,使人们对靠自己的努力和能力改变不满意的处境满怀信心,而不是怀疑自己的力量,把人生命运和精神世界置于某种难以知晓、难以确定、难以捉摸和难以应对的困惑和痛苦之中;应对平民大众日常生活世界发生的变化和遇到的问题做令人信服的说明和引导;要以科学的态度和方法对待一些"未知领域"当中的问题,而不能把这一领域交给宗教、迷信和某种不可捉摸的神秘的力量;大力学习、宣传、介绍和普及科学知识和科学精神,帮助人们了解科学理论、科学技术及历史、时代精神和人类文化成果,使人们认识到中国传统文化中的重天命轻人力的依附思想和封建迷信活动对自己、对家庭、对社会、对国家的危害。这是人们最需要的,也是我们做得不够的。在这种情况下,有些人就会在非现实的世界中用非现实的不合理的方式来解决自己的精神需求或精神世界的问题。

由此,我们必须做到:第一,要千方百计地使人们认识到,理论、历史和实践已经证明,人们不可能在非现实的世界中用非现实的不合理的方式来解决人自己精神世界的问题,它最多只能给人以某种精神的麻醉或"安慰",人只有在现实生活实践中并使用现实的手段,凭借现实的智慧和力量,才能真正消除人生的痛苦,获得较为圆满的人生,而不能用臆想中的什么"法轮大法"来消除人的痛苦,净化身心。人的精神世界的问题和人生的命运主要是人自己造成的,人的本质决定人只能在现实生活世界中追求生存、发展、自由和幸福,人只能靠其知识、思想和智慧来把握自然、实践、社会、历史以及人生发展的本质和规律,并从中提高其创造能力,来营造一个他得以存在和发展的条件、环境、世界,人之所以能成其为人,过上幸福美好的现实生活,主要在于他的现实努力和能力,这是依靠人自己的现实力量选择、努力的结果,并不取决于天命、神秘的"法力"或什么救世主,也不是人之外的某种神秘的力量在操纵着。发生在人们生活中的许多事往往把生活的真相和意义遮蔽起来了,而完美的人生就在于怎样对这些人们能感觉和观察到的假象和困难作出反应,然后又怎样去分析和解决它。这些生活假象和困难对人们的心灵影响很大,它能够侵蚀和毒害人们的精神。但另一方面,这些生活假象和困难也可以训练、深化、增强和提高人们的精神,以及解决这些假象和困难的能力。如果人们没有应付生活的各种能力,他们就不可能完美地解决生活中的各种难题,所以命运必将坎坷。相反,如果人们有能力有办法把一些生活难题处理得得心应手,能支配一些恶劣的环境,并利用不利环境为自己的目的服务,甚至可以从事物的反面寻找激励自己的力量,变不利因素为有利因素,他们就必然走向成功。因而,人们应在现实世界中以其现实努力、能力和创造进取支配自己的人生命运,应把人的精神世界和人生命运交给人自己;第二,完善我们的思想政治工作、文化建设和精神文明建设的方式和方法。“方式”问题至关重要,它直接关系到“效果”。我们的思想政治工作、文化建设和精神文明建设之所以还存在某种“不到位”、“不入心”的问题,一定程度上就与它们所采取的方式不科学、不合理有关。对此,我们应高度重视,并加以深入系统的科学研究。第三,真正从制度和机制上保证“能力为本”价值观的实现,为人们营造一个可以归依的精神家园。人生信仰、人生困惑和人生命运问题,说到底是人生价值观的建设及其实现问题,就当前我国而言,就是要解决好价值冲突及其背后的利益冲突问题。这里必须首先弄清这样几个问题:在当代中国,究竟需要确立一种什么样的人生价值观才能为广大平民大众接受呢? 这是现代人生价值观的定位问题;用什么样的制度和机制建立和实现这种人生价值观? 这是人生价值观的实现方式和条件问题;怎样对待中国传统的价值体系? 这是中国传统价值观的现代定位、现代功能问题。我们认为,对于当前我国人生价值观领域出现的问题,应首先侧重研究价值主导和价值多元的关系问题。因为不仅“价值真空”、“价值多元”、“价值错位”、“价值悬置”、“价值虚无”与没有处理好这一关系有关,而且从长期看,正确处理这一关系,也是人生价值观建设必须不断面对的重要问题。一般而言,国家和政府更强调主导价值观,平民大众中存在着多元价值观。所以价值主导和价值多元的关系,一定意义上就是国家和平民大众的关系问题。从方法论上讲,处理主导价值和多元价值的关系应坚持互促、互动、共生的原则:既要坚持主导价值观的价值导向作用,使主导价值观渗透到多元价值观之中,成为多元价值观得以立足的前提和基础,以促进和引导多元价值观的健康发展,同时又要用合理的多元价值观来充实、丰富和影响主导价值观,且尊重并注意对平民大众中多元价值观的鉴别和取舍。这里实际上就是要努力寻求人生主导价值观在平民大众中的多种正确实现方式或形式。那么,在当代中国,在平民大众中,尤其是在现代市场经济和知识经济社会,应确立什么样的人生主导价值观呢? 我们认为:在社会主义市场经济、知识经济和现代化建设条件下,平民大众的人生追求首先应围绕如何充分正确发挥人的能力旋转,人生的价值要依靠人充分发挥其能力来实现,简言之,应确立以"能力为本"的人生主导价值观。并且还要真正从制度和机制上确保这种价值观的实现。这是历史、社会、时代、实践和文化之发展趋势的必然要求,同时也是在社会历史发展过程中逐步实现的。

(原载《北京日报》2001 年 5 月 28 日,发表时题目有所改动)

新时期思想政治工作面临的新课题

　　中央就加强和改进思想政治工作作了许多强调,提出了一些基本原则和精神。结合市场经济体制建设的新实际,深入领会这些原则和精神,进一步做好思想政治工作,是摆在我党各级领导干部面前的一项重要任务,也是我们中国人精神世界重建的一条重要途径。

　　越是深化改革、扩大开放,越是发展社会主义市场经济,越要加强思想政治工作。改革越深入,各种深层次的矛盾就会越突出,这些矛盾在人们思想认识中的反映也就越明显、越尖锐,故而思想认识上出现的问题就越多。化解这些矛盾,思想政治工作是必不可少的,这在一定意义上是更为有效的。思想政治工作是直接对人作说解工作(解疑释惑)、说服工作(情理感化)、说清工作(端正认识)、说明工作(明确方向)和说服工作(转化行为),这些工作如果做得切实有效,那就是最贴近人心的,因而是最易及时感化人的。在当前我国改革日益深入的情况下,更需要以新的方式发挥我们党思想政治工作的优势。开放越扩大,西方的思想、文化就越容易涌入我国,世界范围内各种思想文化的相互激荡也就越激烈。用思想文化侵略并占领思想阵地、控制全球,用思想文化渗透来实现其利益,是当今霸权主义的新伎俩。思想文化竞争实质上是思想攻心、夺取人心的竞争。我们要在这种激荡和竞争面前,努力发挥我国思想政治工作的独特作用,以提高国民的思想鉴别力和政治坚定性,加强思想建设,确立正确的价值导向和价值取向。

　　更需要注重的是,社会主义市场经济越发展,人们的生存方式、生活方式、行为方式和思维方式的转变就越明显。许多人能够投入这一转变过程中,但也有相当一部分人未能较快较好的适应这一转变,故而在心理、思想、认识、精神、信仰和行动上产生一些迷惘和困惑。这就是说,当前人们在思想上出现的问题,大都与市场经济所引起的人与人的生产方式以及生活方式、行为方式和思维方式的变化直接相关。这种转变,主要是围绕利益、能力、理性和自立四个核心因素的突出及其引发的种种问题进行的。分析和解决这些变化及其引发的新问题,是当前做好思想政治工作必须面对的新课题。

市场经济使人必然追求其正当利益,这就必然把义和利的关系问题突出出来,从而成为思想政治工作必须面对的第一个新课题。

市场机制的实质在于,它充分利用人们对其利益追求的本性来激发人的最大潜能,从而为社会作出巨大贡献,它是以人对自我正当利益的追求和满足为出发点的。为此,市场机制是力图通过竞争和交换价值的实现,来刺激人为实现其利益而焕发出的进取精神,因而,追求竞争和交换价值中的利益最大化,是人们进行生产的基本动机。这种追求表现在交换领域,必然使交换双方追求互利,关心其物质利益的实现。无论是资本主义还是社会主义的市场经济,都公然承认市场经济的趋利本性以及人在市场机制中追求自身利益的客观存在。当然,我们的任务在于使"利益驱动"向有利于社会主义市场经济体制建设的积极方向发展。

市场经济使人必然追求其利益,有其积极的一面,但也冲击着传统的"义"(如道德规范、理想追求等),而且当新的"义"没有完全建立的时候,一些人往往会以不合乎"义"的方式过于追求利,物欲膨胀以及利己主义、享乐主义和拜金主义便会由此而生。在利益问题上,许多人不能正确对待义和利的关系,或者只追求离开利的抽象的"义",或者只追求离开"义"的实在的利,在义和利的关系上不能作出合理的理解和选择。具体表现在:有些人鄙视物质利益,一强调利就以为是在主张自私自利和利己主义,所以离开人的物质利益搞抽象空洞的说教;一些人相反,要么以生产伪劣假冒产品和不正当手段赚钱,获取个人的私益,要么以权谋私,以牺牲国家和人民的巨大财产为代价满足个人膨胀的私欲,要么损人利己,不择手段满足自己的贪欲和物欲。结果在生活中遭到碰壁之后,丧失了人生的理想与信仰,失去了人生的目的和方向,由此感到人生的迷惘。

当前我国的思想政治工作应针对这一突出问题,把思想政治工作同努力解决群众关心的切身利益问题结合起来。既要关心群众的利益，解决他们的后顾之忧，同时又要在解决他们所关心的切身利益问题的过程中相应地进行思想教育，使他们懂得应以合乎"义"的方式追求利，在利中求义。否则，"'思想'一旦离开'利益'，就一定会使自己出丑"①。

市场经济使人必然崇尚能力，这就必然把"关系"、"权位"、"金钱"与"能力"的关系突出出来，从而成为思想政治工作必须面对的第二个新课题。

从本质上来讲，市场经济社会给人提供的多是些未确定性和可能性的东西，使人有一种压力感，同时也给人以一定的独立自主性和选择性，使人有一种主体感，还给人提供相对平等竞争的机会和舞台，使人有一种竞争感和平等感，每个人要在竞争中获得成功，避免失败，就必须最大限度地发挥其潜能和能力。由此，市场经济内在要求人必须崇尚能力，自觉追求其能力的充分正确发挥。近现代资本主义市场经济对能力的注重自不待言。当代中国正在进行的市场经济建设，现代企业制度建设，使人力资本参与分配，转岗分流再就业工程，组织人事制度改革（建立"竞争上岗、能上能下、能进能出"的用人机制），素质教育等，都内在要求突出"能力"的重要作用，要求人必须靠充分正确发挥其能力而立足。这正在被我国的实践和历史所证明。美国汉学家史华慈指出：严复在欧洲思想中发现了一个秘密，那就是必须充分发挥人的全部能力，并认为后者体现了欧洲走向近代的运动，也是西方近代化取得重大成就的原因所在，这对中国摆脱落后更是必不可少的。事实上，能力问题是整个西方近代化过程中的中心论题之一，西方思想所表达的力本论精神仍是西方特点和冲击力的关键所在②。这样，社会主义市场经济及其市场机制必然使人由过去注重依靠"关系"和权位而存在，提升并转移到主要依靠充分正确发挥其能力而存在。

然而，有些人对在市场经济社会必须靠能力立足感到不适应，极力维护自己拥有的"关系"、"权位"及其由此带来的既得利益，并且依靠"关系"、"权位"致富，由此必然滋生腐败，产生不平等和贫富差距。这就是说，在能力问题上，一些人不能正确对待"关系"、"权位"、"金钱"与能力的关系，往往以"关系"、"权位"和"金钱"来压制能力，使能力依附于"关系"、"权位"和"金

---

① 《马克思恩格斯全集》第2卷，人民出版社，1957年版，第103页。
② 史华慈：《寻求富强：严复与西方》，叶凤美译，江苏人民出版社，1995年版，第1—7页。

钱",由此所产生的腐败、不平等以及贫富差距,会使一些人对自己的人生命运感到困惑:人生命运究竟掌握在谁手中,被什么支配着? 人生的痛苦究竟是什么原因造成的,如何解脱? 人的精神世界究竟靠什么支撑? 究竟有没有一个人格化的神秘力量和命运之神在冥冥中主宰人生? 在社会转轨过程中,人如何才能把握住自己,寻找一种新的安全感、稳定感和依赖感? 人的努力为什么时常不能得到相应的回报? 为什么在现实生活中,"关系"、"权力"和"金钱"时常比"能力"更重要? 这一连串的困惑在许多人那里是难以解答的,但"向未知领域探究"的人类本性又促使人必须去追问和求解这些困惑。在这种矛盾中,一个深层次的问题提了出来:究竟寻求一种什么样的有效办法和方式来解答困惑、解脱痛苦? 人生究竟该信仰什么? 这里,人生信仰问题实质就是寻求对人生困惑、人生痛苦的解答问题。不解决这些困惑和问题,人生的方向就会迷失。

今天我们的思想政治工作必须针对这些困惑和问题,引导和帮助人们正确对待"关系"、"权位"、"金钱"和"能力"的关系,坚定正确的人生信仰,正确把握人生的命运,帮助人们把握"价值趋向、价值导向和价值取向"的关系,选择正确的人生价值取向,即确立"以能力为本"的人生价值取向,并力图从制度、体制、机制、管理和政策等方面,营造一种使努力工作具有能绩的人有用武之地、使不好好工作的人受到处罚的社会环境和氛围,从而促使人们积极自觉地选择这一价值取向,以保证"只要有效努力,就必然有回报"这一价值原则的实现,使人们把自己的命运真正掌握在自己手中,使人们的安全感、稳定感和依赖感建立在能力充分正确发挥的基础之上。因为思想问题的深层是人生价值观问题,就当前我国而言,首要是价值多元和价值冲突问题。从一定意义上说,在我国由传统农业文明向现代工业文明变迁的过程中,在由传统计划经济体制向社会主义市场经济体制转变过程中,在由封闭走向开放的过程中,价值多元的趋向是难以避免的,价值多元的倾向在平民大众中也是客观存在的,处理不好,就会引起价值冲突,引发思想问题。由此,国家应在"关系"、"权位"、"金钱"和"能力"这些价值多元、价值冲突中,确立一种"以能力为本"的人生价值导向,以引导平民大众根据国家的价值导向和社会历史发展的价值趋向,来选择一种对己对社会都有积极作用的价值取向。

第三,市场经济内在要求人必须按照理性的法则行事,这就必然把"人情"和理性的关系凸现出来,从而成为当前思想政治工作必须面对的第三个新课题。

人们要在市场竞争中获取成功,既要运用理性思维能力,来对社会上存在的重要信息和市场行情加以分析、选择和处理,又要运用理性的法则破除社会上的"人情"、"关系"、特权向经济的公共领域渗透,还要运用理性和理智来控制人的情感、意志,同时也应当依靠人的理性认识能力把握自然的本质和发展规律,发展科学技术,且以精细的理性计算来使劳动和资本达到最优组合,从而创造出更多的物质财富,获取更大的利润,这实质上内在要求提升出一种理性精神,并使理性成为人在市场经济中的一种存在方式。许多西方思想家就是用理性精神为资本主义商品(市场)经济发展鸣锣开道的,理性也成为近现代资本主义社会评判一切的标准,一切都要拿到理性的审判台前来接受审判。当前我国强调的成本核算、法治、科学管理、科学技术和科学精神,实际上就是市场经济所蕴涵的理性精神的内在要求。这样,社会主义市场经济及其市场机制必然使人由过去注重"人情"提升并转移到对理性的重视上来,使理性成为人在社会公共领域中的重要存在方式

实际上,理性法则已开始在我国社会生活中发生作用。但一些人对市场经济及其市场机制所造成的人际关系的理性化、规范化,以及由此带来的某种"人际冷漠"感到不适应,再加上由"人情关系"向社会公共领域渗透所造成的法制的某种不健全,这就会使一些人对社会和他人缺乏一种安全感和信任感,就会怀恋过去那种情谊绵绵的"人情关系"和人间温情。换言之,一些人不能正确对待"人情"和理性的关系。尤其是在社会转型期,当人际产生某种冷漠以及由此缺乏信任感和安全感时,以下的问题就常困扰着人们,使人们感到无所适从:究竟是"人情"重要,还是理性重要? 在私人领域和社会公共领域,人们应采取怎样的行为准则和行为方式进行交往? 人如何才能找到一种新的安全感、稳定感和依赖感? 一句话,人怎样生存才有意义?

既然如此,当前我国的思想政治工作就应基于市场经济所引发的人的生存方式的变化以及对人的思想状况的认识,引导和帮助人们正确处理"人情"和理性的关系。这就是:要使人们认识到我国现在最需要但又缺乏的,是要在社会公共领域把人的一切行为纳入制度规范的严格约束之中,使"人情"在个人私人生活领域发挥作用。虽然在社会公共领域实行的是对人的"无情"

的制度管理,但最终达到的目的却是有情的——为个人存在和发展提供坚实的社会物质基础,此处"无情"胜有情。如果在社会公共领域过于注重"人情",其最终结果对个人来说却是无情的——社会得不到健康有序的发展,从而使个人的存在和发展失去社会物质基础,由此"有情"却无情。

最后,市场经济内在要求人在生活中自立,这必然把依附和自立、先天给定和后天努力的关系提到每个人面前,从而成为当前我国思想政治工作必须面对的第四个新课题。

市场经济内在要求从事有关经济活动的人能够在经济运营中,独立自主地进行分析、判断、选择和决策,并直接承担责任,人的独立自主或自立是从事有关经济活动的主体参与市场竞争和经济经营的前提条件。如果没有经营主体在思想、人格、能力和经济关系上的某种独立,他要在经济运营中行使自主权是比较困难的,经济组织也是难以真正走向市场参与竞争的。在市场经济中,竞争者必须以其独特的优势和能力取胜,为此,他就必须具有独特的产品、经营管理方式和竞争方略进入市场,而这必将培植起人的独立个性和努力奋斗精神。近现代西方资本主义商品(市场)经济社会历来注重和强调人的自我努力奋斗的自立精神。在我国市场经济体制建设过程中,人们日益感觉和体验到,人必须靠其努力奋斗来确定自己在社会中的地位。这样,社会主义市场经济及其市场机制便内在要求人们由过去较为注重"先天给定"、"等靠要",转移到注重"后天努力"、"自立"上来,使自立成为人在市场经济社会的一种存在方式。

人的如上生存境况必然对人的思想、精神和心灵世界产生重大影响。从当今现实生活来看,一些人对靠自己努力奋斗感到不适应,缺乏意识、信心和能力,非常留恋过去集体和组织对自己生存的计划、安排和给定,习惯于"等靠要",而当在新旧组织转换中出现了某种组织功能衰弱时,当组织中的某些领导干部出现腐败时,一些人对组织的信赖感、信任感便会下降,由此会造成对组织的某种疏远和组织对人的某种冷落。这就是说,一些人不能正确对待先天给定和后天努力、依附和自立的关系,往往对靠后天努力和自立来实现其人生价值采取某种排斥心理,而人和组织之间关系的的某种"疏远",又使一些人感到无所归依和孤独,由此对组织缺乏某种信赖。

这样,目前我国思想政治工作的一个重点,就是引导和帮助人们正确对待先天给定和后天努力、依附和自立的关系,从社会的方方面面把人们的价值观念、社会心理、思维方式、道德品格、能力素质和精神状态引导到依靠自己后天努力奋斗和自立上来。

总之,要做好新时期的思想政治工作,就必须有一条合理有效的思路。这就是:基于理解——把思想政治工作奠定在对人的存在方式等变化及其引发的生存和思想问题加以深入认识的基点之上;围绕重点——着重围绕上述所讲的"四大关系"进行;注重方法——方法问题至关重要,方法就是水平,方法就是效果。实践的经验教训表明,思想政治工作是否有效,关键取决于方法,只有采取合理有效的方法,思想政治工作才能事半功倍。这里最重要的方法,就是经常性开展深入细致的促膝谈心、平等对话和从容讨论活动,以情感化人,以理说服人,而不能居高临下,盛气凌人,也不能用大搞歼灭战、突击运动和群众运动等急风暴雨式的办法做群众的思想政治工作。"历史经验证明,用大搞群众运动的办法,而不是用透彻说理、从容讨论的办法,去解决群众性的思想教育问题,从来都是不成功的"①。教育主体——教育者首先要受教育。思想政治工作者的形象是做好思想政治工作的资本,舍此,就根本做不好思想政治工作。由此,思想政治工作者首先要接受教育,加强思想政治工作队伍的建设,着重从机制、法制和素质三方面入手,既要建立一种使思想政治工作者"必须"、"愿意"和"顺利"积极工作的机制,又要把思想政治工作纳入法制化的轨道,经常抓,真正抓,还要提高思想政治工作队伍的整体素质;解决问题——思想政治工作要同解决人们的生存、思想问题结合起来,不解决问题的思想政治工作是软弱无力的;着力转化——做思想政治工作,实际上就是做人的转化工作,人的转化程度体现着思想政治工作的程度,这在当前我国社会转型期更是如此,很多思想问题就与社会转型所引起的种种变化和矛盾有关。做好转化工作,就是力图帮助人们使人格向有利于现代社会和人的发展方向转变,使消极因素向积极因素转化,就是化解矛盾,就是使人们在思想认识上由不知到知,由不深刻到深刻,由片面到全面,由模糊到明晰,由困惑到坚信,最终达到疏通思想,端正认识,解除疑惑,健全心理,明确方向,坚定信仰,适应现实(帮助人们积极适应新的现实)。

---

① 《邓小平文选》第2卷,人民出版社,1994年版,第336页。

寻求对人生命运和心灵世界的合理解答

当今中国人相对注重物化生存,人的精神世界出现某种危机。加强当代中国人精神世界的重建,乃当务之急。

一、社会的转型与人的生存方式、价值观念变化

改革开放带来的发展大潮,使中国这个历史悠久的文明古国发生着前所未有的剧烈变革。在这一历史性的巨变中,社会生活的各个层面、各种因素,无论是经济、政治、文化,还是人的生存方式、生活方式、思维方式以及价值观念,都在不断地进行着不同方式、不同程度的转变,也不断地产生着新与旧、先进与落后、发展与迟滞的冲突。

任何社会历史的转变最终都要落实到每一个具体的人身上。在整个社会主义由过去农业文明向工业文明转变、由传统计划经济体制向社会主义市场经济体制转轨、现代科技和文化日益渗透于人们生活的各个方面的进程中,个体的人也不得不发生相应的转变。这主要表现在人们的生存方式和发展方式正在发生变化,即由过去主要听从计划安排的"等靠要"这种"依赖性"状态,向主要依靠能力和努力奋斗的"进取性"状态演进,由"稳定"的生活状态向"变动"的生活状态转变。

这就决定了个体的人格转型既是必然的,不可抗拒的,同时又是漫长、艰巨而且痛苦的,在心理、思想、精神和行动上也容易产生迷惘和困惑。面对社会转型,大部分人能够投身于这一转变过程中去,在实践中努力调整和发展自己,找准自己在人生旅程中的位置,并且奏出壮丽的人生乐章。但也有相

当一部分人未能较好较快地适应这一转变。有些人在剧烈动荡而且陌生的现实面前感到力不从心或无能为力，把握不住时代发展的脉搏，对新的社会现实感到捉摸不定，无所适从，难以适应新的环境；有些人对事事靠自己努力、能力以及选择不习惯，有失落感，难以接受新的现实；有些人对外在客观世界的变化不理解，有恐惧感，难以驾驭周围世界；有些人曾付出艰辛的努力，但由于事物的复杂性，并没有获得应有的回报，因而对这种所谓"无情"的社会和人生充满疑惑，感到叹息，难以拥抱社会和人生；还有一些人对腐败、社会不公、社会邪恶和人际冷漠以及自己的痛苦命运感到不满，对人生感到压抑和绝望，难以改变不满意的处境。凡此种种，就会使一些人感到人生的命运似乎不是操纵在自己的手中，而是被某种捉摸不定的外在力量（如天命）支配着。

　　社会历史的转型也使人生的价值取向、价值标准和价值实现方式发生变化。其内在的客观必然性，是由过去的集体绝对至上、个体必须无条件服从，向承认并尊重个人利益的合理性、突出个人的能力价值转变，由过去主要依靠组织来确认自己的价值，向现在主要靠人自己的能力和努力实现其价值转变，由过去总想依附于某种对象向现在注重自立转变，由过去注重"人情关系"和权力向现代注重能力转变。这种转变既是新旧价值观的扬弃和更替，同时也会出现价值真空、价值多元、价值错位、价值悬置和价值虚无现象。在社会历史转型期，旧的价值体系在现实面前显得捉襟见肘，被越来越多的人重新审视，甚至怀疑、抛弃，而文化建设、精神文明建设的"不到位"，又使新的价值体系未能真正建立起来。这就使得一些人失去了人生目标和方向，内在心灵世界没有归依，缺乏必要的终极关怀和人文精神的支撑，从而在他们的内在精神世界出现"价值真空"状态。现实中许多人的"无所适从"感，就是这种状态的表现。此其一。其二，"价值多元"问题比较突出。人的内在精神世界的价值真空必然为各种各样的价值观提供生存空间，也为多种多样的价值观"乘虚而入"提供机会和条件。于是，社会主义的、资本主义的和封建主义的价值观，中国传统的价值观与西方现代的价值观，农业文明的价值观与工业文明的价值观，计划经济的价值观与市场经济的价值观，等等，在当代中国社会并存着，且都有不同的表现和影响。当然，这个问题比较复杂，但从根本上讲，是经济成分的多元化、经济主体的多元化和利益的多元化，决定文化的多元化和价值主体的多元化,进而决定价值的多元化。不同的价值观出现在同一个时代、同一个时期及大体相同或不同的人群中,必然会产生某种价值冲突。这是一种不容否认、不容忽视的客观事实。现实生活中许多人的"思想混乱"就是这种社会存在的体现。其三是"价值错位"。在现实生活中,许多人对多元的价值观缺乏分析、判断、批判和选择的意识和能力,社会对平民大众的价值取向缺乏有说服力的分析和引导,也没有为平民大众提供一种适合他们的实际、反映他们的内心世界从而使他们普遍认同、普遍接受的"共同价值观"和"大众价值观",再加上在社会结构转型过程中出现的某种社会关系的裂变和社会秩序的混乱,结果会使各种错误的人生价值观充斥社会生活,支配许多人的头脑,而正确健康的人生价值观得不到弘扬,甚至被一些人嘲讥、贬弃。这就会出现"价值错位"。现实中存在的"是非颠倒"就是价值错位的写照。其四就是"价值悬置"。一些人接受了错误陈旧的人生价值观之后,就会对正确健康的人生价值观采取拒斥态度。并且相当一个时期以来,我们的价值导向没有跟上时代发展的步伐,对平民大众的内在心灵世界缺乏应有的关注和探究,故而社会的宣传舆论与平民大众的实际观念之间存在着断裂现象,所宣传倡导的人生价值观也与平民大众的需求存在一定距离。其最终结果,就是往往把社会所倡导的主导价值观念悬置空中,未能深入人心,而平民大众的日常生活世界和心灵世界却缺乏支撑。"政治冷漠"在一定意义上就是这种价值悬置现象的反映。最后是"价值虚无"。价值真空、价值多元、价值错位和价值悬置的必然结果,就是一部分人首先对国家和政府所倡导的主导价值观和正确价值观采取排斥态度,然后,或试图制造出一种反国家、反政府的价值观,或对一切价值观采取抵制情绪,或对社会现实感到悲观绝望。

二、人生命运的困惑和人的心灵世界的痛苦及其解答

　　人生的命运不能被人自己所驾驭,人的内在心灵和精神世界无所归依,无所安顿,缺乏支撑,这就必然给人们带来心灵的痛苦、精神的焦虑和人生的困惑。人生命运为什么捉摸不定? 人生的命运究竟掌握在谁手中,被什么支配着? 人的痛苦究竟是什么原因造成的,如何解脱? 人的精神世界究竟靠什么支撑? 究竟有没有一个人格化的神秘力量和命运之神在冥冥之中主宰人

生？在社会转轨过程中，人如何才能把握住自己，寻找一种新的安全感、稳定感和依赖感？人的努力为什么时常不能得到相应的回报？这一连串的困惑在许多人那里是难以解答的，但"向未知领域探究"的人类本性，又促使人必须去追问和求解这些困惑。在这种心灵矛盾中，一个深层次的问题提出来了：究竟寻求一种什么样的有效办法和方法来解答困惑、解脱痛苦、安慰心灵？人生究竟该信仰什么？这里，人臆想"什么"会帮助自己解答困惑、解脱痛苦、安慰心灵，人就会信仰什么，人生信仰问题实质就是寻求对人生困惑、人生痛苦和心灵安慰的解答问题。

　　自古以来，解答困惑、解脱痛苦和安慰心灵的办法以及信仰的对象大体有以下几种。一种是把心灵世界交给上帝或神，由上帝或神来支配，靠上帝或神这种救世主来解答人生困惑、解脱人生痛苦、安慰人的心灵。这是宗教的人生观和信仰观。宗教在世界历史上曾经发挥过巨大的作用，即使在今天，其影响也不可低估。宗教是无情世界的感情，是苦难心灵的慰藉，是漂游精神的归依。尽管各种宗教从内容到形式有所不同，但大多都强调人要正确对待自己的"欲望"，认为克制和限制膨胀性的欲望可使人生解脱痛苦。另一种是把心灵世界和人生命运交给人自己，由人来主宰自己的心灵和命运，人生的命运在自己手中，那就是依靠自己的努力、能力和奋斗，人生的命运来自人的现实努力和能力。因此，人应该去信仰自己的努力、能力和创造，这是无产阶级的人生观和信仰观。第三种是把人的心灵世界和人生命运交给某个掌握生死、荣辱、进退大权的关键人物、杰出人物，认为靠盲目信从这样的人物，就可以光荣一生，离开或得罪这样的人物，人生就会处处坎坷。这实际上是"权本位"的人生价值观，在现实生活中也有很大影响。

　　不容怀疑，我们坚持和倡导第二种正确健康的价值观、人生观和信仰观，应以"能力为本"的价值观支撑人生，以人的现实努力、能力和创造进取支配人生命运，应把人的心灵世界和人生命运交给人自己。因为这已被理论所说清、被历史所证明和被实践所呼唤。

　　人生命运主要是人自己造成的，并不取决于天命或救世主。人和动物不同。动物只靠其本能来接受自然界的恩赐就可以生活下去，其命运是由"天定"，而人若靠其本能生活不仅不如动物，而且一天也生活不下去。现实的人实际上是有生命的个人，是自然的、实践的、社会的和历史的人，这样的人既受自然、实践、社会和历史的制约,又具有有限性,因而没有什么超自然和超社会的万能人,人只能在现实生活世界中追求生存、发展、自由和幸福。为此,人只能靠其知识、思想和智慧来把握自然、实践、社会、历史以及人生发展的本质和规律,并从中提高其创造能力(这种力量是受社会物质条件制约的),来营造一个他得以存在和发展的条件、环境、世界,而不能靠修炼法轮功获得什么"法力"。人之所以能成其为人,过上幸福美好的现实生活,主要在于他的现实努力和能力,是依靠人自己的现实力量选择、努力的结果,而不是人之外的超自然的神秘法力或天命造成的。人的一生是现实的、实践的和历史的,而不是臆想的、词句上的。人只有在现实生活实践中并使用现实的手段,凭借现实的智慧和力量,才能真正消除人生痛苦,获得较为圆满的人生,而不能用臆想中的什么法轮大法来消除人的痛苦,净化身心。身体残疾的张海迪之所以能实现其人生的价值,主要靠她对命运的努力抗争。一些农民由穷变富,主要在于他们尽心尽力尽责地耕作。许多举世闻名的科学家(如居里、居里夫人、牛顿及华罗庚、竺可桢等),其童年和青年时代人生坎坷,但他们把坎坷转化为动力,经过自己的努力和能力,结果改变了人生命运。华罗庚起小曾看《子平命理》算命的书,给人算命。算来算去悟出一个道理:在同一时辰出生的人,有着不同的命运,同样条件的人也有不同的命运,所以,算命全是骗人的,一个人的命运是操在自己手里的。今天有许多下岗职工经过抗争,改变了自己的人生命运。他们普遍感叹:靠天靠地不如靠自己。人生学家卡耐基经过对一系列成才成功的知名人士的考察研究,得出结论说:一个人的成功,百分之八十五来自于自己的努力、工作技能和为人处事的能力。无可怀疑,发生在人们生活中的许多事往往把生活的真相和意义掩盖起来了,而完美的人生就在于怎样对这些人们能感觉和观察到的假象和困难作出反应,然后又怎样去分析和解决它。这些生活假象和困难对人们的心灵影响很大,它能够侵蚀和毒害人们的精神。但另一方面,这些生活假象和困难也可以训练、深化、增强和提高人们的精神,以及解决这些假象和困难的能力。如果人们没有应付生活的各种能力,他们就不可能完满地解决生活中的各种问题,所以命运必将坎坷。相反,如果人们有能力有办法把一些生活难题处理得得心应手,能支配一些恶劣的环境,并利用不利环境为自己的目的服务,甚至可以从事物的反面寻找激励自己的力量,变不利因素为有利因素,他们就必然走向成功。

历史的命运同人生的命运遵循同样的规律。一个重视人的后天努力和能力的国家,必是快速发展的国家,一个宣扬生死由命、富贵在天的民族,必是发展缓慢的民族。中国自近代以来,前进的步伐开始缓慢,并明显落后于西方发达国家。原因究竟何在?通过总结中西方社会发展的历史经验教训可以发现:西方一些国家自近代以来之所以发展迅速,重要原因之一在于,近代西方商品经济和工业化的发展内在要求破除神权而确立人权,破除神道而确立人道,破除先天神主论(宿命论)而确立后天自主论(奋斗论),内在要求确立注重利益驱动("利")、能力发挥("力")、理性精神("理")和自立意识("立")的文化理念。这些理念并不是由什么救世主或神的首创和独创,而是对时代精神和历史发展趋势的洞察并加以提升的结果。这些文化理念,实质上是要求人们依靠其后天努力奋斗和能力发挥来实现其人生价值,因而是一种进取型的文化。这种文化尽管使西方社会付出不少代价,但从其主导方面看,却极大推动了西方社会的快速发展。而中国自近代以后之所以发展缓慢,主要原因之一在于,虽然中国传统文化中的一些精华有着积极的作用,但其中一些消极因素(如过于注重天命、"人情"、"关系"和权位等),却使人们往往重"天命"而轻"人力",重先天给定轻后天奋斗,重人情轻法治,重"关系"轻努力,重守成轻创新,重依赖轻自主。历史发展的铁律已经把人生命运的主宰权由"救世主"交给了掌握知识、具有智慧和创造能力的人,历史证明人是可以掌握自己的命运的。当代中国的重要社会实践是建立社会主义市场经济新体制。市场经济内在要求人们靠充分正确发挥其能力,以在市场竞争中立足,要求实现由人情社会、权力社会、金钱社会向能力社会转变。在市场经济社会里,岗位、位置、空间、舞台、机会主要是靠人自己的能力竞争得来的,而不是不劳而获的,也不是某种超人赋予的,当然也不应是靠特权、"关系"、"人情"和金钱获取的。这必然会使每个人认识到,市场经济的体制越成熟,留给努力小、能力弱的人的机会越与日俱减,留给努力大、能力强和贡献大的人的机会越与日俱增。正是市场机制(当然也由于党的改革开放政策)激发了人的潜能和能力,我国今天才取得了可喜的巨大成就,而一些囿于"等靠要"的企业、单位和个人,则常陷入生存困境。在马克思那里,"社会主义"的基本原则实质上就是每个人能力的自由、平等和发展,能力发展是每个人的目的本身。总之,在社会主义市场经济社会里,是不看超自然的力量看人力,不过于看重权力重能力,不过于看重"关系"重努力,不过于看重人情重技能。显然,"救世说"是逆时代精神而动,奉行"救世说"的人也必然在市场经济社会中被实践所淘汰。

　　既然如此,为什么在文明进步、科技发达和时代发展的今天,还有人迷信"救世说"? 一是这些人对科学理论、科学技术及历史、时代精神和人类文化成果缺乏了解;二是中国传统文化中重天命人力的依附思想影响极深;三是在现实社会中,"只要有效努力就必然有幸福生活,只要尽力必然有收获,只要有成就就必然有价值"的价值导向没有完全确立起来,"人生命运就掌握在自己手中"的原则没有真正实现,反而被人之外的某些捉摸不定的自发力量支配着,甚至被某些消极力量操纵着。而对这些力量,人们力不从心,无能为力,无法克服和驾驭,感到自己力量渺小。于是,人们便对自己的努力和能力开始怀疑,并乞求人之外的某种神秘力量来解决自己的问题。而有些别有用心的人利用了这种心理,乘虚而入;四是如上所说,在社会转变时期,"等靠要"的生存方式和旧的价值体系以及许多人的稳定感正在被打破,而新的生存方式、价值观念、生活秩序和稳定感一时难以确定,这种动荡不定的现实,把人生的命运和人的心灵世界置于某种难以知晓、难以确定、难以捉摸和难以应付的困惑和痛苦中,而"知命运"的人生心理又使人必须寻求关于这种困惑和痛苦的解答,当人们对靠自己的努力和能力改变不满意的处境缺乏信心,又一时找不到合理有效的办法时,"救世说"便由此而生;五是一些"未知领域"暂时没有得到科学解答,从而为一些人接受"救世说"提供了可能;六是市场经济社会的许多未确定因素,往往使一些人臆想到有某种外在神秘的力量在支配人生。七是尽管我们的文化建设和精神文明建设取得一定成就,但"不到位"、"不到心"的现象依然存在。我们对平民大众的内在心灵世界和精神世界缺乏应有的重视、了解和探究,大众文化建设缺乏应有的力度和效果,对各种价值观缺乏科学的分析、判断和取舍,对平民大众日常生活世界发生的变化和遇到的问题也缺乏令人信服的说明和引导。这就容易使平民大众被某种歪理邪说所欺骗、所迷惑。

三、人生价值观的建设及其实现方式

　　问题的关键是应该意识到,人生信仰、人生困惑和人生命运问题,说到底

是人生价值观的建设及其实现问题,就当前我国而言,则首要是价值冲突问题。价值冲突的最终根源是利益冲突。从某种意义上说,在由传统的农业文明向现代工业文明变迁的过程中,这种价值冲突不仅是不可避免的,而且是必要的。问题在于:在当代中国,究竟需要什么样的人生价值观呢? 这是现代人生价值观的模式问题;怎样建设和实现这种人生价值观? 这是人生价值观的建设及其实现的方式和条件问题;怎样对待中国传统的价值观念体系? 这是中国传统价值观的现代定位、现代功能问题。我们认为,对于当前我国人生价值观领域出现的问题,应首先侧重研究价值主导和价值多元的关系问题。因为不仅"价值真空"、"价值错位"、"价值悬置"、"价值虚无"与没有处理好这一关系有关,而且从长期来看,正确处理这一关系,也是人生价值观建设必须不断面对的重要问题。

一般而言,国家和政府更侧重强调主导价值观。平民大众中存在着多元价值观。所以价值主导和价值多元的关系,一定意义上也就是国家和平民大众的关系问题。从方法论上,处理主导价值和多元价值的关系应坚持互促、互动、共生的原则:既要坚持主导价值观念的价值导向作用,使主导价值观念渗透到多元的价值观之中,成为多元价值观得以立足的前提,以促进和引导多元价值观的健康发展,同时又要用合理的多元价值观来充实、丰富和影响主导价值观,且尊重并注意对平民大众中多元价值观的鉴别和吸收。这里实际就是要努力寻求人生主导价值观在平民大众中的多种实现形式。

那么,在当代中国,尤其是在能力社会,应确立什么样的人生主导价值观呢? 我们认为:在社会主义市场经济、知识经济和现代化建设条件下,人生的一切追求、一切活动和一切关系首先应该围绕如何充分正确发挥人的能力旋转,人生的价值要依靠人充分正确发挥其能力来实现,简而言之,应确立以"能力为本"的人生主导价值观。

(原载《郑州大学学报》2001 年第 1 期)

拜金主义浅析

党的十六届四中全会通过的《中共中央关于加强党的执政能力建设的决定》明确提出：必须反对拜金主义、享乐主义、极端个人主义，消除封建残余影响，抵御资本主义腐朽思想文化的侵蚀。这与我们中国人的精神世界重建问题有关。我们要认真学习领会《决定》的精神，采取切实可行的措施反对拜金主义，净化人的心灵世界。

一、拜金主义的表现

所谓拜金主义就是盲目崇拜金钱、把金钱价值看作最高价值、一切价值都要服从于金钱的价值的思想观念和行为。为了获取金钱，拜金主义者不择手段；对于金钱的占有，拜金主义者贪得无厌；在生活上，拜金主义者穷奢极侈、腐化堕落。拜金主义在当前我国的经济、政治和文化领域都有所表现。

在经济领域，改革开放以来，随着社会主义市场经济体制逐步建立和完善，我国的社会生产力获得飞速发展，人民群众的生活水平得到大幅度提高，这些是与我们良好的经济秩序、与广大从业者的诚实劳动和合法经营分不开的。但不容否认的是，拜金主义思想也随着经济的发展而滋长起来、甚至泛滥开来。比如，有的把经济效益与社会效益割裂，片面追求经济效益，把 GDP 作为评价政绩的唯一标准；一些地区和部门为了部门和单位的利益而牺牲国家和民族的整体利益、长远利益，以致于造成环境污染、生态危机。更有甚者，不择手段地追逐金钱、利益，不仅无视社会公德、践踏市场准则，甚至不惜以戕害他人生命为代价，如金融、证券领域的欺骗诈取、黑箱操作；食品、医药、房地产、建材、图书、音像制品等等领域的假冒伪劣……

在政治领域，在改革开放和现代化建设的实践中，大多数党员干部在工作作风、思想作风和生活作风上是好的。他们认真贯彻党的路线方针政策，牢记全心全意为人民服务的宗旨，兢兢业业、艰苦奋斗，以自己的实干精神和优良作风赢得了人民群众的赞誉。特别是孔繁森、郑培民等一大批优秀领导干部，充分显示了当代共产党人的精神风貌。但我们必须看到，随着新时期所处的国内外环境和党员队伍的变化，拜金主义的思想观念在部分党员领导干部中也逐渐滋长起来。少数领导干部把手中的权力作为谋取钱财的手段，从而出现大量贪污腐败、行贿受贿、权钱交易、跑官卖官等腐败现象。比如，有的以权谋私、与民争利，把小团体、本部门、本单位的利益置于群众利益之上，乱收费、乱集资、乱摊派，侵害群众利益，甚至中饱私囊；有的贪图享受、大吃大喝、大手大脚、挥霍人民财富，甚至腐化堕落……这些行为又直接助长了拜金主义的泛滥。

在文化领域，总的形势也是好的。我们坚持以马克思主义为指导，坚持"二为"方向和"双百"方针，坚持"三贴近"原则，坚持弘扬主旋律，提倡多样化，在继承中国传统优秀文化，吸收西方优秀文化成果，大力发展文化产业和各项文化事业，取得了令人瞩目的成就，满足了人民群众日益增长的文化需要。但是，拜金主义也渗透进了这片净土，主要表现在：文化活动被简单地商品化，被平面化、肤浅化、碎片化、非理性化，文化的审美特性、文化工作者的社会责任感付诸阙如。一些媒体在增强娱乐功能的同时，大大弱化了教育引导功能。为了所谓的市场占有率，不敢宣传正面的、积极的声音，不敢批判消极的、腐朽的作品，一味迎合低级、庸俗的趣味，甚至纵容错误的东西招摇过市。一些学者脱离实际、脱离生活、脱离群众，致使学风浮躁，著书立说只是为了评职称、捞资本、挣名声，有的甚至依傍某种资本，为捞取金钱而甘心为其摇唇鼓舌……

二、拜金主义产生的根源、本质和危害

拜金主义的蔓延，既有思想根源，也有社会历史根源。

拜金主义的产生，与中国的封建文化的长期影响有关。总体来看，中国传统文化的主流是鄙视利益、耻于金钱的。在义与利的取舍上，总是以义为

先,崇尚舍生取义、杀身成仁。但是,中国传统文化还有另外一面。儒家讲"天下有道则现,无道则隐",道家为了免做被枪打的"出头鸟",倡导做林间隐士或高士。这里除了洁身自好的个人主义,完全没有了"天下兴亡、匹夫有责"的社会责任感。更有甚者,则赤裸裸地宣扬个人主义、享乐主义。春秋时期的杨朱,就公开宣扬"拔一毛而利天下,不为也"。民间也有"人为财死,鸟为食亡","人不为己、天诛地灭","有钱能使鬼推磨","书中自有颜如玉,书中自有黄金屋"之说。在封建社会的意识形态中,这些思想观念虽然不占"正统"地位,但在实际生活中却一直为统治阶级所信奉。尽管封建的卫道士们一再宣扬舍生取义,其实他们从来都是享乐主义者、个人主义者。必须看到,这些腐朽、没落、消极的思想观念在新中国建立后并没有完全消失,随着改革开放和市场经济的发展,它们又沉渣泛起,为一些人所奉行。

拜金主义在封建社会就已经产生,但它真正成为盛行的观念却是在资本主义产生之后。资本主义和拜金主义恰如一对孪生姐妹,或者说,拜金主义是附着在资本主义身上、去除不掉的毒瘤。正如马克思所说:"资产阶级在它已经取得了统治的地方把一切封建的、宗法的和田园诗般的关系都破坏了。它无情地斩断了把人们束缚于天然尊长的形形色色的封建羁绊,它使人和人之间除了赤裸裸的利害关系,除了冷酷无情的'现金交易',就再也没有任何别的联系了。""资产阶级撕下了罩在家庭关系上的温情脉脉的面纱,把这种关系变成了纯粹的金钱关系。"①资本主义之所以会产生拜金主义,就在于资产阶级的本性(实际也就是资本的本性)就是无休止地聚敛财富,追求资本的增值;就在于金钱作为财富的化身,在资本主义社会能够左右一切。应当说,西方的一些有识之士早就认识到拜金主义的危害,并展开了对它的批判,但是拜金主义并没有被清除,也不可能被清除。改革开放后,随着国门的开放,这些腐朽思想也传了进来。

从社会历史根源看,拜金主义的产生与市场经济规则不完善有关。建立社会主义市场经济体制是我国经济发展和社会进步的必由之路。它有利于解放和发展社会主义社会的生产力,增强社会主义国家的综合国力,提高人民的生活水平,也有利于增强人民的自立意识、竞争意识、能力意识、效率意

---

① 《马克思恩格斯选集》第1卷,1995年版,第274—275页。

识、民主法制意识和开拓创新意识,使社会主义的优越性进一步发挥出来。但同时,市场经济自身的弱点和消极方面也会反映到精神生活中来。市场经济有自己的运行规则:一是市场行为主体在经济活动中要遵循等价交换原则,二是市场行为主体在经济活动中要追求利益或利润的最大化。同时,市场经济还是一种"消费经济",靠需要引导生产,依赖消费拉动经济。这就造成:一方面,物质利益和物质财富在推动经济社会发展中的地位和作用突出出来了,这就有可能会诱发人的趋利本性,刺激人对物或金钱的欲求,从而滋生出对金钱的过分崇拜心理,导致"一切向钱看";另一方面,"一切向钱看"的结果是把经济领域的行为规范泛化到社会生活的一切领域,一切都要讲等价交换,一切人际关系、社会关系都被看作利益关系。比如,看到有人落水,先权衡利弊再救人;看到歹徒抢劫,先谈好价钱再去抓歹徒;把经济指标作为评价一个人、一个单位、一个地区、甚至一个国家的唯一标准,等等。

市场经济条件下之所以容易引发拜金主义,与财富和经济活动的符号化也有一定关系。市场经济离不开商品交换,商品交换离不开货币。作为中介的货币因而成为财富、商品的化身,成为普遍价值的代表,拥有了货币似乎就可以购买一切、占有一切。这种货币经济的发展使得经济活动逐渐符号化,符号化经济活动逐渐增多,作用也不断增大,甚至成为左右经济运行的力量,1989 年的亚洲金融危机和拉美的经济危机充分说明了这点。所有这些容易使人产生一种错觉,以为货币无所不能,使人产生对货币、金钱的崇拜,诱发对货币的无限制的追逐和占有,从而走向拜金主义。

从拜金主义的产生看,拜金主义表面上是对金钱的崇拜,但这种崇拜的背后实际上是享乐主义、极端个人主义。一个贪图享乐、极端自私的人在市场经济条件下必然就表现为拜金主义,这就是拜金主义的本质。

拜金主义的危害是非常巨大的。从人的发展来看,拜金主义与人的全面发展相背离,剥夺了人的本质的丰富性,把人降低为动物,降低为金钱的奴隶;从社会来看,拜金主义盛行的社会必然是一个物欲横流、人情冷漠、尔虞我诈、人人自危的社会,是一个道德沦丧、信仰缺失、没有方向的社会。经济领域如果任拜金主义泛滥,就会使经济秩序陷入混乱,诚信丧失,就会使诚实劳动得不到回报,使坑蒙拐骗、敲诈勒索者大行其道;政治领域如果盛行拜金主义,我们党和政府就会失去广大人民群众的信任和支持,我们的政权就有得而复失的危险;文化领域如果一切唯金钱至上,整个社会就没有了精神支柱,没有了凝聚力,社会发展就失去意义和价值。总之,一个拜金主义的社会是一个病态的社会,是一个没有希望和前途的社会。

三、消除拜金主义的途径

拜金主义的产生不是偶然的,它是伴随着改革开放和市场经济的发展而逐渐滋长起来的。但是,说拜金主义的产生有一定的必然性,并不意味着改革开放和发展社会主义市场经济就一定会产生拜金主义,并不意味着我们在拜金主义面前就无能为力,就可以无所作为。作为社会主义的建设者,我们在拜金主义面前是可以而且应当有所作为的。

第一,必须树立和落实科学发展观。从拜金主义的产生看,拜金主义是人类社会发展到一定阶段的产物,是生产力发展到一定水平和阶段的产物。因此,要从根本上消灭拜金主义,必须坚持以经济建设为中心,大力发展生产力。但是,经济建设和生产力的发展不是社会发展的根本目的,社会发展的根本目的是提高人民的生活水平,促进人的全面发展,使人走向马克思所说的全面的人。这就要求我们牢固树立和全面落实科学发展观:一方面,明确发展不是片面的经济指标的增长,而是全面、协调、可持续的发展;另一方面,时刻不要忘记,人的全面发展是社会发展的最终目的,任何时候、任何情况下都要抱定这一目的不动摇。

第二,必须大力加强政治文明建设。消除拜金主义,首先必须消除党员领导干部中的拜金主义。榜样的力量是无穷的。党员领导干部是我们这个社会的主要管理者,也应该是先进道德的实践者,是社会道德进步的引领者。党员领导干部的作风决定着党风,党风又影响着整个社会风气。如果我们党员领导干部信奉马克思主义的世界观、人生观和价值观,坚持全心全意为人民服务的宗旨,廉洁从政,一身正气,整个社会风气就会逐渐好转;反之,如果领导干部台上大谈大公无私,台下却中饱私囊;人前清正廉洁,人后却奢侈腐化、纸醉金迷,那么任何教育宣传、规范引导都会失效。消除领导干部中的拜金主义观念,除了进行思想政治教育外,还要从制度上铲除拜金主义产生的土壤。比如在用人制度上,必须杜绝任人唯亲和买官卖官等腐败现象,在全社会范围内真正建立一种确保有能力、有业绩、品质高尚、作风端正的优秀人才脱颖而出的制度,从根本上把拜金主义排除于党的肌体之外。

第三,必须大力加强精神文明建设。拜金主义是一种腐朽、低级的思想观念。要消除它,就要在全社会树立高尚的价值追求,大力加强精神文明建设。首先,广播、电视、电影、网络、报纸、杂志等大众媒体要坚持"二为"方向和"双百"方针,弘扬主旋律,提倡多样化。新闻媒体不能一味地媚俗,一味地迎合低级趣味,更不能成为马克思所说的"工业的宦官",以勾引消费者最下流的欲念诱取他们口袋里的金钱。新闻媒体要多宣传积极、健康、向上的思想观念和行为,多宣传有利于全面建设小康社会的思想和行为;要有强烈的社会责任感和使命感,敢于、勇于、善于批判那些腐朽堕落的世界观、人生观、价值观,净化社会空气和生活环境。当然,不论是正面宣传还是对反面东西的批评,都不应简单化,而必须以理服人。其次,要使精神文明建设"制度化"。一方面,各级党委和政府部门要提高认识,加强领导,把精神文明建设作为工作的重要部分,作为政绩评价、考核的重要内容;另一方面,精神文明建设不能停留于单纯号召和精神鼓励,要有切实的措施、方法和必要的物质奖励,使见义勇为者有生活保障,使弘扬正气者无后顾之忧。

(原载《求是》2005 年第 9 期)

领导干部压力的深层原因解析

——观察当前中国发展模式、社会转型及市场化路径的一个特殊视角

领导干部的心理健康对执政能力建设具有重要的意义。从实践上看,近几年关于领导干部心理压力情况的调查显示,领导干部的压力问题确实不容乐观,主要集中体现在这样几个方面,即职业压力、社会关系压力、角色意识冲突压力以及私人生活压力。那么,这些压力的本质是什么,其根源何在?

一、职业压力:业绩的显成效与责任的潜风险——发展模式转换的严峻性

相关调查显示,领导干部的职业压力来源于干部肩上"发展与责任"双重负担,即"发展经济的竞拼,GDP 的评比排名次,增大了干部'发展'担子的压力;而'领导责任问责制'、'一票否决制'、'绩效评比考核制',则使干部'责任'担子的压力骤增"。从理论上说,任何职业都面临任务与责任的双重压力,这是普遍现象,仅仅从这一层面不足以说明领导干部的职业压力就成为问题。决定领导干部职业压力成为问题的因素在于,其产生的社会根源具有特殊性,也就是说,当前领导干部业绩之所以容易取得和问责之所以高机率临头,均来自于发展模式的特殊性。这种特殊性可以从宏观和微观两个方面观察。

从宏观上看,一个时期以来,我们形成了出口导向与投资驱动的发展模式,这意味着经济发展中我们缺少应有的内需驱动这一项,发展模式内在不足。例如,出口导向的内核是中国制造这样的产业定位,这意味着我们要消

耗资源与能源。而在后现代消费社会背景下,人们主要消费的是商品的符号价值(社会象征意义),而该价值并不取决于制造环节,这意味着我们的产业体系不在世界产业的核心位置,世界利润的分配将必然对我们不利。不仅如此,在世界产业链条化的前提下,一方面制造产业的利润只有十分之一,十分之九归于研发和营销环节;另一方面,链条化的本质是联动发展,即中国赚了一元,别国同时就赚了九元,这就意味着,我们采用制造化模式尽管直接获得了外汇,增加了收入,提高了国力,但相对的代价并不合算,其结果就是生态的失调与资源浪费。所以,作为该模式的直接操作者,领导干部群体尽管成绩显著,但也不得不面临公共性问题凸显所带来的责任重压。

不仅如此,投资驱动一方面让固定资产投资占半壁江山,一方面吸引大量外资,这又使得中国的就业路径与市场发展面临着相当大风险。例如,基于招商引资的制造模式,其本质是工厂车间,固定资产投资,其本质就是工地,这都意味着我们的劳动力需要类型主要是劳力型而非智力型。这就决定了中国劳动力市场中吸收大学生资源的有非常有限。体现在社会问题上,就是人们议论的"大学生毕业即失业"现象开始出现。而这无疑给领导干部带来了巨大的社会压力,增加了担当领导责任的可能性。由此可见,上述发展模式既给领导干部带来业绩获得的便利,也给他们带来了问责临头的风险。

从微观上看,上述现象的背后还有更深的问题,这即是出口与引资优势背后的体制支撑面临着可持续危机。这是因为,上述发展模式所以有效源于两项基本体制的支撑,即:土地成本低背后的土地产权安排,人力成本低背后的产业人权现状。具体说,中国商品所以有优势,外商所以来华,皆因为这样两个事实:在中国建厂开发产品的土地成本低,人力成本低。土地成本低,是因为中国土地产权特殊,无论是拆迁还是征地,业主都不是土地现实的所有人,都不能参与土地征用市场化过程,所以,土地成本相对而言基本可以忽略。人力成本低,是因为中国产业人权安排特殊,工会作用有限,农会还未恢复,工人与农民工都没有与资本方进行集体谈判的体制与渠道,因此,人力资本的最终定价不是出于劳资博弈,而是单方控制。所以,从深层次看,上述发展模式的困境又最终根源于体制安排的局限。

而在实践上,这种安排在一个时期可以以"成本低优势"获得竞争的有利条件,但长远看,因为土地和劳动力资源在中国发展中面临市场化与资产化需求(土地变成市场要素),劳动力资源决定着国家未来市场的潜力(内需动力),所以,该优势不会持久。而事实上,随着人民币升值的加快和此次世界性金融危机的来临,中国的出口已基本上不能持续,内需市场亦不得不提升。这意味着,土地产权的改革将提上日程,人力成本低之局面将不得不翻转。正是在这个意义上,我们以为,当前领导干部职业压力,从根本上看,根源于发展模式的严峻性,其求解的关键是**相关体制的与时俱进和转换**。

二、社会关系压力:现代性明约束与人治的潜规则——公民社会转型中的复杂性

所谓社会关系的压力,指的是这样一种情形,即:"无论处在哪一级位置上的干部,都不得不重视营造、平衡和妥善处理上下左右复杂的社会人际关系;'迎来送往、接待上访','左右逢源、四处结缘',已成为当代干部典型的生活状态特征。"这对干部无形中造成很大的社会压力,按理说,处理复杂的社会关系不应成为一种压力,那么,为什么领导干部会在这种社会关系中有压力呢? 原来,处理这种社会关系遵循的是一种潜规则,而干部在实践中面对社会公众的则是一种显规则。正是这种人前背后的双重性状态使得干部心理发生严重冲突,导致压力。因此,所谓社会关系的压力,准确说是潜规则的压力。

而从本质上看,潜规则的核心是传统社会的人治原则,它以权力为中轴,以角色依附为前提,以私利为基准,通过权力的层级设置,来实现社会资源的配置。在这里,权力主要体现为前现代形态,是一种未公共化的支配力量。因为权力作为未公共化的力量存在于前市场经济时期,因此基于人治原则的潜规则存在的基础是社会的未市场化,也就是说,潜规则的存在规模可以反衬出一个社会的市场化程度。在这个意义上,我们以为,当前我国潜规则的大量存在说明市场化的任务还很重,市场化之路还远未完成。

那么,为什么说市场化不足就意味着潜规则的盛行呢? 这是由市场经济的本质决定的。市场经济的本质除了是一种资源配置方式,更是一种社会组织体系。该体系具有三项基本功能并相应带来三种分化过程,即:经济自组织功能及其产生的政治与经济的分离过程,领域分界功能及其所导致的私人领域与国家领域的分界过程,公权转型功能及其产生的现代公民授权意识。

经济自组织,意即市场源于人类的天生的需求与供给本性,只要允许交换,那么市场就会生成,这意味着,市场具有自组织性,国家也就无必要直接管理经济。相应地,一旦市场经济崛起,那么该社会必然产生经济体系与政治体系的分离现象,即市场从国家手中脱离出来。领域分界,其含义是:基于市场与国家的分离,二者分别居于不同的轨道,国家"法律许可才可为",市场"法无禁止即可为";二者背后的社会空间明显不同,前者即国家领域,后者即私人领域;社会在市场经济的驱动下形成私人领域与国家领域的划界。而公权转型则意味着,在社会日益公私划界的基础上,人们私权意识增强,并逐渐意识到必须让渡一部分私权给国家(如安全权,私人行使既不经济也不可能),这样国家就转换为公权机构,即接受授权的国家;由此,私人纳税与国家提供公共服务,私人授权与国家接受授权,形成一种新的社会基本架构,公民授权观念成为社会的基本共识。

由此可见,只要市场经济不断发展,那么中国社会的转型与分化就会不断深入,相应地,社会实践生活中,公民自主性、国家有限性、公权民授理念也就不断增强。这就意味着,领导干部所面对的显规则就是以这些为核心内容。显然,与人治原则相比,这些东西都是与之相悖的,都是人治原则的对立面。因此,也就不难想象,当一个领导干部公共生活是这样现代化,而私下行动又是这样前现代,人格心理的扭曲也就不可避免了。更深层看,这种潜规则所以存在,源于前现代社会基础还未消除,因此,在宏观意义上,要真正破除潜规则必须实现社会的结构转型,即推动现代公民社会的转型。在这个意义上,我们以为,领导干部社会关系的压力本质上折射的是中国公民社会转型的复杂性。

三、角色意识冲突的压力:官员的客体化与公民的主体化——公民社会转型中的博弈特征

在瓮安事件、孟连事件等发生后,人民网组织了关于"百姓与基层干部"的调查。调查显示,对于基层干部作风,公众主要希望他们"要有服务意识,要深入基层,甘作百姓的服务人员"。这说明,社会公众已经开始在某种程度上把自己视为这个社会的主体。

不仅如此,近年来,一些带有"公益诉讼"性质的行为的不断出现,更是在实践层面说明了公民主体意识的觉醒和增强。例如,湖南省常宁市一位名叫蒋石林的村主任,将市财政局告上法庭,要求法院确认财政局超出年度财政预算购买小车的行为违法;法学硕士郝劲松一再状告铁道部,认为火车春运期间涨价缺乏法律依据;律师状告全国牙防组织,质疑其为一些牙膏作质量认证的合法性,等等。这意味着,在应该意义上,领导干部要想合乎时代发展要求,就需要对自身角色重新定位,需要实现由"管治者"向"管理者"转变,由"管治者"向"服务者"转变。但遗憾的是,在实践中有不少干部,内心还总是把自己当成管治者,处理问题简单粗暴,甚至动用一些国家机器,因此引发了一些群体性事件。这就启发我们,在透过社会转型观察领导干部的压力时,还需要关注他们角色意识的外部冲突所产生的问题。

那么,领导干部自身角色的转换究竟是什么,为何会产生这样大的社会影响呢?从本质上看,上述领导干部的角色转换,反映的是社会主体与客体关系的重构事实,也就是说,"管治者"的背后是一种社会主体定位,而"管理者"与"服务者"则是一种客体定位。而深入看,"管治者"之所以成为社会主体,是因为在前市场经济社会阶段,社会财富的创造者还不是直接的私人个体(私人交换体系被国家强力禁止),社会经济活动的直接组织者是国家,即国家直接提供着人们的吃穿住行,因此它具有经济的主体地位。国家是经济的主人。不仅如此,由于市场体系的缺失,社会领域远未出现私人性与公共性的划界,国家即是社会。国家是权力的主人。一则经济的主人,一则权力的主人,这意味着,国家权力的直接执行者也就是社会的现实主导者,就是当然的实施"管治"的人。

但是,在市场经济阶段,一则私人交换体系的确立,使得社会财富的创造者转换为独立的个体,私人成为经济的主人;一则经济主体地位的确立使得私人领域崛起,国家逐渐成为私权委托机构,私人成为权力的主人。这样,公民就成为市场经济条件下的社会的主人。这意味着,公民已经不再是"管治的对象",而成为"管治的实施者"。基于私人地位的这一客观变化,社会生活中人们的"公权服务"意识及其需求也就日渐增强。相应地,在公权活动中,人们对公权及其执行群体提出较高的"服务质量预期"也就极其自然。

正是基于这样一种变化,我们以为,公民主体意识的增强,实际上带来的是对领导干部传统角色的颠覆。而在这种颠覆过程中,领导干部因传统意识的惯性还未及时完成角色意识的转换,还时不时保留着惯性思维,因而形成了因角色意识的外部冲突而导致的社会公共性危机,最终造成对领导干部职业前景的损害。在这样的意义上,我们认为,领导干部因角色意识的冲突而形成的压力,本质上体现的是公民社会转型过程中私权与公权博弈的复杂性。

四、私人生活压力:权力的分界不明与人性的约束不足——市场化路径选择的风险性

干部私人生活的压力反映的是,干部掌握一定人、财、物支配权,在现实中面临着更多的金钱、情色的诱惑,诱惑增多、心理压力增加。该情形反映出两个问题:一是客观上权力是诱惑源,二是主观上抗惑能力是关键。从理论上说,在市场经济条件下,由于市场体系对权力的公共化和对领域的划界,权力系统逐渐有限化和授权化,也就是说,权力既是有边界的同时也是受监督的。这意味着,权力的运行有着诸多限制,权力的效力是有约束的。相应地,在实践上,权力尽管支配人财物,但并不是没有制衡,因此从应该的意义上说,市场条件下的权力不见得会导致金钱与情色对它的追逐。但是,事实相反。这又是什么造成的呢?

深入分析发现,问题源于我们的市场化本身。也就是说,尽管我们在推动市场化,促进市场的发育,但我们实现市场化的路径存在风险。具体说,我们的市场化路径很特殊,是一种自上而下型的释放模式,即我们采用的是政府主导的市场化模式(由政府决定哪些领域实现市场化,哪些领域不实行或缓实行市场化,如,1992年启动市场体制改革,把原先属于国家控制的企业逐渐市场化,从政府手中释放出去)。从本质上看,这种模式类似于"权力推动",核心特征是权力主导。而市场经济的本质类似于"权利成长",核心特征是私人交换,其基本有效条件有三,即:保证市场主体进出市场自由的权利、市场主体获得充分信息的权利、市场主体集体行动的权利。一个"权力推动"类型,一个"权利成长"模式,这意味着,我们的市场化路径能否成功,关键是实现"权力推动=权利成长"的逻辑联接。那么,在何种条件下,这种逻辑联结才是可能的呢?

显然,只有在这样一种情形下才是可能的,那就是:必须保证权力的执行者没有自己的利益需求,否则,"权力推动=权利成长"无法成立,权力的"自上而下"与权利的"自下而上"的运行将发生严重冲突。在实践上,这就意味着人类必须设计出这样一种制度,该制度能约束或者限制权力的执行者的利益需求。因此问题的关键就是,我们的市场化是否有效取决于我们的配套制度能否时时跟进,配套跟进,该模式就成就非凡(如我们用短短二十多年时间建立起了初步的市场那个规模,这就是成就);配套缺失或跟进不及时,该模式就可能带来风险(如今天的垄断迹象,这无疑是一种教训)。

回到中国实际,我们发现,该制度还不太理想。由此,我们不难想象,为何在市场化逐渐深入的今天,权力不仅没有有限化,相反,在一定意义上更强势。因为它主导着市场化方向和决定着哪些领域和什么时候进行市场化。正是在这样的背景下,我们看到,权力的空间过于宽泛,它应有的约束没有完全到位。所以,现实生活中,权力对资源的控制较为突出。反映在个体身上,就是干部成为金钱与情色盯逐的对象。而从主观上看,基于人性的普遍规律,在缺乏完全有效监督与约束的背景下,人性弱点将被放大,所以,掌握缺乏应有约束的权力的干部在多方面的诱惑下出现复杂的心理和行为失衡也就可以理解。如一些干部心理狂妄,自认为位高权重,盛气凌人;一些干部无休止地追求更高的权力、更多的财富,不能自拔;一些干部与所谓方方面面的沟通、协调,觥筹交错,迎来送往,身不由己;等等。这说明,当前干部私人生活的压力除了客观的原因,主观上的原因也不可小视。我们的基本判断是,领导干部私人生活的压力来源于权力分界的不明和对人性弱点的约束不足,深层次反映的是,当前中国市场化路径存在潜在风险这一社会问题。

(原载《人民论坛》2009年第1期,与张健合作,

发表时题目有改动)

能力本位与中国发展

哲学是时代精神的精华。在当代中国,哲学的首要功能,就是要把握我们这个时代,提升时代精神,并为当代中国发展提供核心理念。发展,是当代中国社会主义建设的最大时代性问题,因而应成为当代中国哲学研究的一个重要问题。从哲学角度研究当代中国发展,必然提出这样一个迫切而重要的问题:哲学应为当代中国发展提供什么样的"核心理念"? 这既关系到哲学在当代中国社会发展中的功能以及发展,也关系到当代中国社会主义发展的未来命运,以及 21 世纪中国发展战略、发展目标、发展模式和发展方式的设计。

总体来讲,在中国历史上,主要有三种核心因素影响着中国的发展,这就是权力、资本和能力。权力高度集中的计划经济时期,权力往往运作经济、政治和社会;在建立市场经济体制过程中,经济社会发展走向了以物为本,追求经济增长,追求 GDP,追求资本驱动;当今中国社会发展的总趋势,就是从权力为本的发展框架,经以物为本的发展框架,再逐步走向以能力为本的发展框架,确立能力本位的核心发展理念具有历史发展的内在必然性。

一、能力本位论提出的根据

首先,中国要想成为强盛的国家,就必须使它的制度保证以创新能力为本。当代中国发展还需要积极总结、借鉴中西方社会发展的经验教训。我国先秦、隋唐和北宋时期的很多方面在当时世界是领先的。所以,在 18 世纪的欧洲兴起了一场"中国热"。中国凭自己的发展实力赢得了民族尊严。然而,当时中国的统治者由此滋长了一种民族自大狂的情绪，开始封闭保守起来，依然固守中国传统农业社会形成的"义、权、情和靠"的价值观念和思维方式，没有与时俱进地接受 18 世纪西方工业革命以来靠发展取得的先进文明成果，缺乏创新精神和创新能力。结果，近代 1840 年鸦片战争的爆发，西方的坚船利炮打破了中国的大门，从此，中国陷入连绵不断的战争和动乱之中，统治者也摇摇欲坠。至此，中国又出现了一种民族虚无主义。18 世纪以来，西方一些国家反映工业革命和工业社会的时代精神，确立了"利益、能力、理性和自立"的价值观念和思维方式，一种创新精神和创新能力培育起来了，所以大大地推动了西方社会的发展。由此，我们既要把资本主义制度固有的特殊的东西与在资本主义社会中存在但为现代化建设固有的、属于人类共同文明成果的一般东西区分开来，又要以开放的姿态理性地学习、借鉴西方发达国家中一些带有规律性的先进发展经验和优秀成果。归纳起来，西方发达国家在发展方面，有几点经验值得我们借鉴：在文化价值理念方面，确立以"能力本位"为核心价值理念的价值体系；在生产力方面，大力发展科学技术；在生产关系方面，注重根据生产力的发展要求调整生产关系；在国家和社会运作机制方面，实行实力立国和能力主义的发展战略，注重人力资源开发与能力建设，确立鼓励创新和有为就有位的社会运作机制，增强国家和社会的自我反思、自我批判、自我超越和自我完善的机制与能力。

其次，这是市场经济的内在本质要求。我国正在进行的社会主义市场经济体制实际上是一场深刻的变革，它不仅仅是打碎旧体制的障碍机制，而且要革新社会生活和个人生活的各个方面，其中最艰巨、最重要的，是变革与旧体制相适应的旧的文化价值观念，建立一种与社会主义市场经济新体制的内在本质要求相适应并作为其基础的新的文化价值观念。只有这样，才能为新体制的建立提供文化价值观上的准备和支持。这种价值观就是"能力本位"。市场经济的基本原则是平等竞争，平等竞争本质上是能力的竞争，在这个意义上，市场经济实质上是能力经济；市场经济为我们大家提供的是"未确定性"、主体选择性与平等竞争的机会和舞台，而这对每个人的人生来说就意味着有一种压力和动力，你要获得成功，避免失败，你就必须最大限度地发挥其能力。

第三，它反映了人类文化发展的总趋势。这一总趋势是：由原始社会的群体能力本位向奴隶社会的宗法血统本位,再向封建社会的权力本位再向近代资本主义社会的钱本位,以及向知识经济社会的智能本位的转移。

　　在原始社会,以人为生产目的的经济,首要是以"人的原始丰富性"的群体(氏族、部落、公社)能力本位为文化基础的。原始人要完成狩猎和采集两项任务,要战胜自然灾害和凶猛动物两大"敌人",就必须推选有能力有威信的人担任酋长;原始社会神话文化中的"英雄",实质上就是人本身力量的化身,是有能力的人的象征,它表明原始人试图借助"英雄的力量"来"弥补"自身力量之不足,并与强大的自然力量相抗衡。

　　进入奴隶社会,文化形态的核心理念转移到宗法血统本位上来,这是与奴隶制经济相适应的。在奴隶社会,一个人的遗传基因的幸运比其后天努力和能力发挥更重要。奴隶社会主要是"宗法血统"力量在起作用。奴隶社会有奴隶主阶级和奴隶阶级两个基本阶级。奴隶和奴隶主一生的命运、地位和价值完全是由他们各自的宗法血统(先决既定的社会阶层身份和社会角色的规范)规定和安排的,一般情况下奴隶个人后天的努力和能力也改变不了自己的命运。后来现实生活中盛行的"裙带关系"、"家族"、"门第"、"门派"、"宗派"、"帮派"和"嫡系"不同程度上都与"宗法血统"有渊源关系,并且一定程度上影响着我们的社会生活和个人生活,尤其是在选人、用人以及社会交往中,这种影响更为明显。这是人对"宗法血统"的依赖。

　　在封建社会,占主导地位的主要是以权力本位为核心理念的人生价值实现方式和生存方式,这是一种权力依赖。封建社会的分配原则是按权力大小来分配。中国封建社会的经济是权力高度集中的集权型经济,与其相应,政治权力结构是金字塔式的,下层必须服从上层的统治,皇帝可任意指使他的臣民。受此影响,封建社会阶层的排序和价值标准是仕农工商,"仕"为大、为首,人的价值取向是做官,人的价值首要就是等级特权的价值,权力价值高于一切,一切都要靠权力来实现其价值,人表现为对有权位的人的依赖。

　　在近代资本主义社会,占主导地位的主要是以金钱本位为核心理念的人生价值实现方式和生存方式,这是一种金钱依赖。在这种依赖中,金钱在很大程度上代表一个人的价值。资本主义经济首先是效率经济,近代资本主义获取效率的最有效方式之一,主要靠的是个人能力发展的片面化和物化,为了效率、利润和财富而注重人的能力,是一种必然和不争的事实。但资本主义更注重金钱和物质财富,物或金钱对人的统治,是资本主义社会得以立足的一个基本原则。然而,对待能力原则和金钱原则的关系,近代资本主义则是使能力原则服从金钱原则,注重能力发挥是为了赚更多的钱,能力发挥本身并不是目的,而只是手段。在这里,个人的一切价值表现为物的价值,人的发展的本质特征表现为人对物的依赖,人的能力表现为物的能力,物或钱本位是近代资本主义社会的首要原则。这种物(或钱)本位不同程度上掩盖了能力本位,并使人对物产生崇拜,从而产生商品拜物教、货币拜物教和资本拜物教。

马克思及现代西方一些思想家针对近代资本主义社会中人对物的过分崇拜之消极影响,明确主张把人的创造能力作为人的主导价值取向。在现代发达资本主义国家,人的能力全面发展的价值观开始提升,而对物质方面的兴趣也趋于淡薄。

知识经济在新的社会体系中将越来越起着重要甚至决定性作用。知识经济时代,应实行以能力本位为核心理念的人生价值实现方式和生存方式,这是一种能力依赖。在这种依赖中,知识就是力量,能力就是资本,创新就是价值。能力依赖的基本内涵就是:依靠能力改变不满意的处境;依靠能力为社会而本献;依靠能力实现自己的价值而立足。毋庸讳言,知识经济时代是高度工业化的产物,因此,知识经济首先出现于发达资本主义国家,能力依赖实践也首先开始于发达资本主义社会。然而,由于全球化的日益推进,世界性普遍联系日益加强,落后国家也被卷入知识经济的发展潮流之中,落后国家要想跻身于知识经济的潮流,就必须创造以能力依赖为价值取向的条件。

知识经济本质上是以对智力资源的占有、配置,知识的生产、分配、使用为重要因素的经济。在知识经济时代,货币资本这一核心要素将让位于知识这一要素,培根的"知识就是力量"将被赋予新的内容,即站在我们这个时代最前列的、受人崇拜的不再是拥有百万家产的富翁,而是拥有高知识水平和能力的人才,推动社会发展的不再是货币资本,而是知识。知识经济时代是以人为本的,进一步来说,它是以人的知识和能力为本的。因为无形的知识、智慧和用知识、智慧武装起来的持久创新能力将成为知识经济的灵魂;对知识的生产以及学习和使用(消费),即把知识转化为技能,靠的是人的创新能力,这种能力使知识得以运用和发挥作用,同时知识又使能力得到进一步延伸;在寻求新的经济增长方式的努力中,人们发现只有能力全面发展的、具有高知识含量的高素质的人,才是最重要的,是知识经济时代的希望所在;在知识经济时代的社会发展中,真正的动力是具有知识与创新能力的人,是以知识和创新能力取胜的人,是具有生产、分配和使用知识能力的人;在知识经济中,每个人获得知识的多少,很大程度上取决于每个人对知识的学习、消化、转化和使用的能力。这些表明:不同于传统工业社会的"利益驱动",在知识经济时代则是"知识驱动",即拥有更多知识和能力的人可获取更多的社会回报。显然,它所带来的人的价值观念的变化,就是由过去对权力和金钱以及对物的崇拜转向对人及其知识和能力的崇拜,是要求确立"能力本位"的价值观念。

实际上,当代发达资本主义社会和中国社会主义社会已出现力量向"能力"转移的端倪和趋势。现代西方一些思想家针对资本主义社会出现的困境,明确主张把人的创造能力作为人的主导价值取向。随着知识经济的到来,越来越多的西方人看到并重视人的创新能力这一力量的作用和价值。未来学家托夫勒指出,在知识经济或信息经济时代,人的智力和创新能力将成为最大的财富,成为支配社会发展的主导力量。"知识经济"是1998年我国报刊杂志、新闻媒体和领导人讲话的一个新概念,已引起人们的关注。以20世纪70年代以来高科技日渐成为经济发展的决定因素和未来学家对未来经济的预测为背景,联合国研究机构1990年正式提出"知识经济"概念。1996年经合组织又对这一概念加以明确界定,指出知识经济是区别于以传统工业为产业支柱、以自然资源为主要依托的经济的一种新形态经济;这种经济是以高技术产业为支柱、以智力为主要资源和以知识为基础的经济;在产业结构上,相对于农业经济、工业经济,它是高技术经济;在资源配置上,相对于劳力经济、自然资源经济,它是智力经济。知识经济时代是真正以人为本的时代,人在其中具有核心的地位并发挥关键的作用,成为全社会运作的主体和核心,成为全社会的第一资本、第一资源和第一目的。

最后,它符合社会主义的本质要求。邓小平同志指出,我国社会主义的本质,是解放生产力,发展生产力,消灭剥削,消除两极分化,最终达到共同富裕。人是生产力中最具有决定性的力量,解放和发展生产力,首要就是解放和发展人的能力。中国国情的一个重要方面,是人口多,是人口资源大国。

这意味着,人口资源开发得好,人口包袱就会变成人力财富,人口负担将会变成人力优势,人口阻力将会变成人口动力。而要做到这一点,有五种途径和方式,一是充分发掘每个人身上具有的巨大潜能;二是通过各种科学的能力测评手段发现人的能力;三要合理配置与使用人力资源;四是不断完善和提高人的能力;五是通过培养能力、发挥能力和发展能力来开发人的能力。这就要求我们必须把充分开发人力资源和人才资源、充分发挥每个人的潜力和能力作为一项带有根本性的战略任务来抓,这事关21世纪中国社会主义事业的全局。正因为如此,江泽民同志在2001召开的亚太经合组织第八次领导人非正式会议上特别注重能力建设问题,强调指出:要注重人力资源能力开发和培育,助长人力资源能力建设及其充分正确发挥,这已成为我们把握新机遇、应对新挑战,藉以实现科技进步,实现经济和社会发展的关键。

实际上,在当代中国,我们正在走向能力社会,能力因素在社会生活中越来越起主导作用了。我们正在建立的市场经济体制就是要解放和开发人的能力,市场经济实质上就是能力经济,市场竞争就是能力竞争;我们建立的现代企业制度就是要营造一个能力王国;我们确立的按劳分配和按生产要素分配的制度,实质就是建立一种"各尽所能"的激励机制;股份制的魅力,就在于以利益、公平和追求资本增值的资本扩张冲动促使人发挥其创造能力;非公有制经济由原来的"被动"地位到现在的"组成部分"地位,就是靠其实力。非公有制企业营造的也是一个人能力充分发挥的王国,许多在国有企业和其他部门未能充分发挥作用的能人在这里展示了才华;现在下岗再就业的"残酷"现实也启示人们,要转变观念,市场经济没有什么"救世主",不能再"等靠要",要学会自救(当然国家也会积极给予扶助),而自救主要靠其能力,人必须充分发挥其能力才有立足之地,才能解决自己的生存问题;我们现在建立的民主政治,其实质就是营造一个公平的平等竞争环境,为贤能之士脱颖而出提供保证,就是消除权力、人情关系、门第的影响;现在正在实行的"能上能下"和"竞争上岗"的用人制度改革,实质也是鼓励人充分发挥其才能;实施的"素质教育",就是解决高分低能、培养能力全面发展的人的问题;我们把人力资源和人才资源的开发放在重要的地位,实际上就是我们党已明确看到了"人力"在社会主义现化建设中的关键作用;我们党把执政能力建设作为党的建设的重点和落脚点,实际上就意味着我们党已经认识到执政能力建设的迫切重要性；中央在2003年12月召开的全国人才工作会议，明确把人才资源能力建设作为人才培养和开发的主题，把能力和业绩作为人才评价的导向，也意味着认识到了能力发展在人才培养工作中的核心地位，意味着能力因素已经走入我们的社会生活。

由此，总的来讲，我们既要充分认识到当今日趋激烈的国际竞争根本上是人的创新能力的竞争，当今国家之间的较量实质是发展实力的较量，离开发展实力的支撑，将会在国际竞争中处于被动；也要认识到对于13亿人口的中国来讲，加强人力资源能力建设尤为迫切重要。人口资源开发得好，人口负担将会变成人才优势，也可以为我国发展拓宽新的更大空间。所以江泽民同志指出：人力资源能力建设事关中国经济、社会和科技发展的关键。

概言之，当代中国发展必须把能力本位作为社会发展的理念。

二、能力本位的基本内容

那么，什么是能力本位？包括哪些基本内容？对当代中国发展具有什么样的积极意义？

能力本位是针对"权力本位"和"金钱本位"的消极影响而提出的一种发展理念和价值取向。它指的是：与社会主义市场经济和现代化建设的积极要求相适应的现代形态的文化价值体系，应建立在能力价值观的基础之上，要以能力价值观为主导来统摄和**支撑现代价值体系**；在市场经济、知识经济和现代化建设条件下，人的活动和社会发展首要应围绕着如何充分正确发挥人的能力而进行；社会和个人要通过充分正确发挥其能力来积极地生存、发展，凭能力确立其社会地位和发展空间；在对人和组织的行为表现进行评定和奖惩时，应首先看其能力和业绩。其精神实质在于"三个倡导、三个反对"：一是反对以"权力本位"和"金钱本位"为基础的旧的文化价值观，倡导以"能力充分正确发挥"为基础和核心的现代价值观；二是反对极端整体主义和个人利己主义，既倡导每个人通过充分正确发挥其创造能力，为社会多作贡献，实现个人的社会价值，也要求社会要围绕如何充分正确发挥每个人的能力进行制度安排和运作；三是反对离开道德来谈能力和离开能力谈道德两种倾向，倡导在当代市场经济和知识经济背景下，要围绕人的能力的充分正确发挥来理解和建构现代道德,以道德为前提,以能力为本位,要把道德看作是促进人的能力充分正确发挥的进取性道德,把每个人凭其能力的充分正确发挥做好本职工作从而为社会作贡献看作是最大道德。这里的能力,是人的内在综合素质在实践活动中的外在表现,人的素质是人的能力的内在根据,人的能力是人在实践活动中的本质力量,是受道德和理性引导而正确驾驭活动的本领,它包括人作为人应具有的一般能力、专业技能、实践创新能力、为社会而创造财富的综合能力。

能力本位的基本内容及其对当代中国发展的积极意义主要是:

(一)"能力本位"是一种价值取向

在工业社会以及市场经济、知识经济时代,它要求冲破"权力本位"、"钱本位"等一切妨碍发展的观念,确立人靠其能力和贡献立足并实现其价值的观念,倡导能力化生存,确立能力在社会发展中的本质地位。也就是要求由注重先定因素走向注重后定因素,由过于注重外在因素走向注重内在素质,由注重狭隘的"人情关系"走向注重"机会公平"和"竞争规则",由注重非能力因素走向注重能力因素。这种价值取向既可以培育起人的现代性人格,也可以给国民精神注入阳刚之气,还可以为当代中国改革和发展提供一种新的思路。这最终必将使人更加努力奋斗、发掘潜能、发挥能力和富于创新,从而使社会充满生机与活力。

这里,能力本位与个人本位有本质区别:第一,个人本位容易忽视创造而注重个人索取,而能力本位首先注重对社会的创造,强调创新能力;第二,个人本位容易排斥社会和集体主义原则,而能力本位注重能力恰恰是为了更有效地为社会、组织和集体而做事、而贡献,实现人的社会价值;第三,个人本位往往把个人作为观察事物的出发点和落脚点,而能力本位则把实现个人价值和社会发展的统一作为出发点和落脚点;第四,个人本位不是强调人凭能力在社会中立足,而能力本位强调每个人要凭自己的能力贡献立足;第五,个人本位没有把对人的尊重以及注重后天努力、实践生成和内在素质当作应当树立的思维方式,而这些思维方式正是能力本位所强调的;第六,个人本位并不强调社会要凭能力来配置资源,而能力本位严格强调不能凭"人情关系"和"特权"配置资源,必须凭能力贡献配置资源;最后,个人本位强调的是个人价

值的至高无上性,而能力本位则强调人(人类、群体、个人)的能力在社会发展
中的本质作用,这个作用在过去我们没有完全认识到和做到。

(二)"能力本位"是一种现代思维方式

它要求确立尊重人的思维方式,即尊重基本需求、能力差异、创造个性、
独立人格、努力奋斗和有所作为;确立解放人和开发人的思维方式;确立后定
论、生成论和实力论的思维方式,主张靠人的后天努力奋斗、素质提高、能力
发挥和有所作为成就自己、实现自己和确立自己;确立面向做事之能的思维
方式,要求人们由一味的"捉摸人"走向凭能力倾心去"琢磨事",而且注重功
能,强调实效,引导人们凭能力干事业、干成事业和干好事业。这些思维方式
有利于使人解放思想,挖掘潜能,倾心做事,进而有益于最广泛最充分调动每
个人的积极性、主动性和创造性,推动社会主义现代化建设事业健康发展。

(三)"能力本位"是一种资源配置方式

它要求社会主要由权力、金钱配置资源走向主要凭能力贡献配置资源;
在人力资源方面,要求人的能力与岗位达到合理的配置,按能配岗,按能配
工,从而做到你有多大的能力就给你多大的舞台,使人有位更有为,有用武之
地。这有利于释放人的潜能,发挥人的积极创造性,进而促进生产力的发展。

(四)"能力本位"是追求公正的一种积极努力

这里涉及到如何理解和看待"能力本位"的问题。实际上,能力本位首先
是针对由于非能力因素造成的不公正而提出来的一种强调权利、机会、规则
和回报公正的理念和理论,它强调人力资源的合理配置,注重人的后天作为,
尊重每个人的平等权利、独立人格、创新能力、创造个性、努力奋斗、业绩贡
献,倡导每个人凭能力立足,在按能力贡献方面人人平等。在这里,平等权利
是前提,合理配置是基础,努力奋斗是过程,同一规则是约束,能绩尺度是标
准,公正回报是结果。在这些意义上,能力本位体现为人和人之间关系的相
对公正、岗能配置的相对公正、个人和社会关系的相对公正。当代中国基本
上还处在从前现代走向现代性的过程和框架中,封建文化遗毒的影响根深蒂
固,我们还没有完全享受现代性的积极成果,现代性依然是我们未竟的事业。

所以强调能力本位依然是时代的强音。虽然在实行能力本位的过程中会付出一定代价，但从来没有不付出代价的发展，况且其利还是大于弊。强调能力本位也是解决弱势群体生存境况的一条重要途径。弱势群体之所以在社会处于弱势地位，一是由于自己主观努力奋斗不够和素质相对不高，具有极大的脆弱性；二是自然、社会为他们提供的、他们所面临的客观条件相对较差。针对第一个原因，应加强他们自身的能力建设，由能力脆弱性造成的问题还需要由能力建设来解决。针对第二个原因，能力本位要求他们要靠自己的拼搏进取、努力奋斗和能力发挥来改变自己不满意的处境，要求培育他们的"造血"能力，即社会要为他们的能力提高和发挥创造有利条件。能力为本意味着，一个面临客观条件比较差同时也没有"背景"和关系的人凭其努力奋斗和能力发挥而有所成就，他就应得到尊重和回报。其实，强国、富国与弱国、穷国之间的差距主要是由人力资本和人的创新能力的差距造成的，弱国、穷国要赶上强国、富国，要改变自身的生存处境，就必须加强自身的能力建设。因此，解决弱势群体问题不能靠取消能力本位为代价，反而应以加强能力建设为基础和条件。这一道理对弱势群体同样适用。

（五）"能力本位"蕴涵一种平等竞争机制

它要求竞争上岗，能上能下，能进能出，建立一种使优秀人才脱颖而出的机制。显然，这种发展机制有助于使人更积极主动，从而促进当代中国的发展。因此，在社会主义市场经济背景下要推进当代中国的发展，必须确立"能力本位"的新的发展理念，使社会的制度、体制、机制、管理围绕充分正确发挥人的创造潜能和创新能力来安排，围绕能力建设谋发展。当然，这需要一个过程。

三、以能力本位为基础和核心建构现代价值体系

建构适应现代化发展需要的价值导向体系，是建构新型文化价值观的重要途径。社会分化使个体定位在不同的生活领域，由于所处社会、经济地位的不同，使个体在行为上、心理上、文化上区别开来，从而造成个体在价值取向上的差异。要通过建立社会价值导向系统来对个体的价值取向进行深层

次的整合,是一个极其复杂的过程。首先,要确立一个既反映和正确把握历史必然性,又反映社会个体的共同愿望的价值观念系统。然后,社会借助于各种制度和伦理规范的建构来体现所确立的价值原则。价值导向作用的实现,不仅是靠宣传和灌输,更主要的是由最高权力机关和职能部门通过对制度和法律规范的制定和完善而体现出来的。社会制度和法律所本行的原则,是以无声的语言在示范着社会的价值导向,这种示范力量是巨大的,它提供给人们一种行为模式和价值模式。所以,国家权力机关在制定政策、法律时的价值导向,对于社会个体的价值取向具有举足轻重的作用。

二十多年的改革实践证明,社会主义的市场经济需要一个以能力本位为基础,以利益、理性、自立、自主、平等、自由、民主、公正和创新等为核心内容的现代化价值导向系统。在这种现代价值体系中,能力本位是基础和核心,其他现代价值都是建立在能力本位的价值基础上的:能力本位内在要求社会提供平等竞争的机会与权利;能力本位要求遵循同样的竞争规则和各种活动规则;能力本位要求按照能力和业绩进行分配,做到各得其所;能力本位要求人凭其后天努力奋斗而自立;能力本位要求人应凭其努力奋斗、能力发挥和业绩贡献来满足其正当利益;能力本位要求社会公正;能力本位支撑民主,也支撑创新;具备能力是获得自由的重要条件。这种价值体系的确立,不仅依赖理论上的建构,而且更主要地是取决于能否使之体现在社会制度和法律规范上。只有通过制度和法律规范的示范作用,新的价值系统才能真正成为社会成员价值取向的理想模式,并内化成指导人们行为的原则。这时,我们的价值体系才能成为社会的文化基础。

这里尤其要处理好能力和道德的关系。中国封建社会在文化上是一个强调伦理的社会,其文化主要倡导的是道德中心主义,经济上主张平均主义,政治上主张德主刑辅,教育是培养仁义礼智信的善人和圣人,思想上“重天命”而“轻人力”。这种道德中心主义对社会秩序、国家稳定、人间温情有一定的历史进步意义。但中国封建社会的道德伦理往往是通过抑制个人的能力来实现的,这种“取德舍力”的价值观必然导致排斥“人力”依赖“天命”的“命定论”,导致中国经济、科技的不发达。而西方文艺复兴时期“人的发现”为新兴资本主义商品经济生产方式提供新的文化基础,倡导“利”、“理”、“力”、“立”理念,主张个人可以凭其后天努力奋斗实现自身的价值和创造自己的幸福生活,实现个性独立。人的后天努力和自立的思想就随着商品经济的深入发展而确立起来了,并推动了社会的发展。中国的现代社会是经济上推行市场经济、政治上推行民主和法制、文化上推行创新的社会,在很大程度上相似于西方文艺复兴时期。市场经济实质上就是充分利用和发挥人的创新能力的经济,市场竞争根本上是人的能力竞争。在知识经济时代,尤其如此。重构适应现代化发展需要的新的道德规范体系,是确立以能力本位为核心的新型文化价值观的重要保证。这里,要处理好能力与道德的关系,二者相辅相成才有利于人类文明的发展。首先,要正德求能,反对"无才便是德"的观念,确立"德为前提,能为本位"的观念,要把德看作是充分正确地发挥能力的一种保证,把德指向和落实到使能力充分正确发挥上,即让道德见之于能力,把依靠充分正确发挥其能力以作好本职工作从而为社会多做贡献,看作是最大的道德。其次是以能树德,反对伪善,确立"靠能力实现和扩大道德的作用"的意识。道德是依靠能力的发挥而扩大其作用的领域与范围的,发挥能力不仅可以增加道德的光辉和力量,而且可以保护道德,消灭罪恶。离开能力的道德是难以真正实现的,也是软弱无力和无效的。所以,能力是发挥道德作用和实现道德的重要途径和方式。三要在坚守道德的前提下继续前进一步到注重能力,以能力为出发点、中心和归宿来考虑道德的作用、意义和价值,使道德围绕能力服务。应根据"有利于人的能力的充分正确发挥"来建构新的道德体系。这样做,决不会削弱道德的作用、价值和意义,只能增强和扩大道德的作用,因为道德已经内植于能力之中,并作为能力的内在因素在影响和制约着能力的发展。

四、把能力本位理念引入当代中国发展

针对现实社会中存在的思想理念有余而实践行动不足的现象,我们应特别注重求真务实,把重心放在贯彻落实能力本位的发展理念上来。能力本位之所以在当今中国发展实践和社会现实中没有完全得到真正的实现,其原因不能仅从思想作风当中来寻找,关键要在制度、体制和环境的障碍因素当中来寻找。邓小平指出:制度问题不解决,思想作风问题也解决不了。因此,要结合我国的现实和国情,找到影响能力本位理念实现的深层障碍,创造有利于能力本位理念实现的条件。总的来说,要从以下两个层面来贯彻落实能力本位的发展理念:实行能力建设的发展战略;推进制度创新。

(一)实行能力建设的发展战略

在推进中国社会主义工业化过程中,毛泽东力图通过实行"一大二公三纯"的生产关系革命,来解决生产力发展的问题,因而后来提出了"抓革命、促生产"的思路。

20世纪60年代以来,西方发达国家进入知识经济时代,科学技术在生产力发展中起到关键作用。反映这种趋势,邓小平提出"科学技术是第一生产力"的思想。这种从科学技术方面寻求生产力的发展,与毛泽东从生产关系方面寻求生产力发展有所不同。

改革开放初期,历史发展的必然性内在要求我们必须把创造人的社会物质生活条件突出出来,再加上一些地方片面理解以经济建设为中心的战略思想,所以只注重经济增长,过于开发物质资源和自然资源,虽取得一定成绩,但也在实践中付出四种代价:环境污染;人被物所支配;贫富悬殊;"一手硬、一手软"。结果影响我国现代化建设的正常发展。这些代价促使人们从一开始呼唤现代化走向反思现代化,反思的一个重要成果,就是在全面建设小康社会的过程中,虽然要注重经济增长,但必须走出仅仅片面追求经济增长的发展观。也就是说,整个发展观念和发展框架必须由过去注重"以开发物质资源为核心"逐步走向"以开发人力资源为核心",走向以人为本,实行全面、协调和可持续的发展的科学发展观。反映这种社会历史的发展要求,江泽民在2001年上海召开APEC会议上,明确提出"人力资源能力建设"的思想,认为人力资源能力建设事关中国经济、社会和科技发展的关键。这实际上为我们找到了一种着力于解放人和开发人的能力建设的发展战略。理解和把握这一战略,可以使我们的领导工作上升到一个新水平。这一战略主要包括以下内容:

一是发掘每个人的潜能。我国改革开放的过程实际上就是不断解放人、开发人进而释放人的潜能的过程,现在中国人的许多潜能还没有得到充分的开发和释放,因而还有一个进一步解放、开发和释放的问题。

二是培育人的创新能力。把中国的人口资源转化为人力资源,再把人力资源转化为人才资源,最根本的方式与途径,就是培育人的创新能力。我们中国人相对缺乏创新能力,如何培育民族的创新能力,就成为能力建设的一个非常重要的内容。

三是善待和完善具有一定素质的能人。当代中国正在爬坡、创业、竞争和经受各种挑战的时期,这就迫切需要一大批敢闯、敢干、敢为天下先并具有高素质和能力的人,这样的人才可能成为理论创新、制度创新和科技创新的开路先锋。所以,如何既从制度上为有能力的人的发展提供有利条件,又从主观上不断改造有能力的人的主观世界进而全面提高其素质,就成为能力建设的重要内容。

四是凝聚社会一切积极力量。如果社会中的各种积极力量能得到有效的凝聚,就会成为推动中国发展的动力,否则,就会一盘散沙,成为社会发展的阻力。自然,能力建设应包括有效凝聚社会一切积极力量。中国传统社会中存在的"两极对立"的思维方式,注重的是你死我活、水火不容和势不两立。这不利于集聚力量,发挥每个人的潜能和积极性,因而影响着我国的发展。现代社会要求尊重每个人的正当利益、能力差异和创造个性;要求把对方作为自己发展的一个内在环节,并且尊重各方的共同利益;要求形成全体人民各尽其能、各得其所而又和谐相处的局面;尤其是要求整合不同社会阶层的合理需求,凝聚不同社会阶层的积极力量。因为改革开放初期,我们主要处在动员社会一切积极力量参与现代化建设的时期;之后,各种因素和力量竞相迸发,发挥作用,同时也提出各种要求;当今,我们的现代化建设已进入了整合其中合理要求和凝聚一切积极力量的新时期。在这一时期,如何有效地整合它们其中的合理的要求和凝聚它们的积极力量,从而使这些力量更好地发挥积极作用,以进一步扩大党的群众基础,增强党的凝聚力、创造力和战斗力,就成为摆在中国共产党人面前的一个重大战略课题。"三个代表"重要思想就是为解决这一问题而提出的,以人为本亦是如此。当前,最需要凝聚的力量,一是基层干部,二是农民。

(二)推进制度创新

任何想成为发展空间大的强盛国家,它的制度就必须确保它的国民能充分正确发挥其创新能力。解决能力本位的发展理念的实现与当代中国的发展问题,根本上还要从制度、体制和机制上入手。

一是干部人事制度创新:确立一种使优秀人才脱颖而出的选人用人制度。

当前深化干部人事制度改革,涉及到一个重要问题:是否敢于选用那些敢闯、敢干、敢为天下先并具有一定素质的有创造能力的人? 随着经济全球化进程的日趋加快,随着国际竞争的日趋激烈,随着我国市场经济的日益推进,就日趋需要具有创新能力的人才。因而,只要是对中国社会进步有用并具有创新能力的人,就应该不拘一格大胆地选用。这样做,本质上是选贤任能,正如邓小平同志所讲的:在中国,选贤任能是一场革命。因为尽管我们在原则上强调任人唯贤,但在实际具体操作时,有些地方却往往任人唯亲。**这种用人制度是实现能力本位的一个主要障碍因素,必须加以改革和完善。**这就是要实行"德为前提,能为本位"的干部人事制度,即在全社会范围内真正建立一种能使人的素质得到提高并确保那些凭能力做好工作、而且有业绩的优秀人才脱颖而出的制度:拓宽选人视野;相对注重群众公论;凭能力业绩选人(能力测评:知识;智力;技能;实践能力和创新能力;绩效);赛马式选人。这种制度的主要目的在于为人的努力奋斗、能力发挥和素质提高提供一种相对平等竞争的机会和规则,既鼓励人大胆创新,又要求人遵守规则,使人们认识到在这样的竞争和规则中,自己的努力奋斗、能力发挥能在晋升提拔中得到公正的回报。

二是分配制度创新:确立一种按能力贡献大小进行分配的制度。

知识经济时代的到来,意味着要改变仅仅根据"人情关系"、权力、资力来配置资源的分配制度,进而实行主要根据能力和业绩配置资源的分配制度。在知识经济时代,在对社会财富的创造中,是人力资本为根本,货币资本为条件。美国微软公司成功的秘密正是它所具备的开发电脑软件的知识和创新能力,以及经营高科技产业、开发高科技市场的企业家才能。于是,在寻求新的经济增长方式的努力中,人们发现人的知识、智力、技能和具有创新能力的人才,才是最重要的,他们是知识经济的希望所在。这意味着劳动能力和创新能力创造价值,因而,人们应凭其劳动能力和贡献占有资本,凭能力和业绩配置资源,让能力贡献配置资源成为主要的分配制度。其实质,就是建立一个使人"各尽所能"的激励机制,既把人的能力及其贡献作为分配的根据,又进一步促使一切社会成员尽可能全面正确发挥其能力。

三是教育制度创新:实施素质教育。

我国传统的教育模式取得不少成就,但也具有一定的历史局限:重知识轻方法;重分数轻素质;重应试轻应用;重灌输轻创新。这是影响能力本位实现的另一个障碍因素。在现代化社会和知识经济时代,世界性教育发展的趋势是走向素质教育,因此,我们应在继承以往教育成果的基础上,注重素质教育,从教育理念、教育内容、教育方式和教育评估机制等方面入手,把人培养成既有知识又具有素质和能力的人。素质教育的实质是能力教育,是培养具有现代人格的人。

（原载《北京大学学报》2006 年第 5 期,《新华文摘》
2007 年第 1 期转载）

能力本位对中国人精神世界重建的意义

能力本位的提出,对中国人精神世界重建具有重要的理论价值和现实意义。

一、"能力本位"体现一种国民精神

国民精神,指的是一个国家的国民大众在同一社会制度及其文化时期所共同具有的精神品质和人格特征,是把人的能量和活动引向某一方向的内驱力,是支配人的活动方式的内在核心力量。它涉及的是产生人的活动的方式和动力问题。其功能和作用在于为一种社会能继续发挥作用而去改变人、塑造人和操纵人,使国民大众按照社会制度和文化的内在本质要求去行动。所以,国民精神是一个国家和民族的灵魂,它从深层精神上支配这个国家和民族的命运,决定它的发展。从人的角度总结我国社会发展的历史经验教训可以发现:我国社会发展缓慢和落后的一个深层原因,是我们的国民精神中缺乏创造力的内在结构、基因和源泉。中国传统文化一定意义上是抑制强者和独创者的文化,这种文化孕育出的国民大多奉行"枪打出头鸟"的价值观念,许多人宁愿当"绵羊",不愿当"猛虎"。他们虽然不乏积极因素,但却把生存、客体、群体、经验、保守、和稳看得过重,甚至将其绝对化,轻视发展、主体、个体、理性、进取和竞争等价值取向,结果丧失了许多发展空间,贻误了发展时间,失去发展的一些历史机遇和制高点。这种国民精神,显然与现代化建设所要求的积极竞争、开拓进取的首创精神不相适应,而这正是目前我国改革和市场经济体制建设的一种深层矛盾和障碍。实际上,当一个民族面对强

大竞争对手而处于弱势时,当一个民族需要利用市场经济和现代化建设来发展自己并把发展奉为硬道理时,就特别需要一种进取型文化,需要一种"敢为天下先"的价值观念,需要一种充满阳刚之气的国民精神。这是我们现在需要也是最缺乏的。在我看来,必须确立能力本位的文化价值取向,树立能力为本的国民精神,因为一切较量说到底首先是能力大小强弱的较量,以能力为本,必将使人成为强者,使人勇于竞争和开拓,并发挥独创性和主体性,进而必将为国民精神注入阳刚之气。所以,能力本位体现一种国民精神,我们亦应培育一种以能力为本的国民精神。

二、"能力本位"蕴涵一种日常生活批判

日常生活世界,指的是在每个人经常性的生活和工作中受逐渐形成的既定的生活方式、行为方式和思维方式所支配的自在自发世界,是由衣食住行、饮食男女、婚丧嫁娶、礼尚往来等日常生活所构成的世界,在这一世界中,人们的生活方式、行为方式和思维方式时常受权本位、钱本位、"关系"本位支配。许多人成了权力的奴隶,为追逐和占有权力费尽心机,丧失人格,在这些人眼里,权大于法。也有许多人成了金钱的奴隶,为获取金钱而不择手段,丧失良心,在这些人眼里,金钱高于人格。还有许多人任人唯亲、遇事唯情,遇到问题首先不是凭个人努力和能力去解决,而是利用人情关系,并且为了人情关系而破坏原则规范,在他们眼里,情大于理,"关系"大于努力,不容否认,权本位、钱本位和"关系"本位的价值观严重抑制人的能力以及积极主动性和创造性的充分发挥,阻碍我国社会健康快速的发展,尤其限制我国市场经济和现代化的建设和发展。因此必须逐步消除权本位、钱本位和"关系"本位及其赖以产生的基础,从制度、体制、机制、法制和文化等方面确立能力本位的文化价值观。在这里,能力本位是对日常生活中某种程度实际存在的权本位、钱本位和"关系"本位的一种最有效的批判;它具有破的功能,它是破除日常生活中某种丑恶东西的一种有效的思想武器。

三、"能力本位"是一种新型文化形态和现代文化启蒙

目前,人们往往注重谈论新的文化价值观体系,却很少谈论这一体系的基础和核心,以及围绕这一核心所构成的新的文化价值形态。实际上,要建

立一种与社会主义市场经济和现代化建设的内在本质要求相应的新的文化价值体系,首先应着眼于这一体系的基础和核心内容,然后再围绕这一核心展开新形态的文化价值体系的建设。在我看来,能力本位就是这一文化价值体系的核心和基础,新形态的文化价值观是能力本位。这除了因为能力本位反映着社会主义市场经济和现代化发展的内在本质要求外,更重要的是与社会主义市场经济和现代化发展相适应的其他新的文化价值观念,都主要是以人的能力为基础或核心的。众所周知,社会主义市场经济的自主经营、自负盈亏、自我约束和自我发展的运行机制,内在必然要求确立与其相适合的几种基本的文化价值观:主体性、独立自主性、创造个性、自由、平等、人权、理性等。这些实际上是新文化价值体系的基本内容,而且都主要是以人的能力为基础或核心的,离开人的能力,它们都无法表现、实现和确证。在当代或21世纪中国,人的发展首先表现为人的能力发展,人的价值首先表现为能力价值,而新形态的文化价值观首要表现为确立和实现能力本位的核心文化价值观。既然如此,我们就应该以确立能力本位的文化价值观来促进其他现代文化价值观的确立和实现,对国民大众实行以能力本位为核心内容的现代文化启蒙和教育,使人们摒弃权本位和钱本位的文化价值观而走向能力本位的文化价值观。

四、“能力本位”体现一种社会主义人道主义

人道主义就其一般实质来说,是对个人价值的尊重,是对个人的理想追求和现实条件之矛盾的一种超越。但就其表现、实现形式来说,社会主义人道主义与资产阶级人道主义应有本质的区别:资产阶级人道主义是打着解放全人类(每个个人)之名,来行资产阶级利益之实,实不符名;而社会主义人道主义则主张名实统一,即其基本原则是每个人自由、平等和全面的发展,在其实践上也为实现这一原则而努力。在社会主义市场经济和现代化建设条件下,每个人自由发展、平等发展、全面发展的三个基本原则可具体化为每个人能力的自由、平等和全面的发展。在这里,能力是实现人的自由和平等的基础和根据,全面发展实质就是人的能力的全面发展。这里尤其需要注意能力和平等的关系。在今天的中国,最大最根本的平等是各尽所能、按能绩分配,人人在按能绩分配面前是平等的,而各尽所能、按能绩分配包含着社会主义

后 记

在我的治学生涯中，从马克思哲学到人学，经能力理论再到当代中国政治哲学的研究，基本上反映了我学术研究的基本历程、发展脉络、内在逻辑、完整框架和学术形象。近年，我又基于这四个领域的学术研究成果，着重从整体上深入研究马克思主义、尤其是当代中国马克思主义，以求对马克思主义、尤其对当代中国马克思主义作出新的学术上的理解。这部论文选，汇集了我多年研究马克思主义、当代中国马克思主义方面的学术成果，力求表达从"中国问题"提升"中国理论"、用"中国理论"破解"中国问题"这一主题。

这部论文选的性质和作用，是把我多年来在不同时期研究马克思主义理论与"中国问题"且发表过的学术论文成果加以汇集，以较为完整的形态提供给读者。由此，这部论文选在各章各节之间的某些逻辑上就不那么缜密，在有些表述上会有某种重复且具有历史的印记，在某种认识和理解上会比较浅显，在文风上会有所不同。但无论如何，只要本论文选对读者有一定启发，我就感激不尽了。即使读者对其中的某些观点有不同看法，我也真诚认为这是对我的鼓励和帮助！

全国宣传文化系统"四个一批"人才工作领导小组办公室扶持专家学者的理论探讨，委托中华书局发表出版我们的研究成果。对此，我们表示衷心的感谢！

韩庆祥

2010 年 9 月 16 日于中央党校